KB051379

여성과 일

개정증보판

여성과 일

일터에서 평등을 찾다

ⓒ 강이수·신경아·박기남, 2015

초판 1쇄 펴낸날 2001년 3월 10일
개정증보판 1쇄 펴낸날 2015년 1월 9일
개정증보판 4쇄 펴낸날 2021년 9월 15일

지은이 강이수·신경아·박기남
펴낸이 이건복
펴낸곳 도서출판 동녘

주간 곽종구
편집 구형민 정경윤 박소연 김혜윤
마케팅 박세린
관리 서숙희 이주원

교정·교열 홍상희
본문 디자인 DAHYUNG_김은현
제작 올인피앤비

등록 제311-1980-01호 1980년 3월 25일
주소 (10881) 경기도 파주시 회동길 77-26
전화 영업 031-955-3000 편집 031-955-3005 전송 031-955-3009
블로그 www.dongnyok.com 전자우편 editor@dongnyok.com

ISBN 978-89-7297-748-3 (95330)

• 잘못 만들어진 책은 바꿔 드립니다.
• 책값은 뒤표지에 쓰여 있습니다.
• 이 도서의 국립중앙도서관 출판시도서목록(CIP)은 e-CIP홈페이지(http://www.nl.go.kr/ecip)와
  국가자료공동목록시스템(http://www.nl.go.kr/kolisnet)에서 이용하실 수 있습니다.
  (CIP제어번호: CIP2014037838)

개정증보판

여성과 일

강 이 수
신 경 아
박 기 남
지   음

일터에서
평등을 찾다

Women and Work:
Asking for Gender Equality at Workplaces

동녘

들어가는 글

우리 사회에서 여성의 취업은 더 이상 선택이 아닌 필수사항
이 되었다. 맞벌이 가족의 증가에 따라 여성과 남성 모두에게 일과
가족은 함께 공유하는 삶의 영역이 되어 가고 있는 것이다.《여성
과 일: 한국 여성노동의 이해》(2001)를 발간한 지 14년이 지났다.
시간의 흐름만큼 여성의 일에 대한 사회적 인식과 태도도 크게 변
화하였다. 이제 여성의 취업은 당연하고 필요한 것이라는 사회적
인식이 확대되었고, 노동시장에서의 성차별에 대한 인식도 점차
개선되고 있다.

차별에 대한 사회적 감수성의 확대로 직접차별뿐만 아니라 간
접차별까지도 차별로 인식하여 문제를 제기하는 수준이 되었고,
직장 내 성희롱, 감정노동, 돌봄노동과 같이 여성노동을 특정화하
던 시론적인 개념과 문제도 이제 사회적으로 공감하고 해결해야
할 문제로 확장하여 인식하게 되었다. 일하는 여성에 대한 차별을
우리 사회의 가부장적 질서와 완고한 성별 분업의 맥락에서 분석
하고 해결책을 모색하기 위해 시작한 노력들이 이제 사회적으로
폭넓은 공감대를 형성하고 있는 것이다. 그런데 이러한 사회적 인
식과 공감의 확대가 취업 여성의 현실 변화를 함께 동반하고 있는
것인지는 여전히 의문이다.

2014년 세계경제포럼에서 발표한 성격차지수GGI, Gender Gap Index
를 보면 한국사회의 순위는 전체 조사 대상국인 142개국 중 117위
로 여전히 최하위권이다. 세계적으로 비교해 볼 때 여성들의 교육

적 성취도와 고학력 비율이 높고, 취업에 대한 여성들의 열망도 높은 사회 현상에 비추어 보면 이해하기 어려운 결과이다. 사법고시 수석, 행정고시 수석 등 당당한 '알파걸의 약진'이 돋보이는 이면에, 대다수 취업 여성이 경험하고 있는 임금격차, 불안정한 고용, 일과 가족돌봄의 부담과 시간 압박 등은 전혀 해소되지 않고 있는 것이다. 여성들은 일터에서 온전한 노동자로 인정받기 위해 때로는 결혼을 미루고 자녀 출산도 미루며 노력하고 있지만, 그녀들의 도전이 정당한 평가를 얻기까지 넘어야 할 산이 높고 건너야 할 강이 깊다.

이에 우리 필자들은 《여성과 일: 일터에서 평등을 찾다》라는 제목으로 한국 여성의 취업 현실을 좀 더 깊고 꼼꼼한 시선으로 살펴보기로 하였다. 특히 대학에서 강의를 하면서 만나는 여학생들의 취업에 대한 고민과 좌절을 지켜보면서, 그녀들이 일터에서 맞닥뜨리고, 헤쳐 나가야 할 문제들을 명확하게 보여 주고 함께 해결할 수 있는 방향을 모색하는 것이 필요하다는 생각에 이르렀다. 사실 성별 격차가 아니더라도 최근 경제의 흐름 앞에서 청년 취업자들의 현실은 암울하기만 하다. 한편으로는 이들은 신자유주의의 경쟁 논리 앞에서 개인화·파편화되면서 자기계발·스펙 경쟁에 몰두하며 취업을 위해 전진하고 있지만, 지속적인 경제위기의 파고로 일자리는 더욱 축소되고 불안정해지고 있다. 일을 한다는 것은 단순히 경제적인 소득 활동이 아니라 사회적 존재로서 자신의 자아와 정체성을 정립하기 위한 중요한 기반이라고 할 수 있다. 그런데 요즈음 청년들은 그 첫걸음을 내딛기도 어려워졌고, 취업을 한다고 해도 불안정한 고용 관계로 인해 수많은 이직과 재취업을 감내해야 하는 상황에 처해 있다.

　이 같은 취업 상황에서 여성들은 어려운 진입의 문을 열고 들어간 후에도 다양한 차별에 직면하게 되지만 불안정한 취업이나마 지속하기 위해서는 침묵할 수밖에 없다. 여성의 취업이 증가하고 있지만 변하지 않고 개선되지 않는 고용 현실은 국제적인 비교에서 여전히 성별 격차가 큰 후진국이라는 지표로 나타나고, 다른 한편으로 이 같은 현실에 대한 개인적 적응의 결과는 우리 사회의 심각한 저출산 현상으로 귀결되고 있음을 지적하지 않을 수 없다.

　《여성과 일》을 새롭게 개정하는 작업을 준비하면서 우리 필자들은 일에 대한 고민과 도전을 준비하는 20대 여성들의 입장에서 여성 취업의 현실을 좀 더 객관적이고 분석적으로 보여 주어야 한다는 데에 의견을 모았다. 20대 여성의 시각에서 현재의 문제를 정확하게 이해하고, 앞으로의 현실 변화에 대한 전망을 정립하는 것이야말로 미래의 성평등한 노동환경을 조성하기 위해 필요한 작업이라고 생각되었기 때문이다. 이 책을 개정하기 위한 작업은 2009년부터 시작되었다. 2001년에는 강이수, 신경아 두 사람이 책을 냈지만, 이번 개정 작업에는 박기남 박사가 함께 하였다. 우리 필자들의 인연을 새삼 되짚어 보자면, 20대 후반 여성노동 연구 모임에서 만나 50대에 이르기까지 크고 작은 연구를 함께 해 왔다. 수많은 여성노동 문제에 대해 함께 읽고 토론하며 다져 온 세월이 길어서인지 여전히 치열하게 논쟁하지만 우리 사회와 여성문제를 보는 시선은 자매처럼 닮아 있다는 것을 확인하곤 한다. 생각처럼 속도가 나지 않는 작업이라 때론 힘들기도 했지만, 여성노동을 조금 앞서 연구한 선배로서 여성 후배들에게 우리가 전해 줄 수 있는 의미 있는 선물이자 격려가 되면 좋겠다는 사명감으로 진척시켜 나갈 수 있었다. 그러다 보니 처음 개정 작업에서 점차 논의가 확대되었고, 이번에 출간하는《여성과 일: 일터에서 평등을 찾다》는 이전과는 매우 다른 새로운 차례와 내용으로 탄생하게 되었다.

　책의 내용을 살펴보면, 1장과 2장에서는 일의 의미와 정체성의 문제, 노동에 대한 여성주의적 이해를 통해 젠더적 시각에서 여성노동 문제를 다루기 위한 개념적 도구를 제시하였다. 3장과 4장은 한국 여성노동의 역사를 일제강점기 전후의 기간으로 나누어 정리하였다. 3장에서는 초기 역사적 자료를 조금 더 보강하였고, 4장에서는 최근의 신자유주의 경제상황과 여성취업의 문제까지 종합하여 정리하였다. 5장은 노동시장에서 성별화된 차별의 유형과 문제를 명확한 개념과 사례를 통해 정리할 수 있도록 하였고, 6장에서는 여성노동 현실을 해석하기 위한 다양한 이론적 시각을 소개하였다. 7장은 남성중심적인 조직인 회사생활에서 여성의 현실과 문제를 다루고 있으며, 8장은 비정규직 여성노동자의 고용불안정 상황을 집중적으로 정리하였다. 9장은 여전히 심각한 직장 내 성희롱 문제에 대한 다양한 사례를 보강하였고, 문제 해결을 위한 법적·정책적 자원들을 제시하였다. 10장 감정노동과 11장 돌봄노동은 새롭게 편성된 장이다. 서비스경제화 사회에 진입하면서 감정노동의 문제는 점점 중요해지고 있지만, 아직도 이에 대한 깊은 이해는 결여되어 있다. 감정노동의 개념과 구체적인 사례를 제시하여 이에 대한 이론적 이해와 해결 방향을 함께 모색해 보고자 하였다. 돌봄노동은 사회적 필요성이 점점 증대되고 있지만 제대로 평가받고 인정받지 못하는 노동이다. 돌봄노동의 개념과 범주, 노동현실에 대해 정리하고 사회적 대책의 필요성을 제기하였다. 12장은 맞벌이 가구 증가에 따른 일-가족 갈등의 현실을 분석하고 일-가족 균형을 위한 해결 방안을 제시하였다. 13장과 14장에서는 노동시장에서의 성차별을 해소하기 위한 국내의 법과 정책을 짚어보고 선진국의 다양한 고용평등제도들을 종합적으로 소개하였다. 마지막으로 15장은 직업과 경력 개념을 재정립하고 노동시장에서의 생애 설계를 구상하는 데 필요한 훈련의 중요성을 지적하며, 이를 돕기 위한 실용적인 매뉴얼을 제시하였다.

전체적으로 여성노동 문제를 올바르게 접근하기 위한 정확한 개념적·이론적 시각을 정립하고, 이를 바탕으로 현실에 대한 풍부한 이해를 얻을 수 있는 구체적인 사례를 보강하는 데 많은 노력을 기울였다. 또한 여성고용 현실에 대한 객관적 이해를 위해 최근까지의 통계자료를 정리하고, 문제 해결을 위한 법적·정책적 자원도 체계적으로 제시하려고 노력하였다. 여전히 부족한 점이 많겠지만 한국 여성노동의 현실을 이해하기 위한 전문적인 지침서로서의 내용을 어느 정도 포괄하고 있다고 자부한다. 강이수는 이 책의 3장, 4장, 11장, 12장, 13장을, 신경아는 1장, 2장, 6장, 9장, 10장, 15장을, 박기남은 5장, 7장, 9장, 14장을 담당하여 기존의 내용을 보강하거나 새로 집필하였다.

우리는 이 책이 취업을 준비하고 있거나 현재 일하고 있는 여성들, 그리고 일하는 여성과 함께 살아가고 있는 많은 남성들이 함께 읽는 책이 되기를 바란다. 2001년 처음 책을 내면서 '여성의 시각'에서 여성노동 현실을 이해하고 분석하는 데 중점을 두었다면, 새로 발간한 이 책은 여성과 남성이 함께 일하며 공존하는 평등한 일터를 만들기 위한 지침서가 되기를 바라는 마음이 더 크다. 일터에서, 대학에서 함께 읽고 논의하면서 보다 성평등한 고용환경을 모색하기 위한 자료로 활용된다면 그 이상의 보람은 없을 것이다.

마지막으로 도서출판 동녘의 이건복 사장님과 기획편집부의 많은 분들에게 진심으로 고마움을 전달하고 싶다. 특히 이 책이 나오기까지 긴 시간 동안 기다려 주고, 좋은 책이 될 수 있도록 조언과 편집을 맡아 준 이정신 씨와는 출간의 기쁨을 함께 나누고 싶다. 다음에는 후배 연구자들이 더 새로운 시각과 진취적 전망이 가득한 여성노동 전문서적을 낼 것을 기대하며 긴 작업을 마치려 한다.

2014년 12월
필자들을 대표하여
강이수

차례

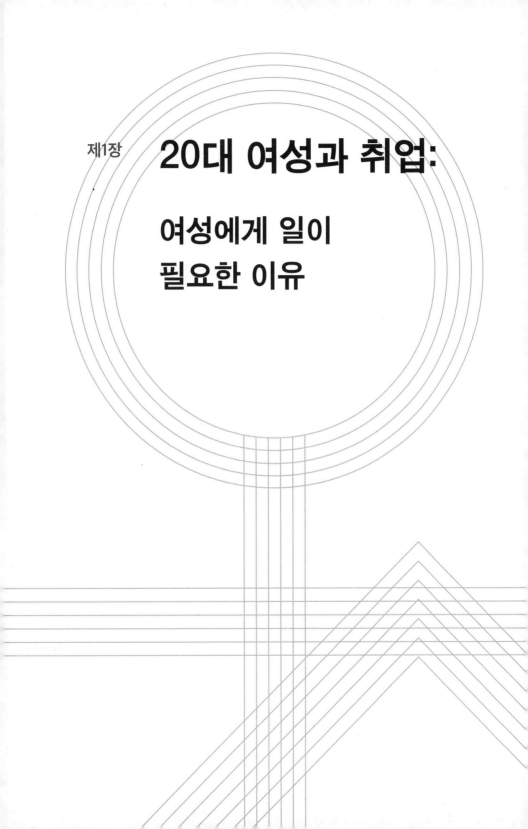

제1장

20대 여성과 취업:

여성에게 일이
필요한 이유

20대 여성의 일 찾기

지방의 한 도시에서 대학을 졸업하고 대학원에서 석사 학위를 딴 세진은 20대 여성이다. 그녀는 고향에서 취직해 있다가 시집이나 가라는 아버지를 설득해 직장을 찾아 서울로 떠난다. 햇빛도 잘 들지 않는 반지하 단칸방에서 서울 살림을 시작한 그녀는 입사한 지 몇 개월이 채 되지 않아 회사가 부도를 맞아 월급도 받지 못한 채 실직자가 된다. 이후 긴 시간 동안 우여곡절 끝에 몇몇 회사에서 면접까지 올라가지만 여성에 대한 차별에 직면해 좌절을 거듭한다. 한때 영양실조로 쓰러져 병원에 실려 가기도 한 그녀는 피나는 노력끝에 자신의 실력을 인정해 주는 회사에 입사하고 고속 승진을 한다.

영화 〈내 깡패 같은 애인〉에서 주인공 이세진의 이야기

대학 때 편집장까지 했던 앤드리아는 저널리스트의 꿈을 안고 뉴욕에 이사 온다. 자신감에 가득 찬 그녀는 여러 언론사에 이력서를 넣지만 그녀를 받아 준 곳은 딱 한 곳, '런웨이'라는 패션 잡지 회사, 그것도 기자가 아니라 편집장의 비서였다. 앤드리아는 성공하겠다는 열망으로 입사하지만 회사에서 온갖 냉대에 직면한다. 더욱이 편집장 미란다는 '악마 같은 상사'로 유명해 그녀에게 불가능한 지시만 내린다. 무시와 조롱, 비난 속에서도 앤드리아는 뉴욕의 저널리스트가 되기 위해 1년간을 버티기로 결심한다. 일에만 매

달리는 그녀에게 실망한 남자 친구조차 그녀를 떠나고 그녀는 여러 가지 위험에 직면하지만, 포기하지 않는 열정과 성실한 노력을 통해 결국 미란다의 마음을 얻고 회사의 인정을 받게 된다.

영화 〈악마는 프라다를 입는다〉에서 앤드리아 삭스의 이야기

위의 영화들은 자신이 원하는 일을 찾기 위해 고군분투하는 여성의 이야기를 담고 있다. 많은 영화에서 여성은 연애나 결혼, 가족 문제로 갈등하는 존재로 재현되며 직업을 가지고 있지만 중요한 고민거리는 아니다. 여성이 자신의 일에 대해 고민하고 직장에서 살아남기 위해 애쓰는 경험을 주제로 삼는 영화는 매우 드문 데 비해 위의 두 영화는 흔히 보기 어려운 일하는 여성의 이야기를 현실적으로 묘사한다. 대학원까지 졸업했지만 지방대학 출신 여성이라는 이유로 구직에 실패하는 세진의 사례는 우리 주변에서 드물지 않은 이야기이다. 또 한국사회의 많은 여성들은 앤드리아처럼 자신의 능력이나 경력에 비해 훨씬 낮은 대우를 감수하면서도 일을 하고 있다. 다행히 두 영화는 해피엔드로 끝나지만, 현실에서 일을 찾는 젊은 여성들도 같은 결말에 이르리라고 장담할 수는 없다. 오히려 많은 여성들은 학교를 졸업한 후에도 원하는 일을 얻지 못한 채 여러 가지 아르바이트를 전전하거나 임시직이나 파견직 등 단기적 일자리에 머물고, 자격증이나 공무원 시험 등 성공 여부가 불투명한 각종 시험에 매달려 청춘을 보낸다. 굳이 '88만 원 세대'라는 표현을 쓰지 않아도 20대 여성들이 원하는 일자리를 얻기가 얼마나 어려운지, 소위 '정규직'이 될 수 있는 가능성이 얼마나 낮은지를 추측하기란 어렵지 않다.

그러나 이런 악조건 속에서도 오늘날 20대 여성들은 자신의 일을 찾으려 한다. 일을 찾아 길을 떠나고, 일을 위해 연애나 결혼을 미루기도 한다. 위의 영화에서 세진과 앤드리아 역시 집을 떠나고 남자 친구와 헤어지면서까지 자기 일에 몰두한다. 왜 젊은 여성들은 이처럼 자신의 일에 매달리는 것일까? 이 장에서는 일, 즉 직업에 대한 여성들의 인식 변화와 20대 여성이 직면한 현실을 살펴본다.

02

질문하기:

"나는 직업을 가질 것인가?" vs.
"나는 어떤 직업을 가질 것인가?"

언뜻 닮아 보이는 위의 두 질문은 곰곰이 따져 보면 매우 다른 내용을 포함하고 있다. 첫 번째 질문이 내가 직업을 가질 것인지 말 것인지에 관한 것이라면, 두 번째 질문은 직업을 갖되 구체적으로 어떤 직업을 선택할 것인지와 관련되어 있다. 과거 세대라면 첫 번째 질문에서 시작해서 두 번째 질문으로 나아갔겠지만, 2000년대를 살아가는 20대 여성들에게 첫 번째 질문은 별 의미가 없다고 해도 틀린 말은 아니다. 대다수의 젊은 여성들은 학교를 졸업하면 취업을 해서 돈을 벌고 경력을 쌓아 가기를 희망한다. 졸업 후 당장 취업을 할 의사를 갖지 않은 여성들도 속사정을 살펴보면 취업을 원치 않기보다는 취업할 자신이 없어서 스스로 포기하는 경우가 많다. 한국사회에서 고등교육을 받은 대부분의 여성들은 남성과 마찬가지로 자신의 능력을 키우고 사회적 인정을 얻을 수 있는 '좋은 일자리'를 얻기를 꿈꾼다.

당연한 현상이다. 현대사회에서 여성과 남성은 같은 교육을 받으며 민주주의와 평등, 자유의 가치를 배우고 자신의 꿈을 실현하며 사회적으로 성취하라는 메시지를 주입받는다. 이때 직업은 민주 사회에서 개인으로서 자유롭고 평등하게 살아갈 수 있는 권리를 획득하는 수단이자 꿈을 실현하고 사회적 성취를 획득하는 열쇠이다. 일 중심적 사회에서 살아가는 우리들은 일을 통해서 자신의 능력을 개발하고 자기 삶의 의미를 찾을 수 있다고 생각한다.

따라서 위의 첫 번째 질문에 대한 답은 비교적 명쾌하지만, 두 번째 질문에 대한 답은 심사숙고를 요한다. 많은 20대 여성들은 막연히 직업을 가져야 한다고 생각하지만, 자신이 가져야 할 직업이 어떤 것인지에 대한 판단은 불분명하다. 자신의 적성에 맞고 능력을 키우는 데 알맞은 '내가 좋아하고 잘할 수 있는 일'을 찾기란 쉽지 않기 때문이다. 그런데 여기서 생각해 보아야 할 점은 첫 번째 질문과 두 번째 질문은 서로 깊은 관련이 있다는 사실이다. 내가 직업을 가질 것인지, 왜 직업을 가져야 하는지에 관한 질문과 내가 어떤 직업을 가질 것인지의 문제는 연결되어 있다. 직업의 의미와 가치, 직업을 갖는 이유는 내가 선택하는 직업의 범위에도 영향을 줄 것이기 때문이다. 자신의 삶에서 일이 갖는 의미와 직업을 찾기 위한 노력은 20대 모두에게 필요한 과제다. 그러나 여기서 여성은 남성과는 다소 다른 혼란과 갈등의 지점에 서 있다. 여성은 결혼 후 출산과 육아라는 또 다른 책임을 지고 있기 때문이다. 이런 여성의 성역할gender role은 타고난 자연스러운 것이 아니다. 실제로 결혼이나 출산을 하지 않는 여성들도 있지만, 이것은 모든 여성의 생애 과정인 것처럼 당연시되며, 때로 '취업'과 '결혼'이 서로 대체할 수 있는 생애 사건으로 여겨지곤 한다. 그러나 결혼이 취업을 대신할 수 있을까? 대체 직업은 여성의 삶에서 어떤 의미를 갖는 것일까? 다음 절에서는 여성의 생애 관점에서 직업의 필요성을 생각해 본다.

03
여성의 입장에서 직업을 생각하기

대학 진학률과 여성의 취업

한국은 대학 진학률이 가장 높은 나라에 속한다. 2009년 경제협력개발기구(OECD, 이하 OECD) 발표 자료에 따르면 한국은 캐나다, 일본에 이어 세계에서 세 번째로 대학 진학률이 높아 77.8%까지 기록했다. 이후 진학률은 감소해 2013년 70.7%로 낮아졌지만, 여전히 고등학교 졸업자의 70% 이상이 대학(전문대학 포함)에 입학한다. 그 결과 2013년 4년제 대학에 재학 중인 학생(휴학생 포

함)은 212만 296명으로 여자가 83만 5,703명, 남자가 128만 4,593
명이며, 여성은 전체의 39.4%를 차지한다. 같은 해 전문대학 재학
생은 여자 30만 3,169명, 남자 45만 4,552명으로 총 75만 7,721명
이며 여성은 40%이다(한국교육개발원, 교육통계서비스). 따라서 대
략 3백만 명가량이 대학생 인구라고 볼 수 있다. 이처럼 높은 대학
진학률은 지난 1990년대부터 대학 입학 인구가 지속적으로 증가
해 온 결과다. 1990년 남녀 대학 진학률은 33.2%에 불과해 고등학
교 졸업자의 3분의 1 정도만이 전문대학을 포함한 대학에 진학했
다. 이 가운데 남성의 대학 진학률은 33.3%, 여성의 대학 진학률은
31.9%로 여성이 다소 낮았다(〈그림1〉 참조). 이후 1999년이 되면 대
학 진학률이 두 배로 높아져 66.6%에 이른다. 이때도 남성이 더 높
아서 68.7%인 데 비해 여성은 63.5%를 기록했다. 그러나 2009년도
에 이르면 여성 82.4%, 남성 81.6%로 여성의 진학률이 더 높아졌
고 이후 2013년까지 격차는 더 커지고 있다(여성 74.5%, 남성 67.4%,
교육통계연보, 2013). 이처럼 고교 졸업자의 대다수가 대학에 진학
하게 된 것은 한국사회의 높은 교육열과 함께 노동시장에서 대학
졸업자들이 갖게 되는 유리함 때문이다. 대학을 졸업해야 높은 소
득과 좋은 전망을 갖는 일자리에 들어갈 수 있는 가능성이 더 커지
기 때문이다. 또 남성보다 여성의 진학률이 높아지고 있고 그 격차
가 커지는 현상은 아직 명확한 원인이 밝혀지지는 않고 있지만, 대
학 교육에 대한 여성의 수요가 높아지고 있음을 보여 준다.

　　그러나 졸업 후 취업률을 비교해 보면 아직 남녀 사이에 격차
가 크다. 2013년 대학 및 대학원 졸업생의 취업률은 59.3%로, 남
성 62.7%(전문대학 61.5%, 4년제 대학 59.7%, 일반대학원 76.8%), 여성

56.1%(전문대학 61.0%, 4년제 대학 51.3%, 일반대학원 58.5%)로 나타났다(교육과학기술부, 2013년 고등교육기관 졸업자 취업통계조사). 여성의 취업률이 남성의 취업률보다 6.6% 낮은 것을 알 수 있다. 특히 교육년수가 길어질수록 취업률의 성별 격차가 커지는데, 전문대학 졸업자의 성별 취업률 격차는 0.5%인 데 비해, 4년제 대학 졸업자는 8.4%, 대학원 졸업자는 18.3%로 나타난다.

그러나 이러한 자료는 취업의 양적 측면만을 보여 주는 것일 뿐, 질적 차이까지 제시하지는 않는다. 특히 여성의 경우 취업을 아예 포기하고 비경제활동 인구로 남는 경우가 적지 않기 때문에 전체 대졸 여성 인구 중 취업자가 차지하는 비중을 살펴볼 필요가 있다. 이것은 '고용률'로 표시하는데 해당 인구 집단 전체에서 취업자가 차지하는 비중을 가리킨다. 고용률은 '취업률', 즉 취업 의사를

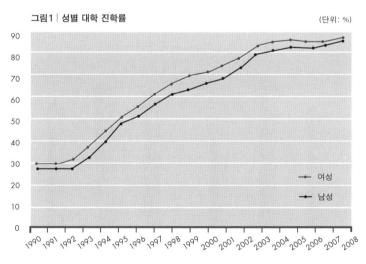

그림1 | 성별 대학 진학률 (단위: %)

자료: 교육과학기술부, 〈교육통계연보〉 각 연도.
주: 진학률은 해당 연도 졸업자 중 상급 학교에 진학한 사람의 비율(재수생 미포함).

가지고 구직활동을 한 사람들 중 취업에 성공한 사람들의 비율을 보여 주는 수치에 비해 대졸 여성 전체의 경제활동 여부와 인적 자원 활용도를 파악하는 데 도움이 된다. 2013년도 한국의 대졸 여성 고용률을 살펴보면 남성과 격차가 매우 크고 선진국 중 가장 낮은 것을 알 수 있다. 〈그림2〉에서 2013년 4년제 대학 및 대학원 졸업자의 고용률은 여자 62%, 남자 90%로 28%의 격차를 보이고 있다. 전문대학 졸업자 역시 비슷해서 여자 58%, 남자 90%로 남자의 고용률이 32.0% 높다. 이 같은 대졸 여성의 낮은 고용률은 전 세계적인 현상일까? OECD 국가의 경우를 살펴보면, 4년제 대학 및 대학원 졸업자 중 여성의 평균 고용률은 79%로 남성 고용률 88%에 비해 9% 낮기는 하지만 그 격차는 한국의 3분의 1 수준이다. 전문대

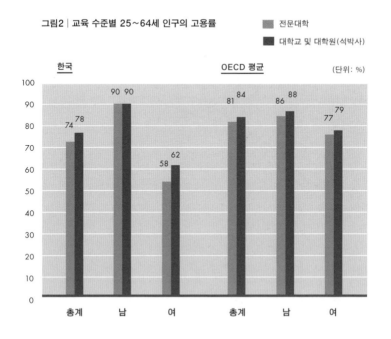

그림2 │ 교육 수준별 25~64세 인구의 고용률

전문대학
대학교 및 대학원(석박사)

한국　　　　　　　　　　OECD 평균　　　　(단위: %)

학 졸업자의 경우도 역시 9%로 한국의 성별 고용률 격차의 28% 수준으로 나타난다. 한국의 대학 졸업자들이 경험하는 성별 고용률 격차는 OECD 평균에 비해 세 배 이상 큰 것이다. 한국은 OECD 국가 중 여성의 대학 진학률이 가장 높은 그룹에 속하지만 대학을 졸업한 여성의 경제활동 참여는 가장 낮은 국가임을 알 수 있다. 2000년대 들어 대졸 여성도 적극적으로 노동시장에 들어가고 있어 이러한 격차는 점차 감소할 것으로 예상되지만, 대졸 여성의 취업률 자체가 낮아 변화의 속도가 늦어지는 것도 사실이다. 여성의 교육 수준은 높아지는 데 비해 교육을 통해 획득한 능력을 실현할 수 있는 기회는 아직 제한되어 있음을 알 수 있다.

여성 취업에 대한 태도의 변화

그렇다면 여성도 남성처럼 평생직업을 가져야 할까? 이 질문에 대한 한국 국민의 의식 조사 결과가 〈그림3〉에 나타나 있다. 2011년 '여성도 직업을 가지는 것이 좋다'고 생각하는 사람들은 13세 이상 인구의 84.3%에 이른다. 이를 생애 주기별로 나누어 보면, 결혼이나 가정 상황에 관계없이 직업을 가지는 것이 좋다고 생각하는 사람이 50%가 넘으며, 출산 전과 자녀 성장 후 직업을 갖는 것이 좋다는 응답이 23.5%를 차지한다. 인구의 절반 이상은 여성도 평생에 걸쳐 직업을 갖는 것이 바람직하다고 생각하며, 4분의 1은 자녀를 낳기 전이나 자녀를 키운 후에 직업을 갖는 것이 좋다고 생각하는 것이다.

13년 전인 1998년의 응답과 비교하면 큰 변화다. 〈그림3〉에서
'여성도 계속 직업을 갖는 것이 좋다'고 생각하는 사람은 26.8%로
'결혼 전과 자녀 성장 후'라고 응답한 26.4%와 거의 비슷한 규모로
나타난다. 인구의 4분의 1만이 여성의 평생 취업을 지지하고 있는
것이다. 그러나 13년 사이에 여성의 평생 취업을 지지하는 사람들

그림3 | 여성의 취업 시기에 대한 인식 변화(1998, 2011년)　　　　　(단위: %)

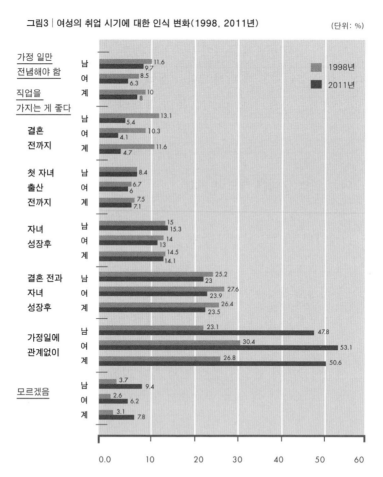

자료: 통계청 사회통계국 사회통계기획과 각 연도.

의 규모는 두 배로 커져 인구의 절반 이상을 차지하게 되었다.

　　그런데 여기서 주목할 만한 사실은 여성의 평생 취업을 지지
하는 사람은 남성보다는 여성이 더 많다는 점이다. 〈그림3〉에서
'가정일에 관계없이 직업을 가지는 것이 좋다'고 생각하는 여성이
53.1%인 데 비해, 남성은 47.8%이다. 여성들 스스로 평생 취업에
더 적극적인 것을 알 수 있다. 또 〈표1〉에서 연령대별로 나누어 보
면 10대와 20대에서 여성의 평생 취업을 지지하는 견해가 높고, 30

표1 | 연령별 여성 취업에 대한 견해(2011년)　　　　　　　　　　　　(단위: %)

특성별		계	직업을 가지는 것 이 좋다	결혼 전 까지	첫 자녀 출산 전 까지	자녀 성장 후	출산 전 과 자녀 성장 후	가정일 에 관계 없이	가정일 에 전 념하는 것이 더 중 요하다	잘 모르 겠다
계		100.0	84.3	4.7	7.1	14.1	23.5	50.6	8.0	7.8
남자		100.0	80.9	5.4	8.4	15.3	23.0	47.8	9.7	9.4
여자		100.0	87.6	4.1	6.0	13.0	23.9	53.1	6.3	6.2
13~19세	남	100.0	77.9	9.0	13.6	8.5	15.4	53.5	5.1	17.0
	여	100.0	93.0	5.8	7.1	4.1	17.1	66.0	1.6	5.4
20~29세	남	100.0	85.6	5.4	11.7	8.0	22.0	52.9	6.1	8.3
	여	100.0	94.2	4.8	8.6	5.8	19.8	61.0	2.5	3.4
30~39세	남	100.0	84.2	4.3	10.1	14.8	27.2	43.6	9.5	6.4
	여	100.0	91.8	2.6	6.8	13.9	30.9	45.8	4.9	3.3
40~49세	남	100.0	81.5	4.6	4.8	20.5	25.0	45.1	11.0	7.5
	여	100.0	90.2	3.3	3.9	15.6	27.3	49.8	5.3	4.5
50~59세	남	100.0	81.7	5.2	5.7	17.7	23.7	47.7	9.7	8.6
	여	100.0	86.3	4.4	4.7	16.5	22.7	51.7	8.9	4.7
60세 이상	남	100.0	73.2	5.8	6.6	19.1	20.4	48.1	15.0	11.8
	여	100.0	74.9	4.5	5.6	17.6	21.2	51.1	11.2	13.9

자료: 통계청 사회통계국 사회통계기획과.

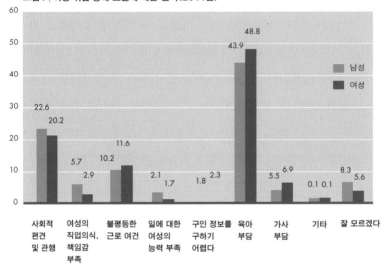

그림4 | 여성 취업 장애 요인에 대한 인식(2011년)

자료: 통계청 사회통계국 사회통계기획과.

대와 40대에서 비교적 낮은 것을 볼 수 있다. 특히 여성의 경우 평
생 취업을 지지하는 사람들이 10대에는 66.0%, 20대에는 61.0%
이지만, 30대에는 45.8%로 크게 떨어지고 있다. 결혼하지 않은
10~20대 여성들이 평생 취업을 긍정적으로 보는 데 비해 30대가
되어 결혼하거나 출산을 하는 여성들은 평생 취업의 어려움을 경
험하면서 훨씬 더 소극적인 의식을 갖게 되는 것이다.

이러한 해석을 뒷받침해 주는 자료로 〈그림4〉를 살펴보면,
2011년 전체 인구의 46.4%가 '육아 부담'을 여성 취업의 장애 요
인으로 꼽고 있다. 여성의 48.8%, 남성의 43.9%가 육아 부담을
장애 요인으로 생각하고 있으며, 특히 〈표2〉에서 30대 여성들의
62.2%(남성 55.6%)가 육아 부담을 지적하였다. 초혼 연령이 20대
후반으로 늦어짐에 따라 30대에 주로 출산을 하게 된 여성들이 큰

표2 │ 연령별 여성 취업 장애 요인에 대한 인식(2011년)　　　　　　　　　(단위: %)

		계	사회적 편견 및 관행	여성의 직업의식, 책임감 부족	불평등한 근로 여건	일에 대한 여성의 능력 부족	구인 정보를 구하기 어렵다	육아 부담	가사 부담	기타	잘 모르겠다
계		100.0	21.4	4.3	10.9	1.9	2.1	46.4	6.2	0.1	6.9
남자		100.0	22.6	5.7	10.2	2.1	1.8	43.9	5.5	0.1	8.3
여자		100.0	20.2	2.9	11.6	1.7	2.3	48.8	6.9	0.1	5.6
13~19세	남	100.0	36.0	6.0	8.0	2.6	1.1	25.8	4.2	0.1	16.3
	여	100.0	38.2	2.7	14.5	2.7	1.3	29.5	5.5	0.0	5.5
20~29세	남	100.0	27.6	8.9	11.6	2.4	2.0	35.7	4.4	0.1	7.3
	여	100.0	27.3	3.3	16.2	1.6	1.5	43.1	4.9	-	2.0
30~39세	남	100.0	17.9	5.4	9.8	1.3	1.7	55.6	4.1	0.0	4.3
	여	100.0	14.0	2.7	11.6	1.2	2.0	62.2	4.5	0.1	1.8
40~49세	남	100.0	20.1	5.9	10.9	2.0	1.9	47.6	5.9	0.1	5.6
	여	100.0	19.6	4.1	12.2	1.9	3.5	47.6	8.4	0.1	2.6
50~59세	남	100.0	23.4	5.4	11.8	2.1	1.8	40.4	6.8	0.1	8.2
	여	100.0	20.0	2.9	11.5	1.8	2.9	47.9	8.2	0.1	4.7
60세 이상	남	100.0	16.2	3.0	8.4	2.2	2.3	49.1	7.1	0.2	11.7
	여	100.0	12.1	1.6	6.3	1.3	2.2	52.6	8.5	0.2	15.1

자료: 통계청 사회통계국 사회통계기획과.

어려움을 겪고 있음을 알 수 있다. 그 밖에 '사회적 편견 및 관행'이나 '불평등한 근로 여건'도 여성의 취업에 부정적인 요인으로 지적되고, 특히 10대와 20대 여성들이 이 문제를 심각하게 느끼고 있는 것을 볼 수 있다. 이러한 자료는 결국 여성이 평생직업을 가지고 일을 계속해 가기 위해서는 육아 부담, 사회적 편견과 관행, 불평등한 근로 여건의 문제에 적절히 대처해 나가야 한다는 것을 보여 주며, 이를 해소하기 위한 사회적 변화가 필요하다는 것을 시사한다.

여성의 경제적 독립과 성평등

불과 13년밖에 되지 않는 기간 동안 여성의 평생 취업을 지지하는 사람들이 두 배로 늘었다는 사실은 무엇을 의미하는 것일까? 출산과 육아, 가사 등 가족을 위한 돌봄노동의 부담이 큰 여성들이 평생 자신의 일을 가져야 하는 이유는 무엇일까?

첫째, 개인으로서 자신의 인식과 관련된 것이다. 여성이나 남성은 모두 개인으로서 자기 삶에 대한 권리와 책임이 있다. 누구의 딸이거나 부인이거나 어머니이기 이전에 개인으로서 자신만의 고유한 내적 세계를 가지며 이것을 자아自我, self 라고 한다. 인간의 자아 개념은 그가 수행하는 역할role과 깊은 관계가 있다. 자아는 인간이 지닌 사회적 지위에서 파생된 역할들의 조직으로 형성된다. 그리고 이러한 역할들에 대해 스스로 의미를 부여하는 과정에서 정체성이 형성된다. 따라서 여성이 개인으로서 자신의 정체성을 갖는 데는 딸이나 부인, 어머니라는 가족 내 역할 이전에 독립적인 사회 구성원으로서 자기 역할이 필요하다. 직업은 여성이 개인으로서 자기 정체성을 형성해 가는 데 핵심적인 요소가 된다.

둘째, 21세기의 사회경제적 조건에 관련된 것이다. 신자유주의적 자본주의경제 체제 속에서 일상적으로 일어나는 기업의 구조조정은 평생 고용이 보장된 정규직 일자리를 점점 더 축소시키고 있다. 학교를 졸업한 20대 남녀는 자신이 원하는 일자리를 찾기가 더 어려워지고 비정규직이 되면 고용의 안정성을 보장받을 수 없다. 또 정규직이라고 해도 회사가 도산하거나 합병되는 경우 일자리를 잃기 쉽다. 21세기 사회는 어느 누구에게도 평생 고용을 보장하지 않는다. 따라서 남성 혼자서 가족을 부양하는 시대도 사라지고 있다고 할 수 있다. 선진국에서는 1980년대 이래 중산층 생활을 유지하려면 부인도 취업한 맞벌이 가족으로 살아야 한다는 인식이 확산되어 왔다. 한국사회에서도 1997년 말 IMF 외환 위기 이후 대기업 화이트칼라 노동자들이 집단 퇴출되면서 평생 고용 개념은 약화되어 왔다. 이제 대기업을 다니는 남성들도 자신의 직장에서 정년퇴직을 할 수 있으리라고 안심할 수 없게 되었다. 이러한 사회적 환경의 변화는 여성도 직업을 가지고 자신과 가족의 경제적 부양을 위해 노력해야 한다는 관념을 확산시키고 있다.

셋째, 여성도 자신의 직업을 가져야 하는 가장 중요한 이유는 성평등 gender equality 에 있다. 경제적인 자기 부양 능력 없이 남성과 동등한 권리나 의사 결정권을 요구한다면 이루어지기 어려울 것이다. 경제적으로 누군가에게 의존해 있는 상태에서 자기 삶에 대한 독립성과 자율성을 갖는 데는 한계가 있다. 물론 많은 여성은 가족 안에서 돌봄노동을 하고 있지만 현대사회에서 돌봄노동은 그 가치를 충분히 인정받지 못하고 있다. 육아나 가사, 환자 돌보기와 같은 일은 경제학적으로 가치 있는 노동으로 평가되지 않기 때문이다. 오늘날 대부분의 사회에서 전업주부는 비경제활동 인구로서 경제적으로 의존적인 인구 집단으로 여겨진다. 따라서 현대사회에서 여성이 경제적으로 자기 부양 능력을 갖기 위해서는 직업을 가져야 한다. 직업은 여성에게도 성인으로서 독립성과 자율성을 확보하는 데 필수적인 수단이다(돌봄노동에 대해서는 제11장 참조).

넷째, 여성 가구주 가족의 증가도 점차 중요한 요인이 되고 있다. 여성 가구주 가족이란 여성이 주요 부양자가 되는 가족을 말한다. 여성 혼자 살거나 한부모로서 자녀를 키우는 경우, 배우자가 있어도 실질적인 주 부양자인 경우가 여기에 속한다. 2012년 여성 가구주 가족은 26.8%로서 전체 가구의 4분의 1을 넘어서고 있다. 여성 가구주 가족은 매년 증가하고 있어 2030년에는 34.0%에 이를 것으로 전망된다(통계청, 〈장래가구추계〉, 2012.4). 인구의 3분의 1 이상이 여성 가구주 가족 안에서 살아가리라는 예측이다. 여성 가구주 중 가장 큰 비중은 60세 이상 노인 가구이다. 2012년 현재 여성 가구주 가족 중 34.6%가 여성 노인 가족이다. 그 밖에 50대와 40대도 19~20%를 차지하고 있는 것으로 나타난다. 여성은 노인이 되어 혼자 살거나 가족을 부양할 가능성이 높고 40대 이상 중년층에서도 다섯 가구 중 한 가구가 여성이 주 부양자라는 사실을 알 수 있다. 이러한 수치가 의미하는 바는 여성도 생애의 어떤 시점에서는 혼자 살거나 가족을 부양해야 하는 책임을 가질 수 있다는 점이다. 자신의 소득이 없이는 살아가기 어려운 시대가 확대되고 있는 것이다.

다음의 이야기는 전업주부에서 취업주부로 자기 이력을 바꾸어 온 이태연(가명) 씨의 경험담이다. 그녀는 경기도에 거주하는 30대 여성으로 불우한 어린 시절을 보내고 집에서 벗어나고 싶어 일찍 결혼했다. 전업주부로서 두 아이를 키우던 그녀는 자신의 삶이 행복하지 않다고 느끼며 방황했다. 우여곡절 끝에 여성 전문 직업 훈련 기관에서 1년간 교육을 받고 웹 디자이너로 일하면서 그녀는 자아존중감을 회복해 가고 있다.

"일단 제가 제일 많이 변한 거 같아요. 왜냐하면 그 전에는 항상 자신감도 없고, 내가 불행하고, 행복하지 않고, 그러니까 '나는 이렇게 불행한 삶을 타고났나?' 이런 생각⋯⋯. '어쩔 수 없이 내가 극복할 수 없을 거 같다'며 막 자꾸 좌절하게 되고, 그 생활에 안주하게 되니까 저도 힘들고 주변 사람들도 많이 힘들었는데⋯⋯. 딱 직장 나가서 솔직히 3개월 동안은 고민 많이 했었어요. '그만둬야지, 그만둬야지.' 너무 힘든 거예요. 일단, 직장생활이라는 거 자체가 막 부담스럽고 어렵잖아요? 그리고 내가 여기에서 나한테 주어진 일을 못했을 때 내가 이 회사에 피해를 주는 거라는 생각이 있다 보니까 항상 긴장되고, 뭔가 나한테 일이 주어지면 '못하면 어떡하지? 못하면 어떻게 해?' 이 스트레스가 있어요. 그런데 그렇게 스트레스 받아서 힘든데도 나름대로 짜릿함이 있는 거예요. 묘한, 기분 좋은 게 있어요. '나 이 회사 때려치워야 돼, 때려치워야 돼' 하면서도 왔다가 집에 갈 때는 뭔가 '내가 오늘 하루를 또 잘 버텼구나' 싶고 뿌듯한 거예요. 가끔 9시나 10시까지 야근을 하고 갈 때가 있거든요. 그러면 끝나고 사무실 나와서 집에 갈 때 거리를 걸어서 가잖아요. 그때는 진짜 전쟁에서 이기고 돌아오는 장수 같은 기분이 들어요. 막 흥분되고, '아, 진짜 애들만 아니면, 결혼한 유부녀만 아니면 맨날 야근하고 싶다'는 생각이 그때는 들었어요. '아, 이래서 사람들이 맨날 그만둬야지, 그만둬야지 하면서도 직장을 다니나?' 그리고 애들 열심히 키워서 애가 시험을 백 점 받아 오고, 이거하고는 차원이 다른 기분이에요."

이태연, 웹 디자이너, 38세(《여성, 나를 말하다》,

신경아 외, 경기도여성비전센터, 2012)

인간은 누구나 자신의 의지와 취향을 가지고 능력을 개발하

며 하고 싶은 것을 추구할 수 있다. 타인의 요구에 맞춰 살거나 타인을 위해 희생하는 삶이 아니라 먼저 자신의 자아를 실현하는 삶을 살아야 한다. 그런 점에서 여성은 자신의 일을 가지고 능력을 개발하며 사회적 인정을 받을 수 있다. 그리고 그 결과는 자기 스스로에 대한 인정과 자신감이다. 이태연 씨의 경험은 가족 안에서 자녀의 성공을 자기 삶의 목표로 삼고 자녀 교육에 매달리던 여성이 그 삶이 자신에게 행복을 가져다주지 않는다는 사실을 깨닫고 자신의 일을 찾아나서는 이야기이다. 그녀의 사례는 2000년대를 살아가는 많은 여성들의 공통된 경험이라고 할 수 있다.

04

대졸 여성의 취업 준비에서 나타난 문제점

실력보다는 외모?

20대는 물론 평생에 걸쳐 여성도 직업을 가져야 한다는 필요성과 기대감이 확산되는 것처럼 대학에서 공부하는 여성들도 적극적으로 취업을 준비하고 있을까? 크게 달라지고는 있지만, 아직까지 한국사회에는 여성의 평생 취업을 방해하는 요인이 적지 않다.

사회구조적인 요인에 대한 것은 제4장과 제5장에서 보기로 하고, 여기서는 20대 여성의 주관적인 측면을 살펴보기로 한다.

한 세대 전만 하더라도 아기가 태어나면 주위 사람들이 으레 하는 덕담은 남아와 여아에게 달랐다. 남아에게는 "이다음에 커서 훌륭한 사람이 돼라", "장군감이다", "공부 잘해라"라고 이야기하지만, 여아에게는 "예쁘다", "시집 잘 가라"라는 것이 전부였다. 남아에게는 사회적 성공을, 여아에게는 외모와 결혼을 중요시했던 것이다. 그렇다면 2000년대인 지금은 어떠한가. 여성도 남성과 마찬가지로 직업을 가지고 사회적 성취를 꿈꾸게 되었지만, 외모에 대한 지나친 강조나 관심, 결혼을 통한 신분 상승의 신화는 여전히 강력한 영향력을 발휘하고 있다. 오히려 시간이 지날수록 더 강화되는 경향도 나타난다. 과도한 다이어트와 화장, 성형수술, 옷과 가방과 같은 장신구 등 여성이 외모를 위해 지출해야 하는 비용과 시간, 노력과 에너지는 남성과는 비교할 수 없을 정도로 크지만 많은 여성들은 기꺼이 이를 감수한다. 외모에 대한 자기만족은 물론 그것을 통해서 경제적 능력이나 사회적 인정을 얻을 수 있다는 믿음 때문이다. 그러나 외모에 치우치면 치우칠수록 자신의 지적·정서적 능력을 향상시키기 위해 집중할 수 있는 시간이나 에너지는 줄어들 수밖에 없다. 사람에게 주어진 시간이나 능력은 큰 차이가 없으므로 외모 관리에 빼앗긴 시간과 관심, 노력은 다른 어떤 것으로 만회할 수 없다. 연예인 같은 외모를 요구하는 직업이 아닌 이상 대부분의 직업에서 필요한 여러 가지 다른 능력들은 그만큼 결여되기 쉽다. 따라서 여성에게 지나치게 외모를 강조하는 것은 '이데올로기'이다. 현실을 왜곡된 모습으로 보게 하는 편견의 일종인 것이다. 외모에 대한 지나친 집착에서 벗어나 자신의 성품을 닦고 지적·정서적 능력을 개발해 나가려는 노력이 어느 때보다도 필요한 시대이다.

그러나 현실은 그렇게 녹록지 않은 것도 사실이다. 우리나라 여자 대학생의 성형 경험을 조사한 한 연구에서 여자 대학생들의 성형은 외모 차별 경험과 깊은 관계가 있으며, 취업 시 유리한 조건을 얻기 위한 노력과도 관계가 있는 것으로 나타났다. 2003년 수도권 대학의 여자 대학생 479명을 대상으로 한 조사(임인숙, 2004)에서, 성형 경험이 있는 여성은 11%(51명)였고, 성형할 의사가 있는 사람은 23%(109명)로 훨씬 더 많았다. 이처럼 여학생들이 성형에 대해 관심을 갖는 이유는 외모로 인해 차별을 받은 경험이 있었기 때문이다. "외모 때문에 남자 친구를 사귀는 데 손해를 본 경험이 있다"(14.2%), "외모 때문에 아르바이트를 구하는 데 손해 본 경험이 있다"(8.6%) 등의 응답이 이를 보여 준다. 또한 응답자의 90% 이상이 좋은 외모가 취업에서 유리하다고 생각하고 있었다. 이러한 수치는 여성의 몸 가꾸기가 겉으로는 여성 스스로 선택한 행위로 나타나지만 여성의 아름다움을 기대하는 가부장적 사회에 대한 일종의 의무 수행이라는 점을 알려 준다. 또 가부장적 사회는 아름다운 성으로서 역할에 충실한 여성들에게 몸을 자본화할 수 있는 기회를 보상으로 제공한다는 점을 여성들이 알고 있다는 사실도 알려 준다. 그러나 이런 가부장적 기대와 의무, 그것에 충실하려는 여성들의 욕구가 여성의 삶에 그리 유익한 결과만을 가져오는 것은 아니다. 같은 조사에서 성형 경험이 있는 여성은 외모가 자본이 될 수 있다는 생각을 좀 더 지지하고 자신의 외모에 대한 만족도도 높지만, 그녀들이 지닌 자아존중감은 성형을 하지 않은 여성들보다 낮은 것으로 나타났다. 또 외모 이외의 대안자원, 즉 전문적인 능력이나 커리어 개발에 관심이 많은 사람일수록 외모에 대한 관심도 낮은 것으로 나타났다. 이러한 조사 결과는 여자 대학생들이라고 해도 취업을 위한 준비에서 자신의 몸과 외모를 육체자본으로 생각하고 있는가, 또 지식이나 기술, 인간관계 능력과 같은 대안자원을 얼마나 가지고 있는가 하는 질문에 대해 다른 대답을 추구하고 있음을 보여 준다.

아름다운 몸과 외모를 육체자본으로 삼는 것이 왜 문제가 될까? 세 가지 이유를 생각해 볼 수 있다. 첫째, 대체 가능성이다. 자본주의 사회에서 자본가계급은 노동자에게 지불하는 임금 비용을 줄이고 노동을 통제하여 생산 단가를 최소화하고 이윤을 최대화하는 데 관심이 있다. 따라서 이론적인 차원에서 자본가계급의 꿈은 '무인생산공정無人生産工程'의 실현이다. 노동력 비용 지출을 없앨 수 있다면 이윤 창출 과정을 자본가계급이 지배하기가 훨씬 용이해지기 때문이다. 최근 전 세계적으로 확산되고 있는 노동의 유연화 flexibilization of labor 는 자본의 필요에 따라 노동력을 자유롭게 고용하거나 방출할 수 있는 체계의 확산을 가리킨다. 이런 체계에서 노동자는 기업과 시장의 변동에 따라 쉽게 고용되고 해고될 수 있다. 특히 노동자가 기업에 필요한 지식과 기술, 능력을 가지고 있지 못하다면 그녀의 고용은 더욱 불안정해질 것이다. 따라서 급격하게 변동하는 세계 시장과 자본의 요구에 맞서 자신의 일자리를 지키기 위해서 노동자는 '대체 불가능한' 존재가 되어야 한다. 지식과 기술, 관계 능력을 키워야 한다는 것이다. 이런 맥락에서 여성의 외모

자원은 나이가 들어 감에 따라 그 효력을 잃는 불안정한 자원에 그칠 수밖에 없다. 젊고 성형수술을 통해 아름다운 몸을 갖게 된 여성들은 늘 노동시장에 공급되기 때문이다.

둘째, 단순 사무직을 넘어서 좀 더 전문성이 필요한 업무를 중심으로 볼 때, 여성에게는 훨씬 더 많은 업무 능력이 요구된다. 미국의 여성노동 연구자 조앤 윌리엄스 Joan C. Williams는 '기업에서 남성은 그들의 잠재 능력에 따라 평가받지만, 여성은 그들의 업적에 따라 평가받는다'라고 이야기한다(Williams & Dempsey, 2014). 미국 기업에서 남성은 미래의 가능성에 따라 채용되고 훈련받지만, 여성은 당장의 실적에 따라 평가받는다는 것이다. 그만큼 기업에서 여성은 장기 지속적인 인력으로 간주되기 어렵다는 의미이지만, 또 다른 한편으로 여성에게는 남성보다 오히려 더 능력과 업적이 중요하다는 사실도 알려 준다. 이것은 여성이 놓인 성차별적 현실을 보여 주는 사례이며, 기업 내 높고 강한 성차별의 벽을 뚫기 위해서는 여성의 능력과 노력, 성취 결과가 중요하다는 점도 생각하게 한다.

셋째, 성형 중독의 위험성이다. 더 젊고 예뻐지라는 가부장적 사회의 요구는 여성에게 나이 듦과 육체의 변화를 부정적으로 여기게 만든다. 따라서 성형 역시 한 번으로 끝나는 것이 아니며, 나이가 들고 외모가 변함에 따라 계속될 수밖에 없다. 많은 의사들은 한두 차례의 성형은 문제가 될 수 없지만, 반복되는 성형, 즉 성형 중독은 여성의 외모는 물론 육체적·정신적 건강을 심각하게 훼손할 수 있다고 이야기한다. 대중매체를 통해 알려진 성형 중독 사례는 앞으로 더 늘어날 것이며, 그만큼 더 위험해질 수 있다. 한국의 성형 실태에 관한 한 조사에 따르면 한국인은 전 세계에서 가장 많이 성형수술을 받고 있으며 인구밀도 대비 성형외과 의사의 수도 1위로 보고되고 있다(신명수, 2001). 과도한 성형, 계속되는 성형은 여성에게 육체자본에 지나친 집착과 건강에 대한 위협을 가져오고, 노동자로서 필요한 의지와 역량을 훼손하는 결과를 가져올 수 있다.

여성의 외모가 강조되는 사회는 매우 성차별적이며 건강하지 못한 사회이다. '아름다운 외모'는 이성애 중심 사회에서 남성적 관점에 따라 일방적으로 정의되므로 나이 어린 여성들만이 가질 수 있는 특권처럼 인식될 수 있다. 따라서 일하는 여성들은 나이가 들수록 자신이 아름답지 못하다고 생각해 자신감을 잃거나 직장에서 차별받을 수 있다. 특히 성형수술 1위의 나라로 알려진 한국사회에서 여성들은 의료 기술과 미디어가 만들어 낸 인공적인 미를 아름다움의 기준으로 삼기 쉽다. 어린 나이와 성형, 다이어트를 끊임없이 부추기는 사회는 결국 노동시장에서 여성의 수명을 단축시킬 수밖에 없다. 열정과 의지, 직업의식과 전문성, 인간관계 등 직무와 관련된 역량보다 나이와 외모, 여성적 태도를 강조하는 문화 속에서 여성이 남성과 나란히 직업인으로서 성장해 갈 수 있는 가능성은 점점 더 줄어든다. 따라서 외모에 대한 지나친 관심을 경계하고 자신의 개성과 능력, 존재 가치에 대한 확신을 키우고 직업적 역량을 길러야 한다.

아르바이트와 불안정한 노동 경험

20대 여성들은 고교 재학 때부터나 대학 입학 후 여러 가지 아르바이트를 계속해 왔다. 높은 학비 부담, 용돈, 소비수준의 상승 등은 물론, 집에서 떨어져 학교를 다니는 경우 집세와 생활비까지 경제적 부담이 적지 않아 많은 여학생들이 학업과 아르바이트를 병행하고 있다. 그러나 별다른 목표나 진로 지도 없이 대학에 진학한 경우 자신의 장래 진로와는 전혀 무관한 단순 아르바이트 노동을 하느라 많은 시간을 보내고 학업에 소홀하기 쉽다. 자신의 진로와 관련이 없는 아르바이트는 많은 경험을 가지고 있어도 경력에 도움이 되지는 않는다. 오히려 진로 선택과 준비를 위한 시간을 빼앗는 결과를 가져올 수 있다. 또 아르바이트 노동은 비정규 노동 중에서도 가장 불안정하며 노동자에 대한 보호가 거의 이루어지지 않는 노동이다. 아르바이트 일자리 중 상당수가 최저임금이 보장되지 않으며, 단기적인 고용 안정성조차 확보되지 못한다. 그 결과 많은 여학생들은 별 문제의식 없이 그때그때 닥치는 대로 아르바이트 일을 하다가 미래에 대한 전망도 세우지 못한 채 실업자가되거나 경력 단절의 덫에 빠지고 있다. 이처럼 여성들이 학교 밖에서 처음 접하는 노동의 유형이 가장 불안정한 주변 노동이므로 졸업 후 노동시장에 들어가서도 임시직이나 파견직, 시간제 일자리를 쉽게 받아들일 수 있다. 이는 20대 여성과 남성에게 공통된 경험이지만, 특히 여성에게서 더욱 두드러지게 나타난다. 평생직업이나 평생직장을 위해 시간과 노력, 자원을 투자하는 남성들에 비해, 여성들은 임시적인 일자리를 떠돌아다니기 쉽기 때문이다. 지나친 아르바이트 노동은 장기적인 전망을 가지고 체계적인 준비를 할 수 있는 시간이나 정신적·육체적 에너지를 고갈시킬 수 있다. 그러나 아래 기사에서도 볼 수 있듯이, 많은 대학생들은 단순히 용돈 마련을 넘어 생계유지를 위해 아르바이트를 하지 않으면 안 되는 상황에 놓여 있다. 아르바이트를 하지 않을 수는 없더라도, 궁극적인 목표는 정식 취업에 있다는 점을 늘 기억해야 한다.

📖 대학생 알바 이유 1위, '용돈벌이'에서 '생계형'으로 옮겨가…

　　대학생 10명 중 6명은 '생계형 알바'에 집중, 1위인 '용돈 마련'을 바짝 뒤쫓고 있는 것으로 드러났다. 아르바이트 전문 포털 알바천국이 2012년 12월 전국 대학생 남녀 1,924명을 대상으로 '대학생 아르바이트 현황'에 대해 조사한 결과 이 같은 결과가 나타났다. 27일 발표된 자료에 따르면 응답자의 55.2%가 올해 경제적 형편에 대해 묻는 질문에 '지난해보다 경제적으로 더 어려워졌다'고 응답했다. 이는 작년 12월 동일 항목 조사 시 응답했던 41.6%에 비해 13.6%포인트 상승한 수치다.

　　반면 '형편이 나아졌다'라고 응답한 학생들은 지난해 10.3%에서 2.8% 포인트 떨어져 7.5%에 불과했으며, '작년과 비슷했다'는 48.1%에서 37.3%로 10.8% 포인트 떨어졌다. 특히 올해는 장기화된 경기 침체로 용돈벌이가 아닌 '생계'를 위해 아르바이트하는 학생 수가 대폭 증가했다. 알바를 하는 가장 큰 이유에 대해 '용돈 마련'(40.4%)이라는 응답이 1위를 차지한 데 이어 '생활비 마련'(34.5%), '등록금 마련'(18.3%), '다양한 사회 경험'(5.4%), '기타'(1.4%) 순으로 나타났다. 또한 대학생 절반 이상 (52.2%)이 내년에는 올해보다 아르바이트를 더 많이 하겠다고 대답했다.

《동아닷컴》, 2012년 12월 28일

스펙 쌓기? 어떻게 할까?

여자 대학생들의 취업 준비와 관련된 가장 큰 문제점은 취업 준비를 시작하는 시점이 늦고 준비 방법도 한정되어 있다는 것이다. 2000년대 초반에 이루어진 연구들에서 여학생들은 취업 의지는 높지만 희망 분야와는 관계없이 외국어나 학점 등 추상적인 준비에 치중하며, 취업 준비가 개인적·고립적으로 이루어지므로 남학생들에 비해 정보가 부족하다는 문제점이 밝혀졌다(김현미, 2001). 또 여학생은 남학생에 비해 취업 준비를 위한 가족의 지원을 덜 받고 그 결과 취업 준비를 위해 지출하는 비용도 적었다(장하진 외, 2000). 여학생들은 진로 준비 시기가 늦고 진로 준비에 어려움을 더 느끼며(민무숙·허현란·김형만, 2002), 공공 직업 알선 기관 상담 경험이 낮고 취업 박람회 참여가 적다는 지적도 있었다(신선미, 2004). 그리고 이처럼 여학생들의 취업 준비가 부진한 이유로, 대학 내 여성 교수의 낮은 비율로 인해 여학생들에게는 역할 모델이 부족하며 남성중심적 교육환경과 교육과정에서 소외되는 경향이 있다는 사실도 밝혀졌다(임선희·전혜영, 2004).

무엇보다 중요한 점은 단순히 '스펙'만을 쌓아서는 안 된다는 것이다. 기업에서는 자신들의 '인재상'에 맞는 인력을 충원하고자 하기 때문에 각 기업이 원하는 인재의 특징이 다를 수 있다. 최근의 추세는 학점이나 어학 능력만이 아니라, 업무와 관련된 경험과 지식을 더 중요시하는 방향으로 변화하고 있다. 대학 생활에서 기본적인 학업은 물론 다양한 경험을 쌓고 특히 자신의 진로 분야에서 구체적인 경험을 가질 것이 요구되는데, 그만큼 학생들의 부담이 커지고 있다고 할 수 있다. 또 젊은 세대의 개인주의적 행동이 수용되기 어려운 한국사회의 조직 문화 속에서 점차 '인성人性'의 중요성이 강조되고 있다. 이 현상은 두 측면에서 설명될 수 있는데, 위계적 조직 체계에 순응하는 인간에 대한 기성세대의 선호와, 다른 한편 경쟁과 효율성을 우선시하는 신자유주의적 조직 문화에서 인간관계와 의사소통이 중요한 문제로 부상하고 있음을 보여 주는 것이기도 하다. 잦은 구조 조정으로 인해 언제 회사에서 밀려날지 모르는 대다수의 직장인들은 소통과 신뢰로 문제를 풀어 가기보다 개인적 성공이나 경쟁에서의 승리를 중요시하기 쉽다. 따라서 한국 기업의 관리자들이 신입 사원을 뽑을 때 매우 중요하게 생각하는 요소가 인성, 곧 인간관계 능력과 조직에 대한 헌신성이다. 따라서 여학생들은 취업을 준비할 때, 이 점을 더욱 깊이 생각할 필요가 있다. 기업은 조직 내 인간관계에서 적응력이 높은 사람들을 선호하는데, 음주나 운동 같은 남성적 취미를 공유하기 어려운 여성들이 조직에서 어떻게 인정받고 신뢰를 구축하며 네트워크를 쌓아 갈지 고

표3 | 직업 선택의 기준　　　　　　　　　　　　　　　　　　　　(단위: 명, %)

	장래성	사회적 인지도	적성	전공 일치 정도	보수	복지 및 근무 환경	고용 안 전성	부모의 의사	전체	x^2
여자	129 (22.9)	34 (6.0)	283 (50.2)	26 (4.6)	38 (6.7)	15 (2.7)	39 (6.9)	0 (.0)	564	32.992***
남자	151 (24.8)	29 (4.8)	238 (39.1)	36 (5.9)	91 (15.0)	24 (3.9)	36 (5.9)	3 (.5)	608	32.992***
전체	280 (23.9)	63 (5.4)	521 (44.5)	62 (5.3)	129 (11.0)	39 (3.3)	75 (6.4)	3 (.3)	1,172	32.992***

***p<.001
자료: 나윤경 외, 2007.

민하고 준비해야 할 것이다. 어학 능력이나 자격증, 공모전 입상 등도 필요하지만 사람들과 관계 맺고 의사소통을 잘할 수 있는 능력은 매우 중요하다고 할 수 있으며, 이런 점에서 지나친 개인주의나 고립적인 준비로는 취업의 문을 뚫기가 어렵다는 점을 기억해야 한다.

한편 2000년대 중반 이후의 연구에서 여학생들의 취업 준비 양상이 긍정적인 방향으로 변화하고 있다는 보고도 있다(나윤경 외, 2007). 여전히 여학생들은 남학생에 비해 취업 준비 시점이 늦지만 일단 취업을 결정한 후에는 남학생보다 더 적극적으로 취업을 준비한다는 것이다. 또 〈표3〉에서 알 수 있듯이 직업 선택의 기준에서도 여학생은 적성을 중요시하지만, 장래성이나 고용 안정성, 사회적 인지도 등에서는 남녀 간 별 차이가 없어 평생 취업 개념을 가지고 있음이 밝혀졌다.

진로 결정과 취업 준비에 관한 이러한 변화는 매우 긍정적인 현상이다. 점점 더 많은 여학생들이 자신의 직업에 대해 구체적으로 생각하고 평생 취업을 위해 준비하고 있는 것이다. 여전히 여학생들은 인적 네트워크가 부족하고 대학의 취업 지원 체계에서도 불이익을 겪고 있다는 보고가 있지만, 점차 극복해 나갈 것이다. 자신의 생계는 스스로 책임진다는 의식과 일을 통한 사회 참여가 갖는 가치를 인식하면서 졸업 후의 미래를 상상하고 계획하고 준비하려는 노력은 성^性을 떠나서 누구에게나 중요한 것이다.

취업, 어떻게 준비할까?

20년 후 나의 미래 모습을 생각해 보자. 나는 어떤 모습으로 어디서 어떻게 누구와 무엇을 하며 살고 있을까? 이 질문에 대한 답변을 결정하는 중요한 요인의 하나는 '일'이다. 내가 어떤 일을 하는가는 내가 어디에 있고, 누구와 무엇을 하는지를 결정하는 요인이다. 또 내가 하는 일은 나의 모습을 — 외모는 물론, 취향이나 성격까지 — 변화시킨다. 나의 일이 나를 만들어 간다고 할 수 있다.

나는 어떻게 살고 싶은가? 20년 후 나는 어떤 모습으로 어디서 어떻게 누구와 무엇을 하며 살고 싶은가? 이 질문에 대한 답변을 찾는 첫 출발점은 '나'에 대해서 생각해 보는 것이다. 나는 어떤 사람인지, 무엇을 좋아하는지, 무엇을 잘하는지, 어떤 사람들과 어울리고 싶은지, 어떤 곳에서 살고 싶은지 자신을 돌아보고 자신이 원하는 것을 찾아야 한다. 그러나 직업의 결정은 단순히 나의 욕구만으로 이루어지는 것은 아니다. 현대사회에서 전개되는 노동시장의 변화와 여성의 지위, 조직 내 여성이 처한 현실, 일과 가족의 갈등, 여성의 평생 고용을 보장하는 법과 정책들에 대한 이해 역시 취업을 위한 준비에 빠져서는 안 될 요소들이다. 자신이 원하는 일을 찾기 위해서는 주관적인 자기 인식과 함께 객관적인 사회적 조건을 이해해야 하기 때문이다. 자기 탐색의 필요성을 생각하면서 이 책에서는 먼저 여성 취업을 둘러싼 사회구조적 맥락과 역사를 살펴본다. 이어 노동시장과 조직 문화 속의 젠더 관련 주요 쟁점들을 공부한 후 제15장에서 자기 탐색과 진로 준비 계획을 수립할 것이다.

제2장

노동에 대한 여성주의적 이해

여성의 일에 대한 평가절하

'일'에 대한 고정관념 뒤집어 보기

무엇이 일인가?

텐다이는 짐바브웨의 어린 소녀로 새벽 4시에 일어나 밤 9시까지 물 길어 오기, 식사 준비, 땔감 모으기, 설거지, 나물 캐기, 어린 동생 돌보기 등의 일을 한다. 캐시는 미국의 중산층 주부로 하루 종일 식사 준비, 설거지, 아이 돌보기, 집안 청소, 세탁, 시장 보기, 다림질, 잠자리 준비, 애완동물 돌보기 등의 일을 한다. 그러나 이 두 사람은 경제학적으로 보면 '일'을 하는 것은 아니다.

카메룬의 베티족의 농촌에서 남성은 1일 7시간 30분 동안 일을 한다. 식량 생산 1시간, 코코아 재배 2시간, 맥주와 포도주 생산, 가옥 건조 및 수리, 시장 판매용 가재도구 및 소상품 생산, 파트타임 임금노동 4시간. 이에 비해 여성은 하루에 11시간 일을 한다. 식량 생산 5시간, 식품 가공 및 요리 3~4시간, 물 긷기, 땔감 모으기, 세탁, 가사일, 환자 돌보기 등 2시간 이상. 그러나 국제노동기구(ILO, 이하 ILO)는 베티족 남성만이 노동자 active labourers 라고 간주한다. 시장 판매용이 아닌 가족을 위한 생산과 가사노동을 수행하는 베티족 여성은 경제활동 인구에서 제외된다.

매릴린 워링 Marilyn Waring ,《여성이 포함된다면 If Women Counted》, 1988

가사노동은 일이 아닌가?

〈그림1〉은 2009년 한국 20세 성인 남녀 중 기혼자의 가사노동 시간을 조사한 결과다. 평일의 경우 여성이 276.1분을, 남성이 33.5 분을 가사노동에 사용하고 있어, 여성이 남성에 비해 여덟 배 정도 의 가사노동을 하고 있는 것을 알 수 있다(박종서, 2012). 취업자들 중에서는 평일 여성이 178.6분, 남성이 29.3분을 가사노동으로 보내고 있어, 여성이 약 여섯 배 더 많이 가사노동을 하고 있음을 알 수 있다(〈그림2〉 참조). 취업한 여성들은 비취업 여성들에 비해 가사노동을 덜 하기는 하지만 하루에 3시간가량 가사노동을 하고 있으며, 남성과의 격차도 149.3분으로 나타나, 평일의 경우 남성에 비해 2시간 30분가량 가사노동을 더 하고 있음을 볼 수 있다.

그러나 이러한 가사노동은 '일'에 포함되지 않는다. '일'이지만

그림1 │ 우리나라 기혼 남녀(20~49세)의 하루 평균 가사노동시간(2009년)
    요일별 남녀의 가사노동시간 차이

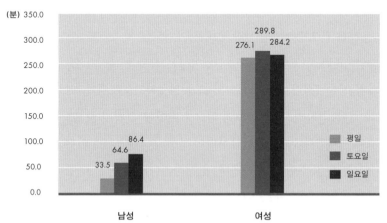

자료: 통계청, 2009년도 생활시간조사 원자료(박종서, 2012에서 재인용).
주: 분석 대상은 20~49세 기혼자이며, 시간량은 하루 24시간 중 가사노동의 시간임.

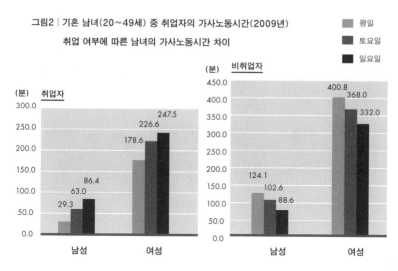

그림2 | 기혼 남녀(20~49세) 중 취업자의 가사노동시간(2009년)
취업 여부에 따른 남녀의 가사노동시간 차이

평일
토요일
일요일

자료: 통계청, 2009년도 생활시간조사 원자료(박종서, 2012에서 재인용).
주: 분석 대상은 20~49세 기혼자이며, 시간량은 하루 24시간 중 가사노동의 시간임.

시장에서 판매를 목적으로 수행되는 것이 아니기 때문이다. 가족을 위한 노동은 아무리 중요한 일이라고 해도 교환가치를 지니지 않으므로 경제활동으로 인정될 수 없다는 것이 경제학자들의 생각이다.

여성은 전문적인 일을 하지 못한다?

〈그림3〉은 2000년대 중반 한 신문의 경제면에 실렸던 기사의 일부이다. 이 기사는 국내 은행의 금융 서비스가 외국계 은행의 서비스에 비해 질이 낮다는 주장을 다루고 있다. 기사의 메시지를 효과적으로 전달하기 위해 사용된 삽화인 위 그림에서 젠더는 국내 은행과 외국계 은행의 비교를 위한 수단으로 사용된다. 잠시 시간을 갖고 위 그림에서 무엇이 문제인지 살펴보자. 국내 은행을 묘사한 윗줄 그림에서 은행원은 모두 여성으로 금융 상품에 대한 지식

그림3 |

《조선일보》 2004년 2월 18일자 〈전문 뱅커는 없고 행원만 있다〉 삽화.

이 별로 없어 보이며 설명 내용도 빈약하다. 외국계 은행을 다룬 아랫줄 그림에서 고객은 먼저 여성 안내원의 미소 띤 서비스를 받는다. 그리고 남성 '전문 뱅커'의 상담을 받으며 다양한 금융 상품 서비스에 만족한다.

　실제 현실에서는 성별과 전혀 무관한 내용의 기사에 왜 이렇게 성차별적인 그림이 포함되었을까? 국내 은행과 외국계 은행의 서비스 차이를 대조적으로 드러내고 싶었던 집필진은 두 집단의 차이를 남녀의 차이로 전환시켜 표현함으로써 훨씬 더 큰 효과를 노렸을 것이다. 국내 은행의 낮은 서비스 수준을 무능한 '여성 행원'으로 표현함으로써 기사를 읽는 독자들에게 마치 눈으로 보는 것처럼 두 은행 간의 차이를 그려 보이고 전문성 부족의 문제를 매우 쉽게 드러내려고 한 것이다.

　그러나 메시지의 효과적인 전달이라는 목표는 이루었을지 몰라도 성차별의 혐의는 매우 중요한 문제로 남는다. 첫 그림에서 보이는 여성 은행원의 전문성 결여나, 두 번째 그림이 암시하는 '여성은 단순노동에 적합하다'는 메시지는 현실적 근거를 결여한 매우 왜곡된 묘사이기 때문이다. 하나의 예에 불과하지만, 우리는 일상에서 이와 비슷한 경험을 가지고 있다. 젠더와는 전혀 무관한, 남녀의 생물학적 차이를 끌어들일 필요가 없는 상황에서 여성과 남성의 차이는 과장되고 불평등하게 해석되며 차별적인 결과를 가져온다. 여성은 단순노동에 적합하다거나 여성들이 주로 하는 일은 전문성이 떨어질 것이라는 통념이 그것이다.

일 개념 다시 생각하기

'일꾼', '노동자'라는 단어를 들었을 때 당신의 머릿속에 가장 먼저 떠오르는 생각은 어떤 것인가? 혹시 검붉게 그을린 우람한 근육을 가진 남성 노동자를 연상하지는 않는가? 아마 많은 사람들이 작업복 차림이나 흰 셔츠를 입은 남성 노동자를 떠올릴 것이다. 영어 단어에서 사무직 노동자의 뜻을 지닌 '화이트칼라white-collar'라는 말이 산업화 초기 사무실에서 일했던 남성 노동자의 흰 셔츠에서 유래한 것처럼, '노동자=남성', '노동, 일=남성의 역할'이라는 인식은 우리의 고정관념으로 자리 잡고 있다.

여성들은 일을 하지 않는 것일까? 뒤에서 살펴보겠지만, 과거에도 또 오늘날에도 여성들은 남성과 마찬가지로 일을 해왔으며 하고 있다. 문제는 윗글에 나타난 것처럼 여성이 하는 일 중 많은 부분은 '일'로 인정되지 않는다는 데 있다. 그 대표적인 경우가 주부의 노동이다. 우리는 흔히 전업주부에 대해 '집에서 논다'는 표현을 쓰거나, 육아휴직을 신청한 취업주부를 '집에서 쉰다'고 하지만, 이는 전적으로 잘못된 관념이다. 여성에게 '집'은 결코 '휴식의 공간'이 아니기 때문이다. 집은 여성에게 또 다른 '노동의 장소'다.

그러나 주류 경제학에서 일이나 노동은 경제적 보수가 주어지는 활동에 국한되어 사용되고 있기 때문에 이러한 개념 속에는 주부의 가사노동과 가족 안에서 이루어지는 생산노동의 상당 부분이 포함되지 않는다. 따라서 가정에서만 일하는 여성들은 '노동력'이 아닌 '비경제활동 인구'로 범주화된다. 우리가 자주 쓰는 '생산 production'이라는 개념은 이윤을 창출하는 활동만을 의미하므로, 인간의 생명을 낳아 기르고 매일매일의 삶을 유지하는 출산이나 돌봄과 같은 여성의 재생산 reproduction 활동은 비생산적인 것이 된다. 여성의 재생산 노동은 경제학의 영역에서 평가받지 못하고 생물학의 영역이자 자연의 영역으로 한정된다. 이처럼 여성의 육체적·정신적 활동을 평가절하하는 일과 노동의 개념은 대체 언제부터 사용되기 시작한 것일까? 그것이 또 다른 방향으로 변화할 가능성은 없는 것일까?

일 개념의 역사적 변화

일, 노동, 직업, 직무

현대사회를 살아가는 대부분의 사람들은 성인이라면 누구나 일을 해야 한다고 생각하지만 이러한 관념이 형성된 것이 역사적으로 그리 오래된 것은 아니다. 인류가 이 지구 상에 살기 시작한 원시사회에서부터 고대, 중세를 거쳐 근대사회에 이르기까지 인간이 일하는 방식은 여러 모로 달라져 왔고 또 그만큼 일에 대한 관념도 바뀌어 왔다. 오늘날 우리가 가지고 있는 일에 대한 생각은 대체로 근대사회의 등장 이후 형성된 것이다. 근대 이전에는 인간이 일하는 모습뿐만 아니라 일에 대한 생각 역시 크게 달랐다. 우리가 가지고 있는 '일, 노동, 직업'의 개념, 무엇이 일이냐 아니냐 하는 것은 근대적 사고 체계 속에서 규정된다. 또 일과는 구분되는 것으로서의 노동이나 직업의 개념 자체가 등장한 것도 근대사회에서다.

근대적 학문 체계에서 포괄적인 의미로 사용되는 '일work'이라는 개념은 "인공적인 사물을 형성하는 비자연적인 활동"을 가리킨다(한나 아렌트, 1996; Parker, 1983). 일은 경제적 차원에서의 생산 활동 전반 이외에 인간의 정신적·육체적 활동 전체를 포괄하는 개념이다(문시영, 1998). 다시 말해서, 일이란 '자신이나 타인에게 가치 있는 재화나 용역을 창출해 내는 활동'으로, 여기서 타인에 대한 가치란 사회적 서비스뿐만 아니라 가족이나 공동체를 위한 활동까지를 포함하는 것이다. 따라서 일은 반드시 금전적인 보상을 가져오는 것이 아니며, 가사노동이나 자원봉사 활동처럼 유용하지만 경제적 보상과는 무관한 활동까지 총칭하는 용어이다.

이에 비해 노동 labour 은 '인간의 생존에 필요한 활동, 즉 생계를 유지하기 위해 하는 활동'이라는 의미를 지닌다. 근대사회에서 자본주의적 생산 관계가 지배적인 것이 됨에 따라 노동은 생계유지를 위해 필요한 비용을 버는 행위, 즉 고용과 같은 의미로 사용되는 경우가 많아졌다. 이처럼 생계를 위해 고용 관계에 있는 사람들을 모두 '취업자'라고 하며, 이 중 타인에게 고용되어 일하는 피용자를 '임금노동자'라고 한다. 자본주의 사회에서 일은 경제적 보상이 주어지는 부분을 중심으로 재정의되어 '(임금)노동이 곧 일'이라는 등식이 성립하게 되었다. 이러한 (임금)노동을 그 구체적인 양태에 따라 구분한 것이 직업이다.

직업 occupation 은 일반적으로 어떤 사람이 수행하는 일의 유형을 지칭한다(홍두승 외, 1999). 각각의 일은 그것이 지니는 사회적·기술적 구성상의 특징에 따라 다르게 분류될 수 있으며 이렇게 범주화된 일들이 직업을 형성한다. 또한 경제적으로 직업은 재화의 생산이나 서비스의 제공을 지향하는 활동으로서 금전적 보상을 전제로 한다. 직업은 주로 다음과 같은 의미로 사용된다. 첫째, 생업生業, occupation의 의미로 생계유지를 위해 종사하는 일이다. 둘째, 천직天職, vocation의 의미로, 사회적 역할을 수행하기 위한 활동, 개성의 발휘·자아실현을 위한 활동을 뜻한다(이한구, 1985). 직업은 생계비를 버는 목적뿐만 아니라 사회적 관계에 참여하고 개인의 자아를 실현하는 기회를 제공하는 것이다. 〈한국표준직업분류〉는 직업을 "개인이 계속적으로 수행하는 경제 및 사회활동으로서 ①경제적 보상을 받는 일, ②계속적으로 수행하는 일, ③반사회적이지 않은 일, ④성인이 하는 일, ⑤자기 의사에 따라 하는 일, ⑥자발적 노력이 요구되는 일"로 정의하고 있다. 현대사회에서 직업은 물질적 보상, 사회적 지위, 생활수준을 나타내는 가장 강력한 지표가 된다(차동관·김국현·김대규, 1999). 또 범주상 동일한 직업을 가진 사람들은 집합적 정체성 collective identity, 공통된 가치관이나 시각을 지닌다.

직업과 비교하여 직무 job 는 일 중에서도 실제로 수행하는 구체적인 과제를 지칭하는 개념이다. 노동자가 특정한 맥락에서 수행하는 기술적·사회적 활동으로, 직업 개념보다 더 세분화되고 맥락의존적인 개념이다(홍두승 외, 1999: 2). 예를 들어 '사무직'이라는 직업 속에서도 은행의 사무직원이 수행하는 일과 기업의 사무직원이 수행하는 일은 다르다. 또 은행이라는 하나의 조직 안에서도 사무직은 텔러(창구 업무 담당자), 출납계원, 대출 업무 담당자 등 상이한 직무를 수행하는 여러 층의 노동자로 구성된다.

이러한 일, 노동, 직업, 직무의 개념 중 일을 제외한 다른 개념들은 그 영역에서 시장경제에 한정되어 있고 내용에서는 주로 이성적 활동만을 가치 있는 것으로 평가한다. 이러한 노동, 직업, 직무의 개념은 시장 영역 외부에서 일어나는 생계유지를 위한 자급적 활동과 가정에서 수행되는 많은 일들을 제외시킨다. 또 이 개념들에는 감정이 배제된 이성 능력의 활용만을 가치 있는 인간 활동으로 보는 시각이 전제되어 있다.

따라서 여성학자들은 현재의 노동, 직업, 직무의 개념이 남성 중심적인 것이라고 비판해 왔다(정고미라, 2000). 시장중심적, 이성

중심적 정의는 곧 경제 영역과 이성적 사고 체계에서 역사적으로 배제되거나 주변화되어 온 여성들이 지닌 집단적 경험이나 의식에는 부합하지 않는 것이기 때문이다. 시장에서 이루어지는 경제적 활동에만 초점을 둘 경우 여성들이 가정 안팎에서 수행하는 다양한 종류의 활동들은 가치를 지닌 것으로 평가받지 못한다. 또 서구 철학의 지배적인 패러다임인 '남성=이성, 여성=감성'의 이분법 속에서 이성중심적 정의는 곧 남성중심적인 판단을 낳음으로써 여성의 활동에 대한 낮은 평가를 초래할 수 있다. 따라서 이 같은 노동, 직업, 직무의 개념과 그것들을 사용하는 이론들은 여성이 시장 밖에서 하는 일과, 이성뿐만 아니라 감정 등 인간이 지닌 다른 능력을 사용하여 수행하는 활동들을 '사회적으로 가치 있는 노동'으로 인정하지 못한다.

그러나 특정 행위의 내용 자체가 그 행위를 본질적으로 노동이게끔 하는 것은 아니다. 노동은 그것이 행해지는 사회적 관계 속에서 그 의미와 가치가 구성되는 사회적 구성물이다(정고미라, 2000). 가치 있는 활동, 보상받을 만한 활동이라는 개념 속에는 당대의 사회적 가치와 지배적인 관념이 반영되어 있는 것이다. 앞에서 살펴본 시장중심적, 이성중심적 노동 개념은 서구에서 근대 자본주의 사회가 출현하면서 체계화된 것이다. 서구의 근대 이전 사회나 동양 사회의 경우 노동에 대해 이와는 상이한 인식을 가지고 있었다. 현재와 같은 노동, 직업 개념은 서구에서 종교개혁과 산업혁명 이후, 동양에서는 서구의 근대적 발전 모델을 수용하면서 갖게 된 근대적 사고 체계의 일부라고 할 수 있다.

일 개념의 역사

우리는 당연한 것으로 생각하지만, 사실 일이냐 아니냐를 구분하는 고정된 기준은 찾기 어렵다. 원시사회부터 현대에 이르기까지 이 기준은 달라져 왔고 일이 모든 인간의 사회적 의무가 된 것도 근대에 이르러서이다.

선사시대에 일은 다른 활동과 명확히 구분되지 않았다. 원시인들은 오늘날처럼 일과 그 밖의 활동을 뚜렷이 구분하지 않았으며 일과 여가, 휴식과 예술적 행위가 뒤섞여 있었다(Parker, 1983). 농경 사회에서 밭일을 하면서 농민들은 노래를 부르곤 했는데, '노동요'라는 형식의 이러한 노래는 원시시대부터 전해 오는 것으로 일과 놀이가 결합된 인간 활동의 원형을 보여 준다.

일이 다른 형태의 인간 행위와 명확히 구별되기 시작한 것은 문명사회에서이다. 서구 역사상 고대 그리스에서 육체노동을 주로 수행한 것은 노예였다. 시민들이 농업에 종사하기도 했으나 고된 육체노동은 노동계급의 몫이었다. 이 사회에서 일은 무가치하고 고통스러운 구속으로 여겨졌으며 인간이 사색하고 덕을 실천하는 데 장애가 되는 것으로 여겨졌다. 원시기독교 사회에서는 일이 고통스러운 필요악으로 인식되었다. 아담과 이브의 신화에서 볼 수 있듯이 일은 원죄의 산물이라는 믿음이 지배했기 때문이다. 그러나 한편으로는 일을 통해서 인간이 속죄하고 신의 구원을 받을 수 있다는 점에서 일은 중요한 의미를 지니게 되었다. 그 결과 정신노동뿐만 아니라 육체노동도 영혼의 정화를 위한 수단으로서 존엄하고 가치 있는 것으로 여겨졌다. 그러나 일이 자연적 권리이자 의무

였음에도 불구하고 그것은 신에게 기도하고 명상하는 행위보다는 낮은 가치를 지니는 것으로 인식되었다.

서구 사회에서 일의 개념이 달라진 것은 프로테스탄티즘Protestantism의 형성 이후다. 루터는 신을 섬기는 가장 좋은 방법은 자신의 직업에 최선을 다하는 것이라는 '소명calling 의식'을 강조하여 일이 '삶의 기반이자 열쇠'라는 인식을 심어 주었다. 캘빈은 인간이 평생 하나의 직업을 고수해야 한다는 사상을 비판하여 직업의 이동 가능성을 열었다. 자신과 사회에 가장 큰 보상을 줄 수 있는 직업을 찾는 것이 인간의 의무라는 그의 가르침은 일을 신분제적 구속으로부터 해방시키는 결과를 가져왔다. 나아가 청교도주의Puritanism는 일이 그 자체로 가치 있는 것이지 돈이나 쾌락을 추구하기 위한 수단이 되어서는 안 된다고 봄으로써 '일 자체를 위한 일'이라는 관념을 낳았다.

르네상스 시대에는 일에 대한 새로운 방향의 사고로서 창조적인 일은 그 자체로 기쁨이 될 수 있다는 관념이 등장했다. 토마스 모어는《유토피아》에서 노인, 어린이, 부상자, 소수의 지식인을 제외하고는 모든 사람이 생산노동에 종사하고 1일 6시간만 일하며 나머지 시간에는 여가 활동을 할 수 있는 사회를 이상 사회로 묘사하였다. 캄파넬라 역시《태양의 도시》에서 모든 사회의 성원들이 자신의 성격에 맞고 즐거운 일을 하며 하루 4시간 노동하는 것을 이상적인 삶으로 그리고 있다.

이러한 르네상스 시대의 일 개념은 산업혁명기 독일의 사상가 칼 마르크스의 노동 개념에서 집대성되었다. 마르크스는 인간은 본래 일을 싫어하지 않는 활동적인 존재이며 노동을 통해 자신의 인간적인 본질을 실현해 간다고 보았다. 그러나 근대사회에 이르러 일은 단조롭고 고된 장시간의 노동으로 변모했고, 스스로의 욕구 충족이 아니라 시장에서 이윤을 추구하기 위해 노동하기 때문에 일은 혐오스러운 것이 되었다는 것이다. 마르크스는 사유재산 제도로 인해 한편에는 영원히 놀 수 있는 인간 집단이, 다른 한편에는 일생 동안 고된 노동을 해야만 살아갈 수 있는 인간 집단이 존재하게 됨에 따라 일은 고통으로 변하게 되었다고 보았다. 따라서 이러한 사회적 조건이 극복되고 필요에 의한 노동이 행해질 때 인간은 더 이상 불쾌하고 지루한 일을 해야 할 의무에 얽매이지 않게 될 것이며, 그때 비로소 일하려는 열망을 갖게 될 것이라고 주장했다.

이처럼 일에 대한 인간의 인식은 근대 이후에 상당한 변화를 겪었다. 베버는 일과 관련된 인간 의식의 변화를 '직업윤리'의 차원에서 규명했다(이한구, 1985). 전통 사회를 지배했던 인간의 노동 의식이 '유기적 직업윤리'라면, 근대사회에서 새롭게 형성된 노동 의식은 '금욕적 직업윤리'다. 전통 사회에서는 신분이나 직업이 세습적으로 주어졌으므로 개인에게는 직업 선택의 자유가 극도로 제한되었다. 직업은 사회 전체를 위해 헌신하고 봉사하는 하나의 의무로서 세습되는 것이므로 직업을 바꾸는 것은 바람직하지 않게 여겨졌다. 그 결과, 직업은 다양한 형태의 노동을 배분함으로써 인간을 사회 공동체의 한 부분으로 통합하는 수단으로 기능했으며, 베버는 이를 '유기적 직업윤리'라고 불렀다. 이에 비해 근대사회에서는 인간의 노동 의식이 훨씬 더 금욕적인 것으로 되어 갔다. 근대사회에서는 부의 획득을 하나의 의무로 받아들이는 감정과 이를 위한 엄격한 자기통제가 노동 윤리의 기초를 이루고 있다. 일에 대한 엄격한 태도를 지니고 좀 더 완벽하고 합리적이며 창조적으로 일할 수 있어야 한다는 것이 '금욕적 직업윤리'의 핵심이다. 베버는 청교도들이 지녔던 금욕적인 직업윤리가 지배적인 노동 윤리로 확산되어 감으로써 자본주의 사회가 꽃필 수 있었다고 설명했다.

03

일의 의미와 인간의 정체성

지금까지 살펴본 것처럼 일은 역사상 두 가지 다른 방향으로 이해되어져 왔다. 일은 인간의 본질적 행위이자 자아실현을 위한 수단이라는 것이 그 한 가지 견해이며, 일은 인간이 할 수 있으면 피하고자 하는 고통스러운 수고라는 생각이 다른 한 견해다. 첫 번째 입장, 즉 일에 대한 긍정론의 전형은 마르크스주의 철학에서 찾아볼 수 있다. 일은 인간의 욕구 충족과 자기 발전의 수단이라는 견해다. 두 번째 입장은 쾌락주의 철학에서 나타난다. 쾌락의 추구와 고통의 회피는 인간 삶의 동력이며 인간은 일하도록 강요받았기 때문에 일할 뿐, 일하지 않고도 욕구를 충족시킬 수 있다면 일하지 않을 것이라는 것이 쾌락주의자들의 생각이다.

일에 대한 인간의 태도는 이러한 두 입장을 양극단으로 해서 좀 더 복합적이고 모순된 것으로 나타난다(Sayers, 1987). 사람들은 단순히 수동적이고 게으른 생활에 만족하지 않으며 활동에 대한 욕구를 지니고 있다. 일은 이 활동에 대한 욕구를 충족시키는 수단이 되지만 항상 만족을 주는 것은 아니다. 일은 일하는 사람이 속한 사회적 환경과 개인적 동기에 따라 자아실현을 돕는 것이기도 하지만, 자아 정체감을 위협하는 것일 수도 있고 그 어느 쪽도 아닌 것일 수도 있다.

일이 인간의 정체성 형성에 끼치는 영향은 대략 세 가지 수준에서 나타난다. 첫째, 일은 인간이 자아존중감을 형성하는 데 없어서는 안 될 요소다. '인간은 제작하는 동물Homo faber'이라는 명제가 보여 주듯이, 대상 세계를 형성하고 자신의 욕구에 적합한 것으로 만들어 가는 행위를 통해 인간은 만족감을 느끼고 자신과 환경에 대한 주체적 의식을 획득해 간다. 우리는 어떤 일을 해냈을 때 성취감을 느끼는 반면, 아무런 할 일이 없는 상태가 계속될 때 무력감이나 상실감을 느낄 수 있다. 일을 하면서 인간은 자신이 사회적으로 가치 있는 존재이며 능력을 지닌 사람이라고 인식하기 때문이다.

둘째, 일은 인간이 자기 인격을 형성하는 주요한 축이다(차동관 외, 1999). 일을 통해서 우리는 세상을 바라보고 지식을 얻는다. 우리가 아는 것, 보는 것의 많은 부분은 일 속에서 선택된 것들이다. 또 일에서 얻는 가르침은 자신의 삶과 타인에게 적용되는 지침이 되고 세계를 이해하는 수단이 된다. 이러한 과정을 거치면서 인간은 자신을 형성해 간다. 그러므로 일은 인간의 성격과 세계관, 가치관 등 도덕적 특성의 형성에 상당한 영향을 준다고 할 수 있다. 우리는 사람들이 오랜 직업 경험에 의해 독특한 사고방식이나 태도, 행동 양식을 지니게 되는 것을 흔히 볼 수 있다. 한 예로, 경영인, 교사, 영화배우는 각자의 관심사나 취미, 가치관, 행동 양식에서 다른 특징을 나타낼 수 있다. 경영인은 효율성이나 경제성 등의 관점에서 세상을 보는 데 비해 교사는 도덕과 윤리, 지식의 중요성을 강조하기 쉽다. 영화배우는 다른 사람에 비해 미美나 예술적 가치, 인간의 개성을 더욱 중요시할 것이다.

셋째, 일은 공동체 안에서 타인과 지속적인 상호작용을 유지해 가는 데 중요한 수단이 된다. 일을 통해 타인과 만남으로써 인간이 지닌 자기중심성egocentricity을 극복하고 사회성을 획득할 수 있는 기회를 얻는다. 노동자 의식과 관련된 많은 조사 연구들에서 나타나는 주요한 특징의 하나는 직장 생활에서 인간관계가 가지는 비중이 대단히 크다는 점이다. 직업은 직장 내 동료와 고객, 사회 성원들과의 배려 깊은 관계를 가질 수 있는 환경을 제공해 준다. 많은 일과 직업은 공동의 행위, 협동, 상호 존중을 필요로 하기 때문이다. 따라서 일은 인간이 사회적 관계망에 참여하고 사회 성원으로서의 자격을 인정받을 수 있는 구체적인 계기가 된다.

현대사회의 여성 역시 일을 한다. 그러나 여성의 경우 일과 여성의 관계는 좀 더 복잡한 양상을 띤다. 여성이 집에서 하는 일의 많은 부분이 금전적 가치로 환산되지 않는 무보수 노동이므로 '진정한 일'로 인정받지 못하기 때문이다. 고용 관계에 포함되거나 시장에서의 판매를 목적으로 하는 일이 아닌 경우 여성이 하는 많은 일이나 그러한 일의 결과 형성된 생산물이 그 가치를 제대로 평가받지 못한다.

특히 현재와 같은 남성중심적인 일(혹은 직업) 개념에서는 역사적으로 여성이 수행해 온 일과 그에 따르는 경험들, 예컨대 양육 경험에서 오는 타인에 대한 보살핌과 그 능력에 대한 가치가 충분히 인정되지 않는다. 때문에 여성들은 역사적으로 늘 많은 일을 해

왔지만, '노동자'나 '일꾼'으로서 그 가치를 제대로 평가받지 못했다. 또 현대사회에서 가사노동은 개별 가정이라는 고립된 공간에서 이루어지므로 주부들은 심리적인 고립감을 경험하고 있다. 따라서 많은 여성들은 일을 하고 있지만 일을 통해서 얻을 수 있는 자아존중감이나 능력의 개발, 사회 구성원으로서의 참여 의식을 성취할 수 있는 가능성은 크게 제한되어 있다.

그 결과, 20세기에 들어서면서부터 점점 더 많은 여성들이 노동시장에 나가고 고용 관계에 들어가며, 직업을 갖기를 희망하게 되었다. 경제적 소득을 얻지 않으면 가치가 없다는 자본주의 사회의 지배적인 규범이 여성들에게 직업은 삶의 필수 요소라는 의식을 심어 놓았기 때문이다. 이처럼 경제적인 필요성이 현대사회에서 여성들의 취업률 상승에 중요한 요인이 된 것은 사실이다. 그러나 그에 못지않게 앞서 본 자아실현이나 사회적 관계망에의 참여 욕구 등도 여성의 취업에 커다란 영향을 끼쳐 왔다.

이제 여성들, 특히 대학을 졸업하는 여성들은 거의 대부분 직업을 갖고 그 속에서 자신의 능력을 발휘하여 경제적 독립과 사회적 인정을 획득하려고 한다. 직업은 여성들의 정체성에서 핵심적인 부분이자 그들의 미래를 열어 가는 주요한 열쇠로 인식되고 있다.

노동시장과 가부장제, 성별 분업

노동시장과 가족

노동에 대한 여성주의적 접근이 갖는 특징 중 하나는 '가족'을 동시에 고려한다는 점이다. 노동의 영역에서 여성이 경험하는 많은 문제들은 가족과 깊이 연결되어 있으며 각 시대와 사회 안에서 가족이 지닌 조건에 따라 여성의 노동 참여 양상도 달라질 수 있다. 틸리Louise A. Tilly 와 스콧 Joan W. Scott 은 근대사회의 산업화 초기 여성의 노동시장 참여가 여성 개인의 독립적 욕구나 의지라기보다는 가족 전략의 일부였다고 본다(틸리·스콧, 2008). 18세기 유럽에서 노동시장, 즉 노동력의 판매와 구매가 이루어지는 가상의 공간에 여성이 참여하여 임금노동자가 된 것은 가족의 생계유지가 주목적이었다는 사실이다. 시간이 흐르면서 여성들이 점차 가족으로부터 독립된 개인적인 이유로 취업을 하게 되었지만, 가족은 여전히 여성의 취업에 매우 큰 영향을 주는 요인이 되어 왔다.

따라서 여성주의 노동 연구에서는 노동시장과 가족의 관련성에 대한 관심을 가지고 중요한 몇 가지 사실을 밝혀냈다. 첫째, 여성의 노동시장 참여에서 가족이 미치는 영향과 관련해, 어린 자녀의 수나 연령 등 가족 구성원의 상태도 중요하지만, 돌봄노동의 사회화 수준이 더욱 큰 영향을 미치게 된다는 점이다. 학령 전 아동(만 6세 미만)의 수는 기혼 여성의 취업 여부나 취업 시간에 영향을 주지만, 보육 시설이 잘 갖추어져 있고 보육의 질이 높은 사회에서는 영향력의 크기가 감소한다는 것이다. 둘째, 가족 내 성별 분업은 결혼한 여성뿐만 아니라 결혼하지 않은 여성들의 취업에도 부정적인 요인으로 작용한다. 기업에서 채용을 할 때 여성을 차별하거나 직장 안에서 배치와 순환, 승진과 보직에서 여성에게 불이익을 줄 경우, 대개 여성은 가족 돌봄의 1차적 책임자이므로 직업은 여성에게 2차적 역할이라는 고정관념이 깔려 있다. 설사 결혼하지 않고 가족 돌봄 책임을 갖지 않은 여성이라고 해도 앞으로 그렇게 될 것이라는 가정 아래 기업의 핵심 인력에서 배제되는 경우가 있다. 셋째, 가족임금 이데올로기family wage ideology가 있다. 남성은 생계 부양자이므로 한 가족의 생계를 부양할 만큼의 임금을 남성 노동자에게 지급해야 한다는 관념이다. 역사적으로 근대 초기 공장에서는 지역사회 내 가족 단위로 노동력을 모집했다. 남성과 그의 아내, 아이들이 함께 공장으로 가서 일을 했고, 급여는 남성 노동자에게 주어졌다. 이러한 서구 사회의 역사적 관행은 이후 아동노동이 금지되고 가족 단위의 취업이 사라진 후에도 이데올로기적으로 계속 유지되었다. 바로 남성 노동자는 가족을 부양할 임금, 가족임금을 받아야 한다는 인식이다. 이 같은 가족임금 이데올로기가 지배하는 노동시장에서는 여성은 같은 일을 하고도 남성에 비해 낮은 임금을 받기 쉽다. 여성의 임금은 가족의 생계를 보조하는 데 불과하다고 보기 때문이다.

이처럼 가족은 여성의 노동시장 취업을 제약하거나 취업 조건에 영향을 주는 요인이 되어 왔다. 따라서 여성주의 노동 연구는 여성과 남성의 평등한 노동시장 참여를 위해서는 가족 내 돌봄노동

을 사회적으로 해결하고 남녀가 함께 나누어야 한다고 보고 이를
위한 방법을 모색하고 있다.

성별 분업과 성별 직종(직무) 분리

여성의 일에 대한 평가절하는 여성들이 수행하는 일 자체에
의해서라기보다는 그 일이 수행되는 사회적 관계 속에서 이루어
진다(Kemp, 1994). 오늘날 여성들은 자본주의와 가부장제라는 사
회체제가 맞물리면서 형성되는 사회적 관계 속에서 일하고 있다.
따라서 노동시장에서 여성의 취업을 가로막는 가장 큰 요인의 하
나는 노동시장 내에 존재하는 가부장제다. 가부장제Patriarchy 란 '성
과 연령에 따른 위계에 기초를 둔 지배 체계'로서 일의 영역에서는
여성의 일과 남성의 일을 엄격히 다르게 규정하는 '성별 분업gender
division of labor'을 발생시켰다. 성별 분업은 단순히 생물학적 성sex 에 의
해 규정되는 것이 아니라 사회 문화적으로 고정된 사회적 성gender 에
의해 일이 분리되는 체계를 말한다. 성별 분업은 또한 일이라는 경
제적 차원을 넘어 정치적·문화적인 사회조직 전반에 걸쳐 여성과
남성 사이의 분리를 낳고 그것의 불평등성을 지속시키는 구실을
한다. 때문에 케이트 영K. Young은 성별 분업이란 "성을 기초로 노동
과정에서 행위자의 위치를 결정하는 체계, 성을 기초로 사회 조직
에서 특정 범주의 행위자를 특정한 지위로부터 배제하는 체계, 성
차의 사회적 형성을 강화시키는 체계"라고 정의했다(Young et. al.,
1986; 김정선, 1994). 성별 분업은 노동 분야뿐만 아니라 사회 전체

에 관철되고 있는 하나의 지배 논리이자 사회질서를 구성하는 구조적 기제라고 볼 수 있다.

성별 분업은 여성과 남성을 사회의 각 부문에서 분리하고 그 분리된 영역에 위계적 질서를 부여하는 체계이다. 가장 기본적인 원리는 사회 전체를 사회(공적 영역)와 가정(사적 영역)으로 분리시키고 남녀의 전담 영역과 역할을 이념적·제도적으로 고정시켜 여성은 가사노동의 전담자(재생산자)로, 남성은 사회적 노동의 전담자(생산자)로 규정하는 것이다. 질라 아이젠스타인Zillah Eisenstein은 '노동과 사회의 성별 분리'라는 개념을 사용하여 "남성과 여성을 각각의 위계적 성역할 속에 배치시키며 각각의 임무를 경제 영역과 가족 영역 내로 구조화한다"라고 설명하기도 했다(아이젠스타인, 1989).

이러한 성별 분업 체계가 사회적 노동 영역으로 확대되었을 때 성별 직종(직무) 분리 현상이 나타난다. 이는 성에 따라 직업이나 직무가 달라지는 현상으로 수평적인 분리와 수직적인 분리로 나뉜다. 수평적 분리란 여성과 남성이 다른 영역의 일에 집중하는 것으로, 예를 들어 제조업에서 섬유·의복 산업에 여성이, 자동차 산업에 남성이 많이 몰려 있는 현상을 가리킨다. 사무직의 경우 관리·영업 부문은 주로 남성이, 사무 보조·고객 응대 부문은 여성이 전담하는 것도 수평적 분리 현상을 보여 준다. 수직적 분리란 동일한 직업 내에서 다른 등급으로 고용되는 경향을 의미한다. 일반적으로 여성들이 남성들에 비해 낮은 등급(지위)의 일에 집중되는데, 한 예로 교수직의 경우 정교수/부교수/조교수/전임강사/시간강사의 등급으로 나눌 때 지위가 낮은 강사직으로 갈수록 여성의 비율이 높아지는 경향이 있다. 직업의 위계상 낮은 곳에 여성이 집중되는 것이다.

성별 분업의 역사

역사상 거의 모든 사회에서 여성의 일과 남성의 일 사이에는 뚜렷한 구분이 있었다(이남희·백영경, 1999). 그러나 원시사회에 가까워질수록 그 구분은 희미해지고 여성이 남성과 동등하게 사회적 노동을 수행했던 것을 볼 수 있다. 수렵·채집 사회에서 사냥에 의해 얻어진 고기는 전체 부족민이 소비하는 음식물의 20~40%에 불과하였으며 대부분의 식량은 식물의 열매와 씨앗, 뿌리와 잎 등으로 충당되었다. 따라서 이 시기 식량 생산의 주요한 담당자는 여성이었다고 할 수 있다(라웬학, 1995). 여성들은 또한 바구니나 용기 등의 도구와 의복, 그물 등을 제조하고, 방적, 방직, 염색, 도기 제조, 의료 행위를 수행했다. 이처럼 여성이 식량 마련에 중요한 역할을 하는 사회, 즉 식물의 채집이 중요한 사회일수록 여성의 독립성이나 영향력이 컸다(정현백, 1993).

여성이 가사노동에 더 많은 시간을 보내게 된 것은 농경 사회에 들어오면서부터다. 짐승의 사육과 작물의 경작을 조직하고 정착 생활을 시작하면서 여성이 출산과 양육에 소비하는 시간이 늘어났다. 그러나 이 시기 역시 여성은 농업 생산자로서 활동했고 방적·방직과 같은 수공업에 종사했다. 서구 사회에서는 고대 노예제 국가가 등장하면서 여성이 담당했던 농사나 수공업이 노예노동으로 대체되었고 여성들은 가사를 전담하게 되었다. 고대 그리스에서 여성들의 활동은 그 이전과는 달리 음식 준비, 의복 제조, 가계 운영, 노예 감시 등의 일에 한정되었으며 공적 생활에 참여할 수도, 재산권과 선거권을 가질 수도 없었다.

중세에는 생산의 주요 기반이 가족 노동력에 있었던 까닭에 여성들도 일을 해야 했다. 농민 여성들은 가사노동에만 묶여 있지 않았고 남성들과 함께 밭 갈기, 파종, 잡초 제거, 거름 주기, 수확, 건초 만들기 등 모든 들일을 했다. 수공업에서는 길드 제도로 인해 여성들이 자유롭게 직업을 선택하거나 길드에 가입하는 것이 허락되지 않았지만, 수공업자의 딸이나 부인은 가족 작업장에서 일했다. 귀족계급 여성들은 장원 경제의 관리를 맡았고 일부는 통치권을 행사하기도 했다. 그러나 전반적으로 여성은 전문성을 결여한 미숙련·임시직 노동자로서 남성에 비하면 3분의 1에서 2분의 1에 머무는 정도의 저임금을 받았다(이남희·백영경, 1999). 여성과 남성은 결코 평등하지 않았고 여성이 가족을 벗어나 경제적으로 독립할 가능성은 거의 없었다.

근대 자본주의 사회로 들어오면서 비로소 여성은 가족 내의 종속적 지위에서 벗어나 개인으로서 독립할 수 있는 가능성을 얻을 수 있었다. 여성들은 점차 노동시장에 편입되면서 차별적 저임금이기는 하지만 자신의 생계를 꾸려 갈 수 있는 경제적 기회를 갖게 되었다. 한편 가사노동에 전념하는 전업주부층이 형성된 것도 이 시기의 일이다. 서구에서 부르주아계급의 형성과 함께 재산을 소유한 남성이 전적으로 가족의 경제적 부양을 책임지면서 여성이 가정 안에서 출산과 양육, 가사노동에 집중하게 된 것이 그 역사적 배경이다. 동시에 시장에서의 판매를 통한 이윤 추구를 목적으로 한 생산이 지배적인 생산 형태가 되고 고용 관계 속에서 수행되는 임금노동이 노동의 주요 형태가 되면서 고용 관계 밖에서 이루어지는 노동은 경제적 가치를 인정받기 어렵게 되었다. 따라서 여성이 가정에서 수행하는 가사노동이나 무급 가족노동의 많은 부분은 생산노동의 범주에서 제외되고 전업주부는 '비경제활동 인구'로 구분되게 되었다.

이처럼 무엇이 가치 있는 일인지, 무엇이 생산노동인지, 무엇이 경제적인 활동인지 하는 문제는 각 시대와 사회의 생산방식과 노동조직의 특성에 따라 달라진다. 여성이 가정에서 수행하는 노동의 많은 부분은 사회적 관점에서 볼 때 없어서는 안 되는 것이지만, 경제적인 가치를 지닌 노동으로 평가받지는 못한다. 근대 자본주의 사회에서 이러한 일들은 상품화된 고용 관계의 바깥, 노동시장의 외부에 존재하기 때문이다. 그리고 이러한 성별 분업의 결과 여성은 가정에서 무보수 노동을 하며 남성의 임금에 의존하는 존재로 살아가고 이로 인해 생산 영역에 참가할 수 있는 가능성을 잃고 있다.

성별 분업과 노동시장 내 여성의 지위

이러한 가부장적 노동 관념, 성별 분업 관념은 여성의 일에 대한 부정적인 인식으로 이어진다. 첫째, 여성의 가사노동은 생산노동이 아니라는 인식이다. 성별 분업 관념에 가사노동을 비생산적 노동으로 보는 관점이 결합한 것은 산업화 이후의 일이다. 산업화의 전개와 함께 종래 가족을 중심으로 이루어졌던 생산 활동이 점차 가정 밖으로 옮겨졌다. 여기에 자본가와 남성 노동자의 이해가 결합하여 '가족임금' 이념이 제도로 정착했고 그 결과 여성의 가사노동은 비생산적 노동이라는 관념이 형성되었다.

둘째, 여성 노동자는 2차적 노동자라는 관념이 형성된다. 여성은 출산, 양육, 가사노동 등을 담당하면서 노동시장에 참여하는 상황에 있기 때문에 노동시장 참여가 불연속적일 수 있다. 또 여성은 가사노동의 담당자라는 고정관념으로 인해 노동시장에 진출하더라도 가정에서의 역할이 연장되는 직업군에 몰리는 경향이 있다. 가사노동과 유사한 형태의 일, 보살핌의 역할이나 보조 업무, 단순 서비스직 등에 몰린다는 것이다. 나아가 시간제 취업이나 임시직 등 비정규직 노동에 집중되는 현상도 당연시된다. 여성을 가사노동의 담당자로 보는 한, 여성의 취업은 '여가 시간'을 이용해야 가능한 것이므로 비정규적 노동 형태들은 자연스럽거나 불가피하다고 인식된다. 여성들이 남성들과 동일한 직업을 가지고 동일한 고용 관계 속에서 지속적으로 일하기는 어렵다고 보는 것이다.

따라서 여성들은 노동시장에서 2차적 존재로 여겨진다. 과거 서구 사회에서 여성 노동자들이 경기가 불황일 때 가계의 압박을 피하기 위해 일시적으로 노동시장에 진출했다가 다시 가정으로 돌아가거나, 경기가 호황일 때 늘어나는 일자리를 메우기 위해 노동시장에 진출했다가 불황이면 노동시장을 떠나는 경향이 있었다. 즉 2차적 노동자란 노동시장에 지속적으로 머무는 노동자와 구분하여 부르는 명칭이다. 여성 노동자들은 노동시장에서 잉여적인 존재이며 경기 변동에 따라 민감하게 조절되는 집단이라는 것이다 (이재인, 1998).

노동시장과 가부장제

이러한 현실을 가리켜 월비S. Walby는 가부장제의 형식이 사적인 것에서 공적인 것으로 바뀌었다고 말한다(Walby, 1990). 남성이 여성을 지배하고 억압하는 사회구조와 관습 체계는 시대와 장소에 따라 그 형태를 달리해 왔다는 것이다. 서구 사회에서 가부장제는 자본주의적 산업화와 시민권의 발달로 사적인 형태에서 공적인 형태로 변화했다. 사적 가부장제가 여성을 가정 안에 고립시키고 공적 영역에서 배제하는 직접적인 통제 전략을 사용했다면, 공적 가부장제는 노동시장과 같은 공적 영역에의 접근은 허용하지만 공적 영역 안에서 여성들을 분리하고 종속시키는 전략에 기초를 둔다. 노동시장에서 여성은 과거와는 달리 배제에서 참여로의 전환이 가능해졌지만 일단 노동시장 안에 들어오면 남성 집단과는 분리된, 그리고 대체로 남성에 비해 낮은 지위의 일에 한정되는 것이다.

이 같은 노동시장 내의 가부장적 관계, 성별 분업 체계와 남성 중심적 노동 개념은 지금도 지속적인 영향력을 행사하고 있다. 이러한 현실을 개선하기 위해서는 노동 개념과 현재의 노동조직 방식이 지닌 남성중심성에 대한 적극적인 비판과 도전이 필요하다. 이러한 실천이 없이는 여성들이 개인적 차원에서 노력한다고 해도 노동시장과 가족에 내재된 구조적 성차별의 굴레를 극복하기 어렵다. 바로 나 자신의 취업과 직업에서의 성취를 위해서도 노동시장과 가족, 사회 전반에 걸쳐 완강히 지속되고 있는 가부장적 구조를 명확히 이해하고 그것을 넘어서기 위한 준비가 필요하다.

05

맺음말:
21세기 노동시장의 변화와 젠더

18세기 이후 근대적 노동시장 체제가 확립되면서 노동시장 안의 젠더 관계에도 많은 변화가 있었다. 특히 21세기 들어 노동시장은 각 국가의 경계를 넘어 전 세계적인 영역으로 통합되면서 획기적인 변화를 맞이하고 있다. 몇 가지 그 특징을 살펴보면 다음과 같다.

첫째, 노동시장의 구조가 '핵심'과 '주변'으로 양극화되면서 노동력의 유연화 정책이 확산되고 있다. 1980년대 영국의 학자 앳킨슨John Atkinson이 명명한 이 모델은 기업이 고용 인력을 핵심 인력과 주변 인력으로 구분하면서 핵심 인력에게는 고용 안정성과 높은 급여 등 만족할 만한 노동조건을 제공하는 대신, 주변 인력으로 분류된 집단에게는 임시직과 낮은 급여 등 전망 없는 일자리만 제공한다는 이론이다. 기업이 이렇게 노동력을 차별하는 이유는 필요에 따라 노동력 수급을 원활히 조절하고 임금 비용을 낮추며 노동자의 조직화를 제한하기 위해서이다. 한국에서는 '정규직-비정규직의 분리'로 진행된 이 현상은 '노동의 유연화'라고 불리지만, 정확히 표현하면 노동력 수급의 유연화로서 노동자의 입장에서는 노동의 불안정화라고 할 수 있다. 이러한 노동의 불안정화는 여성에게 더욱 불리한 효과를 가져와 여성의 주변적 위치를 지속시키고 있다.

둘째, 미국의 여성 노동학자 조앤 윌리엄스는 2000년도에 출간한 책《경직된 젠더Unbending Gender》에서 노동시장에 존재하는 암묵적인 규범의 하나로 '이상적인 노동자상'을 지적했다. 노동시장에서는 24시간 회사를 위해 일하고 회사의 요구에 따라 어디든 이동할 수 있는 노동자를 가장 이상적인 존재로 전제한다는 것이다. 이런 규범을 젠더 관계에 적용해 보면, 여성은 이상적인 노동자가 되기 어렵다는 사실을 알 수 있다. 가족의 돌봄 책임을 가진 여성의 경우 회사 일만 할 수는 없으며 거주지의 이동도 더 제약되어 있다. 특히 오늘날처럼 전 세계를 무대로 일하는 회사가 많은 시대에는 거주지 이동의 폭도 과거에 비해 훨씬 더 넓어질 것이다. 따라서 자녀 양육이나 노인 돌봄의 책임을 가진 노동자들은 시간과 장소의 면에서 제약을 받을 수밖에 없으며, 성별 분업이 관습화된 사회에서 여성들은 훨씬 더 자유롭지 못하다. 따라서 바로 그만큼 여성들은 이상적인 노동자에서 멀리 있다. 그리고 이러한 노동자 규범은 노동시장에서 여성과 남성 사이의 격차를 확대시키는 결과를 가져올 수 있다.

셋째, 20세기 후반 이후 급속히 확대된 현상 중 하나는 돌봄노동의 전 세계적 연쇄망global change of care work이다. 1980년대 이래 서구 사회에는 취업한 기혼 여성들의 양육과 가사노동을 대신할 저임금 노동력으로 아시아와 남미, 아프리카에서 여성 노동력을 대량 수입해 왔다. 이주 노동자 중 많은 여성들은 선진국의 가정이나 돌봄 관련 기관에서 돌봄노동자로 일했고, 이들의 저렴한 노동에 의존해 선진국 노동자 가족은 두 명의 소득과 아이 키우기를 병행해 나갈 수 있었다. 한국에서는 중국이나 연변, 필리핀에서 온 여성 노동자들이 아동과 노인을 돌보는 사례가 늘고 있다. 이러한 돌봄노동의 전 세계적 연쇄망은 여성 노동의 문제도 이제는 한 국가의 경계를 넘어 전 세계적 차원에서 살펴보아야 할 필요성을 던져 주고 있다.

넷째, 노동 중심 사회에 대한 성찰의 요청이다. 우리가 살고 있는 이 시대는 후기 근대 자본주의사회로서 더 많이 일하고 더 많이 벌어 더 많이 소비하는 것이 미덕이 되어 버린 노동 중심 사회이자 소비사회라고 할 수 있다. 특히 미국과 일본, 한국사회는 '과로 사회overwork society'라고 불릴 만큼 오래 일하는 사회이며, 노동시간이 훨씬 더 짧고 노동자의 권리가 보장된 독일에서조차 '피로 사회'라는 주장이 제기될 만큼, 근대사회는 과잉 노동 사회이다. 여기서 생각해 볼 문제는 이 같은 초과 노동 문화가 여성과 남성에게 어떤 결과를 가져올 것인가 하는 점인데, 노동시장과 함께 가족 돌봄 책임을 진 여성들에게 초과 노동 문화는 훨씬 더 부정적인 요인으로 작용한다. 따라서 이러한 문제를 해결하기 위해 각 사회는 일과 가족생활의 균형을 위한 정책을 확대해 가고 있다.

그러나 좀 더 근본적인 질문을 던질 필요가 있다. '우리는 왜 그렇게 과로하며 살아야 하는가?' 우리는 일하기 위해 사는가, 살기 위해 일하는가? 우리의 답이 후자라면, 우리는 좋은 삶을 위해 필요한 만큼만 일을 해야 할 것이다. 근대사회에서는 오래 일하고 그 생산물을 팔지 못해 더 오래 일해야 하는 악순환이 되풀이되어 왔다. 이 악순환의 고리를 어떻게 끊을 수 있을까? 이를 가능하게 하려면 먼저 노동중심적 사회에 대한 깊은 성찰을 시작해야 한다. 또한 노동중심적 사회 속에서 그 존재 가치를 잃어버린 '돌봄'을 다시 생각해 보는 것도 필요하다. 우리는 태어나서 성인이 될 때까지 누군가의 돌봄을 받고, 또 아플 때나 장애를 입었을 때, 나이 들었을 때도 돌봄이 필요하다. 이 같은 인간의 생애 과정에서 돌봄의 중요성을 인식한다면, '노동'과 함께 '돌봄'의 가치도 다시 인정되어야 한다. 그리고 노동과 돌봄이 균형 있게 이루어지는 사회에서 여성과 남성도 평등하게 일하고 돌봄을 받을 수 있을 것이다.

제3장 **우리 역사 속의
여성과 일**

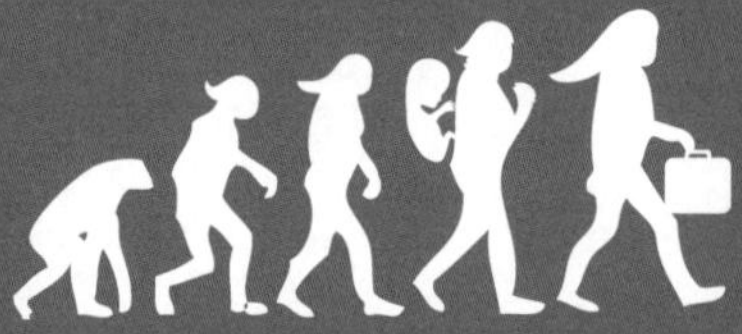

전근대사회와 여성의 '일': 여성은 언제부터 일했을까?

고대사회 여성의 역할

우리나라 여성들은 언제부터 일했을까? 가끔 막연하게 이 같은 질문을 던지면 대부분의 사람들은 머뭇거린다. 간혹 일제강점기, 1960년대 산업화 이후 등을 거론하기도 하지만 자신 없는 태도다. 일하는 존재로서의 여성에 대한 인식은 아직도 명확하게 확립되어 있지 않은 것이다. 사실 여성의 일에 대한 정확한 기록이나 역사적 연구는 많이 이루어지지 않았다. 그러나 모든 인류의 출발이 그러 했듯이 여성들도 처음부터 공동체를 위해 항상 함께 일하는 존재 였다. 그럼에도 지금까지 여성은 가정을 담당하는 존재라는 후세 의 성별 역할 분업관에 따라 그들의 생산노동은 분석되지 않은 채, 단지 임신과 출산의 기능 또는 가족 관계 내의 존재로만 인식되어 온 것이다.

구석기시대와 신석기시대 그리고 고대국가 성립 무렵 여성의 일에 대한 연구는 거의 미개척 상태다. 그러나 출토되는 유물을 통 해 그려지는 당시의 생활 모습을 보면 대부분의 원시 경제사회에 서처럼 여성들도 생산 활동에 참여했음을 유추할 수 있다. 원시사 회 여성은 주로 나무 열매나 조개류 채집을 담당했고, 남성은 사냥을 담당했던 것으로 보인다. '남성은 사냥, 여성은 채집'이라는 성별 분업은 서로 보완하는 관계 속에서 식량 확보의 안정성을 위한 것이었지 상호 간의 우위 관계나 억압 구조가 존재했던 것은 아니다(한국여성연구소, 1999).

농경과 함께 정착 생활이 시작되면서 농경과 식사를 준비하기 위해 곡식을 갈고 조리한 노동의 흔적들이 발견된다. 신석기 후기부터 농경과 목축이 확대되고, 금속기가 제작되면서 생산력이 크게 증대되어 남성들이 농업 노동을 주도하는 양상이 보인다. 경작지 개간이나 갈이농사 등 강한 체력이 요구되는 노동은 남성이 담당했고 파종과 수확, 거두어들인 곡식의 껍질을 벗기거나 가루로 만드는 일 등은 여성이 담당했다. 그러나 이 시기 여성들에게 출산은 여전히 중요하고도 위험한 일이었으며 따라서 농사일보다는 상대적으로 가사와 육아라는 테두리로 활동 공간이 한정되기 시작한다.

남성 주도적인 국가의 성립과 함께 여성의 사회적 역할이 점차 축소되기 시작했으나, 고대국가에서 여성은 농사일과 길쌈을 담당하고, 공적 부역에 남자와 마찬가지로 징발되어 노동하는 등 중요한 생산적 노동력을 공급했다. 계층별로 여성의 노동 참여 형태는 크게 다르지만 여성이 주로 담당하는 직조, 즉 길쌈은 고대에서 조선조에 이르기까지의 전근대사회에서 농업 못지않게 중요한 의미를 지니는 생산 활동이었다. 베는 국가의 세원이 되었을 뿐만 아니라 재화로도 활용되었고 시장에서 쌀과 함께 교환 수단이 되기도 했기 때문이다. 또한 국가 체계가 확립되면서 관제와 직제가 정립되고 기능에 따라 다양한 업무를 특화해서 담당하는 직업군이 발견되기도 하는데, 고구려 고분벽화를 통해 당시의 생활상을 엿볼 수 있다. 대안리 1호분에는 베틀 앞에서 베를 짜는 여인이 등장한다(〈그림1〉 참조). 무용총 고분벽화에는 얼굴에 화장을 하고, 소매가 긴 저고리와 폭넓은 바지로 이루어진 무용복 차림으로 춤을 추는 장면이 생동감 있게 그려져 있는데 아마도 전문 무용수였을 것이다. 또 바로 그 앞에는 7명의 남녀 가수가 한 줄로 맞추어 서서 합창을 하고 있는 장면도 있다. 즉, 이 시대에도 여성들이 기능에 따라 다양한 업무를 담당하고 있는 것을 볼 수 있는 것이다.

삼국시대, 고려시대를 거치면서도 여성들은 여전히 농사일과 길쌈은 물론 공적 부역에 참가하는 등 일정하게 생산 활동을 담당했고 여성의 경제권도 인정되어 불사에 재산이나 토지를 시주하는 여성들에 대한 기록도 종종 찾아볼 수 있다.

그림1 | 대안리 1호분, 베 짜는 여인

자료: 전호태,《벽화여, 고구려를 말하라》, 사계절, 2004, p.182.

고려시대 여성과 일

고려시대 여성들은 전근대시대 여성들이 일반적으로 하던 가족을 위한 의식주 관련 노동, 부모 봉양, 자녀 양육, 제사 모시기, 손님 접대 등의 일과 남편의 녹봉 및 기타 수입으로 생계를 꾸려야 하는 경제적 임무를 담당했다.

가정에서는 매일 밥을 짓고 반찬을 만드는 등 일상적인 가사노동을 담당했다. 고려시대의 곡식으로는 쌀, 조, 기장, 참깨, 보리, 밀 등이 있었는데 쌀이 부족해 조나 기장을 중심으로 한 식사를 했으며, 반찬은 채식 위주였다고 한다. 당시의 생활상에 대한 기록을 보면 여성들은 김치, 장류, 젓갈 등을 준비해야 했고, 두부를 만들거나 술을 빚는 등 끊임없이 일상적 가사노동을 했다.

이에 더해 가족의 의복을 장만하기 위한 길쌈과 누에치기, 바느질 같은 일상적 노동도 있었다. 특히 길쌈은 중요한 노동이었다. 길쌈으로 만든 천은 가족의 의복을 만드는 데 필요함과 동시에 공물과 세금이 되었고, 판매를 할 수 있는 재원이었기 때문이다. 고려시대 기록을 찾아보면 당시의 주된 직물은 마였다. 마는 가족들의 의복 재료였고, 국가의 세금이었고, 시장에서는 화폐로도 사용되었다고 한다. 그런데 마는 면에 비해 방적하는 시간이 무려 5배가 걸리는 천이었다. 때문에 서민 여성은 물론 귀족 집안의 여성들도 길쌈에서 벗어날 수 없었다. 고려 후기에는 원에 대한 공물 수요 및 지배층의 무역 때문에 직물 수탈이 더욱 심해졌고 여성들의 직포 노동도 증가했다(권순형, 2004). 의복은 돈이 없을 때 화폐 구실도 했는데, 이규보의 《동국이상국집》에는 다음과 같은 글이 수록되어 있기도 하다.

"3월 11일 / 부엌에 아침거리가 없어 / 아내가 갓옷을 전당 잡
히려 하니 / 처음에는 꾸짖으며 말렸네 (중략) 아내가 대뜸 화를 내
며 말하기를 / 당신은 어찌 그렇게 어리석소 / 갓옷이 비록 좋지는
못하나 / 내기 지은 것이니 / 아끼고 애석함이 당신보다 더하지만
/ 우선 입이 이보다 급하오"

〈옷을 전당 잡히는 것이 유감스러워 시를 지어 최종번에게 보이다〉,
《동국이상국집》

한편 고려시대 여성들의 주요한 일 가운데에는 제사를 준비하
는 일도 있었다. 당시에는 제사를 주로 절에서 지냈고, 따라서 자손
들은 절에서 지내는 제사를 위해 공동 기금을 마련하기도 했다. 여
성들도 남녀 균분 상속에 입각해 자신의 재산으로 제사를 주관할
수 있었다. 또한 절에서 제사를 치르기 때문에 여성들은 제수 준비
에서 벗어날 수 있었다. 한편 4대 봉사를 하는 조선과 달리 고려 때
는 부모 혹은 조부모까지만 제사를 지냈다. 고려의 제사는 조선과
같은 부계 집단 위주의 종적인 형태가 아니라 부모, 조부모, 외조부
모, 처부모의 횡적인 양측적 형태를 띠었다고 한다. 그러나 고려 말
이 되면서 주자가례에 의해 가묘를 세우고 적장자 중심의 제사를
치르기 시작했다.

이 외에 고려시대 여성들은 비교적 균등한 재산권을 가지고
있었으며, 노비와 재산을 관리하는 등 가정 경영과 영리적 활동을
하기도 했다. 부모를 봉양하고 남편을 내조하고 자식을 양육하는

것을 넘어서서 가계를 운영하고, 집안의 노비와 토지를 관리하는 것도 여성의 몫이었다. 이에 여성들은 남편이 죽은 이후 명실상부한 가장으로서의 역할을 했다. 아울러 여성들은 경제적 활동을 통해 영리를 추구하기도 했다. 노비를 시켜 고리대와 상업, 무역을 통해 부를 축적하기도 했던 것으로 보인다. 불교에서는 영리 추구를 죄악시하지 않았고, 고리대 역시 긍정하였으므로 여성들이 이윤 추구 활동에 참여하는 것은 제약을 받지 않았던 것으로 보인다.

조선시대 여성과 일

조선시대에는 성리학의 영향으로 남녀의 역할 구분을 비롯한 가부장적 사회질서와 규범이 다른 어느 시기보다 강력하게 작동했다. 특히 조선시대 초기보다는 17~18세기 사회 전반에서 가부장적 종법 질서가 구축되면서 여성에 대해서는 삼종지도三從之道, 칠거지악七去之惡 등의 억압적 행위 규범이 강요되었고, 여성에 대한 정절 규범도 더욱 강화되었다. 조선시대는 재산권이나 경제적 자율성이라는 측면에서 이전 시대인 고려에 비해서도 훨씬 후퇴하는 면모를 보인다.

이 같은 시대적 배경에서 조선시대 여성들은 가내·외에서 다양한 역할을 묵묵히 수행했다. 가정에서는 일상적 가사노동인 가사와 육아를 전담했을 뿐만 아니라 제사 준비와 손님을 접대하는 일들을 담당하느라 하루 종일 바쁘게 지냈다. 낮 동안 바쁜 일들을 마치고 나면 바느질과 베 짜기 등의 일을 하며 밤을 새워야 했다.

여성들은 집 안에서의 베 짜기 노동을 통해 면, 삼베, 비단 등을 생산했다. 특히 면포는 옷감, 화폐, 상품으로 소비되고 유통되었기 때문에 단지 가족들의 옷감을 마련하는 차원을 넘어섰다. 가정에서 생산된 면포는 장사를 통해 교환되거나 화폐로 통용됐다(김경미, 2010: 123).

한편 조선시대의 주요 생산노동은 밭농사 부분과 벼농사 부분으로 나뉘는데, 조선 초기에는 밭농사와 논농사에 남성과 여성이 다 같이 참여했다고 한다. 밭농사에서 강한 근육의 힘을 필요로 하는 밭 갈기는 주로 남성이 담당하고 그 밖에 씨뿌리기, 김매기, 수확하기는 남성과 여성 모두 참여했다(이효재, 1976). 조선 후기로 가면서 논농사의 비중이 커지자, 남성은 주로 쌀 생산을 담당하고 여성은 주로 포布 생산을 담당하게 되었다. 면작에서의 밭 갈기, 씨뿌리기, 비료 주기 등의 힘든 작업은 남성이 담당했고, 솎아내기, 솜 따기, 김매기 등과 같이 잔손질이 많이 드는 작업과 목화에서 실을 뽑는 방적 과정과 포를 짜는 직조 노동은 여성이 담당한 것으로 보인다(문소정, 1991).

한편 조선시대 여성들은 기녀, 의녀, 무녀, 궁녀 등의 직역에서 특수하게 주어진 자신의 임무를 수행했다. 이러한 직역들은 당시 천직으로 취급되기는 했으나 공적 영역에서 여성의 주요한 활동들이었고, 궁녀의 경우에는 내명부 직급으로 정5품까지 올라갈 수 있는 공적 직업이기도 했다. 조선 후기에는 외래 문물이 유입되고 상공업이 발달함에 따라 여성들의 활동은 다른 면모를 갖추어 나가기 시작한다. 일부 여성들은 상공업 영역에 진출해 시장에서 직접 점포를 운영하기도 했으며, 때로는 상업적으로 크게 성공한 여성이 나오기도 했다. 제주 출신의 김만덕은 탁월한 장사 수완으로 상업적으로 크게 성공한 것은 물론 국가에 기근이 들어 민중의 생활이 어려워졌을 때 재산을 크게 내놓아 임금에게 칭송을 받기도 했다.

그러나 우리 역사 속의 여성들의 노동과 경제활동에 대해서는 아직까지 충분한 연구와 해석이 이루어지지 않고 있다. 여성들이 가정 내의 존재라는 관념은 여성들의 다양한 활동을 이해하는 데 장애가 되고 있으며, 여성의 입장에서 여성 활동을 객관적으로 조사하고 탐구해 해석하는 작업 또한 부족한 상황이다. 이에 대한 본격적인 연구를 앞으로의 과제로 남겨 두면서 식민지 경제사회 이후 여성의 경제활동에 대해 살펴보기로 하자.

📖 가난한 흥부 아내는 무슨 일을 했을까?

흥보 아내가 품을 판다. 오뉴월 밭매기와 구시월 김장하기, 한 말 받고 벼 훑기와 입만 먹고 방아 찧기, 삼麻 삼기, 보袱 막기와 물레질, 베 짜기와 머슴의 헌 옷 짓기, 상고喪故에 빨래하기, 혼婚 장가에 진일하기, 채소밭에 오줌 누기, 소주 고고 장 달이기, 물방아에 쌀 까불기, 밀 맷돌 갈 제 집어넣기, 보리 갈 제 망웃 놓기, 못자리 때 망초 뜯기, 아이 낳고 첫 국밥을 제 손으로 해 먹고, 운기運氣를 방통放通하되 절구질로 땀을 내니, 한 때도 쉬지 않고 밤낮으로 벌어도 늘 굶는구나.

〈박타령〉, 《신재효 판소리 사설집》

근대, 식민지, 여성 노동

여성들이 근대적인 자본주의 경제의 중요한 노동력으로 본격적으로 참여하게 된 것은 일제 식민지 침략을 전후로 한 시기다. 조선시대 여공에 대한 기록은 1900년 대한제국 정부 전원국典圜局에서 지폐를 만들 때 15명의 여공을 모집한 것에서부터 살펴볼 수 있다(이효재, 1976: 152). 이후 한말에 차츰 확대되었으나 대대적으로 그 모습을 드러낸 것은 1920년대 이후 대규모 공장이 들어서면서부터다. 1910년 일제의 침략에 의해 조선은 일본의 식민지로서 일본을 위한 식량 공급지, 공업 원료 공급지, 상품 시장으로 기능했다. 이에 따라 한말에 성장하기 시작했던 자생적인 자본주의의 싹은 일제에 의해 분쇄되고, 일본 자본주의의 요구에 따른 불균형하고 왜곡된 산업화가 일제강점기 전 시기를 통해 진행됐다. 이 같이 일제의 강점 아래 근대 공업과 산업이 전개되면서 여성들도 낯설고 두려운 근대 공간의 직업전선에 적극적으로 나서기 시작했다.

근대 여성 직업의 탄생: 직업전선에 나선 여성들

일제강점기 여성의 노동 참여율은 전 기간에 걸쳐 30~40%로 결코 낮지 않았다. 시기별로 보면 조선인 여성의 유업률은 1920년에 38.9%, 1930년에 38.9%, 1940년에 31.1%였고, 조선인 남성은

55.2%, 52.0%, 45.4% 수준이었다. 물론 일제강점기 내내 남녀 모두 압도적으로 농업 부문에 집중되어 있었고, 공업 부문을 포함해 새롭게 형성되는 근대적인 직업 부문에 진출한 취업자의 비중은 낮았다. 하지만 공장이 설립되면서 여공이 증가했고, 학교 교육이 확대되고 교육을 받은 신여성들이 새로운 직업에 진출하게 되면서 여성의 취업 양상은 점차 분화되고 다양화되기 시작했다.

〈표1〉을 보면 공업 및 상업, 교통업 그리고 공무 자유업 등에서의 비율이 완만하게나마 높아지고 있다. 즉 여성들이 농업이 아닌 새로운 영역의 직업 부문으로 이동하고 있음을 파악할 수 있다. 농업 다음으로 여성의 취업이 집중된 분야는 상업과 교통업으로 여기에는 노점, 행상 등의 불안정한 형태의 상업과 여관 등의 접객업 종사자등이 속한다. 공업 분야에서 일하는 여성들은 주로 공장의 여공 집단으로, 1930년대 대공황을 전후로 부침이 있기는 하나 꾸준히 증가 추세를 보이며 여성 주업자(당시 통계는 여성 취업자를 여성 주업자라고 했다) 중 1~2%의 비율을 차지한다. 여직공의 수는 절대 수로 보면 1925년에는 1만 7,465명에 불과하나 1935년에는 4만 5,082명, 1942년에는 7만 3,202명으로 증가했다.

공무 자유업은 교사를 포함해 언론, 예술, 종교, 의료 종사자들로 구성된, 흔히 신여성으로 지칭되는 집단이 포함되는 업종이다. 이 역시 비율적으로는 미미하지만 절대적 숫자로 보면 1917년 1만 6,000명 정도에서 1931년에는 3만 2,000명 정도로 2배 이상 증가했다.

직업전선에 진출한 여성들의 취업 분야는 계층별로 차이가 있었다. 하층 여성은 방직공장 여공이나 접객업, 가사사용인 등으로

표1 | 성별·산업별 유업자 분포　　　　　　　　　　　　　　　　　　　(단위: 천 명, %)

	1930년			1940년		
	합계	남성	여성	합계	남성	여성
총　　계	9,765 (100.0)	6,443 (100.0)	3,322 (100.0)	9,196 (100.0)	6,585 (100.0)	2,610 (100.0)
농　　업	7,664 (78.5)	5,043 (78.3)	2,620 (78.9)	6,685 (72.7)	4,553 (69.1)	2,131 (81.6)
수 산 업	121 (1.2)	99 (1.5)	21 (0.7)	135 (1.5)	119 (1.8)	15 (0.6)
광　　업	34 (0.4)	33 (0.5)	- (0.0)	176 (1.9)	170 (2.6)	6 (0.2)
공　　업	585 (6.0)	304 (4.7)	281 (8.5)	494 (5.4)	439 (6.7)	55 (2.1)
상　　업	562 (5.8)	345 (5.4)	216 (6.5)	600 (6.5)	431 (6.6)	168 (6.5)
교 통 업	107 (1.1)	104 (1.6)	2 (0.1)	152 (1.6)	146 (2.2)	5 (0.2)
공무 자유업	182 (1.9)	163 (2.5)	19 0.6)	239 (2.6)	215 (3.3)	23 (0.9)
가사사용인	120 (1.2)	28 (0.4)	91 (2.8)	172 (1.9)	36 (0.6)	135 (5.2)
기타유업자	386 (4.0)	319 (5.0)	66 (2.0)	539 (5.9)	472 (7.2)	66 (2.6)

자료: 〈조선국세조사보고〉.

진출했다. 반면 교육받은 중산층 신여성은 유치원 보모, 교사, 간호원, 기자 등 새로운 직업 분야로 진출했다. 한편 백화점 점원인 '데파트 걸', 극장 매표원인 '티켓 걸', 버스의 여차장인 '버스 걸', 전화교환수인 '할로 걸' 등 근대 문명과 문물의 등장과 함께 나타난 새롭고 생소한 직업군에도 여성들이 취업하기 시작했다.

　　하층 여성에게 직업 활동은 생계의 문제였다. 이들은 식민지 공장의 혹독한 차별과 착취를 겪어 낸 집단이자 일제강점기의 직업여성 중 수적으로 가장 많은 집단이었다. 심지어는 13세에서 16세의 어린 여성들이 공장에 취업하거나 가사사용인 등으로 일하기도 했다.

교육받은 신여성들의 경우 가장 인정받는 직업 중의 하나는 교사였다. 보통학교, 고등보통학교, 전문학교에서 유치원 보모에 이르기까지 학교별 교사의 자격이나 역할에 다소 차이가 있기는 하지만, 교사는 당시 여성의 직업 가운데 사회적으로 가장 인정받고 존경받는 직업군이었다. 의료 영역의 경우 여성 의사는 수적으로 많지는 않았지만 최초의 여의사인 박에스더를 비롯해 허영숙, 현신덕, 유영준 등이 활동했다. 이들은 개업의로 산과, 내과, 소아과 분야를 주로 담당하며 사회적으로 주목을 받았다. 간호부는 일제강점기에 근대 의료가 도입되고 병원 설립이 늘어나면서 점차적으로 증가했는데, '흰옷을 입은 천사'이자 생명을 구하는 신성한 직업에 종사하는 여성이라는 평판을 받았다. 그러나 다른 한편으로는 근무시간이 길고 급료도 낮은 편이었으며 동시에 의사들에 의한 인격적 압박과 성차별 및 성희롱으로 고통을 받기도 했다. 이 밖에도 신여성들은 기자, 문인, 은행에 근무하는 사무직 등으로도 활동했다.

　　1920~1930년대가 되면서 근대 식민지 공간에 이색적인 직업도 등장했다. 근대적인 기계문명의 발전과 산업화로 이전에는 볼 수 없었던 신종 직업들이 출현한 것이다. 당시 신문들은 버스 차장이라고 할 수 있는 '버스 걸'을 "대도회의 중심부를 누비는 가장 모험적이고 첨단적인 직업"으로, 전화 교환 업무를 담당하는 '할로 걸'은 "고속도의 줄과 소리의 얽힘으로 된 기계문명을 운전하는, 근대 문명과 스피드 시대를 상징하는 신종 직업"으로 소개하고 있다. 이 밖에도 근대 자본주의 소비 문명의 핵심 공간인 백화점에서 일하는 '데파트 걸'은 "최고의 상품을 다루는 화려한 직업인"으로

소개되었으며, 엘리베이터에서 안내를 하는 '엘레베타 걸', 주유 일을 하는 '개솔린 걸' 등도 주목을 받았다(강이수, 2011).

'직업여성'과 사회적 이미지

이 시기에 일하는 여성은 여전히 생소한 집단이었다. 이들을 지칭하는 개념도 통일되지 않아 당시 신문 기사에는 '직업부인', '직업여자', '직업여성', 그리고 때로는 '직업처녀'라는 용어 등이 사용되었다. 한 신문기사에서는 "제 손으로 하는 일이나 특별한 일을 가지고 있어서 가두로 회사로 관청에서 여러 가지 일을 하고 있는 사람을 통틀어서 직업부인"이라고 규정을 하고 있다. 그런데 새로운 근대 공간에 등장한 직업여성에 대한 당시의 사회적 이미지는 결코 긍정적이지 않았다. 취업 영역은 남녀 모두에게 새로운 공간이자 근대성과 관련된 문제였으나, 일제강점기 초기부터 남성의 취업은 당연하게 받아들여진 반면에 여성의 취업에 대해서는 수많은 찬반론이 제기되었다. 계몽적이거나 민족주의적인 신문과 잡지 등에서는 조선 여성들이 아직도 사회적 각성이 불충분하다고 비판하면서, 여성들이 해방되기 위해서는 취업을 해야 한다는 취업 권장성의 기사를 많이 게재하기도 했다. 하지만 직업여성을 대하는 지배적인 사회적 시선과 담론은 호기심과 비난이 어린 취업 반대론이었다.

이 시기의 취업 반대론은 대략 세 가지 갈래로 나타난다. 우선 남성과 여성의 할 일이 각각 따로 있다는 성별 역할 구분론, 여성의

1차적인 장소는 가정이라는 가정 우선성·가정 중심성 이데올로기, 민족을 위해 여성의 모성 역할의 중요성을 강조하는 논리 등이다. 이에 더해 "교육받은 여성이 증가함에 따라 직업을 원하는 여성이 늘어나고 있으나 마땅한 직업이 없어 노처녀가 되고 쓸데없는 유혹만 받아 사회문제가 되고 있어" 걱정이라며 직업보다는 시집을 가는 것이 낫다고 충고하는 논리까지 등장한다.

　직업여성에 대한 사회적 시선 가운데 핵심적인 것 중 하나는 직업여성의 섹슈얼리티에 대한 비난과 의심의 시선이었다. 일제강점기였던 1920~1930년대의 신문 기사에는 직업여성의 정조 유린과 유혹의 위험에 대해 경계하는 다음과 같은 글들이 종종 등장한다.

　"젊은 여성이 직업을 가질 때에는 특별한 자각이 없어서는 아니 될 것이다. 이 사회의 내면처럼 추악하고 복잡한 것은 없다. 젊은 여성이 직업을 가지는 것은 직접으로 이러한 추악에 물들일 기회를 자조 겪게 되는 것이니 현대 젊은 여성의 많은 비극은 흔히 이러한 곳에서 생기는 것인가 한다."

〈직업을 구하려는 여러 여성들에게 1, 2〉, 《조선일보》, 1927년 3월 25일

　여성의 사회적 취업활동을 우려하는 사회적 시선과 논란에도 불구하고 여성들은 근대적 직업 공간에 계속 참여했고, 식민지 경제를 지탱하는 주요한 노동력이었다.

식민지 공장과 여성 노동자

일제강점기에 이루어진 공업화는 식민지 통치 기반을 마련하기 위한 조선토지조사사업 등이 실시된 이후 1920년대 중반경 본격화되기 시작했다. 여성 노동자의 진출도 이 시기부터 이루어졌다. 1920년대 초까지는 정미공업과 같은 식량 수탈을 위한 가공공업이 존재했을 뿐 아직 본격적인 공업화가 이루어지지는 않았고, 1930년대 들어 급격하게 가속화되었다. 이 시기가 되면 일본 독점자본과 군수공업이 크게 진출하게 된다. 전쟁의 강행과 관련하여 섬유제품의 현지 조달을 목적으로 방직공업 부문에 여러 독점기업체가 진출하면서 식료품 및 방직 제품 등의 경공업이 중요 위치를 점하였으며, 화학공업과 금속 및 기계공업 등의 군수품 생산과 관련한 부문이 급격하게 확장됐다. 이 시기 공업 부문에 취업한 여성들은 아직 수적으로 그리 많지는 않았지만 공업화의 전개에 따라 그 수가 꾸준히 증가했다.

공장 노동자 중에서 여성이 차지하는 비율은 1925년에 24.8%였으나 1930년에는 33.7%로 상승했고 이후 대체로 30%를 넘어서고 있어 전체 공장 노동자의 3분의 1 정도를 차지하고 있다는 것을 알 수 있다. 여성 노동자의 수는 1925년 이후 비교적 빠른 증가세를 보인다. 이 시기는 일본의 제사(製絲, 솜이나 고치 따위로 실을 만듦)업을 중심으로 한 방직 자본과 성냥, 고무공업을 포함하는 화학공업 등의 진출이 본격적으로 이루어진 시기였다. 다시 말하면 주로 조선인의 저임금을 목적으로 한 이들 산업에서의 1차적인 고용 대상이 여성 노동자였고, 식민지 공업화의 과정에서 이들이 적극

표2 | 연도별·성별 공장 노동자 수의 변화

연도	공장 수	전체 종업원 수	직공 수(명)			직공 내 여자 비율 (%)
			합계	남자	여자	
1910	151	–	8,203	–	–	–
1925	4,238	80,375	70,281	62,910	17,465	24.8
1930	4,261	101,943	83,900	55,612	28,288	33.7
1935	5,635	168,771	135,797	90,715	45,682	33.2
1940	7,142	294,971	230,688	157,486	73,202	31.7

자료:《조선총독부 통계연보》, 각 연도.

표3 | 일제하 민족별·성별 공장 노동자 임금 추이   (단위: 엔)

		1929년	1933년	1937년
일본인 남녀	성년	2.32	1.93	1.88
	유년	–	0.81	0.98
	성년	1.01	1.00	0.85
	유년	–	0.65	0.78
조선인 남녀	성년	1.00	0.92	0.95
	유년	0.44	0.40	0.42
	성년	0.59	0.50	0.48
	유년	0.32	0.25	0.32

자료: 鈴木正文,《조선경제의 현단계(朝鮮經濟の現段階)》, 帝國地方行政學會本部, 1938, p.298에서 재작성.

적으로 활용되었던 것이다.

　일제강점기 여성 노동자의 연령별 추이를 살펴보면 15~16
세 미만의 유년여공의 비율이 매우 높은 것이 특징이다. 전체 여성
노동자 중 유년여공의 비율은 1920년에 27.9%, 1930년에 21.7%,
1940년에 26.2%였다. 남성 노동자의 경우 유년공의 비율이 1920
년 7.2%, 1930년 3.4%, 1940년 7.0%인 것에 비하면 유년여공의 비
율이 얼마나 높았는지 확인할 수 있다. 공장 노동자의 학력별 분포
도 살펴볼 필요가 있다. 1933년에 종업원 100인 이상의 업체를 대
상으로 한 조사 결과에 의하면 남성 노동자는 약 10% 내외가 무학
자이고 60% 이상이 보통교육 이상의 학력자인 반면에, 여성의 경
우에는 60% 이상이 무학자이고 보통교육을 받은 여성 노동자의
비율은 10% 내외에 불과해 남녀 노동자 간의 학력별 격차는 물론
여성 노동자의 학력이 얼마나 낮은지를 알 수 있다.[1]

　한편 일제강점기 조선인 노동자의 노동조건은 전반적으로 일
본인에 비해 매우 저열한 조건에 놓여 있었다. 차별적인 저임금, 장
시간 노동, 강제적이고 억압적인 노동 통제에 시달렸다. 여성 노동
자들은 이와 같은 민족적 차별 이외에 성적 차별까지 더해져 이중
의 억압과 착취를 받는 더욱 비참한 노동조건에 놓여 있었다. 일제
강점기 여성 노동자의 노동조건의 대표적인 특징은 저임금·장시
간 노동이다. 우선 당시의 임금수준을 보면 민족별·성별 임금의 격
차가 매우 커서 조선인 성년 남자의 임금은 일본인 성년 남자의 2
분의 1이고, 조선인 성년 여자의 임금은 4분의 1 수준이었다. 게다

1　朝鮮商工會議所,《朝鮮人職工に關する考察》, 1936.5월.; 강이수, 1992, p.93의 표 참조.

가 유년여공일 경우에는 임금이 그보다 낮아 일본인 성년 남자의 6분의 1 혹은 7분의 1도 못 되는 수준으로, 매우 격심한 임금격차가 나는 것이 일반적이었다.

이와 같은 민족별·성별·연령별에 따른 차별적인 임금구조는 일제강점기 전 시기 동안 지속되었다. 특히 여성 노동자의 임금이 남성 노동자 임금의 절반 수준에도 미치지 못하는 남녀 차별 임금의 구조는 식민지 조선뿐만 아니라 일본의 경우도 마찬가지였다. 세계에서도 유례가 없을 정도의 차별적인 남녀 임금격차는 일본 특유의 노동 관행이 식민지 조선에도 적극적으로 이식된 결과라고 할 수 있다.

임금격차 외에 수당 및 승진·승급의 차이, 일관성 없고 자의적인 벌금제의 적용, 노동자의 임금 중 일부를 강제로 저금하게 하는 제도 등에 의해 여성 노동자의 임금은 더욱 낮아지게 된다. 강제 저금 제도의 정확한 비율은 알 수 없으나 면방^{綿紡} 대기업의 경우 임금 중 약 3분의 2를 저금하고 3분의 1을 본인에게 주었다고 한다. 강제 저금은 원칙적으로 고용 기한인 3년이 만기되어 퇴사할 때 찾도록 규정되어 있으며, 여공이 임의대로 찾을 수 없었다고 한다. 이 같은 강제 저금 제도는 식민지하의 강제적인 임금 인하 방법이기도 했으나 다른 한편으로는 여공들을 공장에 묶어 두는 주요한 수단이기도 했다(강이수, 1992).

한편 이들의 노동시간은 대부분 10시간 이상이었고, 방직공장의 경우에는 하루 12시간 2교대제라는 살인적인 장시간 노동이 행해지기도 했다. 당시 부산의 한 방직공장을 방문한 기자가 묘사하고 있는 공장의 작업환경은 다음과 같다.

"계속해서 세게 돌아가는 기계와 날카롭게 감시하는 감독 아래에서, 100도 가까운 연기로 푹푹 지는 공기를 호흡하면서 또한 어두운 공장에서 뼈와 살이 아프고 살이 부스러질 정도로 노동하는 여공들은 대게 15세가량의 어여쁜 소녀 내지는 20세 전후의 여자들로서 그 대부분은 농촌 각지에서 모집해온 사람들이다. (중략) 노동시간은 길고 식사는 형편없어 그들의 영양 상태와 건강은 극도로 악화하고 있다. 1년 365일을 태양이 동에서 뜨는지 서에서 뜨는지도 알 수 없을 정도로 생활하기 때문에 안색은 거의 중병에 걸린 안색이고 몸은 쇠약해져서 쉽사리 내쫓기기도 한다고 한다. 게다가 공장 내에는 특별한 규율이 있어 어떠한 위반도 용납되지 않는다."

〈공장 방문기〉, 《조선중앙일보》, 1936년 7월 2일

작업 중 쉬는 시간은 거의 주어지지 않고 점심시간 20~30분이 유일하게 휴식할 수 있는 시간이었다. 작업환경 역시 매우 열악했다. 방직공장은 고온 다습한 데다가 먼지가 심해 각종 호흡기병과 폐결핵, 피부병 등의 온상이었다. 기혼 여성이 많은 고무공장에서는 아이를 업고 온 여성 노동자가 냄새나는 작업장에서 아이에게 수유하는 모습이 관찰되기도 했다.

일제 식민 전쟁에 동원된 여성

일제강점기 말기 전시체제하에서 일제는 광범위하게 조선인들

을 동원했다. 여성의 경우에는 직접적인 징용의 대상이 되지는 않았지만 많은 여성들이 근로정신대, 근로보국대, 위안부로 동원되었다.

근로보국대는 만 12세부터 40세까지의 남녀 모두가 대상이 되었으며 학생을 대상으로 한 근로보국대가 먼저 시행되었다. 일반 근로보국대는 황무지 개간, 식목과 식수, 도로와 하천의 개수 등의 집단 노동을 2시간 이상 했다. 학생들은 공장이나 병원에 동원되었고, 일부 여학교에서 학교 시설을 공장으로 설비화해 작업을 시키기도 했다.

근로정신대는 전시의 노동력 부족 현상을 해결하기 위해 여성 노동력을 적극적으로 활용하려는 방식으로 결성됐다. 정신대挺身隊라는 용어는 '어떤 목적을 위해 몸을 바치는 부대'라는 뜻으로 노동력을 동원하기 위한 조직 이름이었으며, 온갖 명목의 정신대가 조직되었다. 조선에서 여자 근로정신대가 처음 동원된 것은 현재 기록상 1944년 3월 평양 지역으로 알려져 있다. 이렇게 동원된 여성들은 일본의 군수공장과 방직공장 등에서 작업하였으나 동원된 인원이 몇 명인지는 아직까지 정확히 밝혀지지 않고 있다.

아울러 정신대 명목으로 동원되었던 일부는 군 위안부로 강제로 끌려가기도 했다. 여성들을 노동력 동원의 대상뿐만 아니라 일본군을 위한 성 노예로 이용한 것이다. 정확한 자료가 폐기되거나 은폐되어 그 실상이 다 드러나지 않고 있지만 8~20만 명의 조선 여성들이 일본군 위안부로 끌려간 것으로 추정된다(한국여성연구소, 1999).

전시 기간에는 공업 부문 외에도 노무 수급 사정이 긴박해지자 여성 노동자들은 기존의 성별 분업에 의해 여성들의 참여가 배제되었던 광업, 부두 하역, 일용 노동 등에도 참여하는 양상을 보인다. 예를 들면 1931년경 여성 노동자는 전체 광산 노동자의 3% 정도에 불과했으나 1941년에는 여성에게 금지되던 갱내 노동이 식민지 정부에 의해 해제되면서 그 비율이 7.3%로 크게 높아지기도 했다.

03

해방, 전쟁, 여성 노동

해방 직후 경제와 여성 고용의 감소

해방 이후 우리 경제는 외형적으로 일제의 독점적 지배에서 벗어났으나, 식민지 공업화의 모순 때문에 공업 생산이 급격하게 위축되는 상황을 맞이하게 된다. 공업 부문은 일본이 자본과 기술 등을 배타적으로 독점하고 있었기 때문에 해방 이후 원자재의 결핍, 자본과 기술의 단절과 부족으로 공장 가동이 어려워졌고, 조선의 남북 분단은 공업 생산의 전반적인 위축으로 귀결되었다. 일제 강점기의 주요 공업이었던 방직공업을 위시하여 기계, 화학, 식료품 공업 등의 생산이 큰 폭으로 줄었고, 생산의 위축은 곧 대량 실업으로 이어져 사업체 및 노무자 수도 크게 감소했다. 1944년에 9,323개이던 사업체의 수가 1946년에는 5,249개로 줄어들었을 뿐만 아니라 약 30만 명에 달하던 노무자의 수도 12만 2,000명 수준

표4 | 남한 취업자 실업자별 인구(1946년 9월 30일 기준)

	남성	여성	합계
A. 총인구	9,791,707	9,577,563	19,369,290
B. 유업자 인구	5,179,689	2,257,040	7,436,729
C. 실업자 인구	762,466	288,471	1,050,397
D. 부양 인구	3,849,552	7,032,052	10,881,604
경제활동 참가율 (B+C/A)	60.7%	26.6%	43.8%
실업률 (C/B+C)	12.8%	11.3%	12.4%

자료: 조선은행조사부,《조선경제년보》, 1948, p.1~5, p.1~9.

으로 약 59.4%가 감소했다. 그렇다면 이 시기 남녀 취업자 및 실업
자 인구 그리고 경제활동 참가율을 살펴보자.

1946년 남녀의 경제활동 참가율은 각각 남성 60.7%, 여성
26.6%였다. 일제강점기 말기와 비교하면 여성의 경우 일제강점기
에 약 30~40%의 경제활동 참가 수준을 보인 데 비해 급격하게 감
소하는 추세를 보인다. 이는 해방 직후 산업의 위축과 실업의 대량
적인 증가로 남성에 비해 여성 노동자가 더 빠른 속도로 감소되었
음을 보여 준다.

한국전쟁(1950~1953년)과 여성 노동

해방 이후 경제적 혼란이 완전히 수습되기 전인 1950년에 우

리나라는 다시 전쟁의 발발로 경제적·정치적·사회적 격변기를 맞이하게 된다. 전쟁이 우리나라 경제에 미친 파급은 매우 심대한 것이지만 여기서는 여성 고용에 미친 효과만 살펴보고자 한다. 전쟁이 여성 고용에 미치는 1차적인 영향은 앞에서도 보았듯이 남성 노동력이 대거 전쟁에 참여하게 되면서 주요 산업 부문에서 여성의 참여가 늘어난다는 것이다.

이 시기의 통계는 매우 부족하지만, 1952년 7월 14일 자《동아일보》의 〈여성의 직장 진출 현저〉라는 제목의 기사는 1952년 기준 남녀 직업 실태에 대해 남자 800만 명에 여자 600만 명 정도로 여성 노동력의 참여가 크게 늘어나고 있다고 보도하고 있다.

이같이 전쟁 기간 중 여성 노동력이 다시 크게 증가했는데, 이는 다음의 표에서도 확인된다.

〈표5〉를 보면 우선 여성 노동자의 비율은 전체 노동력의 42.5%로 높은 비중을 차지하고 있다. 산업별로는 농업에 가장 집중되어 있지만 1948년에 농업 부문 여성 종사자의 비율이 89.2%

📖 숫자로 나타난 남한의 직업 실태

사회부에서 전국적으로 조사한 직업 실태 조사 통계를 보면 남한 총 인구 252만 6,105명 중 직업을 가진 근로자가 남녀 합하여 1,367만 211명이라고 한다. 그런데 그중 남자 근로자가 856만 7,931명이고 여자는 610만 2,580명으로 되어 있는데 이는 남녀 동등권을 주장하는 민주한국의 여성들의 직장 진출을 현저하게 나타내고 있는 증좌를 보여주는 것으로 4280년(1947년)에 비하면 여성의 직장 진출은 36%가 증가한 것이다.

〈여성의 직장 진출 현저〉,《동아일보》, 1942년 7월14일

표5 | 산업별 노동력 인구의 구성(1952년 3월 말 기준)

	남성	여성	합계	(여성 비율)
농　　　업	4,869,288(64.3)	4,431,015(79.2)	9,300,303	(47.6)
수　산　업	156,191(2.1)	86,999(1.6)	243,190	(35.8)
광　　　업	33,130(0.4)	2,551(0.0)	35,681	(7.1)
공　　　업	273,527(3.6)	88,268(1.5)	361,795	(24.4)
상　　　업	682,857(9.0)	297,257(5.3)	361,795	(30.3)
교　통　업	112,804(1.5)	30,709(0.5)	143,513	(21.4)
公　　　業	240,173(3.2)	79,000(1.4)	319,173	(24.8)
자　유　업	276,539(3.7)	109,625(2.0)	386,164	(28.4)
기　　　타 유업 (有業)	926,422(12.2)	670,956(12.0)	1,597,378	(42.0)
총유업자수	7,570,931	5,594,380	13,165,311	(42.5)
무　업　자	2,512,438	4,848,956	7,361,394	
총　　　계	10,083,369	10,443,336	20,526,705	

자료: 대한민국공보처통계국,《대한민국통계연감》, 1953, p.29~30.

였던 데 비해 크게 줄어들었으며 그 대신 상업, 자유업, 기타 유업 등의 3차 서비스업 부문의 분포가 늘어나고 있다. 전쟁으로 인해 공장이 파괴되고 산업 생산이 위축되면서 공업 부문의 노동력은 별로 증가되지 않았지만, 여타 부문에서 남성 대신 생계를 위해 직업전선에 진출한 여성이 그만큼 늘었음을 보여 주는 것이다.

　그러나 1953년이 되면 전체 유업자 내의 여성 비율은 다시 37.3%로 감소 추세를 보이고, 공업에 분포되어 있는 여성의 비율뿐 아니라 공업 내부의 여성 비율도 1952년 24.4%에서 1953년에는 13.4%로 줄어들고 있다. 이 같은 추세는 종전과 함께 다시 남성의 직무 복귀가 이루어지면서 일시적으로 증대했던 여성의 진출이 감소하는 현상이 반영된 것으로 보인다.

선진 자본주의국가들도 세계대전의 영향으로 군수공업이 급격히 확대되면서 공업 부문에 여성 노동자가 급증했다가 전쟁 직후 감소하는 현상이 나타났던 것처럼, 한국의 경우에도 전시에 여성들이 상업과 기타 서비스업 부문에서 생계를 위한 행상 등의 일을 하다가 전쟁이 끝난 직후 다시 농업 부문으로 회귀했다는 것을 알 수 있다. 이에 따라 여성 노동력 내의 농업인구의 비율은 1952년 72.6%에서 1953년에는 87.6%로 크게 늘어났다.

04

맺음말

우리 역사 속의 여성과 일을 간략하게 살펴보았다. 그러나 식민지 공업화 이전까지는 연구와 자료가 부족해 한국 여성들의 활발한 활동의 기록을 온전하게 정리할 수 없는 실정이다. 역사에서 누락된 여성의 역사를 제대로 복원시키는 여성사Women's History의 작업이 더욱 진전되어야 한다.

한편 식민지 공업화 이후 1960년 이전까지의 한국 여성 노동자의 고용 추이를 개략적으로 살펴보았는데, 이 역시 통계의 부족과 그 비일관성으로 전체 고용 추이를 체계적으로 정리하기는 힘들었다. 그러나 경제 구조의 변화, 산업화의 방향, 경기변동 그리고 전쟁 등의 특수한 계기에 따라 여성들의 고용 추이는 남성에 비해 보다 민감한 변화를 보이는 것을 알 수 있다. 앞에서 살펴본 여성 노동자의 고용 추이의 전반적인 특징을 간단하게 정리해 보자면 다음과 같다.

첫째, 우리나라 여성 노동자는 자본주의적 산업화의 초기인 식민지 공업화 과정에서부터 비교적 높은 경제활동 참여 양상을 보인다. 식민지하의 어려운 경제적 상황과 저임금 노동력을 근간으로 하는 착취적인 산업화 과정에서 여성 노동력은 적극적으로 동원된 주요 노동력 공급원이었던 것이다.

둘째, 1920년에서 1960년 사이 여성 노동력의 산업별 분포 양상을 보면 농업 부문에 가장 압도적으로 집중되어 있지만 경기변동이나 전쟁 등의 특수 상황에 따라 농업과 공업, 또는 농업과 상업 부문 사이를 남성 노동력에 비해 상대적으로 빈번하게 이동하고 있다. 즉, 여성 노동력은 공업 부문이나 상업 부문에 종사한다고 하더라도 이 부문의 안정적인 노동력이라기보다는 상황에 따라 다시 농촌으로 회귀하는 단기적·임시적 노동력으로서의 불안정성을 보여 주고 있는 것이다.

셋째, 공업 부문 내의 여성 비율과 성별 직종 분리 양상에서 나타나는 특성은 우선 일제강점기부터 해방 이후까지 한국의 공업화가 경공업 중심의 공업화였고 이에 따라 여성 노동자의 비율도 30% 내외를 차지하고 있었다는 점이다. 그러나 방직공업, 식료품공업, 화학공업(주로 고무공업)등의 세 부문에 전체 여성 노동력의

80~90%가 압도적으로 집중되어 높은 성별 직종 분리 양상을 보인다. 물론 경기변동이나 전쟁 상황 등에 따라 여성의 취업 분포의 변화가 일시적·부분적으로 진행되기도 하나 그 편중성은 비교적 완고하게 지속되는 특성을 보인다.

넷째, 여성 고용 불안정성의 측면에 주목해 볼 때 여성 노동력의 고용 추이는 남성 노동력에 비해 상황에 따른 변동 폭이 크게 나타난다. 이는 여성 노동력이 손쉽게 동원되고 해고되는 안전판으로서의 산업예비군으로 이용되어 왔다는 것을 의미한다. 한편 전쟁과 관련하여 볼 때 서구의 경우 군수공업 부문의 여성 동원과 전쟁 이후 여성의 배제가 주된 문제로 나타났으나, 한국의 경우는 생산 시설의 전반적인 파괴라는 상황 속에서 여성들은 상업 등의 3차 산업 부문에 대량 진출하였다가 감소되는 특성을 보인다.

마지막으로 노동시장 내의 여성 노동자의 임금과 노동조건 등이 해방 이후에도 전혀 완화되지 않았다는 점도 특징이다. 일제강점기에 구조화된 성별 임금격차와 남녀 차별적인 노동조건과 관행이 해방 이후에도 지속됐다. '여성의 임금이 남성 임금의 절반'이라는 예외적인 남녀 차별 임금구조는 일본과 식민지 조선에서 높은 유사성을 보이며 적용되었고, 해방 이후에도 이 같은 차별 관행은 경기변동이나 여성 노동력의 고용의 증감 등의 변화에도 전혀 변하지 않고 지속되는 모습을 보이고 있다.

제4장

한국 경제와
여성 취업 구조 변화

한국 경제와 여성 노동

한국 여성의 지위와 고용 격차

2000년대 이후 한국 여성의 지위는 전반적인 측면에서 빠르게 상승하고 있다. 여성들은 고등교육기관의 진학률이나 학업 성취도의 측면에서 높은 수준을 나타내고 있으며, 주요 국가고시에서 수석을 하거나 대기업의 CEO로 부각되는 등 개인별 사례도 늘고 있다. 그러나 국내의 이 같은 사회 분위기와는 달리 국제적인 성평등지수를 보면 한국사회에서 여성의 지위는 여전히 하위권에 머물고 있으며 남녀 격차 또한 큰 것으로 나타난다.

국제적으로 각국의 여성 지위를 비교하여 발표하는 성평등에 관한 지표들은 발표하는 기관에 따라 다양하다. 유엔개발계획(UNDP, United Nations Development Programme)에서 1995년부터 인간 개발에서의 성평등성을 측정하는 지수로 발표하는 남녀개발지수(GDI, Gender-related Development Index)와 성별권한척도(GEM, Gender Empowerment Measure)를 비롯해 세계경제포럼 WEF, OECD 등의 국제기구에서 발표하는 성평등지수까지 다양한 평가 지표들이 있다. 각각의 지표가 근거로 하고 있는 항목과 강조점은 다르지만 궁극적으로 국제적으로 여성의 지위를 비교한다는 목적에서 지표가 드러내는 방향은 유사하다고 할 수 있다.

성평등에 관한 주요 지표들에 나타난 한국 여성의 지위는 다음과 같다. 2013년 세계경제포럼에서 발표하는 성격차지수(GGI, Gender Gap Index)에서 한국 여성의 순위는 전체 대상 조사국 136개국 중 111위로 최하위권이다. 유엔개발계획이 발표하는 남녀평등지수는 2009년 기준 25위인데 비해, 성별권한척도는 61위였다. 이 외에도 OECD는 사회제도와 젠더지수(SIGI, Social Institutions and Gender Index), 국제 시민 단체 소셜워치 Social Watch 에서는 교육, 경제 참여, 권한에서의 성형평성을 측정하는 성형평지수(GEI, Gender Equity Index)를 발표하기도 한다. 어떤 지표가 한국 여성의 지위를 가장 잘 반영하고 있느냐의 문제에 대해서는 지표 영역을 세심하게 분석하고 해석해야 할 것이다(주재선, 2012).

그런데 모든 지표에서 공통적으로 발견되는 요소는 한국 여성들의 교육 및 학업 성취는 높고 평등한 데 비해, 경제 영역과 정치적 권한에서의 불평등은 매우 크다는 점이다. 경제적 영역에서는 여성 경제활동 참여율, 남녀 임금격차, 여성 소득 비율 외에도 관리직 및 고위 임직원 여성 비율, 전문·기술직 여성 비율 등의 통계를 활용해 지수를 측정한다. 그런데 이 경제적 영역의 모든 측면에서 한국과 유사한 발전 수준에 있는 국가들은 물론이고 한국보다 발전이 더딘 국가들과 비교해도 한국 여성들이 받는 경제적 격차는 지나치게 큰 것으로 나타나고 있는 것이다.

즉 단적으로 말하자면 한국사회에서는 능력 있는 여성 인력이 제대로 활용되지 못하고 있으며, 남녀 간 고용 및 경제적 차별이 여전히 매우 크다고 할 수 있다. 바로 이러한 측면이 한국 여성의 지위가 낮은 상태로 머물러 있는 핵심적인 이유다. 그렇다면 한국 경제의 변화에 따라 여성의 경제활동 참여 양상과 취업 구조가 어떻게 변화하고 있는지를 개관해 보고, 여성 고용 추이에서 드러나는 문제는 무엇인지 살펴보기로 하자.

여성의 경제활동 참가 수준

한국 여성의 경제활동 참가율은 1980년 42.8%, 2010년 49.4% 그리고 2013년 50.0%로 증가해 왔다. 1997년 IMF 경제 위기, 2010 년 세계 경제 위기의 여파를 겪으면서 다소 하강하는 변화를 겪기도 했지만 여성들의 노동시장 참여율은 꾸준한 증가 추세에 있다. 그러나 1980년대 이후 높아진 여성들의 학력과 취업활동에 대한 여성들의 높은 열망에 비교해 보면, 1990년대 이후 여성들의 경제활동 참가율은 다소 정체되어 있다고도 할 수 있다.

경제활동 참가율이란 만 15세 이상의 인구 중 노동능력과 노동할 의사가 있는 인구인 경제활동인구가 차지하는 비율이다. 경제활동인구는 만 15세 이상 인구 중 취업자 그리고 취업을 하기 위

표1 | 경제활동 참가율의 변화 추이 (단위: %)

연도	여자	남자
1980	42.8	76.4
1990	47.0	74.0
2000	48.8	74.4
2010	49.4	73.0
2013	50.0	73.0

자료: 통계청, 《경제활동인구연보》, 각 연도.

해 적극적으로 구직활동을 하는 실업자를 모두 포함한다. 이에 비해 비경제활동인구는 취업자도 실업자도 아닌 만 15세 이상인 자, 즉 가정주부, 학생, 군인, 노령자, 심신장애자 등을 말한다. 경제활동인구는 취업자와 실업자를 모두 포함하는데 이를 자세히 보면 우선 취업자는 조사 대상 기간 중 수입을 목적으로 1시간 이상을 일한 자, 무급 가족 종사자(혈연관계인 가족이 운영하는 개인 사업체에 정규적인 보수 없이 일하는 사람)의 경우는 18시간 이상 일한 자 등을 포함한다. 실업자는 조사 기간 동안 일을 하지 못한 사람 중에서 즉시 취업이 가능하며 구직활동을 하고 있는 사람이다. 실업률은 바로 이런 실업자가 경제활동인구에서 차지하는 비율이다.

그런데 여성의 경우, 1990년대 후반과 2000년대 초반 경제 위기를 경험하면서 취업을 원하기는 하나 여성을 배척하는 분위기 때문에 아예 취업할 의사를 포기하고 가정으로 들어가 비경제활동인구가 되는 경우가 많아졌다. 일반적으로 적극적으로 구직활동을 하고 있지 않지만 일자리가 생기면 언제라도 취업할 의사가 있는 사람을 '구직 단념자' 또는 '실망 실업자'라고 한다. 구직 단념자들은 현재 취업 의사를 포기했다는 측면에서 실업자가 아닌 비경제활동인구의 한 부분이 되며, 따라서 실업률을 계산하는 데에는 포함되지 않는다. 그런데 경제 위기가 닥치면 여성 중 구직 단념자의 비율이 높아지는 것이다.

그러나 이들은 시장 여건과 여성에 대한 차별적이고 배제적인 분위기만 없다면 취업을 지속하기 위해 노력했을 것이다. 때문에 엄밀한 의미의 실업률을 계산하려면 이들을 포함시켜야 한다. 즉 여성들의 경제활동 참가율과 실업률을 정확히 파악하기 위해서는 이와 같은 실망 실업자의 규모를 고려해야 한다.

다음으로 세계 각국 여성들의 경제활동 참여율과 비교하면 다음과 같다. 한국 여성들의 경제활동 참여율은 아시아권 국가들 중에서는 낮은 편이 아니지만, 여성들의 경제활동 참여가 활성화되어 있는 유럽이나 북미 그리고 북유럽의 스웨덴, 네덜란드에 비해서는 낮은 상황이다.

세계 각국에서 여성들의 경제활동 참여가 증가하는 요인은 다양하게 지적할 수 있다. 우선 산업화와 경제성장에 따른 여성 노동력에 대한 수요 증대, 여성들의 교육 수준 향상과 취업 의식 향상, 핵가족화와 소규모 자녀화에 따른 가족 부담의 감소 등을 들 수 있다. 스웨덴이나 덴마크의 경우 여성들의 경제활동 참여율은 70% 내외이고 미국, 캐나다 등도 60%대. 한국 여성들도 50%에 이르고 있어 여성들의 참여가 저조한 수준은 아니지만 최근 여성들의 학력과 취업 의식이 크게 높아지고 있는 것에 비하면 경제활동 참여는 아직 제한적이라고 할 수 있다.

표2 | 각국 여성들의 경제활동 참여율(2012)　　　　　　　　　　　　(단위: %)

국가	참여율	국가	참여율
한국	49.9	덴마크	59.1
일본	48.2	네덜란드	59.5
프랑스	51.9	스웨덴	68.2
호주	58.8	캐나다	62.2
독일	54.1	미국	57.7

자료: 한국여성정책연구원, 《2013 한국의 성 인지 통계》, 2014.

한국 경제의 변화와 여성 노동

여성들의 취업 구조가 변화하는 요인은 다양하지만 무엇보다 한 사회의 산업화의 특성과 노동시장 구조 변화와 밀접한 연관을 맺는다. 한국 경제는 1960년대 산업화 이후 몇 단계의 변화를 거쳐 왔는데 이와 함께 여성 노동력의 활용과 그에 따른 취업 구조도 변화해 왔다. 한국 경제의 변화는 크게 경공업을 중심으로 한 수출 지향적 산업화 시기(1960~1970년대), 중화학공업화 시기(1970년대 후반~1980년대), 그리고 1990년대 이후 정보화와 서비스산업 경제로의 변화 시기 등으로 구분 지어 볼 수 있다. 각 시기별 산업화 전략에 따라 여성 취업의 양태도 변화를 겪어 왔는데 이를 개략적으로 살펴보면 다음과 같다.

수출 지향적 공업화와 여성 노동: 1960~1970년대

1960년대 한국의 산업화는 주로 노동 집약적인 섬유·식품·전자 조립 부문의 경공업을 중심으로 한 수출 지향적 산업화였다. 저임금을 기초로 한 이 같은 수출 지향적 산업화에서 양질의 값싼 여성 노동력의 역할과 비중은 거의 절대적이었다. 경공업의 생산방식은 포드주의적인 대량생산체제를 특징으로 하며 따라서 저임금의 단순 미숙련 생산직 노동자에 대한 수요가 크게 증대했다. 아울러 공업을 중심으로 하는 정책 아래에서 갈수록 피폐해지는 농촌을 떠나 도시로 온 16~17세의 어린 여성들이 이 같은 산업의 여성 노동자로 충원됐다.

1960년대 본격적인 산업화 이후 여성들의 경제활동 참여는 빠른 속도로 증가해 1960년에 28.4%에서 1970년에는 37.6%가 되었다. 남성에 비해 낮은 참여율이긴 하지만 같은 기간의 남성 경제 활동 참여율이 각각 76.7%, 72.5%로 거의 정체되어 있는 것에 비해 매우 빠른 속도로 증가하고 있다는 점이 특징적이다. 이는 1960년대 이후의 노동 집약적인 산업을 중심으로 한 수출 지향적 산업화에 여성 노동자들이 적극 편입되어 활동했다는 것을 단적으로 보여 주는 증거다. 그러나 이 시기 취업한 여성들은 대부분 저학력의 어린 여성이었으며, 소위 '여공'으로 지칭된 이들 여성들은 잔업과 철야로 이어지는 장시간 노동과 살인적인 저임금을 받으며 한국 산업의 기반이 되는 노동력으로 활동했다.

중화학공업화와 여성 노동: 1970년대 후반~1980년대

1970년대 후반 한국 경제는 중화학공업화의 추구와 함께 종래의 섬유, 식품 등 경공업 중심의 산업 구조에서 기계, 자동차, 화학 산업 등의 중화학공업 중심으로 옮겨 가게 되었다. 중화학공업은 자본·기술 집약적 산업으로 약간의 숙련을 쌓은 남성 노동력을 핵심 노동력으로 충원했다.

중화학공업 위주의 산업화 과정에서 종래의 섬유·봉제산업 등은 점차 경쟁력이 낮은 사양산업이 되어 갔으며, 이에 따라 제조업 부문의 여성 취업은 상대적으로 감소 및 정체되기 시작했다. 1980년대 이후에는 금융·보험·유통 등 3차산업이 크게 확대됨에 따라 여성 사무직 종사자들이 늘어나기 시작했으며, 비정상적으로 유흥 산업이 확대되면서 도·소매, 개인 서비스업 부문으로의 유입도 크게 증가하기 시작했다.

정보·서비스산업화와 여성 노동: 1990~2010년대

1990년대 이후 산업사회에서 정보사회로의 이행이 전 지구적 차원에서 진행되고 있으며, 한국사회의 경우에도 급속한 정보화에 따른 정보산업화와 서비스 경제로의 전환이 이루어지고 있다.

우선 이 시기에는 유통·판매업의 대형화와 따라 판매·서비스직 노동자가 크게 증가하는 것도 서비스 중심 경제로의 재편 과정에서 진행되는 현상이다. 후기 자본주의의 소비경제 중심 사회에서 다양한 욕구를 가진 소비자를 충족시키기 위한 경제 서비스의 다양화와 전문화를 통한 산업화 영역은 빠르게 확대되고 있다.

정보가 중심이 되는 정보화사회에서는 컴퓨터와 통신기기를 중심으로 한 전자·소프트웨어 기술이 중요해진다. 이에 따라 육체노동자보다 정신노동자의 비율이 증가하며, 일반적으로 정보 통신 분야는 여성 특유의 섬세함이 발휘되어 여성이 활발하게 취업하거나 창업할 수 있는 분야라고 지목된다. 정보산업화사회에서 유연한 노동력으로서의 여성 인력의 활용이 크게 늘어날 것이라고 전망되었고, 또 새로운 문화 예술 분야에서 여성들의 참여가 확대되고 있다. 그러나 핵심적 지식이나 기술을 활용하는 분야에서 여성의 정보화 수준은 남성에 비해 아직 뒤떨어져 있기 때문에 21세기 정보화사회에서 여성이 새로운 소외 계층이 될 우려도 여전히 잠재하고 있다.

최근 우리 사회는 지식과 정보 그리고 창의성을 기반으로 하는 창조 경제를 강조하고 있다. 창조 경제는 1997년 영국 노동당 출신의 토니 블레어 총리가 미래 사회 신성장 동력이 창조 산업creative industries에 있다고 선언하고 문화 콘텐츠·디자인·영화·패션·게임 산업 등에 집중 지원하면서 주목받기 시작했다. 이후 선진 각국은 앞다투어 창조 산업 또는 창조 문화 산업에 투자를 확대하고 있다. 창조 산업의 경우에도 여성적인 감성이나 창의성의 활용이 중요한 요소로 지목되고 있으며, 여성 인력의 적극적인 참여와 활용으로 발전이 가능하다고 볼 수 있다. 한국의 경우에도 만화, 음악, 에듀테인먼트 등의 분야에서 여성 비율이 절반을 넘어서는 등 취업이 확대되고 있다. 그러나 이러한 창조 산업의 경우 프로젝트형 노동시장 구조를 갖고 있어서 고용 기간과 노동시간이 불규칙한 경우가 많다. 일과 가정을 양립하고자 하는 여성들이 취업하기에는 불리한 이러한 노동의 특성들 때문에 여성 취업이 얼마나 안정적으로 확대될 수 있을지는 지켜봐야 할 것이다.

02
여성 취업 구조의 변화와 특징

산업화의 진행에 따라 사회 전체의 산업 구조와 고용 구조가 급격하게 변화했음은 물론 여성들의 취업 구조에도 많은 변화가 일어났다. 이를 산업별·직종별·연령 계층별·혼인 상태별 그리고 고용 형태별 변화를 중심으로 살펴보기로 하자.

산업별 분포

우선 산업별 취업 구조의 변화는 〈표3〉과 같다. 본격적인 산업화가 시작된 시기인 1960년에 한국 여성 취업자의 대부분은 농업을 포함하는 1차산업에 집중되어 있었다.

이후 산업화의 진행에 따라 1차산업 부문의 인구가 급격하게 감소하고, 2·3차산업 부문으로의 진출이 크게 확대됐다. 1960~1970년대에는 여성 취업자들이 1차산업에서 광·공업 부문인 2차산업으로 주로 유입되었는데, 1980년대 들어서 1차산업 종사자가 격감하면서 그 대부분이 3차산업인 사회 및 개인 서비스업, 도·소매, 음식·숙박업 부문으로 급격하게 이동한다. 1990년대에는 백화점, 대형 유통업의 확대로 판매 업종의 3차산업 종사자가 더욱 크게 증가했으며, 정보·서비스 경제화에서 이 같은 추세는 더욱 확대되었다. 2013년이 되면 전체 여성 취업 인구 중 81.8%가 3차 서비스 부문에

표3 | 여성 취업 인구의 산업별 분포 (단위: %)

	1차산업	2차산업	3차산업
1960년	69.6	6.4	22.7
1970년	59.7	14.7	25.5
1980년	46.5	21.9	31.6
1990년	20.4	28.0	51.6
2000년	12.2	17.5	70.3
2010년	6.9	12.5	80.6
2013년	6.2	12.0	81.8

자료: 통계청, 《경제활동인구연보》, 각 연도.

집중되어 가히 서비스 경제화라고 할 수 있는 특성을 보이게 된다.

직업별 분포

직업별 분포에서도 역시 농림수산직 종사자의 비율은 눈에 띠게 감소했다. 1980년에 46.4%에서 2013년에는 5.5%의 비중으로 크게 줄었다. 이에 비해 사무직, 서비스직, 판매직에 종사하는 여성 취업자의 비율은 큰 폭으로 증가했다. 사무직의 경우 1980년에 8.6%에 불과했으나 2013년에는 18.8%로 크게 늘어나 여성의 주요 취업 영역으로 자리 잡았다. 아울러 판매직과 서비스직의 비율 역

표4 | 여성 취업 인구의 직업별 분포(1960~2010년) (단위: %)

	1960년	1970년	1980년	1990년	2000년	2010년	2013년
전문 기술직	2.3	2.2	3.6	7.7	7.0	20.5	21.9
행정관리직	–	–	–	–	0.2	0.5	0.4
사무직	0.5	2.8	8.6	12.8	6.7	17.8	18.8
판매직	9.6	9.6	11.6	16.9	14.6	15.5	14.4
서비스직	9.8	10.8	9.9	16.7	38.4	16.0	16.0
농림수산직	69.6	57.7	46.4	20.3	11.2	5.9	5.5
생산직	6.9	14.7	19.9	25.6	21.8	23.4	22.8

자료: 통계청,《경제활동인구연보》, 각 연도.
주: 1998년 이후 직종별 분류는 이전 연도와 다음과 같은 차이가 있음.
　1)전문 기술직 : 전문가, 기술공 및 준전문가 포함
　2)판매직과 서비스직은 서비스 노동자 및 상점과 시장 판매 노동자로 통합
　3)생산직은 내부에 기능원, 장치, 기계 조작원, 단순 노무직 노동자로 분류

시 꾸준히 증가해 2013년에는 판매직이 14.4%, 서비스직이 16.0%를 나타냈다. 2000년대 이후 준전문직을 포함하는 전문 기술직 비율이 크게 증가하기 시작하여 2013년 21.9%가 되는 등 고학력 여성의 취업 증대에 따라 여성 취업 인구의 직업별 분포가 변화되는 것을 볼 수 있다.

그러나 엄밀한 의미에서 볼 때 최근의 전문직은 고소득, 자율성이 보장되는 전통적인 의미에서의 기존의 전문직과는 차이가 있다. 도서관 사서, 보육 교사 등 준전문직을 포함하는 전문 기술직 비율의 증대는 여성 취업 지위가 상승했다고 보기에는 제한적인 효과만을 갖고 있다. 한편 행정관리직 참여는 여전히 극소수로 제한되어 있어 2010년 여성 취업자 중 관리직의 비율은 여전히 0.5%에 불과하다.

이상에서 볼 때 한국 여성 취업자들은 비교적 안정적이고 임금이 높은 직종에는 여전히 적게 분포되어 있으며, 생산직·판매직·서비스직 등의 불안정하고 임금이 낮은 직종에 집중되어 있는 상황이다.

연령별·혼인 상태별 분포

다음으로 여성 취업자의 연령별·혼인 상태별 분포의 변화를 살펴보자. 한국의 경우 산업화 초기 여성 취업자의 일반적 특성은 나이 어린 미혼 여성이라는 점이다. 노동 집약적인 경공업 부문에 저임금 노동력군으로 대량 편입된 어린 여성 노동자들은 20세 전후 결혼과 함께 취업을 중단하는 것이 대부분이었다.

그러나 1980년대에 들어서면서 이 같은 구조적 특성에 점차 변화가 생기기 시작했다. 연령별로는 24세 이하의 연령층이 계속 감소 추세에 있고 25~39세 사이의 연령층의 경제활동 참여가 증대하고 있다. 아울러 혼인 상태별로는 기혼 여성 노동자의 비율이 빠른 속도로 증대되고 있는 것이다.

한국 여성의 연령별 경제활동 참가율은 결혼 또는 가사·보육 등의 사유로 20대 후반 및 30대 여성의 상당수가 노동시장을 벗어나 비경제활동인구가 되었다가 30대 후반 재취업하는 전형적인 M자형 double-peak type 취업 유형을 보인다. 여성의 경제활동 참가 형태를 미국이나 스웨덴 등의 국가와 비교해 보면 이들 국가의 경우는 종형 鐘型 또는 역U자형이거나 수평적인 고원형 plateau 으로 나타난다. 즉 이들 사회에서는 여성들이 일단 노동시장에 들어오면 결혼이나 임신과 같은 생애 주기와 관계없이 계속 취업을 하고 있다는 것이다.

이에 비해 한국의 경우 여성들의 취업 유형은 결혼이나 임신, 출산 시 노동시장을 떠났다가 초기 양육기를 지내고 다시 돌아오는 양태를 보이고 있다. 이처럼 불연속적인 노동시장 참여와 경력 단절은 이후 여성들이 노동시장에 재진입할 때 여성들의 지위를 하향시키는 불리한 결과를 가져오는 주요 원인이다. 2000년대 이후에는 결혼 후에도 직장에 근무하는 여성의 비율이 증가하며 점차 고원형으로 전환되어 가는 모습을 보이고 있다. 최근에는 기혼 여성들의 취업이 증가하고, 노동시장에 오래 머무르게 되면서 여성 취업자의 연령도 점차 높아지고 있다. 1997년의 경우 여성 취업자의 평균 연령은 37.1세였으나 2009년에는 41.2세로 4.1세나 많

표5 | 여성의 연령별 경제활동 참가율(1980~2013년)　　　　　　　　　　　　(단위: %)

	15~ 19세	20~ 24세	25~ 29세	30~ 34세	35~ 39세	40~ 44세	45~ 49세	50~ 54세	55~ 59세	60세 이상
1980	34.4	53.3	32.0	40.7	53.0	57.0	57.3	54.0	46.2	17.0
1990	18.7	64.6	42.6	49.5	57.9	60.7	63.9	60.0	54.4	26.4
2000	12.5	60.8	55.9	48.5	59.1	63.4	64.6	55.2	50.8	29.8
2010	8.5	53.5	69.8	54.6	55.9	65.9	65.6	61.3	53.3	26.9
2013	8.7	52.2	71.8	58.4	55.5	63.9	68.0	64.0	56.0	29.0

자료 : 통계청, 《경제활동인구연보》, 각 연도.

그림1 | 여성의 연령별 경제활동 참가율 추이(1980~2010년)

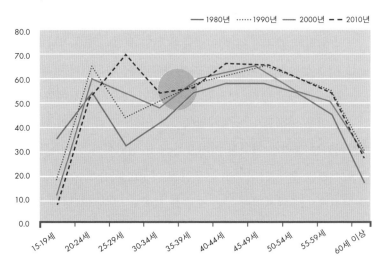

자료: 통계청, 《경제활동인구연보》, 각 연도(김영옥·이선행·김인수, 2011, p.29에서 재인용).

아졌다.

혼인 상태별 경제활동 참가율은 2013년 기혼 50.1%, 미혼 50.5%로 비슷한 수준이며, 여성 취업자 중 기혼 여성은 818만 명 (75.7%), 미혼 여성은 262만 3,000명(24.3%)로 기혼 여성의 수가 미혼 여성보다 훨씬 많다.

교육 정도별 여성 취업 분포

1980년대 이후 우리 사회의 전반적인 변화 특성 중 중요한 것은 고학력화가 빠르게 진전되고 있다는 점이다. 남성은 물론 여성의 경우에도 고학력화가 진전되어 1980년에 21.6%였던 여성의 대학 진학률은 1990년에는 30.8%로 상승했고, 2010년 대학 진학률은 80.5%로 77.6%인 남성의 대학 진학률을 넘어서고 있다.

여성의 고학력화와 함께 경제활동 참가율도 높게 나타난다. 그러나 전문대졸 이상의 남녀 경제활동 참가율을 비교하면 2013년 남성은 90% 내외인 것에 비해 여성은 전문대졸 65.5%, 대졸 64.0%로 차이가 크다. 대부분의 선진 국가들의 경우 일반적으로 교육 수준이 높은 여성들이 경제활동에 더 많이 참여하고 있는 것과도 비교된다.

즉 한국의 경우 높은 교육 수준을 통한 지식과 능력의 확보가 취업으로 이루어지지 않고 있는 것이다. 이 같은 현상의 원인으로는 우선 한국사회가 갖고 있는 여성 취업에 대한 부정적 분위기를 들 수 있다. 여성의 1차적인 책임은 가정이라는 전통적 이데올로기

표6 | 교육 정도별·성별 경제활동 참가율 (단위: %)

	교육 정도별	국가	참여율
1990년	중졸 이하	45.6	63.2
	고졸	47.5	80.0
	전문대졸	66.2	93.5
	대졸 이상	53.1	98.2
2010년	중졸 이하	43.6	57.8
	고졸	49.4	78.5
	전문대졸	64.4	91.1
	대졸 이상	57.8	87.3
2013년	중졸 이하	35.0	47.3
	고졸	52.8	73.0
	전문대졸	65.5	92.2
	대졸 이상	64.0	88.4

자료: 통계청, 《경제활동인구연보》, 각 연도.

그림2 | OECD 국가 대졸 여성 경제활동 참여율 (단위: %)

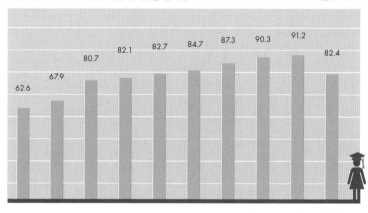

자료: OECD, 〈Employment Outlook 2010〉(김영옥·이선행·김인수, 2011, p.30에서 재인용).

는 물론, 기혼 여성의 경우 부인이 취업하는 것은 남성의 무능력을 뜻하는 것이라고 보는 사회적 관행도 지속되고 있다. 남편의 지위가 여성의 지위를 대신하는 것으로 보는 사회에서 고학력 여성의 취업은 결혼을 전후로 오히려 축소되는 경향도 있다. 둘째로, 고학력 여성의 주된 일자리인 전문직, 행정직 분야에서 여성의 참여가 제한되거나 배제되는 분위기도 여성 취업에 영향을 미친다. 마지막으로는 여성의 취업을 지원하기 위한 사회제도적 장치들이 미흡하기 때문이다. 앞으로 여성의 지위 향상과 경제 발전을 위해서는 고학력 여성 인력을 적극적으로 활용할 수 있도록 노동시장의 환경을 조성하는 것이 필요하다.

고용 형태별 분포

여성 취업 구조에서 1980년대 이후 눈에 띄는 변화 가운데 하나는 여성 취업자의 임금근로자화와 고용 형태의 측면에서 비정규직 취업이 늘어나고 있다는 점이다. 우선 전체 여성 취업자의 종사상 지위별 변화를 보면, 1980년만 해도 여성 중 임금근로자의 비중은 39.4%로, 많은 여성들이 자영업주나 무급 가족 종사자 등 비임금근로 영역에 속하는 비중이 더 높았다. 그러나 1980년대 중반이 되면서 여성 취업자 중 임금근로자의 비율이 크게 늘어나 1980년에는 39.4%가 됐다. 그 이후에도 1990년 56.8%, 2000년 61.5%, 2013년에는 74.6%에 이르러 이제 대부분의 취업 여성은 임금-고용 관계에 직접적으로 포괄되는 특성을 보여 준다. 즉 과거에는 가

표7 | 여성 취업자의 종사상 지위별 분포　　　　　　　　　　　　　　　(단위: %)

	1960년	1970년	1980년	1990년	2000년	2010년	2013년
고용주	14.4	21.0	23.2	2.7	3.0	3.3	3.4
자영자	14.4	21.0	23.2	16.0	16.2	12.9	11.8
무급 가족 종사자	81.4	51.2	37.3	24.6	19.2	10.9	10.1
임금근로자	4.2	29.0	39.4	56.8	61.5	72.9	74.6
계	100.0	100.0	100.0	100.0	100.0	100.0	100.0

자료: 통계청, 《경제활동인구연보》, 각 연도.
주: 1960~1980년에는 고용주와 자영자를 포괄하여 자영업주라는 통계 범주를 사용하였으나,
　　1990년부터는 두 범주가 분리되어 제시되고 있다.

정경제의 영역 안에서 무급 가족 종사자나 자영업을 하는 비임금 근로자가 대부분이었다면 이제는 가정과 분리된 일터 공간에 나가 임금을 받고 고용되는 형태의 임금근로자 비율이 전체의 74.6%인 것이다. 따라서 취업 여성들에게는 가정과 일터의 분리라는 환경에서 일과 가정의 효율적인 균형과 양립이 더욱 중요한 문제가 됐다.

　그런데 임금근로자로 여성을 고용하는 형태에도 변화가 있었다. 1980년대만 해도 상용직의 고용 형태 비율이 높았지만, 1990년대 들어서면서 고용 형태의 급격한 개편이 일어나면서 상용직보다는 임시직이나 일용직과 같은 불안정하고 비정규적인 고용 형태로 취업하는 비율이 매우 높아졌다. 2000년에는 여성 임금근로자 중 상용직은 31.1%에 불과하고, 임시·일용직 형태가 70%에 근접할 정도로 불안정한 고용 형태가 압도적이었다. 2000년대 중반에는 비정규 노동력에 관한 보호 법안의 강화와 기업의 입장에서도 비

표8 | 여성 임금근로자 고용 형태별 분포 (단위: 천 명, %)

	임금근로자 계	상용직	임시직	일용직
1990년	4,190 (100.0)	1,577 (37.6)	1,659 (39.6)	954 (22.7)
2000년	5,397 (100.0)	1,679 (31.1)	2,496 (46.2)	1,222 (22.6)
2010년	7,230 (100.0)	3,421 (47.3)	2,973 (41.1)	837(11.6)
2013년	8,074 (100.0)	4,264 (52.8)	2,891 (35.8)	686(8.5)

자료: 통계청, 《경제활동인구연보》, 각 연도.

정규 노동력의 지속적인 증대가 기업 생산성을 위협한다는 인식으로 상용직 비율이 다시 늘어나고 있으나, 아직도 여성들의 불안정한 비정규직 취업은 중요한 사회문제가 되고 있다.

03

21세기 여성 노동시장의 변화와 전망

이상으로 산업화 이후 한국사회의 여성 취업 구조가 어떻게 변화해 왔는지 전반적인 흐름을 살펴보았다. 그러나 앞으로의 여성 노동 동향을 전망하기 위해서는 전 지구적 차원에서 진행되고 있는 신자유주의 경제의 확대가 여성의 삶에 미치는 영향에 대한 깊이 있는 이해가 필요하다. 신자유주의적 세계화는 최근 한국이 겪은 심각한 경제 위기의 직접적인 원인이었다. 이 과정에서 여성

노동도 심대한 변화를 경험했으며, 향후 여성 노동의 동향도 이와 밀접한 연관 속에서 진행될 것이라고 예상할 수 있다.

신자유주의 경제와 노동 질서

신자유주의 경제학의 핵심은 국가 개입의 최소화를 통한 재산권을 근간으로 하는 개인 자유의 극대화와 시장 메커니즘에 의한 자원의 효율적 배분이다(지주형, 2011: 54). 이에 따라 신자유주의는 흔히 공공 부문의 민영화, 시장 개방, 기업과 시장에 대한 탈규제, 사회복지 정책의 축소, 금융화 등으로 설명된다. 1980년대 말 동유럽권 사회주의의 후퇴로 전 세계는 신자유주의적 경제개혁이라는 하나의 글로벌 자본주의 시장으로 통합되고 있다.

신자유주의적인 자본 이동의 자유화, 특히 금융과 생산의 지구화로 국가 간에 경쟁적 환율 조정이 가능해졌을 뿐만 아니라 자본은 국경을 자유롭게 넘나들며 케인즈적 재정 및 통화 정책과 각종 사회적 규제를 무력화하고 있다. 자본은 투자한 나라의 세율, 이자율, 인건비, 노동 규제 등의 환경이 마음에 들지 않으면 얼마든지 다른 곳으로 옮겨 갈 수 있게 되었으며, 개별 국가는 자본 이동의 자유화 앞에서 무력해지고 있다. 금융 자본의 자유로운 이동과 외환시장의 투기 공격 등은 때때로 해당 국가에 금융 및 외환 위기를 일으키고 경제에 심각한 피해를 주기도 한다.

또한 지구적 자본주의의 질서와 자본축적의 방식이 완전히 변모했다. 노동 유연화가 확대되고 있고 지구적 생산 네트워크 역시 확대되고 있다. 생산방식에서는 '포스트포드주의'라고 불리는 노동과 생산의 유연화가 시도된다. 이는 우선 비용을 감축하기 위한 것으로 수량적 측면과 기능적 측면에서 진행된다. 신자유주의적 경제 질서를 구현하기 위한 노동시장의 유연화는 비정규 노동자의 확대와 상시적인 고용 불안을 가져왔고, 노동자에게는 '임금, 노동 조건, 각종 수당, 휴가, 고용과 해고에 관한 정당한 절차, 의료보험과 사회보장 등의 각종 혜택을 포기해야 함을 의미'하게 되었다. 아울러 신자유주의 경제는 단지 경제적 측면뿐만 아니라 정치적·문화적 측면의 변화도 가져와 일상생활에까지 영향을 주고 있다. 경쟁과 승자 독식의 논리가 사회 전반에 일반화되었고, 부는 물론이고 자유와 행복까지도 개인의 능력에 따라 성취하는 것이라는 분위기가 만연하게 되었다.

최근 신자유주의의 영향력을 성찰하는 학자들은 신자유주의가 가져온 인간성 파괴의 현상에 주목한다. 리처드 세넷R. Sennet은 신자유주의 아래에서 "다른 사람과 유대 관계를 맺으면서 지속 가능한 자아의식을 간직하는 인간성의 특징들이 훼손될 위기"에 처했다고 진단했다(리처드 세넷, 2002). 즉 신자유주의적 경제 질서 속에서 사람들은 부당 해고와 노동 착취 등의 상황을 '자연스럽게' 받아들이고 과거를 그리워하는 보수적인 심성을 갖게 된다는 것이다. 또한 급속한 이익 실현을 바라는 이른바 '조급한 자본주의' 아래에서 노동자들 역시 현실을 멀리 내다보기보다는 당면한 문제에만 집중하는 경향을 보이며, 인간에 대한 신뢰·우애·연대를 통해 자신들의 자유를 쟁취하려는 심성을 훼손당했다는 것이다. 파편화된 개인들은 사회문제를 자기 문제화하는 성향을 보이게 되고, 따라서 구조적인 해결보다는 자기 계발을 통해 문제를 해결하려는 모습을 보이기도 한다.

신자유주의적 경제 질서는 여성의 일에도 직·간접적으로 강한 영향을 미치고 있다. 노동시장의 유연화 전략에 따라 여성의 고용 불안정 역시 심화되고 있으며, 정부가 사회서비스 비용의 지출을 줄임에 따라 여성들이 재생산과 돌봄노동에 참여해야 하는 부담이 증가하고 있다. 동시에 여성의 사회적 참여가 증가하면서 일-가정 양립의 갈등과 부담도 증대하고 있으며, 노동시장에서의 차별과 배제로 인한 소득 불평등에 따른 여성의 빈곤과 양극화 현상이 커지기도 한다.

최근 여성 노동의 주요 쟁점

'고용 없는 성장'과 취업 불안의 확산

21세기 노동시장, 특히 청년 노동시장의 특성은 신자유주의 경제하 노동력의 유연화에 따른 고용 불안정성의 증대와 '고용 없는 성장' 시대의 만성적인 일자리 부족으로 인한 취업 불안, 그리고 실업의 공포라고 할 수 있다.

최근 한국사회의 청년 실업은 심각한 수준이다. 2010년 기준 전체 실업자 100만 5,000명 가운데 20대 실업자의 수가 35만 7,000명으로 전체 실업자의 36%를 차지할 정도다. 전체 평균 실업률이 4.1%인데 비해 20~24세의 실업률은 11.1%, 25~29세는 7.8%로 2~3배나 높은 수준인 것이다(윤진호, 2010).

한국사회에서 청년 실업이 발생하는 원인은 대학 졸업자의 급증과 전체 일자리 수의 양적 감소, 즉 고용 없는 성장이라는 노동시장의 구조적 문제가 맞물려 있다. 산업화 초기에는 '성장=고용'이라는 등식이 성립했고, 꾸준하게 일자리가 늘어났다. 하지만 1990년대 이후 세계화에 따른 기업 간 경쟁이 격화됨에 따라 기업들이 핵심 인력을 제외한 나머지 주변 인력은 아웃소싱이나 비정규직의 형태로 간접 고용하면서 안정적인 일자리는 줄어 가기 시작했다. 아울러 IT화, 자동화, 로봇화 등으로 생산직과 단순 사무직 일자리도 감소하고 있다. 따라서 고용 성장률은 1970년대의 연평균 4% 대에서 1990년대에 2% 내외, 2000년대 들어 1%대 초반으로 하락하다가 2010년대에는 정체 상태에 빠져 있는 것이다.(윤진호, 2010: 247)

그런데 이 같은 일자리 부족으로 인한 청년 실업의 증가와 취업 불안에 대처하는 방식 역시 신자유주의적 담론의 영향 아래에 있다. 즉 구조적 문제의 해결보다는 신자유주의적 담론의 영향 아래 자신의 삶을 취업시장의 논리에 적응시키기는 방향을 선택한다. 자기 경영, 자기 마케팅, '스펙 쌓기' 등은 바로 이런 현실의 반영이다. 시장의 가치가 개인을 개별화하고 자아를 확장시키는 가치와 동일시되면서 개인의 주체성이 시장의 포로가 되는 것이다(이영자, 2011: 114). '스펙 쌓기'는 취업 불안에 대처하기 위한 생존 전략의 전형으로, 시장이 제시하는 표준에 따라 개인의 능력과 자질을 제품의 명세서처럼 제시해야 할 만큼 개인의 생존과 자기실현이 시장의 지배력에 예속되어 버린 것이라고 볼 수 있다(이영자, 2011: 115). 특히 여성들은 결혼을 연기하거나 회피하면서 취업 불안의 시장에 적응하려고 시도하고 있으나 여성의 취업 기회는 여전히 제한적이다.

또한 신자유주의 아래 노동시장이 갖는 가장 뚜렷한 특징은 고용 불안정의 증대다. 여성 임금근로자의 고용 형태를 살펴보면 1980년대만 해도 상용직의 비율이 높았으나, 1990년대 들어서면서 고용 형태의 급격한 개편이 일어나고, 1995년 이후에는 상용직보다는 임시직이나 일용직과 같은 불안정하고 비정규적인 고용 형태로 취업하는 비율이 매우 높아진다. 임금근로자의 고용 형태별 분포를 통해 비정규직 노동력의 규모를 성별로 비교하여 살펴보면 다음과 같다.

신자유주의적 노동 질서에 따른 노동시장의 유연화 전략이 본격화되면서 1990년대에는 비정규 노동력인 임시직과 일용직 비율이 늘어난다. 특히 IMF 외환 위기가 진행되던 1998년에는 상용직이 34.8%로 급격하게 감소하는 대신 비정규직 고용 형태가 크게 늘어났으며 이런 양상은 2000년 이후까지 계속 진행됐다. 2000년에는 상용직 31.1%, 임시직, 일용직은 각각 46.3%, 22.6%로 비정규직의 규모가 거의 70%에 이르고 있다. 2000년 중반부터 상용직 감소 추세가 다소 주춤해지기는 하지만 여성의 경우에는 비정규직 취업 비율이 2010년까지도 지속적으로 더 높다. 2007년 〈비정규보호법〉이 시행되면서 여성 노동력의 비정규직화 현상도 다소 감소 추세에 있어 2013년 기준 비정규직 비율은 45.6%로 다소 낮아졌지만 전체 여성 노동력의 절반은 여전히 불안정한 노동력임을 알 수 있다.

물론 시간제 노동자를 포함한 임시직의 증가는 한국만의 현상은 아니며 서구 역시 여성들의 시간제 노동력화는 장기적으로 광범위하게 진행되어 왔다(Blossfeld & Hakim, 1997). 그런데 서구의 경우 기혼 여성들이 대부분 시간제 취업을 하고 있는 것에 비해, 한국은 기·미혼 여성 모두 비정규 취업 비율이 높게 나타난다는 것이 중요한 차이점이다. 일반적으로 시간제 노동은 일과 가정의 병존을 위한 유연적 노동 형태로 이해되고 기혼 여성의 경우 시간제 노동 형태를 선호하는 것 역시 이런 이유에서다. 서구사회 역시 노동시장의 유연화 전략에 따라 시간제 노동이 크게 확대되었다. 하지만 시간제 노동은 주로 기혼 여성들이 새롭게 노동시장에 통합되어 가는 방식으로, 그리고 최근에는 노동조건 개선을 통해 가정과 직장의 양립이 가능한 취업 형태로 자발적 선택의 범위를 넓혀 가

표9 │ 임금근로자의 고용 형태별 분포

(단위: 천 명, %)

연도	여성				남성			
	계	상용직	임시직	일용직	계	상용직	임시직	일용직
1995년	4,924 (100.0)	2,107 (42.8)	2,003 (40.7)	814 (16.5)	7,975 (100.0)	5,392 (67.6)	1,595 (20.0)	987 (12.4)
1998년	4,745 (100.0)	1,650 (34.8)	2,257 (47.5)	839 (17.7)	7,551 (100.0)	4,885 (64.7)	1,785 (23.6)	881 (11.7)
2000년	5,397 (100.0)	1,679 (31.1)	2,496 (46.3)	1,222 (22.6)	7,963 (100.0)	4,716 (59.2)	2,112 (26.5)	1,135 (14.3)
2005년	6,391 (100.0)	2,439 (38.1)	2,874 (45.0)	1,079 (16.9)	8,794 (100.0)	5,479 (62.3)	2,182 (24.8)	1,134 (12.9)
2010년	7,230 (100.0)	3,421 (47.3)	2,973 (41.1)	837 (11.6)	9,740 (100.0)	6,666 (68.4)	2,095 (21.5)	979 (10.1)
2013년	7,841 (100.0)	4,264 (54.4)	2,891 (36.9)	686 (8.7)	10,353 (100.0)	7,449 (72.0))	2,002 (19.3)	903 (8.7)

자료 : 통계청, 《경제활동인구조사》, 각 연도.

고 있다. 그러나 우리의 경우 비정규직이 확대되고 있는 것은 여성이 자신의 선택을 늘리는 고용 형태의 다양화라는 측면과는 거리가 있다. 그보다는 단순히 정규직을 강제적으로 비정규직으로 전환하는 방식으로 확대되어 왔기 때문에 문제인 것이다.

노동시장의 양극화와 여성의 빈곤

노동시장의 양극화는 크게 근로소득의 양극화, 고용 안정성의 양극화, 그리고 고용 형태의 양극화 등으로 나눌 수 있다. 이 같은 양극화는 단순한 소득 불평등의 확대만이 아니라 사회적 갈등을 야기하며 빈곤의 문제를 불러일으킨다(금재호 외, 2011: 132).

한국사회는 1990년대 말 외환 위기 이후 지속적으로 양극화가 확산되고 있다. 특히 여성, 영세자영업 종사자, 노후 대비가 부족한 중·고령자 등이 양극화의 주요 희생양이 되고 있다.

노동시장은 소수의 핵심 인력을 중심으로 한 양질의 일자리와 다수의 불안정하고 경쟁력 없는 일자리로 분화되고 있다. 노동시장의 이중적 구조라는 특징이 뚜렷한 한국사회에서 대기업과 중소기업, 여성과 남성, 정규직과 비정규직의 분절 현상이 맞물려 여성들은 전망 없는 비정규직 일자리에 내몰려 다른 노동시장으로의 이동이 제한되는 상황에 놓여 있다.

여성의 빈곤 또는 '빈곤의 여성화feminization of poverty'는 한국사회만의 특징은 아니다. 1970년대 미국의 사회학자인 다이애나 피어스Diana Pearce는 1970년대 조사 연구를 통해 16세 이상의 빈곤층 중약 3분의 2, 그리고 성인 빈곤층의 70% 이상이 여성 가구주임을 지적했다. 또한 빈곤층의 여성 비중이 늘어나는 것뿐만 아니라 특히 여성 가구주와 배우자가 없는 여성 노인이 대표적인 빈곤 집단이 되는 과정을 '빈곤의 여성화'라는 개념으로 설명했다(Pearce, 1978: 28~36).

여성의 빈곤은 노동시장에서의 차별과 배제라는 구조에서 불리한 위치에 놓여 있으며 이는 곧 소득의 불평등, 나아가서는 여성의 빈곤으로 연결된다. 한국사회의 경우 이혼 가구가 급증함에 따라 여성 가구주 비율이 지속적으로 증대하고 있는데, 여성 가구주의 빈곤 문제는 더욱 심각한 것으로 나타나고 있다.

"여성 가구주의 증가는 이혼 및 동거의 증가, 혼외 출산의 증가 등 현대사회의 다양한 가족 구조의 변화에 따라 한국사회뿐만 아니라 세계 모든 곳에서 발견되는 일반적인 현상으로 지적되고 있다. 그런데 문제는 여성 가구주의 증가가 단순히 가족 구성의 변화만이 아니라 여성 가구주 가구의 빈곤과 직결되고 있다는 점이다. 가구의 생계를 책임지는 여성 가구주 수는 1980년 116만 9,000가구에서 2000년 265만 3,000가구, 2010년에는 449만 7,000가구로 큰 폭으로 증가했다. 그리고 전체 가구 중 여성 가구주의 비율은 1996년 20.5%에서 2000년 21.9%, 2010년 25.9%로 지속적으로 증가하고 있다. 그런데 이 같은 여성 가구주 가구의 경우 최저한의 생활을 유지하기에도 부족한 상태인 절대 빈곤율이 2009년 17.9%로 남성 가구주 가구 7%에 비해 2.6배 정도 높게 나타나고 있다."(여유진 외, 2010)

"여성 가구주 가구가 빈곤한 상태에 놓이는 것은 이들이 취업하지 않고 일하지 않기 때문이 아니라 여성 가구주 대부분이 경제적 자립을 위해 항상 일을 하고 있는데도 대부분 불안정하고 주변화된 직종에 취업하고 있기 때문이다. 즉, 이들은 전형적으로 일하는 빈민working poor 의 상황에 놓여 있는 것이다."(정재원, 2010)

특히 신자유주의 경제 질서하에서 국가의 공공 부문 서비스나 지원 삭감 등은 가구의 생계를 책임지고 있는 여성들에게 재생산 부담을 더욱 가중시키게 된다. 가구소득 축소에 대응해 빈곤 상태에 놓인 여성들은 지출을 최소화하고, 자신의 노동시간을 과도하게 연장해 소득 축소를 보전하려고 한다. 이 같은 여성들의 대응은 결과적으로 여성들의 건강 악화, 질병, 영양 결핍, 교육 투자의 감소 등으로 이어지게 되며, 특히 여성 가구주의 빈곤 문제는 더욱 심각한 현상으로 드러나게 된다. 따라서 여성 노동력의 주변화와 빈곤에 대한 안전망과 복지 시스템 등 사회적인 대책을 강구해야 할 것이다.

여성의 임금노동자화와 일-가족 갈등

최근 여성 취업 구조의 변화에서 눈에 띄는 현상 중의 하나는 앞서 여성 취업자의 종사상 지위별 분포에서 보았듯이 여성의 임금근로자화 경향이 가속화되고 있다는 점이다. 2010년에는 전체 여성 취업자 중 무급 가족 종사자 비중이 19.2%, 자영업자 비중이 16.2%였으나 2010년에는 각각 10.9%, 12.9%로 감소한 반면 임금근로자의 비중은 72.7%에 이른다(김영옥 외, 2011).

1990년대 이후 여성 취업자 중 임금근로자의 비율이 큰 폭으로 늘어나면서 취업 여성의 일-가족 양립을 위한 갈등도 본격화된다. 여성 취업의 증가로 여성과 남성이 대등하게 일과 가족을 분담하게 될 것이라는 일반적인 기대와는 달리 취업 여성의 이중 부담에 대한 사회적·제도적 지원이나 성별 역할의 개선이 충분히 이루어지지 않고 있다. 여성의 취업은 당연한 일로 광범위하게 수용하면서 가정 영역에서의 일과 책임은 여전히 여성의 몫으로 남겨 두는 '변형된 가정 중심성 이데올로기'가 작동하고 있는 것이다(강이수, 2009: 75).

여성의 노동 참여가 여성의 삶에 새로운 일과 가정 그리고 삶의 균형을 열어 주는 기회가 되는 것이 아니라, 1차적인 가족 책임에 노동 책임까지 더하여 불평등한 일과 가정의 결합을 감내하도록 하는 상황이 되고 만 것이다. 이 같은 상황에서 여성들은 더 많이 노동하고, 시간의 압박을 느낄 정도로 바쁘게 지내지만 삶의 질은 개선되기보다는 악화되는 악순환의 상황에 놓여 있다 (제리 제이콥스 외, 2010).

04

양성 평등한 경제활동을 위하여

이상으로 한국의 산업화에 따른 여성 취업 구조의 변화를 전반적으로 살펴보았다. 여성들은 산업화 전 기간 동안 활발하게 사회활동에 참여 해왔고, 취업 영역도 확대되고 있다. 최근 OECD 자료에 의하면 앞으로 한국 경제의 변혁은 여성 인력의 활용에 있다 (OECD, 2012). 그러나 한국의 노동시장은 여성 교육 수준의 급진적인 변화 속도를 따라가지 못하고 있고, 많은 성차별이 남아 있는 것이 문제라고 지적하고 있다.

고학력 여성들의 취업은 여전히 제한적이고, 특정 직종에 집중되어 있다. 전문직이나 행정직과 같은 상위 직종에 여성 비율은 지나치게 낮으며 대부분 불안정하거나 장래성이 없는 하위 직종에 몰려 있는 것도 문제라고 할 수 있다.

아울러 여성 노동력 참여의 불연속성 즉, 취업 이후에 결혼이나 임신을 이유로 노동시장에서 물러나는 취업 단절의 문제도 개선되어야 한다. 여성들이 이 시기에 노동시장에서 떠나는 이유는 여성에게는 가정이 1차적인 장소라는 전통적인 관념도 있다. 하지만 최근 여성의 취업 의식이 크게 바뀌고 있음에도 불구하고 이 시기 여성들의 취업이 단절된다는 것은 여성의 임신·출산에 대한 모성권의 보호와 자녀 양육을 지원하는 사회체제의 부족이 그 이유라고 할 수 있다. 여성들의 평생 노동권을 지원할 수 있는 일-가정 양립 체제의 확립이 시급하게 이루어져야 할 것이다.

마지막으로 최근 가속화되고 있는 신자유주의 경제의 논리, 기업의 대책 없는 고용 유연화 전략으로 취업 여성의 대다수가 비정규직 노동력화되어 가는 여성의 고용 불안정 문제의 대책이 필요하다. 여성의 취업을 확대시키는 문제는 물론 여성의 고용 안정을 꾀하고 여성의 노동권을 확립하는 문제야말로 21세기 우리가 풀어야 할 가장 중요한 숙제 중 하나다.

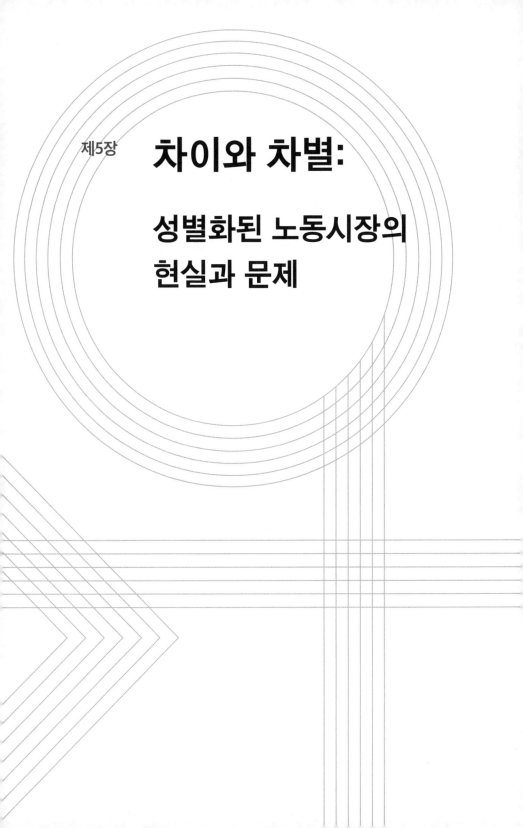

제5장

차이와 차별:

성별화된 노동시장의 현실과 문제

노동시장과 젠더 차별

차이와 차별

한국사회에서 여성의 노동시장 참여는 점점 증가하고 있다. 하지만 여성들의 참여만큼 노동시장에서의 평등이 확보되고 있는가는 의문이다. 2013년 세계경제포럼의 발표에 따르면 한국 여성의 지위는 136개국 중 111위이고, 고용 부문에서의 성별 격차가 가장 크다. 한국의 노동시장은 여전히 성별화되어 있는 것이다.

그렇다면 노동시장에서 여성과 남성이 평등하다는 것은 어떤 상태를 말하는 것일까? 생물학적으로 여성과 남성은 신장과 체중, 근력 등의 '차이difference'가 있다. 그러나 이러한 차이가 있다고 해서 근거 없이 어느 한 성을 특정 업무에서 배제하거나 임금을 다르게 책정한다면 이는 평등이 아닌 '차별discrimination'이다. 평등의 반대는 차이가 아니라 불평등, 즉 차별이다. 평등을 위한 노력은 차이들이 차별의 구실이 되지 않도록 정책적, 제도적으로 조건의 차이를 보완해서 평등한 상태에 도달하도록 만드는 것이라고 할 수 있다.

노동시장에서 남녀평등에 대한 담론은 오랜 동안 남성 노동자를 기준 또는 규범으로 삼아 왔다. 즉 언제라도 회사의 필요에 따라 노동을 할 수 있는 시간적·공간적으로 자유로운 노동자, 아이나 노인을 돌볼 책임도 없이 하루 8시간 이상 일을 할 수 있는 노동자를 '이상적인 노동자'로 보고 있는 것이다. 이러한 규범에 따르면 임신과 출산을 하고 출산휴가를 필요로 하는 여성은 주변화될 수밖에 없다. 남성이 임금노동을 수행하고 여성이 가정과 돌봄노동을 전담하는 근대적 젠더 체제는 남녀의 불평등한 역할 분담을 전제한다. 그러나 이제 여성들의 취업이 증가하고 있으며, 맞벌이 가구가 점점 보편적인 가족 형태가 되고 있으므로, '이상적인 노동자'의 기준도 여성과 남성의 성역할 차이를 기반으로 재조정되어야 한다. 즉, 남녀 모두 일과 가정을 담당해야 한다는 기반 위에서 노동조건과 대우가 이루어져야 진정한 평등이라 할 수 있다.

이렇게 성평등이란 남녀 간의 차이와 서로 다른 사회적 역할을 동등하게 받아들이고 가치를 인정하는 것을 의미하며, 남성과 여성이 서로 다를 수 있는 권리를 포함한다. 따라서 노동시장에서의 성평등을 이루기 위해서는 남녀 간의 차이를 빌미로 유지되는 각종 차별과 불평등한 권력관계를 유지시키는 차별적인 구조를 바꿀 수 있는 방법은 무엇이며, 여성과 남성이 가진 다양한 가치 및 우선순위들 사이에서 더 나은 균형을 달성할 수 있는 방법이 무엇인지 끊임없이 토론해야 한다.

차별의 개념: 직접차별과 간접차별

대한민국 헌법은 모든 국민이 인간으로서 존엄성을 보장받고, 성을 이유로 경제적 영역에서 차별받지 아니할 것을 기본 원칙으로 규정하고 있다. 1987년에 마련된 제6공화국 헌법은 "여자의 근로는 특별한 보호를 받으며, 고용·임금 및 근로조건에 있어서 부당한 차별을 받지 아니한다"라는 규정을 신설했다. 헌법의 규정에 의해 여성의 고용 기회와 대우를 차별하는 행위는 여성의 기본적 인권을 침해하는 행위가 된다.

그렇다면 고용상의 차별이란 구체적으로 어떤 것일까? 일반적으로 차별이란 동일한 상황에 있는 사람들에게 상이한 대우를 하거나, 서로 다른 상황에 있는 사람들에게 동일한 대우를 제시할 때 발생할 수 있다. 한국의 〈남녀고용평등과 일·가족양립지원에 관한법률〉(이하 〈남녀고용평등법〉) 제2조(정의)에서는 "차별이라 함은 사업주가 근로자에게 성별, 혼인 또는 가족 안에서의 지위, 임신 또는 출산 등의 사유로 합리적인 이유 없이 채용 또는 근로의 조건을 다르게 하거나 그 밖의 불리한 조치를 하는 경우를 말한다"라고 규정하고 있다. 즉 '합리성'을 매우 중요한 성차별 기준으로 설정한다. 그러나 합리성을 판단하는 기준은 결코 단순하지 않다. 특히 성차별적 관념과 관행이 광범위하게 작동하는 사회에서는 합리성의 기준이 매우 모호해질 수 있다.

〈남녀고용평등법〉에서는 차별의 유형을 직접차별 Direct Discrimination 과 간접차별 indirect discrimination 로 구분한다. 직접차별이란 성별을 이유로 합리적인 근거 없이 채용이나 승진에서 배제시키거나, 여성의 경우 임신·출산 등을 이유로 퇴직을 강요하는 행위 등 명백하고도 가시적인 차별이다. 직접차별에 대해서는 법률 조항에서도 명백하게 금지하고 있을 뿐만 아니라 기업 차원에서도 직접차별의 관행은 점차 약화되고 있다.

직접차별에 비해 간접차별은 성차별 규제의 법망을 교묘하게 벗어나서 매우 다양한 방식으로 확대되고 있다. 실제로 1990년대 말 IMF 경제 위기 이후 전반적인 고용 환경의 악화로 인해 비가시적이면서도 간접적인 성차별이 증가하면서, 직접차별을 규제하는 것만으로는 여성들이 실제적으로 겪고 있는 차별 문제를 해결하기 어려운 상황이 됐다. IMF 경제 위기 직후 많은 여성 노동자들은 가부장적 문화가 지배적인 사회 분위기 속에서 직접적인 성별을 이유로 한 차별보다는 임시직 내지는 일용직 등 비정규직이라는 이유로, 직군이 다르다는 이유로, 맞벌이 부부 사원이라는 이유로 불리한 대우를 받았다. 이에 대해 여성단체들은 직접차별을 규제하는 것만으로는 가부장적 남성 문화가 만연한 현실에서 차별을 야기하는 근본적인 요인, 즉 사회적인 편견과 통념을 변화시키기 어렵다고 판단해 〈남녀고용평등법〉에 간접차별 개념을 도입할 것을 주장했다.

간접차별의 규제를 이끌어 낸 보다 구체적인 계기는 금융권의 신新인사 제도에 대한 여성단체의 도전이었다. 금융권은 일찍이 여女행원 제도를 만들어 여성 행원에게는 남성 행원과 다른 승진 및 임금 체계를 시행해 왔다. 그러나 여행원 제도가 성차별임을 주장하는 여성계의 노력으로 금융권의 오랜 관행이 〈남녀고용평등법〉상 차별로 인정되어 1993년 폐지됐다. 그러자 이후 금융권은 성차별 규제의 법망을 피하기 위해 신인사 제도를 도입해 성차별을 비가시화하려고 했다. 신인사 제도란 직군을 종합직과 사무직 등 여러 코스로 나누어 업무와 임금, 승진 등에 차별을 두는 제도로, 여사원제, 성별 분리 호봉제 등 성차별 고용 관련 규정을 시정하도록 한 행정 지침이 내려진 후 기업들이 새로 도입하고 있는 인사 제도다. 이 제도는 주로 직무의 내용, 연고지 근무 여부 등을 기준으로 종합직과 일반직으로 직원들을 채용하고 배치·승진시키는 인사 제도의 한 유형이다. 표면적으로는 직원들이 자율적으로 직군 선택을 하도록 하고 있지만, 가정 내 돌봄 역할을 맡은 여성들은 연고지 근무가 가능한 일반직을, 남성들은 언제든지 전근을 가는 대신 승진이 보장된 종합직을 선택하는 경향이 나타났다. 성별 역할 분업이 이루어지고 있는 현실에서 일반직과 종합직이라는 코스의 구분은 결과적으로 여성을 차별하는 결과를 낳게 되는 것이다.

이와 같이 간접차별은 표면상 남녀에게 동일한 기준이 적용되나 그 기준이 특정한 성별에게 불이익을 초래하거나 결과적으로 불평등한 효과disparate impact를 발생시킨 경우를 지칭한다. 현행 〈남녀고용평등법〉상의 간접차별은 "채용 또는 근로의 조건은 동일하게 적용하더라도 그 조건을 충족시킬 수 있는 남성 또는 여성이 다른 한 성에 비해 적고 그로 인하여 특정 성에게 불리한 결과를 초래"하는 것으로 정의되어 있다. 예를 들어 어떤 기업이 해당 직무의 업무 수행에서 신장이 아무런 관련이 없는데도 채용 시 키 165센티미터 이상의 사람에게만 지원 자격을 주는 방식으로 채용 기준을 정했다고 하자. 그런데 한국 성인 여성의 평균 신장이 158센티미터이고 남성의 평균 신장은 170센티미터라면, 위와 같은 채용 기준은 명시적으로 성을 기준으로 하지는 않았지만, 여성에게 불리한 결과를 야기하므로 간접차별로 판단된다. 또 다른 예는 군 복무 가산제다. 남성만을 징집 대상으로 하는 징병제를 실시하는 우리나라에서 군 복무자에게 채용 및 승진 시 가산점을 주는 제도는 성 중립적 기준인 군 복무 여부라는 기준을 적용한다 하더라도 여성 지원자들을 체계적으로 배제함으로써 여성에게 현저하게 불리한 영향을 미치므로 간접차별이라고 할 수 있다(조순경, 2007).

간접차별의 판단과 '차별'의 예외

노동시장에서 여성에 대한 성차별을 파악하기 위해서는 간접차별을 보다 명확하게 인식하는 것이 중요해지고 있다. 따라서 간접차별 판단을 둘러싼 국제적인 논의와 판단 기준을 살펴보고, 성차별의 예외로 보고 있는 진정 직업 자격이란 무엇인지 살펴보기로 하자.

간접차별의 판단 방법

간접차별은 일반적으로 작동하고 있는 성별 고정관념이나 역할 구분을 기반으로 삼는 경우가 많기 때문에 무엇이 간접차별인지를 판단하는 작업은 결코 쉽지 않다. 우리의 경우 간접차별 개념이 법적으로 규정되어 있지만, 구체적인 판단 기준이 명확하지 않아, 취업 여성들은 다양한 영역에서 간접차별에 노출되어 있는 실정이다.

서구의 경우 미국 대법원 판례에서 처음으로 간접차별 조항이 마련된 이후 영국, 호주, 캐나다를 비롯해 유럽연합(EU, 이하 EU)으로 확대됐다. ILO 조약에서도 간접차별의 법적 근거 및 규제 조항을 두고 있다. 서구 국가들의 경우 간접차별의 판단 기준은 다양한 판례를 통해 구체화되고 있는데, 대체로 다음의 두 가지 단계를 거쳐 차별 여부를 확인하고 있다.

첫째, 외형상 '중립적' 기준이 여성에게 불평등한 영향을 미쳤는가를 판단한다. 간접차별을 판단할 때는 그 차별 행위자에게 차별 의도가 있었는가는 중요한 기준이 되지 않는다. 오히려 고용상의 기준이나 절차 등이 소수자 집단에 속한 개인에게 불리한 영향을 미쳐 불평등한 결과를 가져왔는가의 문제에 더 주목한다. 그렇다면 어느 정도로 불리한 영향을 미쳐야 차별로 판단하게 되는가?

간접차별을 규제하고 있는 국가들에서 '불평등한 영향'이 있었음을 입증하기 위해 주로 사용하는 것은 통계적 증거다. 미국의 고용기회평등위원회Equal Employment Opportunity Commission는 차별이 있었을 것이라고 판단하는 통계적 불균형의 정도를 '5분의 4 규칙four-fifths rule'으로 정하고 있다. '5분의 4 규칙'은 어떠한 고용상의 기준에 의해 소수 집단(여성)의 비율이 지배적인 집단(남성) 비율의 5분의 4(80%) 미만이 될 경우, 그 기준이 소수 집단인 여성에게 불리한 영향을 주어 불평등한 효과를 야기한 것으로 보고 그 기준이 차별적이라고 판단한다(조순경, 2007). 예를 들어, 입사 시험에서 여성은 지원자 100명 중 5명만이 합격한 데 비해, 남성은 지원자 200명 중 20명이 합격했다고 하자. 그렇다면 여성의 합격률(5%)은 남성 합격률(10%)의 50%로 80%(5분의 4)에 미치지 못하는 것이다. 즉 이 입사 시험은 여성에게 불리한 영향을 미쳤으므로 그 기준이나 절차에 차별 혐의가 있다고 판단하는 것이다.

둘째, '사업상 편의'가 아닌 '사업상 필요성'이 있는가를 판단한다. 일반적으로 통계적 불균형의 입증 책임은 차별 피해자에게 있는 반면, 사업상 필요성 혹은 업무상 필요성에 대한 입증 책임은 차별 행위자인 기업주에게 있다. 사업상 필요성은 매우 엄격하게 적용되는 개념이다. 미국 법원은 사업상 필요와 기업의 경제적 이익이나 편리라는 차원의 사업상의 편의를 구분하고 있다. 즉 업무수행을 할 때 특정한 기준을 선택하지 않으면 그 업무의 본질이 심각하게 훼손되는 경우에만 사업상 필요성을 인정하고 있다. 예를 들어 남성 중창단원을 뽑는데, 남성에게만 응시 자격을 주는 경우는 사업상의 필요가 있는 것으로 볼 수 있다. 그러나 만약 엘리베이터 안내원을 뽑는데 몸무게 45킬로그램 이하로 자격 요건을 정한 경우는 사업상 필요에 의한 것으로 보기 어렵다. 몸무게 45킬로그램 이상의 사람이 타면 엘리베이터가 움직이지 않는다든지, 그 업무를 도저히 수행할 수 없다는 것을 고용주가 입증한다면 사업상 필요가 있다고 판단할 수 있다. 하지만 단지 날씬한 사람을 고객들이 선호하기 때문이라고 한다면, 이는 사업상의 편의일 뿐 사업상 필요성이라고 볼 수 없다(국미애 외, 2006). 즉 단지 기업의 이익을 위해 더 낫다는 이유만으로 그 기준을 적용한다면 그것은 차별로 규정된다.

이와 같이 간접차별은 차별 행위자의 의도를 중심에 놓고 판단하는 것이 아니라 고용상의 기준이나 절차 등이 특정 집단에 속한 개인에게 불이익을 초래했는지 고용 행위의 결과까지 고려하여 차별을 판단하는 개념이라고 할 수 있다.

차별의 예외, 진정 직업 자격

그러나 모든 경우에 성별의 문제를 전혀 고려하지 않는 것만이 최선이라고 할 수는 없다. 미국의 시민권법 제7편 〈고용기회평등법〉에 기초한 '진정 직업 자격 bona fide occupational qualification'은 해당 직무나 사업을 수행하기 위해 반드시 필요한 자격이나 요건을 의미한다. 미국, 영국, 캐나다, 호주 등의 국가에서는 이러한 자격이나 요건을 갖추어 소수자 집단에 속한 개인이나 집단을 차등 대우한 경우 위법한 차별로 보지 않는다. 영국에서도 〈성차별금지법〉에 기초한 진정 직업 자격을 차별의 예외 조항으로 인정하고 있다. 영국에서 진정 직업 자격은 직업의 본질적 속성상 신체적인 이유로 반드시 특정한 성을 필요로 하여, 만약 다른 성이 그 일을 수행하면 본질적으로 일에 차질이 생기는 경우 특정 성의 사람을 배제하는 경우에는 인정하고 있다(정금나, 2000). 예를 들어 연극이나 기타 예술 관련 업종에서 업무의 수행자가 모두 옷을 벗어야 하는 경우에는 불가피하게 다른 성을 배제하더라도 차별로 보지 않는 예외를 두고 있다.

한국에서도 〈남녀고용평등법〉 제2조 '차별의 정의'에서 진정 직업 자격을 규정하고 있다. 직무의 성격에 비추어 특정 성이 불가피하게 요구되는 경우, 근로 여성의 임신·출산·수유 등 모성보호를 위한 조치를 취하는 경우, 그 밖에 이 법 또는 다른 법에 따라 적극적 고용 개선 조치를 취하는 경우를 '진정 직업 자격'으로 정의해 차별의 예외로 두고 있다. 이때 직무의 성격에 비추어 특정 성이 불가피하게 요구되는 경우를 예로 들면, 여성 속옷 판매원으로 여성

을 채용하는 경우나 남성 기숙사 사감으로 남성을 채용하는 경우
가 차별의 예외에 해당하는 진정 직업 자격이라고 할 수 있다(김엘
림, 2006).

이상으로 직접차별과 간접차별의 개념 및 판단 방법, 차별의
예외에 대해서도 살펴보았다. 노동시장에서 여성에 대한 차별은
직접차별뿐만이 아니라 간접차별이 일어날 개연성이 매우 높다.
보다 광범위한 사회구조나 규범, 특히 성역할 분업관이나 전통적
여성관에 기초한 편견과 관행에 의해서 간접차별이 일어날 가능성
이 높기 때문이다. 다행히 한국도 〈남녀고용평등법〉에서 직접차별
과 간접차별을 모두 규정하고 있으므로, 고용상의 성차별에 대응
할 수 있는 법적 근거는 어느 정도 마련되었다고 할 수 있다. 그러
나 실제로 노동시장에서 여성들이 경험하는 차별은 여전히 다양한
형태로 견고하게 남아 있다.

03

고용 차별의 유형과 사례

그렇다면 취업 여성들은 노동시장에서 실제로 어떠한 차별을
경험하고 있을까? 여성들은 임금 및 고용상의 대우에서는 물론 고
용의 전 과정에서 다양한 차별을 경험하는 것으로 보고되고 있다.
이를 몇 개의 유형별로 살펴보기로 하자.

임금 차별과 성별 임금격차

노동시장에서 여성이 경험하는 차별의 문제 중 가장 심각한 것은 임금 차별이라고 할 수 있다. 여성 고용의 질을 보여 주는 일차적인 지표는 성별 임금격차다. 한국의 경우 1990년대 이후 차츰 축소되고는 있지만 임금격차의 폭이 여전히 크다. OECD 보고서는 성별 임금격차가 가장 큰 국가로 한국을 지목하고 있다. 성별 임금격차는 1990년대는 남성 임금을 100으로 했을 때 50%의 수준, 2000년대에는 60% 초반 수준으로 정체되어 있다.

2010년을 기준으로 OECD 28개국 평균 임금격차는 15.8%인데 비해 한국은 36.1%로 무려 2배 이상 차이가 난다. 2009년 이래 여성의 대학 진학률이 남성의 대학 진학률보다 높게 나타나고 있는 한국의 현실에서 좀처럼 좁혀지지 않는 성별 임금격차는 이해하기 어렵다. 최근 연구에 의하면 근속에 대한 임금 프리미엄이 증가해 왔고, 기업 규모별 임금 격차와 정규직-비정규직 간 임금격

표1 | 월평균 성별 임금격차(전 산업) (단위: 천 원, %)

연도	여성 임금	남성 임금	여성 임금비
1990	388	727	53.4
1995	790	1,360	58.1
2000	1,166	1,855	62.9
2005	1,672	2,629	63.6
2010	2,018	3,159	63.9
2013	2,291	3,547	64.6

자료: 고용노동부, 〈고용형태별근로실태조사〉, 각 연도

차가 증가해 왔다. 그런데 여성의 근속은 향상되지 못했으며, 비정규직 일자리와 중소기업에 집중되어 있는 취업 분포도 개선되지 못했다. 이것이 학력 신장 효과를 상쇄해 버렸다는 것이다(장지연, 2011).

전반적으로 성별 임금격차가 줄어들지 않는 이유는 IMF 경제 위기 이후 여성에게 제공되고 있는 일자리의 질이 매우 나빠졌기 때문이다. 남성 평균임금과 여성 평균임금의 차이 가운데 50% 이상이 차별의 산물이라는 연구 결과도 발표됐다(신광영, 2011). 즉 한국의 성별 임금격차는 생산성이나 직무 관련 요인과 같은 합리적 요인이 아닌 연령이나 성역할 고정관념에 의한 불합리한 요인의 영향이 매우 크다는 것이다.

한국에서 성별에 따른 임금차별을 금지하는 명시적인 법 조항은 '동일노동 동일임금' 조항으로 1989년 구舊〈남녀고용평등법〉 제1차 개정 시 도입되었다. 법에 명시된 '동일 가치 노동'의 판단 기준은 기술, 노력, 책임, 작업 조건 등 네 가지다. '기술'은 자격증, 습득된 경험 등 업무 수행 능력 또는 솜씨의 객관적 수준이며 '노력'은 업무 수행에 필요한 육체적·정신적 힘의 작용으로 정의된다. '책임'은 업무에 내재된 의무의 성격·범위, 사업주가 당해 직무에 의존하는 정도를 말하며, '작업 조건'은 소음, 열, 물리적·화학적 위험의 정도 등 당해 업무에 종사하는 노동자가 통상적으로 처하는 작업환경을 말하는 것이다.

동일노동 동일임금 원칙에 관한 소송의 대표적인 사례는 생산직 분야 사례다. 울산 공장 5급 생산직 여성 노동자 8명은 5급 기능직 남성 노동자와 동일한 자격증·학력·기술 자격 요건으로 입사했고, 근무 형태는 조금씩 다르나 동일하거나 유사한 노동을 하고 있었다. 그런데도 회사가 남성 노동자는 기능직 호봉으로, 여성 노동자는 생산직 호봉으로 구분해서 여성에게 차별 임금을 지급했다. 이에 대해 국가인권위원회(이하 인권위)는 다음과 같은 이유로 임금 차별을 주장하는 여성 노동자들의 손을 들어 주었다. 생산직과 기능직의 채용 자격 요건은 기술·학력·자격증 등에서 동일하나 생산직에는 모두 여성만이, 기능직에는 모두 남성만이 채용·배치되었으므로 생산직은 사실상 여성 전용 직종으로 취급되었다. 그리고 임금과 관련해 생산직 호봉표와 기능직 호봉표가 달리 규정되어 있었고 생산직은 입사 시 초임 호봉이 기능직에 비해 낮으며 호봉 인상액도 기능직에 비해 적고 장기간 근속하더라도 도달할 수 있는 호봉 구간이 낮았던 점 등으로 인해 사실상 성별을 이유로 한 임금 차별이 있었다고 규정했다(인권위 결정례 07진7차981).

이처럼 동일 가치 노동의 기준에서 규정하고 있는 기술, 노력, 책임과 작업 조건에 의해 측정되는 직무 동등성은 완전히 동일한 것이 아니라 실질적으로 유사한 것만으로 충분하다. 미국 법원도 병원의 남성 간호조무사와 여성 견습 간호사는 다른 기술을 요하는 다른 업무를 수행하지만, 그들이 실제 수행하는 직무의 '일반적 성격'이 동일하다면 각각 요구되는 기술의 정도는 본질적으로 유사하다고 판결했다. 한국 법원에서도 여성 형사 정의론 교수와 남성 생물학 교수의 직무, 여성 재봉사와 남성 재단사의 직무는 실질적으로 동등하다고 보았고, 여성 미용사와 남성 이발사의 직무, 그리고 여성 청소 노동자와 남성 경비 노동자의 직무는 동일하다고 판단했다(박선영 외, 2009).

고용 구조와 성별 직종 분리

고용의 영역에서 여성들이 경험하는 또 다른 전형적인 차별은 성별 직종 분리 job segregation by gender 라고 할 수 있다. 성별 직종 분리는 뚜렷한 이유 없이 관행적으로 남성의 일과 여성의 일이 구분되어 있는 것을 지칭하는데, 이 같은 직종 또는 직무 분리는 결과적으로 성별 임금이나 노동조건에서 차이를 가져올 수 있다.

성별 직종 분리는 분리 구조의 성격상 다시 수직적 분리와 수평적 분리로 구분된다. 수직적 직종 분리 vertical segregation 란 보수가 높고 위세가 있는 직종에서 여성이 배제되고 보수와 위세 낮은 부문에 여성이 집중 고용되는 형태로 나타난다. 예를 들면 상위 직종이라고 할 수 있는 행정 관리직의 경우 여성의 비율은 낮은 반면, 저임금을 받는 생산직이나 서비스직에는 여성의 비율이 높다. 여기서 남성은 상위직이고 여성은 하위직이라는 분리 구조가 나타난다. 혹은 동일한 교육 관련직 내에서도 대학교수 중 여성 교수 비율은 20%에 불과한 데 비해 고등학교, 중학교, 초등학교로 갈수록 여성 교원의 비율이 늘어 절반에서 3분의 2 가까이 되는 현상도 수직적 분리를 보여 주는 것이다.

수평적 분리 horizontal segregation 는 동일 직종이나 업종 내에서도 여성과 남성이 담당하는 업무가 분리되어 있는 것을 가리킨다. 예를 들면 같은 생산직일 경우라도 여성들은 섬유·전자·봉제 등의 경공업 부문에, 남성들은 자동차·철강·기계 등 중화학공업에 집중되어 분리되는 양상을 보인다. 또한 여성은 남성보다 서비스, 돌봄과 같은 업무에 적합하다고 보고 여성의 취업이 이 부문에 집중되어 있는 것도 수평적 분리 현상이라고 할 수 있다. 예를 들어 유치원 교사나 간호 및 조산 전문가는 98%가 여성이고, 가사 관련 업무 종사자들의 80% 이상이 여성이다. 문제는 이 같은 수평적 분리 현상 역시 임금이나 고용조건의 격차와 결부되어 여성들이 집중적으로 담당하는 업무일수록 저임금의 불안정 노동인 경우가 많다는 점이다.

이 같은 직종 분리가 형성되는 데에는 다양한 원인이 있을 수 있겠지만, 업무 능력이나 기술의 차이보다는 일반적으로 전통적인 성별 분업 관념에 의해 합리적인 이유 없이 이루어지는 경우가 많다는 것이 문제. 이런 이유로 최근 많은 국가들에서는 고용할당제라는 정책을 통해 어느 업종에서도 한 성이 60%를 넘어서지 않도록 성별 구성 비율을 조정함으로써, 비합리적인 성별 직종 분리로 인한 차별의 효과를 줄여 나가기 위해 노력하고 있다.

모집·채용에서의 차별

우리가 일상에서 자주 접하는 구인 광고 '주방 아줌마 구함'이라는 채용 광고는 성차별적일까? 정답은 '그렇다'다. 구체적으로 '아줌마'라는 성별을 명시했기 때문이다. 〈남녀고용평등법〉에 의하면 사업주는 특정 성을 배제하는 구인 광고를 낼 수 없으며, 또한 특정 성에 한정해서 채용할 수 없다. 즉 채용에서는 성별에 관계없이 학력, 자격, 기능, 성품 등을 평가하는 공정한 평가 기준이 마련되어 공개되어야 한다는 것이 전제되고 있다. 그리고 사업주는 여성 노동자를 모집·채용할 때 해당 하는 직무의 수행에 필요하지 않은 용모·키·체중 등의 신체 조건, 미혼 조건, 기타 노동부령이 정하는 조건을 제시하거나 요구해서는 안 된다. 만약 여성이 차별적인 이유로 채용되지 않았다는 주장을 할 경우, 사용자는 자기 회사의 채용 기준이 성차별적이지 않고 합리적이었음을 증명할 의무가 있다.

그러나 실제로 모집·채용 과정에서 여성에 대한 차별은 사라지지 않았다. 이미 1994년에 여성단체들이 사무직의 채용 조건인 '신장 160센티미터 이상, 체중 50킬로그램 이하'라는 용모 제한 규정을 〈남녀고용평등법〉 위반으로 제소한 후, 1995년 8월 법 개정 시 용모 제한을 금지하는 규정이 신설됐다. 하지만 여성의 용모는 간접적인 방식으로 채용 과정에 영향을 미치고 있다. 은행권을 비롯한 대부분의 기업들은 입사 지원서 양식에 직무와 관계없는 신체 사항을 기재하고 사진을 부착하도록 하고 있다. '여성은 직장의 꽃'이라는 성차별적인 고정관념이 여전히 지속되고 있고 남성보다 여성에게 용모와 신체적 조건에 대해 더욱 까다로운 기준을 부여하는 조직 문화에서는 비록 여성과 남성 모두에게 사진을 부착하게 하더라도 채용 시 여성에게 더 불리하게 작용할 가능성이 높다.

그동안 인식이 많이 개선되면서 성차별적 모집 채용 광고를 내는 업체들의 숫자는 줄었지만 50인 이하 소규모 사업장에서는 성차별적 채용 광고를 내는 경우가 여전히 많은 것으로 조사됐다. 광고 내용 중 가장 많은 위반 사례는 '영업직 남자 사원 ○명', '경리직 여자 사원 ○명' 등으로 직종별로 남녀를 분리 모집하는 경우였으며, '상담직 미혼 여성 ○명' 형태로 여성에게 미혼을 조건으로 제시하는 업체도 있었다. 모집·채용 과정에서 남녀 차별을 금지하는 〈남녀고용평등법〉에 따르면 특히 여성 근로자를 모집·채용하면서 직무 수행과 무관한 용모·키·체중 등의 신체 조건과 미혼 등의 조건을 제시하거나 요구할 경우 500만 원 이하의 벌금이 부과된다.

성별 분리 모집은 남녀 사이의 공정한 고용의 기회를 제한하는 것이다. 그리고 예를 들어 '남성에게 적합한 직종' 내지는 '여성에게 적합한 직종'이라는 직업에서의 성역할 고정관념을 고착시킬 우려가 있다. 또한 성별 분리 모집은 채용 이후의 임금, 승진, 정년 등에서 특히 여성 노동자 집단에 대한 차별적 처우로 이어질 수 있다. 이런 점에서 성별 구분 모집 제도를 성차별로 판결한 2007년도 인권위의 판례는 매우 의미가 있다(조용만, 2012). 문제가 된 기업은 아스팔트, 방수 시트, 솔벤트 등 건설 관련 제품을 생산·판매하는 회사로 인터넷 구인 포털 사이트에 아래와 같이 구인 광고를 하였다.

📖 모집·채용에서의 성차별 사례

■ ○○(주) 2007년 상반기 공채 신입
◎ 모집부문: 영업, 재경, 기획, 기술연구직
◎ 접수기간: 2007년 1월 11일(목)~2007년 1월 18일(목) 8일간
◎ 지원공통요건
 • 연령: 1979년 1월 1일 이후 출생자
 • 학력: 대졸 이상의 동등 학력 소지자
 • 성별: 남자
 • 경력: 신입사원(정규직)

이 회사는 직원을 채용하면서 특정 성인 남성만으로 지원 자격을 제한했다. 회사는 현금을 수송해야 하고 무거운 샘플을 가지고 다니면서 영업을 해야 하는 점, 건설 현장에서 직접 시험 시공을 해야 한다는 점 등을 이유로 들어 성별이 해당 업무 수행의 필수적 직무 자격 요건이며, 따라서 여성을 채용할 수 없다고 주장했다. 그러나 현금의 운반은 남녀 공히 위험한 업무이고, 비록 샘플이 무겁다고 하더라도 여성 중에서도 남성보다 신체적·체력적으로 우위에 있는 여성이 있을 수 있어 남성만이 그 일을 할 수 있는 것이 아니다. 현장에서의 시험 시공 역시 여성 중에서도 남성만큼 신체적·체력적으로 뒷받침이 될 수 있는 자가 있을 수 있다. 더군다나 회사는 직원 채용 시에 특정한 체력 기준을 요구하지도 않고 별도의 체력 테스트도 없이 채용한 점에 비추어 볼 때 남성만이 담당해야 하는 특별한 이유가 없다. 따라서 이 사건은 채용 시 지원 자격을 남성으로 한정함으로써 여성을 배제한 행위는 합리적 이유 없이 성별을 이유로 한 고용상의 차별 행위로 판결되었다(인권위 결정례 07진차56).

노동부의 성차별적인 모집·채용 광고 모니터링 현황 결과를 보면, 1993년부터 2007년까지 성차별적 모집·채용은 양적으로는 적어졌으나 근절되지 않고 계속되고 있다. 더욱이 최근 들어서는 그 건수가 증가되고 있다(박선영 외, 2009). 특히 주목해야 할 점은 노동부가 2007년에 인터넷 직업 정보 제공 업체 342개소를 대상으로 성차별적 모집·채용 광고를 모니터링한 결과다. 이 결과에 의하면 100인 미만 영세사업장의 위반 사례가 93.9%로 성차별적 모집 광고의 대부분을 차지하고 있고, 모집·채용 시 성별 직종 분리 현상이 노골적으로 나타나고 있다. 즉 경리, 창구 상담직 등에서 모집·채용 시 여성만을 대상으로 하는 경우(53.2%), 이와 반대로 생산, 영업, 운전 직종에서는 남성만을 모집하는 등으로 여성을 배제하는 경우 (44.6%)가 대부분이었다. 이것은 〈남녀고용평등법〉 규제가 영세사업장에는 미치고 못하고 있으며, 노동시장의 성별 직종 분리가 심각하다는 현실을 잘 보여 준다.

교육·배치·승진에서의 차별

취업이 된 후 여성들은 교육·배치·승진 과정에서 차별을 경험하게 된다. 이러한 차별은 임금 차별이나 채용 차별 등에 비해 그동안 상대적으로 중요성과 심각성이 덜 인식되어 왔으나, 이 과정에서의 차별 역시 남녀 간 고용 불평등을 지속시키는 중요한 기제로 작용하고 있다.

입사 후에 받는 교육이나 업무의 순환 배치는 노동자의 능력·기술·경험을 높이는 데 중요한 역할을 한다. 기술과 정보의 전환 속도가 빠르게 변화하고 있는 경제 환경에서 교육 연수 프로그램의 활성화는 업무에 필요한 지식을 향상하고 숙련도를 높임으로써 노동의 부가가치를 높인다는 점에서 기업의 경영 목적을 위해서도 반드시 필요하다. 또한 노동자들의 입장에서도 개인의 능력을 개발하고 인사고과에 유리하게 작용하여 승진 기회를 높인다는 점에서 교육 연수 참여는 매우 중요하다. 그러나 현재 금융기관 교육 연수 프로그램의 실시 현황을 예로 들어 보면, 대부분이 여성들인 비정규 직원들에게는 교육의 기회조차 주어지지 않으며, 정규직 여성들에게도 다양한 교육 프로그램에의 참여는 여전히 막혀 있다(국미애 외, 2006). 각 교육 연수 프로그램들에는 성별로 직무가 고착화되어 있는 현실이 고스란히 반영되어, 여신·외환·경영 기획·고급 상담 등 소위 '핵심 연수' 참가자는 주로 남성이며, 수신·고객 서비스·예절 교육 등 '주변 연수'는 주로 여성이 참가하고 있다.

이 같은 교육에서의 차별은 업무 배치에서의 차별로 연결된다. 기업의 고용 관행을 보면, 여성인 경우에는 대개 업무 보조적인 일이나 단순 기능을 필요로 하는 일에 배치되고, 전문 능력, 영업 능력, 관리 능력, 고급 기술이 필요한 부서에는 남성이 주로 배치된다. 따라서 여성은 기획, 관리와 같은 핵심 부서에 배치되는 비율이 낮다.

"나는 품질 관련 부서에서 일을 하고 있다. 우리 부서에는 과장님과 계장님, 사원들이 있는데 계장님이 나가서서 지금은 과장님 한 분과 사원 네 명으로 구성되어 있다. 나는 사원들 중에서 가장 오래 근무한 6년 차고, 작년 9월과 올해 1월, 6월에 입사한 남자 직원 세 명과 일하고 있다. 계장이 그만두면서 나는 사내 전반적인 업무를, 작년 9월에 입사한 남자 사원은 전반적인 대외 업무를 맡으라고 하였다. 회사에서는 여자는 대외 업무를 못한다면서 나보다 늦게 들어온 남자 직원에게 대외 업무를 시키고 그 사람을 계장 후보로 생각하고 있다. 업무 6년 차인 나를 평가절하하는 것이다. 여자가 계장이 되기는 힘든 것이다. 구구절절 항의를 해도 여자는 대외 업무에 적합하지 않다는 입장을 고수하고 있다." (한국여성민우회, 2012)

승진에서도 여성에게는 아예 승진 기회를 부여하지 않거나 제한하는 경우가 여전히 발생하고 있다. 여성들은 자신의 직무 능력과 무관하게 승진을 가로막는 제도적·관행적 한계 때문에 하급직에 머물고 있다. 대한상공회의소가 2014년 5월 323개 기업을 대상으로 전화 조사한 '여성 인력 활용에 대한 기업 인식 조사'에 의하면, 여성 인력에 대해 긍정적으로 평가하는 기업들은 늘었지만, 여성 인력 채용에 대해 여전히 소극적이고, 10곳 중 3곳은 승진에서도 차별을 하는 것으로 나타났다(〈갈 길 먼 여성 고용… 기업들 '여직원, 육아 공백 부담'〉,《여성신문》, 2014년 7월 9일). 실제로 공식적으로 여성인 것을 이유로 승진에서 탈락시키는 경우는 거의 없다. 근무 성적·인사고과 등 승진과 관련해서 성별을 이유로 불공정하게 평가하기도 하며, 일정 직위 이상으로의 여성 승진을 제한하거나 승진 서열상 남성을 우선시하는 관행이 암묵적으로 이루어지고 있다. 따라서 교육·배치·승진에서의 차별은 이것이 직접적인 문제가 되어 사건화가 되기보다는 성차별적 모집·채용, 배치, 승진, 임금에 이르는 체계적이고 구조적인 차별이 정년 차별이나 성차별적 해고로 연결되어 사건이 되는 경우가 많다.

이와 같이 현실적으로 승진이 제약되는 상황에서 여성들은 회사 내의 주요 결정직에 도달하기가 어렵게 되며, 여성 임원이 없는 기업 상황 속에서 여성들을 위한 고용 정책이 이루어지기 어려운 악순환이 반복되고 있다. 대한상공회의소 조사(2014)에 의하면, 기업들은 여전히 여성 관리자·임원 확대 계획에 대해서 '늘리겠다'는 기업은 17.7%에 그쳤고, 81.1%의 기업이 '현재 수준을 유지하겠다'고 밝히고 있어서 여성 승진의 미래는 낙관적이지만은 않다. 서구에서는 여성의 승진 문제를 '유리천장glass ceiling'으로 규정하고 있다. 즉 공식적 승진 제도는 있으나, 관행에 의해 비공식적으로 승진을 일정 수준 이하로 제한하는 현실을 표현하는 말이다. 한국 역시 마찬가지다. 법 제도적으로는 여성도 불합리한 차별 없이 최고위 직까지 승진할 수 있도록 열려 있으나, 현실은 보이지 않는 유리천장에 가로막혀 있다.

정년·퇴직·해고에서의 차별

정년·퇴직·해고 등에서도 역시 법적으로 차별이 금지되어 있으나, 우리의 고용 관행에서는 동일 직종에서 직무 수행상 합리적인 이유 없이 남녀 간 정년을 달리하는 경우 또는 대다수가 여성인 직종의 정년을 다른 직종보다 낮게 정하는 경우를 종종 볼 수 있다.

정년 차별이 한국사회에서 문제화된 첫 번째 사례는 해당 직종의 대다수가 여성이었던 전화교환원의 정년을 다른 직종보다 12년이나 낮게 정한 한국통신의 조치였다. 이 사례는 1983년 〈남녀고용평등법〉 시행 이전에 발생했다. 하지만 한국통신은 그 이후에도 일반직의 정년은 58세, 전화교환원의 정년은 53세로 정하는 등 부당 정년 차별의 관행을 지속했다. 1990년 한 대학에서는 여성 사무 보조원의 정년을 28세로 정하는 단체협약을 체결해 물의를 빚기도 했다. 그러나 이제는 정년을 보장받는 정규직이 줄어들고 있어서 정년에서의 차별을 문제 삼을 수 있었던 옛날이 그리운 시대가 되었다. 전화교환원을 비롯한 각종 텔레마케터, 콜센터 등 여성들이 집중되어 있는 일자리들이 대부분 파견직으로 바뀌어서 정년을 놓고 다툴 수 있는 위치가 아니라, 언제든 해고될 수 있는 고용 불안정에 노출되어 있다.

다른 한편, 1990년대 말의 외환 위기 이후 세계적인 경제 불황의 영향으로 기업들이 구조 조정이라는 명목하에 여성을 우선적으로 해고하는 성차별이 노골적으로 일어났다. 기업의 일상화된 구조 조정하에서 일차적인 희생양은 여성이 되고 있다. 아래의 고용 상담 사례는 해고에서 취약한 위치에 있는 사무직 여성들의 현실을 잘 보여 주고 있다.

"OO협회의 출판과에서 일하고 있으며 현재 과장이다. 협회 회원사들이 회비를 잘 내지 않아 재정적 어려움이 있고 그 때문에 협회 사업을 축소하겠다며 내가 그 동안 만들던 책을 폐지하겠다면서 퇴직을 강요하고 있다. (중략) 회사가 어렵다면서도 최근 관용 차량 등급을 올리고 직원들 월급을 올리기도 했다. 그러면서 나에게는 명예퇴직을 권하며 업무지원 컴퓨터와 전화를 철거한다는 공지가 내려왔다. 어떻게 행동해야 하나?" (한국여성민우회, 2012)

이처럼 기업들은 불황 시에 '나이가 어리거나 혹은 나이가 많아서', '혼인상의 지위 때문에', '아이를 키워야 해서', '학력이 낮아서' 등의 다양한 명분으로 여성을 '값싸고 쉽게 활용할 수 있는' 노동력으로 취급하며 경제 위기의 위험부담을 여성 개인에게 전가하고 있다.

최근에는 각종 행사의 진행을 안내하고 홍보하는 여성 도우미

직업에서 성별 정년 차별 사례가 인정되는 성과를 거두었다. 특수직 도우미로 채용되어 근무해 온 진정인들은 다른 특수직의 정년이 57세인 데 반해 전원이 여성인 도우미의 정년은 30세인 것에 대해 차별임을 다툰 사례다. 인권위는 도우미의 주 업무는 전시관 안내와 매표 등인데 이러한 업무가 본질적으로 남성 또는 30세 이상의 여성이 수행하기 어렵다고 볼 수 없고, 특정 성 및 연령이 반드시 필요한 업무가 아니라고 판단하였다. 또한 피진정인은 도우미들의 퇴직 이후 성별 및 연령에 상관없이 정규직원들을 순환시키면서 해당 업무를 수행토록 하고 있어 도우미 업무와 성별·나이와의 상관관계를 찾기 어려우므로, 피진정인에게 진정인들의 정년을 다른 특수직과 동일하게 적용하여 퇴직 위로금을 지급할 것을 권고했다(인권위 결정례 09진9차736·61022).

여성 도우미 정년 차별 사례에서 나타나듯이, 담당 직무에 따라 정년을 다르게 규정하는 차등 정년제는 표면적으로는 중립적으로 보이지만 실제적으로는 여성 전용 직종에 대한 성차별을 은폐하는 방편으로 이용될 수 있다. 특히 정규직과 비정규직 간 차등 정년제는 비정규직 근로계약의 해지나 갱신 거절을 합리화하기 위한 수단으로 활용될 수도 있다. 따라서 차등 정년제가 다른 차별을 은폐하거나 합리화하는 방법으로 이용되고 있는 것은 아닌가 하는 보다 포괄적인 관점에서 차등 정년제의 문제를 해결해 나가야 할 것이다.

임신·출산·육아를 이유로 한 차별

　저출산 문제가 심각한 사회문제로 대두되면서 여성의 임신과 출산이 장려되고 있지만, 일하는 여성들은 여전히 임신·출산·육아휴직 등을 이유로 인사상의 불이익을 당하고 있는 것이 현실이다. 여성들이 임신·출산·육아휴직을 이유로 작업장에서 겪는 불이익은 낡은 관행과 새로운 관행이 복합적으로 작용하면서 더욱 증가 추세에 있다(권수현, 2011). 한편으로는 주로 고졸 사무직에게 요구되던 결혼 퇴직의 오랜 관행이 학력이나 고용 형태와 상관없이 더 많은 여성들에게 작용하고 있다. 다른 한편으로는 최근에 등장하고 있는 '정규직 한 사람 자리에 더 값싼 노동력을 더 많이 쓸 수 있다'는 새로운 논리가 임신·출산·육아 관련 해고를 정당화하는 데 활용되고 있다.

　1970~1980년대에는 여직원의 고용 시 결혼하거나 임신하면 퇴직하겠다는 '결혼 퇴직 각서'를 공공연하게 요청하였으나, 〈남녀고용평등법〉 제정 이후 이 같은 노골적인 사례는 줄어들었다. 하지만 결혼 퇴직은 여전히 관행으로 위력을 발휘하고 있다. 인권위는 한 여성 노동자가 2006년에 방송사 계약직 아나운서로 입사하여 근무하던 중에 결혼을 앞두고 계약직에서 전속 프리랜서로 전환된 사안을 두고, 방송사 결혼 퇴직 관행이 성차별임을 명시했다(인권위 결정례 06진6차481). 인권위는 방송사 내 남성 계약직 16명 중 기혼자가 12명이지만 여성 계약직은 기혼자가 없는 내부 고용 현황, 결혼하면 퇴사하는 관행이 있다는 참고인들의 진술을 종합해 볼 때 진정인이 자신의 자유롭고 자발적인 의사로 퇴직했다기보다는 방

송사에 존재하는 결혼 퇴직 관행에 의해 비자발적으로 퇴사한 것으로 판단했다. 따라서 여성에 한하여 결혼을 이유로 고용의 기회를 배제하는 관행은 합리적 이유가 없는 성차별로 규정한 것이다.

그러나 결혼 퇴직 관행은 아직도 현실에 깊이 뿌리를 내리고 있다. 아래의 사례에서 확인할 수 있듯이, 종업원 1,000명 이상의 대기업의 전문직에서조차 여전히 여성들은 결혼하면 퇴사해야 하고, 해고되지 않기 위해 임신을 숨겨야 하며, 육아휴직을 쓰기 위해 눈치를 봐야 하는 상황이다.

"입사한 지는 갓 1년 정도 되었다. 계약직 여성은 결혼하면 퇴사해야 하는 회사에서 디자이너로 근무하고 있다. 회사가 생긴 지는 수십 년 되었고 1,000명이 넘는 직원들이 있지만, 아직도 여직원은 결혼하면 퇴사를 해야 한다. 이전에 근무했던 디자이너의 경우도 결혼과 동시에 퇴사를 했다. 전문직과 관리 보조직이 있지만 모두 마찬가지다. 계약직의 경우, 2년이 지나면 자동으로 무기 계약직이 되기는 한다. 그러나 문제는 결혼하면 퇴사를 해야 한다는 것이다. 그래서 부서장은 누구에게도 알리지 말고, 혼인신고만 하라고 한다. 나중에 말이 나오면 개인적인 사정상 그렇게 했다고 이야기를 하는 것까지는 괜찮다고 한다. 사실 기업에서 이렇게 남녀를 차별하는 규정을 회사 임원들 스스로도 법적으로 위배되는 일이라 하고 안 좋게 생각하는 분이 많다. 하지만 임원진은 여자는 결혼하면 퇴사해야 한다는 의식이 곧아서, 이를 바꾸기 어렵다는 입장이다. 전문직인 본인도 어쩔 수 없이 이에 따라야 할 입장이다."
(한국여성노동자회, 2012)

산전후 휴가와 육아휴직을 마치고 복귀하면 그 어떤 부서에도 배치하지 않고, 책상과 컴퓨터를 빼버리는 등 여성들은 인사상의 불이익을 당하고 있다. 모성보호 관련 제도는 여성이 당연히 누려야 할 권리인데도 마치 회사에서 특혜를 베푸는 것처럼 대하거나, 임신·출산·육아가 회사에 누를 끼치는 것이라며 눈치를 준다. 특히 절대 해고 금지 기간인 산전후 휴가 기간과 육아휴직 중의 해고는 성차별적 부당 해고인데도 버젓이 일어나고 있다. 정부에서는 저출산 위기를 운운하며 끊임없이 이를 돌파하기 위해서 모성보호 관련 제도를 만들고 있다. 하지만 비정규직 여성의 비율이 증가하고 있는 노동 현실에서 모성보호 제도를 온전하게 활용할 수 있는 여성은 극히 일부다.

이처럼 취업 현장에서 여성에 대한 차별은 광범위한 영역에서 매우 다양한 형태로 진행되고 있다. 직접적이고 가시적인 차별에 대해서는 여성들 스스로 주체적인 인식을 갖고 대응한다면 차별을 개선할 수 있는 토대가 어느 정도 마련되어 있다. 문제는 더욱 교묘해지고 있는 다양한 간접차별 사례다. 여성들이 다양한 형태의 비정규직에 고용되어 직면하는 간접차별에 대해 어떻게 대응하면서 판단 기준을 만들어 가고 있는지 최근의 국내 판결 사례를 통해 파악해 보고자 한다.

비정규직의 여성화와
간접차별 대응 사례

2013년 기준 전체 비정규직 중 절반 이상인 53.6%가 여성이다. 남성 임금노동자 중 비정규직의 비율은 26.5%인 반면, 여성 임금노동자 중 비정규직의 비율은 40.6%로 여성의 비율이 훨씬 높다(통계청, 2013). 여성의 비정규직 비율 증가가 문제가 되는 것은 표면적으로는 고용 형태라는 성 중립적인 기준을 내세우지만, 내용적으로는 여성을 주변화시키고 배제시키는 간접차별을 사회적으로 용인하게 된다는 점이다. 예를 들면, 여성이면 무조건 비정규직으로 채용하는 것이 아니라 고용 형태를 애초에 달리하는 것이다. 별도의 모집과 채용, 배치 경로를 제도화함으로써 비정규직에 여성이 집중되는 현상을 우연적인 것으로 보이게 만든다. 여성 노동자들과 여성단체들은 성 중립적인 기준을 내세워 여성을 남성과 다른 경로를 통해 비정규직화하는 관행이 간접차별에 해당한다고 꾸준히 문제 제기를 하고 대응해 왔다.

'여행원 제도'라는 성차별적 인사 관행의 오랜 역사를 가지고 있는 금융권에서는 2007년 〈비정규직보호법〉의 실행을 앞두고, 비정규직인 기간제 여성들을 정규직화하기 위해 무기 계약직으로 전환하는 과정에서 간접차별의 혐의를 받았다. 무기 계약직 전환 과정에서 남녀 간 현격한 전환 비율의 차이는 명백한 간접차별에 해당된다. 가장 먼저 무기 계약직을 도입한 우리은행은 기간제 업무를 무기 계약직 업무로 분리시켜 임금을 정규직의 50~60% 수준으로 지급하고 승진을 제한함으로써 기존의 정규직과 차별화하였다. 기존의 정규직은 남성이 90% 이상을 차지하는 반면, 기간제에서 무기 계약직으로 전환한 직군은 여성이 90% 이상을 차지하였다. 이처럼 여성의 비율이 높은 은행 창구 업무를 담당하는 개인 금융 서비스 직군과 후선 업무 지원을 하는 사무 지원 직군, 그리고 콜센터 업무를 담당하는 고객 만족 직군을 분리하여 무기 계약직화하는 것은 일부 직군의 비정규직을 정규직화하면서 고용의 안정성은 보장하지만, 차별적 급여체계를 유지하고 승진과 경력 이동 가능성을 크게 제약하여 결과적으로 '저임금 정규직'을 양산한다는 심각한 문제를 안고 있다. 더군다나 무기 계약직은 기간의 정함이 없는 고용, 즉 정년까지 고용을 보장받는 것이 아니라, 기업의 필요에 따라 언제든 노동자를 해고할 수 있으며, 연령 위계 사회에서 승진 사다리의 부재로 노동자 스스로 노동시장을 자발적으로 떠나게 만들 수 있는 불안정한 고용 유형이다(이옥주·손승영, 2011).

가장 대표적인 간접차별 대응 사례는 KTX 승무직의 외주화다. 철도공사(코레일)의 KTX 승무 업무의 외주화는 표면적으로는 성 중립적인 제도인 것으로 보이나, 실질적으로는 여성에게 불리한 영향을 미치는 간접차별 사례라 할 수 있다. 철도공사의 KTX 승무원 고용 문제는 간접 고용 또는 위장 고용 형태를 통한 성차별적 고용의 상징적 사건이다. 새롭게 등장하고 있는 고용 차별은 사용자와 노동자 간의 정보 불균등을 이용하여 기존의 법망을 피해 갈 수 있는 방법으로서, 위장 고용의 형태를 띠며 이루어지고 있다

자료: 《연합뉴스》, 2006. 2. 26.

는 데에 특징이 있다. '위장 고용'은 실질적인 사용자가 고용 관계의 뒤편에 숨으면서 겉으로는 형식적인 사용자를 내세워 모든 사용자 책임을 면하고, 노동자가 실질적인 권한과 능력이 있는 사용자와 교섭할 권리를 무력화시키는 고용 방식이다(조순경, 2007).

철도공사를 상대로 KTX 여성 승무원들이 낸 근로자 지위 확인 등 청구 소송에서 서울중앙지방법원과 고등법원은 모두 원고 승소 판결을 내렸다. 철도공사가 자회사인 한국철도유통과 맺은 업무 위탁은 위장 도급에 해당하며, 철도공사가 직접 승무원들을 채용한 것과 같은 묵시적 근로계약 관계가 성립한다고 보아, 철도공사가 승무원들의 실질적인 사용자라고 보는 것이 타당하다고 판단한 것이다(조순경, 2011). 철도공사가 '성별'을 기준으로 외주화한 것이 아니라 승무직이라는 성 중립적 '직무'를 중심으로 외주화한 것이라 하더라도, 이러한 성 중립적 기준의 적용 결과가 여성에게 불리한 영향을 미쳤음을 인정한 것이다. 이와 같은 법원의 판결은 여성 직종을 중심으로 급속하게 늘어나고 있는 간접 고용 및 위장 고용 관계가 위법한 것임을 확인해 주는 것으로, 고용 형태를 매개로 한 성차별 규제를 위한 중요한 기준을 제시했다.

직접차별 사안과 비교하여 분리 직군제나 외주화와 같은 간접차별의 피해를 구제하는 데에는 추가적인 어려움이 따른다. 간접차별은 개별 노동자가 아닌, 다수의 집단을 대상으로 하는 고용 차별의 유형으로서 발생하는 경우가 많다. 그런 만큼 사용자가 스스로 고용 및 인사 관행을 점검해 볼 수 있도록 영향력 있는 판결이 내려질 필요가 있다. 그러나 한국의 경우 미국에서 큰 효과를 거두었던 집단소송에 대한 지원이 전혀 없어서 간접차별에 대한 판례가 쌓이기 어려운 현실이다. 또한 사용자의 '의도'가 아니라 사회통념에 따른 관행이 원인이 되는 경우가 많기 때문에, 가해자에 대한 처벌과 피해자에 대한 배상이 실제로 실행되기 힘들다는 문제가 있다.

📖 KTX 승무직의 외주화에 대한 여승무원의 간접차별 대응 사례

2006년 3월 KTX 여승무원들은 철도공사가 직접 고용하는 정규직화를 요구하며 파업을 시작한 이후 4년 넘게 고공 시위 등을 벌이며 철도공사 측과 맞서 싸워 왔다. 철도공사는 KTX 개통 준비 단계에서 자회사인 홍익회에 승무 업무를 위탁한 뒤, 1년 계약직으로 승무원을 채용, 충원하는 방식을 택하였다. 이 과정에서 승무직 지원자들에게 취업 조건, 고용 형태에 대한 정확한 정보를 주지 않았다. 그러면서 철도공사는 철도유통(구 홍익회)을 통해서 "꿈의 KTX 제2기 여승무원 모집, 경쟁률 136:1", "공인 어

학 점수가 900점이 넘는 사람이 900여 명에 달하고, 대학원 석사학위 소지자가 30여 명", "지상의 스튜어디스" 등 과대 홍보 효과로 우수 인력을 유치했다. 하지만 대학 4년을 다녀도 다양한 고용 형태의 실체에 대해 배울 기회가 거의 없었던 KTX 여승무원들은 철도공사와 홍익회를 구분하기 어려웠고, 별다른 의심 없이 근로계약서를 작성했던 것이다.

이 사안에 대해 노동부는 한 차례의 현장 조사만으로 철도공사와 KTX 여승무원들의 고용 관계가 '적법 도급'이라는 결론을 내리고 철도공사의 손을 들어 주었다. 하지만 여승무원들은 이에 굴하지 않고 근로자 지위 확인 청구 소송을 내고 여성단체의 지원을 받으며 끈질긴 싸움을 이어갔다. 그 결과 2007년 12월 법원은 "여승무원들이 한국철도유통(현 코레일유통서비스)과 맺은 근로계약은 형식적이고 명목적인 것에 지나지 않는다. 여승무원들은 사실상 철도공사와 종속적 관계에서 근로를 제공하며 임금이나 수당 등을 받으므로 철도공사가 실질적으로 노동조합 및 노동관계조정법의 '사용자' 지위에 있는 것으로 판단된다"라고 판결함으로써, KTX 여승무원 고용 문제의 핵심 쟁점이었던 '불법 파견'임을 인정받았다. 또한 2011년 8월 서울고등법원은 2심에서 피고 철도공사와 원고 여승무원들 사이에는 직접 근로계약 관계가 성립되었기에, "피고가 철도유통을 통하여 원고들을 부당하게 해고"한 것이고, 따라서 원고인 승무원들에게 복직할 때까지 매월 임금에 상당하는 금액을 지급할 의무가 있다(2011. 8. 19. 선고 2010나90816 판결)는 판결을 끌어내기에 이르렀다.

고용 차별에 대한 대응과 개선 방안

그렇다면 한국 노동시장에 만연한 고용 차별을 극복하기 위해 필요한 개선 방안은 무엇일까? 첫째, 여성 고용 관련 법 제도를 지속적으로 개선하여 여성 일자리의 질을 개선해야 한다. 노동시장 유연화의 확산으로 인한 비정규직의 증가, 특히 파견, 용역, 특수 고용직 등 간접 고용의 확대로 인한 가장 큰 피해자는 여성들이다. 비정규직의 대다수를 차지하고 있는 여성들은 법적으로 노동자의 권리를 주장하기 어려운 불안정한 위치에 놓여 있다. 〈비정규직보호법〉과 〈근로자파견법〉 등이 고용 형태의 다양성을 인정하되 기간제 노동의 사용 기간 제한을 통해 비정규직의 남용을 억제하고 비정규직에 대한 불합리한 차별을 개선한다는 본래의 취지를 달성할 수 있도록 제도적 보완과 더불어 관리·감독을 철저히 해야 할 것이다.

둘째, 간접차별의 피해를 실질적으로 구제할 수 있도록 간접차별의 개념과 성차별 판단 기준을 구체화하는 노력이 필요하다. 서구에서는 간접차별의 정의나 판단 요건을 법 조항에 구체적으로 명시하지 않았으면서도 법원의 자유로운 해석에 의해 간접차별 규제를 발전시킴으로써, 남녀 간의 실질적인 평등을 달성하기 위해 노력하고 있다. 하지만 한국의 현행 〈남녀고용평등법〉은 간접차별의 성립 요건이 매우 엄격하다. 이 때문에 고용에서 간접차별이 많이 발생하고 있는데도 실제적으로 엄격히 법 규정을 정해 놓고 그에 부합하는 것만을 차별로 규정하여 다양한 형태로 발생하는 간접차별을 규율하기 어렵다는 한계가 있다. 따라서 한국사회 역시 실질적으로 간접차별을 규제할 수 있도록 법조문을 엄격히 따르는 협소한 해석보다는 구체적인 사안에 따라 차별 금지 조항의 취지를 살릴 수 있도록 다양한 판례의 축적과 해석을 통해 간접차별의 판단 기준을 마련해 나갈 필요가 있다.

셋째, 동일한 가치 노동에 대한 동일 임금 규정 적용의 현실화가 중요하다. 성별 임금격차는 차츰 줄어들고 있지만, 여전히 국제적으로 성별 임금격차가 가장 큰 국가 중 하나가 한국이다. 이를 해소하기 위해서는 이미 〈남녀고용평등법〉에 명시되어 있는 동일노동 동일임금 원칙을 구체적으로 적용할 수 있도록 독립적인 지침을 마련할 필요가 있다. 이 지침은 사용자, 노동자, 노동조합 등 관계자의 이해를 높여 사업장에서 이 원칙이 자율적으로 실행되도록 할 수 있고, 행정적 지도나 판단의 근거가 될 뿐 아니라 사법부가 이와 관련한 사건에서 기본적인 판단 준거로 활용될 수 있을 것이다.

넷째, 노동조합이 고용 평등을 실현하기 위해 다양한 방안들을 마련해야 할 것이다. 노동조합은 노동자의 권리를 확보하기 위한 기초적인 단위이다. 하지만 한국의 노동조합은 남성 중심성과 가부장적 성격으로 인해 여성 노동자 문제는 다소 소홀히 다루어 온 것이 사실이다(조순경, 2011). 특히 노동의 유연화로 인한 비정규직의 증가에 대해 적절히 대처하지 못함으로써, 비정규직의 다수를 구성하고 있는 여성의 노동권이 침해받고 있다. 2012년 3월 말 기준 비정규직 노동자의 노조 조직률은 1.9%에 불과하다. 비정규직과 영세사업장에 집중되어 있는 여성 노동자의 최소한의 노동조건과 인권을 보호하기 위한 방안으로서 단체협약 효력 확장 제도를 현실화해야 한다. 단체협약 효력 확장 제도란 같은 사업장에 근무하는 노동자라면 정규직, 비정규직에 관계없이 단체협약이 적용되도록 하는 것이다. 보다 근본적으로는 주변화되고 산재되어 있는 비정규직 여성들을 조직화할 수 있는 다양한 방안들에 대해 적극적인 검토도 필요하다.

다섯째, 성차별 문제를 총괄하고 해결하는 유연한 권리 구제 제도가 필요하다. 한국의 경우 사법기관 이외의 비사법기관인 노동위원회와 인권위 등에서 고용상 성차별 피해를 구제하고 있다. 그러나 인권위의 결정은 권고로 법적 구속력이 없고, 노동위원회 심판은 법원에서 배척되는 경우가 적지 않다는 점이 문제다. 사법적 구제를 받기 위해서는 권리를 침해당한 피해자가 소송을 위해 시간과 경비, 증거 수집 등을 부담해야 하는 어려움 때문에 소송을 단념하는 경우가 적지 않다(박선영 외, 2009). 이와 같은 문제를 해결하기 위한 방안으로 미국과 영국처럼 비사법적 분쟁 처리 기구인 고용기회평등위원회EEOC와 조언알선중재국ACAS를 거치지 않고는 소송에 이르지 못하도록 하는 '조정전치주의'를 채택하여 비사법적 분쟁 처리 제도를 활성화할 필요가 있다.

여성 노동시장을 이해하는 세 가지 방법:

개인적·구조적 접근과 여성주의의 도전

성 불평등에 대한 접근 방식

앞 장에서 우리는 취업률이나 임금, 기타 노동조건에서 여성이 남성보다 낮은 지위에 있는 것을 살펴보았다. 성별에 따른 노동조건의 격차에 대해 사회과학 각 분야에서는 여러 가지 설명을 제시해 왔다. 이는 크게 개인에 초점을 두는 이론과 구조에 초점을 두는 이론으로 나뉜다. 최근에는 기존의 사회과학적 설명에 내포된 남성 중심성을 비판하면서 여성주의 연구자들이 새로운 설명을 제시하고 있기도 하다.

노동시장의 성 불평등에 대한 사회과학적 설명은 크게 두 부류로 나눌 수 있다. 하나는 노동시장 내의 수요-공급 측면에 초점을 맞춰 개인을 분석의 단위로 삼는 접근이다. 다른 하나는 거시 사회학적, 역사적 관점에서 성 불평등의 근원과 이를 지속시키는 구조적 요인을 찾으려는 접근이다. 노동시장 내 여성의 지위를 개인적 선택의 문제로 설명하는 전자의 논의는 주로 주류 경제학에서 사용되는 접근법이다. 보다 구조적인 설명을 제시하려는 후자의 연구는 좌파 사회 이론과 여성주의적 관점을 지닌 연구자들에 의해 이루어져 왔다. 주류 경제학에서는 직업 선택과 관련된 개인적 의사 결정을 경제적 동기와 개인적 선호(또는 기호)에 의해 결정되는 것으로 보는 경향이 있다(블라우·퍼버, 1994: 252~253). 또 여성 노동자의 개인적 선호의 형성과 선택 역시 자발적인 것으로 보아 그 자체를 분석 대상으로 삼지 않는다. 반면 구조적 접근을 취하는 입장에서는 개인의 선호를 사회구조적 요인의 영향을 받는 것으로 보고, 개인적 선택 역시 사회적 조건화나 제약으로부터 파생된 결과로 본다. 따라서 노동시장 내 여성 차별을 분석하기 위해서는 개인적 조건을 둘러싸고 있는 사회구조적 체계와 특성을 분석해야 한다고 설명한다.

02

개인적 접근

인적 자본론

노동시장에서의 성 불평등에 관한 설명들 중 노동력 공급자인 여성 개인에게 초점을 두는 이론으로는 신고전주의 경제학의 시각에 선 인적 자본론human capital theory이 있다. 이 이론은 임금 등 성별 노동조건의 격차가 발생하는 원인이 남녀 노동자가 지닌 생산성의 차이에 있으며, 이러한 생산성의 차이는 노동자 개인이 지닌 인적 자본량에 의해 결정된다고 본다. 여성은 남성에 비해 인적 자본량이 적으므로 생산성이 낮고, 그 결과 저임금을 받게 된다는 것이다. 지금까지 이뤄진 여성 노동 관련 연구의 대다수가 이 시각에서 수행되어 온 만큼 학문적으로 가장 큰 영향력을 지닌 이론이다. 따라서 우리가 갖고 있는 고정관념의 많은 부분도 이 시각에 기초를 두고 있다.

　신고전주의 경제학은 여성과 남성의 생물학적 차이와 이로부터 형성되는 역할의 차이를 전제로 한다. 여성은 생물학적 출산자이므로 양육의 역할을 전담하는 것이 바람직하며 바로 이러한 출산자이자 양육자의 역할이 여성에게 주어진 1차적 의무라는 것이다. 이 입장은 여성들이 전통적 성역할을 자연스러운 것으로 생각하고 이를 기꺼이 감수한다고 본다. 따라서 신고전주의 모델에서 여성은 전통적인 성역할, 즉 가족에 대한 보살핌과 헌신을 우선적으로 고려하며 이것에 기초를 두고 경제적인 선택을 해나가는 존재로 규정된다. 여성의 낮은 경제적 지위를 그들이 선택한 행위의 결과로 해석하는 것이다.

　신고전주의 경제학에서 사용하는 가장 기본적인 모델은 '전문화와 교환' 모델이다(블라우·퍼버, 1994: 65~71). 이 입장에 선 이론가들은 가족이란 자신들의 복지와 효용을 극대화시킬 수 있는 정보를 가지고 있으며 합리적인 의사 결정을 하는 성인 구성원들로 이루어진 단위라고 본다. 가족의 목표는 가족 단위의 효용과 만족 극대화에 있으며 이를 위해 구성원들은 가족 간의 노동 분담, 즉 가정과 시장 사이에서 시간을 어떻게 효율적으로 분배할 것인가를 결정해야 한다. 여기서 가족원 중 한 사람은 시장생산에, 다른 한 사람은 가정 생산에 전문화되어 있을 때 효율성이 극대화된다는 가정이 제시된다. 이때 남성은 시장생산 즉 사회적 노동에서, 여성은 가정 생산 즉 가사노동에서 비교 우위를 지니는 것으로 규정된다. 여성은 자녀를 출산하므로 남성에 비해 생리적으로 가사노동에 더 적합하리라고 가정되는 반면, 전통적인 성별 분업에 따라 남성은 사회적 노동에 더욱 적합하다고 보기 때문이다. 이러한 전문화에 따라 각자의 노동 생산물을 교환했을 때 가족의 만족도와 복지가 극대화될 수 있다는 것이다. 결국 이 분석은 남성은 가족의 생계 부양자이며 여성은 가정주부라는 보수적인 가족 모델에서 출발해 그것의 정당성을 재확인하는 것으로 귀결된다. 여성의 노동시장 내 지위에 대한 인적 자본론의 분석은 바로 이 같은 가족 내 성역할 모델을 전제로 한다.

인적 자본론은 여성의 저임금을 여성이 지닌 인적 자본량의 부족으로 설명한다. 그렇다면 여성의 인적 자본량은 왜 적은가? 먼저 이 이론은 노동시장을 완전경쟁 시장으로서 임금은 순수하게 노동시장에서의 수요와 공급, 노동자가 지닌 인적 자본의 가치에 의해 결정된다고 가정한다. 인적 자본이란 노동자의 생산성을 결정하는 다양한 인적 특성으로, 공식적·비공식적 교육과 현장 훈련에 의해 향상될 수 있는 것이다. 개인들은 교육과 훈련을 통해 자신의 인적 자본량을 늘리려 하지만 이에 따르는 소요 비용을 부담해야 하며 교육과 훈련 대신 취업했을 경우 얻을 수 있는 소득을 희생해야 한다. 따라서 개인들은 인적 자본 투자에 의해 기대되는 비용과 이익을 계산해 자신이 받을 교육 기간과 수준을 결정하는데 여기서 중요한 요인으로 작용하는 것이 자신의 노동에 대한 기대이다. 자신이 노동시장에서 어떤 일을 하며 얼마나 오랫동안 머무를 것인가 하는 점에 관한 전망에 따라 현재의 교육 투자량이 달라질 수 있다는 것이다.

인적 자본론은 바로 이 점에서 여성과 남성의 인적 자본 투자에서 차이가 나타난다고 본다. 여성은 가사노동과 임신·출산·육아로 인해 노동시장에 불연속적으로 참여하므로 이 점을 고려해 여성의 부모나 여성 스스로 지식과 기술의 습득에 필요한 투자를 꺼리게 된다는 것이다. 또 교육과 훈련의 효과가 남녀에게 다르게 나타나는 노동시장의 구조 역시 여성의 인적 자본 투자량을 제한하는 원인이 된다. 사회적으로 높은 지위와 보상을 제공하는 직업은 남성에게, 그렇지 못한 직업은 여성에게 주어지는 성별에 따른 직업 분리가 광범위하게 존재하는 한, 여성은 실제 교육에 대한 투자 수익이 낮게 나타나므로 인적 자본에 소극적으로 투자하게 된다는 것이다.

이러한 이유들로 여성들은 육아를 포함한 가사노동에 지장을 주지 않거나 인적 자본을 그다지 필요로 하지 않는 일, 불연속적인 취업활동 때문에 받는 불이익이 적고 이직과 재취업이 쉬운 특정한 직종에 집중적으로 취업하게 된다는 것이다. 이러한 직업들은 대부분 직업의 위계상 하위직에 머물러 있고, 기술 수준에서는 미숙련 단순노동직, 그리고 저임금 직종이다.

인적 자본론이 노동시장 내 여성의 지위를 설명하는 과정에서 보여 주는 문제점은 세 가지다. 첫째, 교육과 훈련이 생산성 향상에 기여한다는 인적 자본론의 가정은 근거가 불확실하다. 성별·학력별 임금격차에 관한 연구들은 교육이나 경력 등 인적 자본량의 차이로 설명될 수 없는 부분이 존재한다는 사실을 지적하고 있다. 오히려 교육이나 훈련 경험은 고용주가 노동자를 선택하는 선발 장치screening device에 불과할 뿐 언제나 노동자의 생산성과 직접적인 관계를 갖는 것은 아니라는 주장도 제기되고 있다. 둘째, 인적 자본론은 노동시장을 개별 노동자들이 자유롭게 경쟁하고 고용주가 노동자의 생산성에 부합하는 임금을 주는 완전한 합리성을 지닌 모습으로 가정한다. 그러나 실제 노동시장은 성, 학력, 인종 등 다양한 요인들에 의해 일정하게 분리된 모습을 보이고 있다. 앞서 살펴본 성별 직업(직무) 분리는 그 대표적인 예다. 이같이 분리된 체계는 노동자 간의 자유로운 경쟁을 불가능하게 하며, 노동자의 능력과는 무관한 별도의 비합리적 요인들이 개입해 노동자 사이의 단순한 차이에서 차별을 발생시키는 결과를 낳고 있다. 셋째, 인적 자본론은 노동시장 외부의 성차별적 조건들을 주어진 전제로 가정한다. 여성은 양육과 가사노동의 전담자라는 성별 분업 관념을 그대로 수용함으로써 이 이론은 교육과 노동에서의 다양한 성차별을 당연시할 수 있다. 이처럼 노동시장에 들어오기 이전에 여성에게 주어지는 성차별을 무시한 채 노동시장 안에서의 형식적인 공정성에만 초점을 두는 것은 여성의 인적 자본 투자를 제한하는 누적된 장애 요소들을 간과하고 노동시장에서의 성 불평등을 정당화하는 결과를 가져올 수 있다.

차별적 기호 이론과 통계적 차별 이론

신고전주의 경제학의 입장이면서 여성에 대한 차별을 인정하며 해명하려는 시도로 차별적 기호 이론과 통계적 차별 이론이 있다. 경제학자 베커G. Becker는 노동시장에서 비합리적인 차별이 발생할 수 있다는 점을 인정했다. 그는 이러한 차별의 이유로 개인적 편견이나 기호를 지적했다. 개인이 가진 잘못된 신념이나 선호가 노동시장에서 특정 집단에게 불리한 영향을 끼칠 수 있다는 것이다. 좀 더 세분해 보면 차별은 고용주에 의한 차별, 종업원에 의한 차별, 소비자에 의한 차별로 나뉠 수 있다. 고용주들이 지닌 개인적 편견에 의해 여성은 남성에 비해 불리한 대우를 받을 수 있다. 또한 한 기업에서 일하는 여성이 동료 종업원, 특히 남성 종업원의 개인적 편견에 의해 불리한 상황에 놓일 수 있다. 이처럼 고용주나 동료 종업원처럼 같은 조직 내에서 일하는 사람뿐만 아니라 노동자와 관계를 맺는 소비자, 고객들도 차별적 행위를 할 수 있다. 예를 들어, 소비자들이 특정 회사에서 생산한 상품의 사용을 기피하는 경우나 특정 집단의 노동자들을 기피하는 경우 차별이 발생한다.

개인을 분석 단위로 삼으면서 차별 개념을 좀 더 체계화한 이론이 통계적 차별 이론statistical discrimination theory이다. 이 이론은 노동시장 내 여성의 낮은 지위를 노동시장의 불완전한 정보에 의해 발생하는 차별로 설명한다. 경제학적 분석의 대상인 노동비용(인건비)에는 노동시간에 따라 변동하는 요소 이외에 고정비용 부분이 포함되는데 채용과 훈련을 위해 지불하는 비용이 그것들이다. 기업은 훈련 비용을 줄이기 위해 빠른 시일 내에 기업이 요구하는 훈련을 습득할 수 있는 사람을 선발해 채용하려 한다. 이때 채용 비용을 절감하기 위해서는 개인의 생산성을 쉽게 파악할 수 있는 방법이 필요한데 여기서 통계적 차별이 발생할 수 있다. 기업이 노동자를 채용할 때 개인의 생산성을 정확히 파악하기 위해서는 많은 비용이 요구되며 사실상 이는 불가능한 일이기도 하다. 따라서 기업은 노동자의 생산성과 관계가 깊다고 여겨지는 각종 지표들, 예를 들어 성, 연령, 학력, 경력 등을 가지고 개인을 평가하는데 이 과정에서 통계적 차별이 발생한다. 흔히 여자보다는 남자가, 미혼보다는 기혼자가, ㄱ 대학 출신보다는 ㄴ 대학 출신이 생산성이 높다는 인식을 갖고 이를 기준으로 노동자를 평가하는 것 등이다. 개인의 능력과 노동의 질은 그 개인이 속한 집단의 평균적인 속성으로 평가할 수밖에 없다는 것이다. 이처럼 기업이 노동자 개인이 아니라 개인이 속한 집단의 정보를 이용하여 개인을 판단할 때 오류가 나타날 수 있는데, 이를 통계적 차별이라 한다.

고용주들은 종래의 성역할 고정관념에 따라 대체 비용이나 훈련 비용이 많이 드는 직무에는 이직 가능성이 높은 여성들을 배치하지 않는 것이 합리적이라고 생각하는 경향이 있다. 따라서 여성의 채용을 기피하거나 하위직에 한정시키는 관행이 나타난다. 여성의 경우 출산과 양육 기간이 길어 노동 공급이 불연속적일 가능성이 크므로 훈련의 효과가 적다고 보기 때문이다. 그러나 집단적 특성을 기준으로 삼을 경우 겉으로는 생산성이 높은 것처럼 보이지만 실제로 그렇지 못한 사람들이나 또는 그 반대의 경우가 얼마든지 있을 수 있다. 다시 말해서 집단의 구성이 이질적일수록, 집단 내 구성원들의 차이가 클수록 이 같은 평가 방식은 더 큰 오류를 낳게 된다. 여성 집단 내에서도 업무 지향적인 의식과 노동시장에서 지속적으로 일하려는 기대를 가진 사람들이 늘어남에 따라 성역할 고정관념에 근거를 둔 노동자의 선발 방식은 더욱 더 비현실적이고 비합리적인 것이 될 수 있다. 또 지금까지의 연구들에 의하면 특정 유형의 직무, 즉 임금이 낮고 승진 기회가 적으며 근속에 대한 보상이 없고 반복적인 업무를 수행하는 직무들에서는 남녀 노동자 모두 이직률이 높다고 한다. 직무의 성격 자체가 불안정해 노동자들의 이직이 조장되는 것이지, 특정 노동자 집단의 집단적 속성을 그 원인으로 볼 수 없다는 것이다. 일반적으로 여성의 이직률이 남성보다 높은 것으로 인식되는 이유는 여성들이 이러한 유형의 직무들에 집중적으로 고용되어 있기 때문이다.

통계적 차별 이론은 여성에 대한 차별이 단순히 고용주들이 지닌 편견이나 사회적 관행 때문이 아니라 일종의 논리적인 가정 하에 이루어진다는 점을 밝혔다. 그러나 이 이론은 여성들의 이직률이 높게 나타나는 궁극적인 이유에까지는 관심을 가지지 않는다는 한계를 가진다. 양육과 가사노동을 여성이 전담해야 하는 문화일수록 여성의 이직 가능성이 높아진다는 사실을 생각해 봐야 하는 것이다.

혼잡 가설 crowding hypothesis

이 이론에서는 여성들 스스로 '여성적인 직업'을 선택하기 때문에 노동시장에서 낮은 지위를 갖게 된다고 설명한다. 여성들은 가사나 양육의 부담 때문에 가정생활과 양립할 수 있는 몇몇 직업들을 선택하며, 그 결과 소수의 직업에 다수의 여성들이 붐비는 현상, 즉 노동 공급이 수요를 크게 초과하는 현상이 발생함으로써 여성의 임금 수준이 낮아지게 된다는 것이다.

그렇다면 실제로 여성들이 집중된 직업들이 가사 부담과 양립하기 좋은 조건을 제공하는가? 이를 반박하는 많은 연구들이 있다. 가까운 예로 '간호사'라는 직업을 생각해 보자. 간호사라는 직업은 상식적으로 여성적 직업이라고 여겨진다. 그러나 간호사들의 실제 노동조건을 보면 보통 3교대제로 규칙적으로 야근을 해야 하기 때문에 가사나 양육을 수행하기가 대단히 어렵다. 여기서 생각해 보아야 하는 점은 '왜 여성들이 간호사라는 특정 직업을 선호하는가'의 문제다. 여성들이 특정 직업을 선택하는 데에는 그 직업들이 사회적 관념 내지는 관습상 여성의 직업으로 인식되어 온 점과 '성역할 사회화'와 깊은 관련이 있다.

이처럼 여성들이 노동시장에서 불평등한 대우를 받는 것을 여성들의 '합리적 선택'의 결과로만 설명하는 데에는 한계가 있다. 이러한 설명들은 분석 단위를 개인, 특히 노동력을 공급하는 여성 개인으로 설정함으로써 노동시장에서의 성 불평등과 낮은 지위에 대한 책임을 여성들에게 전가시킬 위험을 갖는다. 이러한 개인적 접근은 노동력 공급자인 개인들이 처한 구조적 조건의 차이를 고려하지 않고 기회의 평등에만 관심을 갖는다. 또 문제의 원인을 노동력 공급 측면에서 찾으려 하기 때문에 수요 측면의 구조적 차별을 간과하는 결과를 가져올 수 있다.

구조적 접근

이중 노동시장론

이중 노동시장론은 노동시장이 하나의 동질적인 완전경쟁 시장이 아닌 두 개 또는 그 이상의 노동시장 — 1차 노동시장과 2차 노동시장 — 으로 분절되어 있다는 전제에서 출발한다. 각각의 노동시장은 서로 다른 특성을 지닌 직업들로 이루어져 있고 서로 다른 원리에 의해 움직인다는 것이다.

1차 노동시장은 고용 안정성, 높은 임금, 승진 사다리, 직업훈련 등을 보장받는 직업들로 구성된다. 특히 배치, 임금, 승진 등은 외부 시장과 격리된 내부 노동시장의 원리에 의해 결정되며, 외부 노동력의 충원은 오직 입직구入職口를 통해서만 이루어진다. 이에 비해 2차 노동시장은 고용이 불안정하고 임시적이며 저임금에 낮은 수준의 기술을 요하며, 승진 기회가 없거나 극히 적고, 직업훈련 기회도 거의 없는 직업들로 구성되어 있다. 교사나 의사, 대기업의 대졸 사무 관리직 사원 등이 1차 노동시장에 속한 전형적인 예다. 이러한 직업들은 전문적 지식, 일정한 수준의 업무의 자율성과 권한, 고용 안정, 상대적 고임금, 장기적인 전망 등의 면에서 긍정적으로 평가된다. 이에 반하여 학습지 교사, 백화점의 시간제 판매원, 영세기업의 임시직 노동자, 은행의 계약직 사원, 기업의 별정직 사원 등은 고용이 불안정하고 장기적인 전망이 불투명하며 임금 수준도 낮다. 이러한 직업들이 2차 노동시장을 형성한다. 이러한 이중 노동시장 구조 속에서 여성은 2차 노동시장을 구성하는 대표적 집단이다.

이중 노동시장론은 여성이 받는 불평등한 대우를 개인적 실패가 아니라 노동시장의 구조적 요인으로 설명한다는 점에서 한 걸음 나아간 이론이라고 볼 수 있다. 또 노동시장의 성 불평등을 개인적인 문제로 접근하는 주장들이 가정하는 완전경쟁 노동시장 모델이 현실적으로 성립할 수 없다는 점을 지적하고 노동시장의 불완전성과 불평등성을 인정했다는 점에서도 높은 평가를 받을 만하다. 그러나 이 이론에서는 노동시장이 1차 시장과 2차 시장으로 나누어져 있다는 점만을 언급할 뿐, 어째서 여성이 2차 노동시장의 주요 노동력이 되는지를 설명하지 않는다. 왜 굳이 여성이 2차 노동시장에 몰리고 저임금 노동자가 되는가? 이 문제에 대한 설명은 페미니즘 이론에서 찾아볼 수 있다.

페미니즘 이론

여성은 왜 노동시장에서 불평등한 대우를 받는가? 페미니즘은 이 문제를 설명하기 위해서는 또 하나의 구조에 대한 분석이 필요하다고 본다. 바로 가부장제다. 남성이 여성을 지배하는 가부장적 구조가 가정뿐만 아니라 노동시장의 곳곳에서 여성의 일에 영향을 끼치고 있다는 것이다. 물론 페미니즘 이론가들이 모두 동일한 설명을 제시하는 것은 아니다. 페미니즘에는 다양한 이론이 존재하며, 각 이론에서 제시하는 여성 노동에 관한 설명 역시 차이가 있다. 페미니즘 이론 내에서 여성 노동 문제에 대한 설명은 주로 마르크스주의적 문제의식을 갖는 접근과 성의 차원에 초점을 두는 이론으로 나뉜다.

마르크스주의 페미니즘

여성 노동 문제에 대한 초기 논의에서 큰 비중을 차지했던 것은 마르크스주의적 분석틀을 도입하여 여성 노동자의 현실을 분석하려는 연구들이었다. 이 이론은 불평등한 계급 관계를 토대로 한 자본주의적 사회 구조가 여성의 종속성을 설명하는 데 1차적인 요인이라는 문제의식에서 출발한다. 노동 가치론과 자본 대 노동의 계급 체계에 대한 논의 속에서 여성이 노동자로서 지니는 지위를 설명하려는 접근이다. 이 이론에 따르면 임금노동자로 일하는 여성은 남성과 마찬가지로 잉여 가치의 생산자이지만, 남성에 비해 초과 착취되는 존재이다. 즉 여성은 값싼 노동력으로서 저임금 직종에 집중되거나 산업예비군으로 활용된다는 것이다.

산업예비군 industrial reserve army of labor 이란 노동시장의 필요에 따라 유입되거나 방출될 수 있는 예비 노동력으로, 일반적으로 호황기에 노동시장에 들어와 불황기에 퇴출되는 속성을 갖는다. 이처럼 수적 측면에서 노동력의 공급을 원활하게 할 뿐만 아니라 이미 노동시장에 취업하고 있는 노동자들과 언제라도 경쟁할 수 있다는 측면에서 산업예비군은 전체 노동자의 노동조건을 떨어뜨리는 데 영향을 미치는 존재다. 그 결과 산업예비군은 직업의 상실이라는 위협을 통해 취업자들의 임금을 낮게 유지시켜, 자본가에게 생산과 노동을 통제할 수 있는 힘을 제공하는 기능을 한다. 여성은 역사적으로 산업예비군으로 활용되어 온 대표적인 집단이다. 여성은 전통적으로 저임금 노동자로 존재해 왔고 가정주부로서 노동시장의 필요에 따라 움직일 수 있는 '숨어 있는' 노동력으로 기능해 왔다(소콜로프, 1990: 160). 대표적인 예는 제2차세계대전 당시 서구 사회 여성들의 경험에서 찾을 수 있다. 군대 징집으로 인해 빈 남성들의 일자리에 여성들이 충원되었지만 전쟁이 끝난 후 남성들이 복귀하자 많은 여성들이 일자리를 잃었다. 이는 여성이라는 집단이 노동시장에서 산업예비군으로 기능하고 있다는 것을 보여 준다. 현대사회에서 여성이 광범위한 영역에서 시간제 노동자로 일하고 있는 것도 가사노동과 양육의 부담을 가진 여성들이 노동력 수요에 따라 활용되는 현상으로 볼 수 있다(Beechy, 1979).

마르크스주의적 접근에서는 노동시장의 분절 역시 자본주의적 차별 구조로 설명한다. 자본주의의 발전 단계에서 자본은 최대한의 이윤을 확보하기 위해 직무 구조를 계층화하고, 노동력의 자연적·사회적 차이를 기초로 노동자 집단을 이질화함으로써 분할 지배를 꾀한다. 이러한 분할 지배의 결과가 노동시장의 분절이다. 이러한 분절은 자본이 노동자를 통제하는 데 대단히 효과적이다. 인종, 성, 연령 등 다양한 요인을 토대로 노동자 집단을 구분한 후 서로 경쟁하게 만들어 노동자 계급이 단결하고 연대하는 것을 막을 수 있기 때문이다. 여기서 성은 노동력의 자연적 차이의 하나로서 노동시장을 분절하는 가장 중요한 차별 기준으로 활용된다는 것이다.

사회주의 페미니즘

사회주의 페미니즘은 여성 문제를 자본주의와 가부장제라는 별개의 두 구조가 상호 작용하여 초래한 모순으로 설명한다. 마르크스주의 페미니스트들이 여성 문제의 원인을 주로 계급 관계에서 찾는 데 비해, 사회주의 페미니스트들은 자본주의적 구조 이외에 가부장제라는 독립된 억압 구조가 있고 이것이 여성의 현실을 설명하는 데 보다 중요한 요인이 된다고 본다.

대표적인 이론가 하트만H. Hartmann은 가부장제를 '여성 노동력에 대한 남성의 통제'로 정의한다. 이를 좀 더 자세히 보면, 가부장제란 여성 노동력에 대한 통제를 통해서 물질적 기초를 확보하며 이것을 사회 전 영역으로 확대시킴으로써 여성에 대한 남성의 지배를 유지하는 제도다. 여성 노동력에 대한 통제는 가정에서의 가사노동과 사회에서의 생산노동, 양 측면에서 모두 존재한다. 여성의 가사노동은 가정 안에서 남성 노동자에게 무급으로 주어지고, 자본이 부담해야 할 노동력 재생산 비용을 지불하지 않게 함으로써 결과적으로 자본가계급에도 이익을 준다. 이러한 가사노동의 부담으로 인해 여성은 사회적 영역에서 직업을 갖더라도 남성에 비해 열등한 노동력으로 여겨진다. 이러한 가부장제와 자본주의의 결합은 여성이 경제적인 자원에 접근하는 것을 막고, 여성의 성sexuality을 통제하는 결과를 가져왔다. 18세기 영국에서 노동자계급 남성이 노동조합에서 여성을 배제하고 가족임금과 보호 입법을 통해 여성을 가정으로 돌려보내려고 했던 사실을 지적하면서 하트만은 노동조합 역시 가부장적 성격을 지니고 있다고 비판한다(하트만, 1985).

제6장 여성 노동시장을 이해하는 세 가지 방법 193

하트만은 가부장제가 자본주의 노동시장에서 작용하고 있는 대표적인 현상의 하나가 성별 직업(직무) 분리라고 본다. 이것은 자본주의 사회에서 여성에 대한 남성의 우위를 유지하는 1차적 기제다. 이러한 성별 직업(직무) 분리로 인해 노동시장에서 여성은 낮은 임금을 받게 되며 결과적으로 미혼 여성은 결혼을 통해 남성에게 의존하라는 압력을, 기혼 여성은 가사노동을 전담하라는 압력을 받게 된다. 여성들은 임금이 낮기 때문에 결혼을 선호하며 남성에게 의존하게 되고, 기혼 여성들은 남편들을 위해 가사노동을 하는 것을 당연시하는 것이다. 이 같은 성별 직업(직무) 분리 구조에서 남성들은 임금노동과 가사노동 모두에서 이익을 얻게 된다. 하트만은 바로 이와 같은 가부장적 구조에 의한 성별 직업(직무) 분리와 가사노동 전담이 여성의 노동시장 지위를 낮게 만드는 근본적 요인이라고 지적한다(하트만, 1988).

이러한 성별 직업(직무) 분리는 노동시장에서 지속적으로 이루어진 탈숙련화가 가부장적 구조와 맞물리면서 나타난 현상이다. 탈숙련화란 새로운 기계와 기술의 도입으로 노동자에게 체화된 기술과 지식이 기계로 이전되면서 노동자의 기술력이 저하되는 현상을 말한다. 이러한 탈숙련화 과정에서 여성은 저숙련 노동력으로서 남성을 대체한다. 대표적인 예가 사무직 노동의 탈숙련화에 따른 여성 사무직 노동자의 증가 현상이다.

마찬가지로 노동시장의 분절에 대해서도 사회주의 페미니즘은 여성이 열등한 노동자인 것이 아니라 2차 노동시장에 유입되기 때문에 2차적 노동자가 된다고 설명한다. 양육과 가사노동의 책임으로 인해 여성은 2차 노동시장으로 몰리기 쉽다. 2차 노동시장에서는 승진이나 훈련의 기회가 없으므로 근속에 대한 수익률이 낮아지고, 고용 안정성이 결여되어 실업률이 높아진다. 결과적으로 여성은 2차 노동시장에 들어감으로써 2차적 노동자의 특징을 갖게 되고 임금이나 노동조건의 면에서 남성과의 격차가 커지는 것을 감수해야 한다는 것이다.

노동시장 분절과 유연화

지난 1990년대 이래 전개되는 노동시장의 변화는 노동 상품화의 새로운 단계를 예고하는 것으로 이해되고 있다. 벡U. Beck은 이를 '노동의 탈표준화 테제destandardization of labor thesis'로 정의하는데, 서구 사회에서 산업혁명과 노동운동의 성과로 구축된 노동조직과 노동자 보호 시스템이 점차 붕괴되고 있다는 것이다. 노동자에게 주어진 일정 수준 이상의 임금과 고용 보장, 조직 행동의 권리 등이 급격히 약화되고 있는 현상이 그것이다. 따라서 벡은 블루칼라 노동자와 화이트칼라 노동자의 분리라는 전통적인 구분이 풀타임 정규직 노동자와 유연하고 미조직된 저고용 노동자 사이의 구분으로 대체되고 있다고 본다. 단순하게 표현하면, 정규직과 비정규직이 노동자 계급의 새로운 분리선(경계)이 되고 있다는 것이다. 이러한 노동의 탈표준화는 고용의 질을 저하시키며 노동조직과 관행에서 이질성을 증가시키고 있다.

이러한 변화는 노동시장 구조가 전통적인 기업 내부노동시장 ILM, internal labor market 모델에서 핵심-주변 모델core-periphery model로 바뀌고 있음을 보여 준다. 기업 내부노동시장이란 별도의 입직구의 존재, 저숙련에서 고숙련직으로의 지속적인 경력 향상(직무 사다리), 내부적으로 통합되고 투명한 임금 구조, 해고로부터의 보호, OJT(현장 훈련) 등의 특징을 갖는 기업 내 노동시장을 가리킨다. 지난 1990년대 이후의 상황은 이러한 내부노동시장의 배경적 요인들이 약화되거나 사라지면서 고용주가 주도하는 시장 해법이 지배하게 된 결과라고 할 수 있다. 전 세계적 차원으로 확대되는 신자유주의 시장 경제와 기업 간 경쟁은 전통적인 내부노동시장을 무너뜨리고 기업에 필요한 인력과 기술 등 자원의 상당 부분을 외부화externalization 하는 전략을 확산시켜 왔다. 그 결과 형성된 것이 핵심-주변 모델로서 이는 소수의 핵심 인력을 내부화하는 대신 그 밖의 자원과 활동을 외부로 돌리는 전략이다. 그리고 그 결과 형성된 산물이 노동시장 분절 labor market segmentation 이다.

핵심-주변 노동시장 모델에서 기업은 극소수의 핵심 기술을 가진 노동력만을 보유하려는 경향성을 가지기 때문에 노동의 유연화 전략을 사용한다. 노동의 유연화란 기업이 경기 호황과 불황시 필요에 따라 인력을 쉽게 조절할 수 있는 능력을 가리킨다. 유연화 전략에는 대표적으로 수량적 유연화와 기능적 유연화를 들 수 있는데, 기업이 원하는 대로 노동자 수와 노동시간을 조절할 수 있도록 고용정책을 변경하는 전략을 수량적 유연화라고 한다. 이에 비해 교육 훈련을 통해 노동자가 지닌 기술과 숙련을 다양하게 해서 필요한 노동과정에 투입할 수 있도록 하는 정책이 기능적 유연화이다. 수량적 유연화 전략은 노동자의 해고를 쉽게 하고 기업의 외부 인력을 확대하는 방법으로 전개되고 있어 고용을 불안정하게 하는 요인이 되고 있다. 기능적 유연화를 통해 노동자가 다양한 숙련을 갖게 하는 방법이 좀 더 바람직하지만, 이 경우 기업이 지불해야 할 비용과 시간 등의 부담이 있어 상대적으로 손쉬운 수량적 유연화가 확대되는 경향이 있다. 이 같은 수량적 유연화는 임시직, 일용직, 파트타임 등 고용계약과 노동시간에서 불안정성을 가진 노동자를 양산하며, 파견, 용역, 특수 고용 등의 간접 고용을 늘리고, 하청 등 노동력의 외부화와 깊은 관련이 있다. 그 결과 불확실성과 불안정성이 탈규제화, 유연화된 노동시장에서 새로운 특징으로 떠오르고 있다. 그리고 여기서 여성은 노동시장의 2차적 집단으로서 이 같은 수량적 유연화의 첫 번째 대상이 되기 쉽다.

04

페미니즘의 새로운 도전

여성주의 시각에 선 연구자들은 노동시장 내 여성의 위치를 설명하는 데 그치지 않고 좀 더 근본적인 질문을 던진다. 우리가 사용하고 있는 개념과 이론이 여성의 노동 경험을 설명하는 데 얼마나 효과적인가? 여성주의 연구자들은 여성 노동과 관련된 학문적 탐구, 특히 경제학 자체가 남성중심적 시각에서 형성된 사회적 구성물이라는 점을 지적한다. 현재 우리가 주류 경제학이라고 인정하고 있는 학문의 체계는 19세기 경제학이 사회과학 내 분과 학문

의 하나로 구축되는 과정에서 다른 시각을 배제하고 자신의 패러
다임을 정통으로 인정해 온 역사적 실천의 산물이다. 따라서 경제
학의 학문적 전제와 인간관, 인식론과 방법론에는 집단으로서 남
성이 지닌 역사적 경험과 문제의식이 깔려 있다. 때문에 여성주의
연구자들은 여성의 경험과 그것을 통해 형성된 독특한 시각을 반영
할 수 있는 새로운 경제학적 개념과 이론이 필요하다고 주장한다.

여성의 경험을 드러내고 그것을 학문적 방법론으로 끌어들이
려는 노력은 여성주의 입장론 feminist standpoint epistemology 의 주된 작업이
다. 이는 단순히 여성이라는 집단의 주변적인 삶에 대한 이해가 아
니라 여성 집단의 경험에 기초한 새로운 시각을 가지고 전체 사회
질서를 설명하려는 여성주의적 시도의 하나이다(Harding, 1992). 여
성주의 입장론에서는 단순히 기존의 사회과학에서 여성에 대한 논
의가 빠졌으므로 보충해야 한다는 지적을 넘어서, 여성의 시각에
서 보았을 때 사회 과학의 제 개념이나 이론들이 어떻게 달라져야
하는지에 관심을 갖는다. 이 같은 문제의식에 따라 여성주의 연구
자들은 주류 경제학이 지닌 기본 가정을 수정하고, 전통적으로 무
시되어 온 변수들을 포함시키거나 주요 개념들을 재정의하는 등
여성이 직면한 특수한 삶의 조건들을 적극적으로 고려하는 작업을
수행해 왔다(Humphries, 1995).

이러한 시각에서 여성주의 연구자들은 전통적인 사회과학적
설명에 대해 이론적, 개념적, 방법적 측면에서 문제를 제기하고 새
로운 개념화를 시도하고 있다. 주류 경제학의 남성중심적 편향성
을 극복하기 위해 여성학 연구자들은 보편적이고 객관적이라고 누
구나 믿어 의심치 않았던 학문상의 제 개념과 이론들을 비판적으

로 검토하면서 여성의 경험에 기반을 둔 새로운 개념과 이론들을 구성하려고 노력해 왔다.

첫째, 폴라 잉글랜드Paula England는 이론적 측면에서 주류 경제학의 대표적 패러다임인 신고전주의에 대한 비판을 제기했다. 신고전주의 이론에서 인간은 분리된 개체로 이기심을 지니고 합리적으로 선택하는 존재로 가정된다. 잉글랜드는 이러한 가정을 '분리된 자아 모델separate-self model'이라고 규정하고 이것은 남성의 경험과 의식을 반영한 것에 불과하다고 보았다. 여성은 삶의 경험을 통해 자기 자신을 '관계된 존재related-self model'로 인식하기 때문이다. 신고전주의 경제학에서 인간의 관계, 특히 감정적으로 연결된 관계와 그것을 유지하는 데 필요한 기술과 역할은 여성적인 것으로 간주되고 경제학적 가치를 인정받지 못한다. 이러한 맥락에서 잉글랜드는 경제학의 기본 전제인 합리적인 경제적 인간rationally economic man이란 발생론적으로 남성적인 것일 뿐만 아니라 남성화된 자아musculinized selfhood를 표현하는 것이라고 주장했다(Humphries ed., 1995). 그녀는 더 나아가 인간의 사고방식에서 분리/관계의 이분법은 성별화된 것일 뿐만 아니라 위계적인 것으로, 이러한 사고방식은 관계와 여성성, 여성적인 것, 여성의 경험을 평가절하하는 결과를 가져온다고 본다. 따라서 잉글랜드는 분리된 자아 모델이 여성보다는 남성의 경험에 근거를 두고 남성의 삶을 이상적인 것으로 설정하고 있는 만큼 신고전주의 경제학 이론은 성별을 초월하여 보편적으로 적용될 수 없다고 지적한다.

둘째, 구체적인 조사 활동에 대한 비판으로 노동 연구의 기초 자료를 수집하기 위한 통계 조사에 내포된 성차별적 가정에 대한 비판이 있다. 낸시 폴브르 Nancy Folbre 는 센서스 데이터가 객관적이고 가치중립적인 것으로 보이지만 통계 정보를 구조화하는 센서스의 범주내에는 각 사회의 문화적·정치적 가치들이 내포되어 있다고 비판한다. 대표적인 예로 19세기 미국과 영국에서 격렬한 논쟁의 결과, 가사노동이 비생산적 노동으로 정의되고 센서스 조사에서 '주부' 집단이 통계적으로 비경제활동 인구로 '구성'되었던 역사적 사실을 들 수 있다. 당시 미국과 영국에서는 가정을 찬미하고 여성의 역할을 전업 주부로 한정하려는 가정 중심성의 이데올로기가 확산되고 있었고, 노동조합은 가족임금제를 제도화함으로써 여성 노동자의 취업을 제한하려고 했다. 이러한 사회적 분위기 속에서 '남성=생계 부양자, 여성=가사노동자'라는 성별 분업 체계가 이념적으로 확립되었고 여성의 가사노동은 남성의 노동과는 달리 비생산적인 것으로 평가받게 되었다는 것이다(Humphries ed., 1995).

셋째, 여성학자들은 전통적인 사회과학 개념들이 가지는 편향성을 지적해 왔다. 예컨대, 앞서 살펴본 '노동' 개념과 관련하여 여성주의 연구자들은 다음과 같은 질문을 던진다. 우리가 흔히 '기술', '지식', '숙련'이라고 할 때 이러한 개념들은 성 중립적인 것인가? 우리는 혹시 '여성이 그 일을 한다는 이유 때문에' 여성의 일을 지식이나 기술을 필요로 하지 않는 단순한 일로 평가절하해 온 것은 아닌가? '여성의 일, 여성적 직업은 기술이나 지식 수준이 낮다'라고 할 때, 여성주의 연구자들은 그 근거의 상당 부분이 일 자체보다는 그 일이 수행되는 사회적 관계에 있다고 본다. 가부장적 사회관계가 일의 정의와 평가에 영향을 주기 때문이다. 필립스 A. Phillips 와 테일러 B. Taylor 는 어떤 종류의 일을 기술로 지정하는 것은 이데올로기적일 뿐만 아니라 성차별적일 수 있다고 본다. 기술의 개념에는 성적 편견이 개입할 수 있으며 기술은 특정한 유형의 일을 수행하는 노동자의 성과 권력에 따라 그 일에 부과되는 이데올로기적 범주라는 것이다. 이처럼 여성주의 연구자들은 기술이나 지식, 숙련, 전문성 등의 개념을 여성의 시각에서 비판적으로 재해석하는 작업을 수행해 왔다(Phillips & Taylor, 1986).

넷째, 여성주의 연구자들은 여성의 경험에 근거를 둔 노동 개념으로 '감정노동'을 제시한다. 여성이 하는 일 중 많은 부분이 보살핌이나 감정 관리를 포함한다. 그러나 이러한 요소는 노동의 한 부분으로 인정받지 못하는 경우가 많고 설사 인정된다고 해도 높은 평가를 받지 못한다. 예를 들어, 은행의 텔러나 백화점 판매 직원의 대다수는 여성이다. 여성은 고객 관리와 같은 감정적 노동에 유능하다는 인식이 보편적이기 때문이다(박홍주, 2000). 혹실드A. Hochschild는 감정노동을 감정적 일emotional work과 감정노동emotional labour으로 구분하여, 감정적 일이란 사적 영역에서 이루어지는 감정 관리로, 감정노동이란 공적 영역, 특히 서비스 업종에서 상품화된 감정노동으로 정의하였다. 사적 영역에서든 공적 영역에서든 여성이 수행하는 많은 일에서는 사람들 사이의 의사소통이나 그와 관련된 감정적 배려가 필수적인 요소이다. 따라서 이런 일을 하는 여성들은 정신과 육체만이 아니라 감정적 능력까지 민감하게 활용하지 않으면 안 된다. 다시 말해서, 감정노동이란 고객과 직접 접촉하는 부분에서 노동자의 감정 상태나 감정적인 표현을 조절하는 능력이 활용되는 노동으로서, 여성이 수행하는 많은 일이 이러한 요소를 필요로 한다. 흔히 말하는 '미소'나 '친절', '상냥한 말씨' 등은 노동자들에게 일정한 수준의 자기통제, 대인 관계 능력, 언어능력 등을 요구하는 지적·정서적 요소이다. 여성이 수행하는 일에는 이러한 감정노동의 요소가 큰 비중을 차지한다. 그러나 이러한 요소들은 육체노동과 정신노동의 이분법적 범주로 구성되어 있는 현재의 노동 개념에서 제대로 포착되지 않는다. 여성이 가정에서 수행하는 일뿐만 아니라 사회적 공간에서 수행하는 일 중 많은 부분도 정당한 평가를 얻지 못하고 있다는 것이다.

다섯째, 돌봄노동의 가치이다. 보육 교사, 간병인, 간호사, 사회복지사와 같은 직업들에 내포된 또 다른 특징은 다른 사람들을 돌보는 일이라는 점이다. 혼자서 일상생활을 수행하기 어려운 어린이나 노인, 환자, 장애인 등 의존적인 상황에 처한 사람들의 의식주를 돌보고 몸과 마음의 건강을 보살피는 노동이다. 이처럼 일상적 삶을 돌보는 일은 보통 '가사노동'이라는 이름으로 가족 안의 여성 — 주로 주부나 어머니 — 이 수행해 왔다. 그러나 점차 이러한 역할의 많은 부분이 사회적 영역으로 이전되면서 돌봄노동은 임금노동의 한 분야가 되었고 여성들의 일자리가 되었다.

인간은 누구나 태어날 때부터 죽을 때까지 생애 주기에 걸쳐 상황에 따라 누군가에게 의존하지 않으면 안 된다는 점에서, 돌봄은 인간 실존에 필수적인 요소라고 할 수 있다. 또 현대사회에서 가족 규모가 작아지고 여성들도 노동시장에 나가게 되면서 가정 안에서 수행되던 돌봄 기능이 사회화되어야 한다는 사실 역시 분명해지고 있다. 그러나 사회적 영역으로 이전된 돌봄노동은 여성들이 해왔던 일이고 노동시장에서도 여성들이 주로 한다는 이유로 가장 낮은 임금을 받는 직무가 되고 있다. 보육이나 간병 업무의 경우 정부가 자격증 소지를 의무화하고 일정한 교육을 수료해야 하지만, 저임금 일자리에서 벗어나지 못하고 있다. 보육이나 간병 노동의 임금 결정에서 중요한 역할을 하는 사회적 규범은 이 노동이 전통적으로 여성들이 가정에서 수행하면서 체득한 자연스러운 일이라는 인식을 전제로 하기 때문이다. 이러한 인식을 기초로 정부도 돌봄노동자의 교육 훈련과 자격 조건을 낮은 수준에 제한하고 있어 돌봄노동자의 저임금을 지속시키는 결과를 낳고 있다. 나아가 돌봄노동은 사람에 대해 수행되는 노동이므로 직무 측정이 어렵고 직무에 대한 적절한 평가도 이루어지지 못하고 있다. 그리고 돌봄노동이 갖는 대면적이고 인간 지향적인 속성이 돌봄노동자들 스스로 낮은 임금을 수용하도록 작용하기도 한다.

이처럼 여성들이 수행하는 돌봄노동의 많은 부분은 그것들을 전통적으로 여성이 전담해 왔다는 이유로 평가절하되며, 돌봄 대상자의 요구에 따른 가변성으로 인해 적절한 직무평가가 이루어지지 못하고 있다. 또한 돌봄노동자는 그녀가 보살피는 돌봄 대상자(노인이나 아동 등)와 맺는 정서적 관계로 인해 저임금을 참고 받아들이는 상황에 놓이기도 한다.

마지막으로 노동의 유연화와 관련하여 한국의 여성 노동학자 조순경(2011)은 앳킨슨의 '핵심-주변 노동 모델'이 서구학자들의 가정과는 달리 노동시장의 가부장적 관행이 여성을 주변적 노동자로 규정해 왔다고 지적한다. 성별 직무 분리가 고착화되어 있는 기업의 조직 문화에서 앳킨슨 모델을 추구하게 될 때 여성 노동력이 수량적 유연성의 주요 대상이 된다는 것이다. 내부노동시장에서 핵심 인력으로 여겨지고 있는 남성들에 대해서는 더 많은 자원을 투자하여 기능적 유연성을 증대시키는 반면, 주변 인력이라고 간주되는 여성들은 임시, 파견, 시간제 고용 등을 통해 비정규직화된다(조순경, 2011: 15~16). 기업의 노동 유연화 전략이 기술적 합리성에 근거하기보다 사회적 관습과 전근대적 성차별 문화에 영향 받고 있음을 밝힌 것이다.

기존의 노동 개념과 인식틀, 그리고 여성이 수행하는 노동에 대한 평가 체계에 대한 페미니즘의 이와 같은 새로운 문제 제기는 그동안 다양한 연구를 통해 노동 개념과 이론에 변화를 가져오고 있다. 정신노동과 육체노동, 생산노동과 비생산노동의 이분법에 대한 비판에서부터 감정노동과 돌봄노동 등 남성적 삶의 경험 속에서는 포착되기 어려운 노동 개념을 제시하고 인간의 노동에 대한 구체적이고 다각적인 이해를 시도하는 일까지 페미니즘의 도전은 계속되어 왔다. 이러한 페미니스트 시각의 노동 연구는 여성 노동에 대한 이해를 넘어 남녀 노동 전체에 대한 심층적인 접근 방법을 열어 가고 있다.

제7장

여성은 조직에서 만들어진다?:

남성중심적 조직과 여성의 현실

조직과 여성

한국사회에서 기업에서 일하는 여성들의 위치는 어디쯤에 있고, 어떻게 변화해 갈 것인가? 한국의 기업 조직에서 여성은 남성과 다른 성을 가진 존재로 근본적으로 구별되는 집단이다. 그러나 여성과 남성을 구별하고 가르는 경계나 성차별적 관행들이 조직에서 쉽게 드러나지는 않는다. 노동시장에서 성차별에 대한 비판과 이를 개선하려는 노력이 지속적으로 이루어지면서 가시적이고 직접적인 차별은 점차 약화되고 있기 때문이다. 따라서 조직 속에서 여성과 남성의 위치는 성이라는 요인 이외에 다른 요인들, 가령 직종이나 직무, 학력, 고용 형태, 경력 등 다양한 구조적·개인적 요인들이 복잡하게 얽혀 형성된 산물로 나타나는 경향이 있다. 그럼에도 불구하고 이를 조금 더 분석적으로 들여다보면, 궁극적으로 성이라는 요인이 중요한 영향을 끼치고 있다는 사실이 여성학적 연구들을 통해서 밝혀지고 있다(심영희, 1997; 조순경, 2011).

조직 내 여성의 위치

여성학적 관점에서 조직에 대한 관심은 1970년대 이후 지속적으로 높아지고 있으며, 다양한 갈래의 여성주의 이론이 등장함에 따라 각 관점에 기초를 둔 조직 연구가 이루어져 왔다. 대표적인 것이 펠드버그R. L. Feldberg 와 글렌E. N. Glenn 의 연구다. 이들은 조직 안에서 남성과 여성은 생애 주기상의 특징으로 인해 각기 다른 모델을 갖게 되는데, 남성은 일을 중심으로 한 직무 모델job model 이, 여성은 일과 가정을 동시에 고려하는 젠더 모델gender model 이 유효하다고 주장했다(Feldberg & Glenn, 1979). 칸터R. M. Kanter 는 여성에게 주어진 직업적 지위가 그의 행동 유형을 결정짓는다고 보았다(Kanter, 1997). 예컨대 자율성, 책임감, 관심이나 승진 전망을 결여한 직무를 담당하는 사람은 '여성적인 작업 행동 유형(도구주의, 낮은 헌신성, 작업 외 생활에 대한 투자 등)'을 보여 준다는 것이다. 그 결과 조직 내 여성의 위치는 '조직 안의 외부인'에 머물게 된다.

이 같은 제도적 요인에 대한 분석 이외에, 최근에는 조직 문화와 여성의 관계에 대한 관심이 고조되고 있다. 이는 곧 '조직이 여성성을 어떻게 정의하는가'의 문제와도 연결된다. 조직 문화가 여성적인 것을 체계적으로 평가절하하는 성별 체계에 기초를 두고 있다면, 성평등을 촉진하는 조치가 도입되더라도 그것이 본래 의도한 효과를 거두기가 어렵기 때문이다(Gherardi, 1995). 이와 관련하여 제기되는 주장은 조직이란 사회적 성gender 을 생산하는 공간이라는 것이다(Acker, 1992). 양성의 정의와 사회적 관계는 조직 내의 물질적·상징적 활동 속에서 재구성되므로 애커J. Acker 는 이를 가리켜 성별화된 과정들gendered processes, 성별화된 실천들gendered practices, 성별화된 조직들gendered organizations 이라고 불렀다. 여기서 '성별화된 과정들'이란 "이익과 손해, 착취와 통제, 행위와 감정, 의미와 정체성 등이 남성과 여성, 남성성과 여성성의 구별을 통해 유형화되는 것"을 의미한다(Acker, 1992: 251). 조직의 물질적, 이데올로기적 한계 내에서 양성 관계가 일상적으로 구성되고 해체 또는 재구성되는 것이다.

조직은 성원 자격, 일상적 권리, 권위의 행사, 공정성의 규칙 등 구성원의 권리와 의무에 관한 정의를 둘러싸고 다양한 성원들의 해석과 이해관계가 만나 부딪치는 공간이다. 조직은 노동과 보수의 지급이라는 경제적 교환뿐만 아니라 정체성의 자원들, 사회적 지위와 위신 등 개인에게 필요한 사회·문화적 자원과 그에 대한 접근 기회를 제공한다. 다시 말해서 조직 내 여성의 위치는 공식적·제도적인 차원뿐만 아니라 비공식적·문화적인 차원도 함께 살펴보아야 한다는 것이다. 성별화의 과정이자 실천으로서의 조직이 여성들을 어떻게 '여성 인력'으로 만들어 가는지, 그것이 조직 내 여성의 위치에 미치는 영향은 무엇인지를 살펴보는 것이 여성학적 조직 연구의 관심이라고 할 수 있다.

남성중심적 조직 문화와 여성

여성주의적 시각에서 조직 문화를 다루는 연구들은 기업 내에서 '업무를 수행하는 방식'과 성차별 사이에 밀접한 관계가 있음을 밝히고 있다. 여성 고위 관리직의 부재, 형식주의, 감정의 결여, 도구주의적 태도 등 남성적 특징을 반영한 조직 문화의 특성들은 여성이 조직 안에서 승진하고자 하는 의지를 발전시키기 어렵게 한다. 여성은 남성에 비해 책임감과 업무 몰입도가 떨어진다거나, 여성은 관리자가 되기에는 지나치게 감정적이고 비이성적이라는 고용주의 편견(Kanter, 1977; Reskin & Hartmann, 1986)이 여성 관리직에 대한 차별을 지속시키는 인사 관행의 토대가 되고 있음을 지적하는 연구들이 있다. 또한 고위직 남성들이 조직 내 권위를 독점하려는 성향은 여성에 대한 차별을 지속시키고 결과적으로 여성 관리직의 부족을 낳는다는 분석도 있다. 이러한 분석은 조직 내부의 역학이 차별을 재생산하는 데 크게 영향을 미친다는 이론을 간접적으로 뒷받침한다.

기업이 가진 인적 자원 관리의 기본 패러다임은 여성 관리직 진출에 영향을 미치는 중요한 요인이다. 조직이 기존 관행을 뛰어넘는 새로운 패러다임 전환을 이룩하지 못한 상태에서는 고급 여성 인력을 제대로 활용하기 어렵기 때문이다. 연공서열 등 귀속적 요인을 중요시하고, 결정권자의 주관적인 성역할에 대한 고정관념이나 정실주의, 그리고 편견이 인사관리의 과정마다 깊숙이 개입되는 과거의 인사 관행에서 관리직은 당연히 '물리적·조직적 연령', '남성성' 그리고 '권위' 등과 동일시되며, 이런 관행은 알게 모르게 관리직에서의 남녀 분리를 공식 조직에 제도화시키는 결과를 가져오게 된다. 따라서 귀속적 특성의 중요성을 상대적으로 감소시키기 위해서는 합리적인 기준과 형식을 갖춘 인사 관행의 확립이 절대적으로 필요하다.

여성 관리직 유무와 여성 관리직 비율에 영향을 미치는 기업 구조적 특성을 연구한 결과(이주희 외, 2004)에 의하면, 기업 규모나 임금 수준, 업종 특성을 통제할 경우 인사 담당자의 여성 노동자에 대한 태도가 여성 관리직 유무를 결정하는 유일한 변수임을 밝히고 있다. 결국 기업이 여성 직원에 대해 어떤 태도를 취하고, 어떤 조직 문화와 제도를 가지고 있는가에 따라 여성의 관리직 진출이 달라질 수 있음을 말해 준다. 무엇보다도 여성 관리직이 있는 기업의 경우 인사 담당자의 태도는 여성 관리직이 전혀 없는 기업보다 더 성평등 지향적이었다. 그리고 채용이나 승진, 임금 체계 및 노동 조건 등 인사 제도를 체계적으로 관리하고 개인의 능력을 기반으로 인사고과가 이루어지는 비율이 높았다. 이러한 결과는 유리천장이 재생산되는 주요 기제가 남성 고위 관리자의 차별적 의식임을 보여 주고 있다. 따라서 기업 안에서 여성 인력을 제대로 활용하기 위해서는 기존의 차별적 인사 관행을 극복하고 여성을 새로운 가치 창출의 원천인 인적 자본의 평등한 구성원으로 인정하는 인사 정책이 매우 중요하다.

02

조직 내 대졸 취업 여성의 현실

성별 직무 분리

조직 차원에서 여성들이 경험하는 차별의 전형적인 현상은 성별 직무 분리job segregation by gender 라고 할 수 있다. 성별 직무 분리는 뚜렷한 이유 없이 관행적으로 남성의 일과 여성의 일이 구분되어 있는 것을 지칭한다. 문제는 이 같은 성별 직무 분리가 결과적으로 성별에 따른 임금이나 노동조건에서 차이를 가져올 수 있다는 점이다. 조직 내에서의 일이 남성의 일과 여성의 일로 구분되어 있는 경우, 여성의 일은 상대적으로 임금이 낮고 '승진 사다리'가 없거나 짧아서 장래성이 없는 경우가 많다.

성별 직무 분리는 전문직의 경우에도 예외가 아니다. 한국사회 여성들의 전문직 취업은 1990년대 이후 빠르게 증가하고 있다. 여성의 교육 수준이 높아짐에 따라, 차별이 적고 자율적인 업무를 담당하면서 자아실현을 도모할 수 있으리라는 기대와 함께 여성 전문직 진출이 확대되어 왔다. 그러나 여성은 전문직 내에서도 특정 직종에 몰려 있다. 〈표1〉에서 직업(중분류)별 여성 전문직 종사자의 분포를 살펴보면, 2011년 기준 전체 전문직 취업자 중 여성의 비율은 38.0%로 꽤 높은 비율을 차지하고 있다. 하지만 전문직 중에서도 남성의 비율이 높은 직종과 여성의 비율이 높은 직종이 서로 분리되어 있다는 것을 알 수 있다.

남성의 비율이 80%를 넘는 직업은 정보 통신 전문가(83.8%), 공학 전문가(89.7%), 법률 및 행정 전문가(85.5%), 경영 금융 전문가(82.5%)로 전체 8개 직업군 중 4개이며, 여성의 비율이 80%를 넘는 직종은 보건 사회복지 및 종교 관련직(80.6%) 1개 직종이다. 그외 과학 전문가와 교육 전문가, 문화 예술 스포츠 전문가는 남녀 비율이 절반 내지 6대 4로 상대적으로 성별 균형적인 직업군이라 할수 있다. 특히 여성들은 전체 전문직 안에서도 절반 이상이 보건 사회복지 및 종교 관련직에 분포되어 있으며, 교육 전문가와 문화 예술 스포츠 전문가를 합하면 여성 전문직 종사자의 80%가 이 세 직업에 주로 속해 있다는 것을 알 수 있다. 즉 여성들은 교육 분야에

표1 | 성별 전문직 종사자 구성 비율(2011)   (단위: 명, %)

한국표준직업분류 6차	여성	남성	전체
전문가 및 관련 종사자 전체(2)	38.0	62.0	1,996,919(100.0)
과학 전문가 및 관련직(21)	34.3	65.7	40,982(100.0)
정보 통신 전문가 및 기술직(22)	16.2	83.8	209,267(100.0)
공학 전문가 및 기술직(23)	10.3	89.7	610,433(100.0)
보건 사회복지 및 종교 관련직(24)	80.6	19.4	519,178(100.0)
교육 전문가 및 관련직(25)	48.3	51.7	246,133(100.0)
법률 및 행정 전문직(26)	14.5	85.5	6,507(100.0)
경영 금융 전문가 및 관련직(27)	17.5	82.5	207,390(100.0)
문화 예술 스포츠 전문가 및 관련직(28)	46.9	53.1	157,029(100.0)

자료: 통계청, 〈경제활동인구조사〉.

서는 유치원 및 초·중·고등학교 교사와 학원 강사 등, 보건 분야에서는 간호조무사·간호사 등, 문화 예술 분야에서 방송 작가 등 전문직 안에서도 상대적으로 지위가 낮은 하위 직업군에 집중되어 있다. 무엇보다도 앞으로 공학과 정보 통신, 금융 전문 분야에서 전문직이 크게 증가할 것을 고려해 볼 때, 이 분야에서 여성의 비율이 낮고 취약한 현실을 개선하기 위한 적극적 방안들이 마련될 필요가 있다.

전통적인 전문직인 교사의 경우, 전반적으로 여성의 수와 비율이 꾸준히 증가하며 안정적인 여성 전문직으로 자리 잡고 있다. 하지만 교사 내 여성의 위치를 〈표2〉에서 구체적으로 살펴보면, 초·중·고등학교 급별로 위로 올라갈수록 여성 비율이 줄어들

표2 | 학교급·직위별 여성 교원 수 분포(2013년) (단위: 명, %)

학교 급	직위	여성	여성 비율	남녀 교원 전체
초등학교	교장	1,095	18.6	5,875(100.0)
	평교사	139,023	76.6	181,585(100.0)
중학교	교장	577	20.0	2,880(100.0)
	평교사	76,116	67.5	112,690(100.0)
고등학교	교장	196	8.7	2,256(100.0)
	평교사	64,031	48.1	132,983(100.0)

자료 : 교육과학기술부·한국교육개발원, 〈교육통계연보〉.

표3 | 직종별·성별 월평균 임금 및 임금격차(2013년) (단위: 천 원, %)

구분	여성	남성	남녀 임금비
전 직종	2,291	3,547	64.6
관리자	4,588	6,572	69.8
전문가 및 관련 종사자	2,639	4,181	63.1
사무 종사자	2,524	4,009	62.9
서비스 종사자	1,635	2,591	63.1
판매 종사자	2,063	3,259	53.3
농림어업 숙련 종사자	1,652	2,298	71.9
기능원 및 관련 기능 종사자	1,714	3,052	56.2
장치·기계 조작원 및 조립 종사자	2,049	2,958	69.3
단순 노무 종사자	1,450	1,946	74.5

자료: 고용노동부, 〈고용형태별근로실태조사〉.
주: 1)월평균 임금 = 월급여액 +(연간특별급여액×1/12).
   2)5인 이상 사업체 대상.

고 있어서, 수직적 성별 위계 현상을 보인다. 여성들은 각 학교급 내에서도 주로 평교사에 집중되어 있다. 초등학교 여성 평교사 비율은 76.6%, 중학교와 고등학교의 경우 여성 평교사 비율은 각각 67.5%, 48.1%이다. 반면 교장 직위에서의 여성 비율을 보면, 초등학교의 경우 18.6%, 중학교는 20.0%이던 것이 고등학교에서는 8.7%로 급격히 낮아지고 있다.

이러한 성별 직무 분리는 승진과 임금에서의 성별 차이를 가져오는 중요한 매개가 된다. 실제로 〈표3〉의 직종별 남녀 임금격차를 보면, 2013년 기준 남성 임금 대비 전 직종 평균 여성 임금비는 64.6%인 반면, 대졸 여성들이 가장 많이 취업하는 전문가 및 관련 종사자와 사무 종사자, 서비스 종사자의 임금비가 각각 63.1%와 62.9%, 63.1%로 직종별 평균을 약간 밑돌고 있음을 알 수 있다. 이러한 수치는 전반적으로 여성들의 취업이 증가하고는 있지만 여성들은 같은 직종 내에서도 주로 임금과 직업적 위세가 낮은 특정 분야에 집중되고 있는 현실을 반영하는 것이다.

유연적 전문화와 수직적 성별 위계

전통적인 전문 관리직으로의 여성 진출 확대와 더불어 최근에는 산업 구조의 중심이 서비스 산업으로 이동하면서 고학력 여성을 중심으로 이들이 취업하는 직종이 다양화되고 있다. 특히 출판·문화·방송 분야와 금융 및 보험업에서 생산성이 빠르게 향상되면서 여성들의 취업이 확대되고 있다. 그러나 여성들의 취업의 질은 좋지 않은 편이다. 외환 위기를 거치면서 기업들은 고용 구조를 핵심 인력 위주로 슬림화하고 아웃소싱과 비정규직 채용을 통해 고용 조정이 상시적으로 가능하도록 노동시장을 유연화하는 전략을 추진해왔기 때문이다(황수경 외, 2010).

새로운 전문 직종에 진출한 여성들은 정규직보다는 임시직, 프리랜서, 계약직, 프로젝트별 고용 등 불안정한 임시 노동력으로 활용되는 경향이 있다. 특히 새로이 확대되고 있는 문화 산업은 아이디어 중심의 산업으로 임금이 정해진 시간에 따라 지불되지 않으며, 전통적인 의미에서의 고용주와 피고용인의 관계에 따른 제약과 규율로부터 자유롭다. 문화 산업 종사자들은 종종 회사와 도급계약의 형태로 계약을 체결하기 때문에 노동자로 인정받지 못해〈근로기준법〉에 기반을 둔 4대 보험 등의 혜택을 받지 못하고 있다(양민석, 2004: 165). 항시적인 고용 불안이나 빈곤 상태에 머물러 있음에도 불구하고, 여성은 개인의 창조성이 상품화되어 단시간에 사회적 평판과 고소득을 얻을 수 있는 가능성을 기대하면서 어려움을 개인적으로 감내하는 실정이다.

문화 산업 종사자들의 노동조건이 나쁜 이유는 시장의 불확실성과 경제적 위험에 대처하기 위해 새로이 고안한 노동 관리 방식에 기인한다. 새로운 노동 관리 체제는 특정한 상품을 생산하기 위한 일련의 과정을 한 기업체가 아우르는 것이 아니라 비용 절감과 위험 분산을 위해 생산공정의 특정한 부분을 기업체 밖으로 분산시키는 것이다. 기업체는 노동자와 장기적이고 고정적인 계약관계를 맺지 않고 수요에 따라 유연적인 노동계약을 맺음으로써 문화 자본이 처한 위험부담을 노동자들에게 전가하는 것이다. 예를 들어, 상상력을 발휘하여 글을 쓰는 시나리오 및 방송 작가들은 영화 산업이나 방송 산업 조직 내부로 편입되기 보다는 외주 업체에 소속되거나 프리랜서로서 거대한 인력 풀을 구성한다. 문제는 이러한 거대한 인력 풀을 구성하고 있는 최말단의 문화 산업 종사자들이 바로 여성이라는 점이다(김현미, 2005).

〈한국표준직업분류〉에 따르면, 문화 콘텐츠 관련 직업의 방송 프로그램 제작업 중 작가는 '창작 전문가'로 분류된다. 창작 전문가인 작가는 방송 작업 공정의 3단계(사전 제작-제작-후반 제작) 중 사전 제작에 포함되는 인력이다. 사전 제작은 기획, 시나리오나 대본 마련, 캐스팅, 촬영 콘티 등을 짜는 일 등을 포함하는 단계다. 이후의 제작은 촬영, 그리고 후반 제작은 편집 과정을 수반한다. 이 세 분야는 모두 감성·창의력·전문성이 요구되지만, 사전 제작 단계는 무형에서 유형의 아이디어를 만들어 내는 것이기 때문에 특별히 집중적인 정신노동과 육체노동을 요구한다. 그럼에도 불구하고 작가들은 거대한 문화 산업의 예비군으로 임금이나 노동조건에서 심각한 불이익을 경험하고 있다. 그런데 작가는 대부분 여성이고 프로듀서들은 대부분 남성이다. 작가는 비정규직, 임시직 형태로 시간 개념과는 상관없이 '결과물'에 따라 보상을 받는다. 반면 프로듀서들은 정규직으로 연공서열에 기반을 둔 안정적인 고용 형태를 보장받는다. 이는 단순한 직무상의 분리가 아니라 성별성에 의거한 성차별적 고용 형태라고 할 수 있다.

상대적으로 한국보다 성별 분리 정도가 약한 미국 방송국의 여성 작가에 대한 연구에서도 여성 작가가 경험하는 성차별은 방송 산업의 뿌리 깊은 고용 관행에서 비롯되고 있다고 지적한다

(Bielby & Bielby, 1992, 1996; 김현미, 2005에서 재인용). 이들은 여성 작가의 주변적 위치를 다음의 다섯 가지로 분석한다. 첫째, 작가들이 주로 프로젝트별로 단기 계약을 맺고 고용되며, 둘째, 완성된 일의 질과 상업적 가치에 대한 평가가 모호하게 이루어진다. 셋째, 평판의 근거가 일시적인 유행이나 장르에서 두각을 보인 작가의 인지도에 의존한다는 점, 넷째, 작가의 경력 관리가 소수의 브로커들에 의한 '평판'에 의존하며, 다섯째, 이러한 평판을 기준으로 작가를 연결시켜 주는 사람들 또한 대부분 남성이라는 점이다. 결국 방송 산업에서 여성 작가는 성 구별적 분업 체제와 성차별적 보상 체제가 결합된 노동조건에 놓이게 된다.

조직의 남성 중심성과 유리천장

관리직이란 "특정 조직 내에서 조직의 목적 및 운영을 위해 형성된 개인들 간의 위계관계에서 권력을 행사하고 책임을 지는 위치에 있는 직무"라고 정의할 수 있다(이주희 외, 2004). 따라서 여성 관리직의 문제를 접근할 경우, 단순히 여성이 관리라는 업무에 더 적합한지 또는 관리 업무를 할 수 있는 능력이나 자격이 충분한지의 문제가 아니라, 여성이 조직 내 권력관계에서 여성이라는 이유로 배제되고 있는가를 따져 봐야 한다. 이는 곧 여성들이 기업 내에서 직면하고 있는 '유리천장'이라는, 동일한 능력을 가진 여성이 특정 직종 또는 기업 내에서 더 숙련되고 보수가 더 좋은 상위의 책임 있는 위치로 이동해 가지 못하는 제도적·구조적 한계와 제약의 문

표4 | 중앙 및 지방자치단체 여성 공무원·관리직 현황(2012년)　　　　　(단위: 명, %)

구분		여성	여성 비율	남녀 전체
중앙정부	전체 직급	299,539	48.1	622,424(100.0)
	5급 이상	4,932	11.3	43,784(100.0)
지방자치단체	전체 직급	116,441	33.5	347,165(100.0)
	5급 이상	2,064	9.9	20,934(100.0)
전국	전체 직급	415,980	40.8	969,589(100.0)
	5급 이상	6,996	10.6	64,718(100.0)

자료: 행정안전부, 〈행정안전통계연보〉.

제로 접근되어야 함을 의미한다.

유리천장이란 '조직 내부에 뿌리 깊게 존재하는 성차별, 인종차별로 인해 여성과 소수자들이 일정 수준 이상 승진하여 고위 경영진에 합류하는 것을 가로막는 눈에 보이지 않는 장벽'을 의미한다. 유리천장이라는 개념은 1980년대 중반 미국에서 사용하기 시작했고, 기업 내 비가시적인 승진 장벽을 설명하는 용어로 사용되어 왔다. 우리나라에서도 1980년대 후반 결혼·출산 퇴직 각서제가 폐지되고 〈남녀고용평등법〉이 제정된 이후, 1990년대 중후반 중간관리직 여성들이 서서히 증가하면서 2000년대 들어 유리천장 이슈가 조직 내 여성들이 고위 관리직으로 승진하는 데 겪는 가장 큰 어려움으로 제기되기 시작했다. 여성들이 직면하고 있는 유리천장의 현실은 정도의 차이는 있지만, 공적 부문과 사적 부문 모두에서 큰 진전이 이루어지지 않고 있다.

공무원은 비교적 차별이 적고 정년이 보장된 안정적 직업이라는 측면에서 여성들의 지원이 지속적으로 증가하고 있는 분야이다. 〈표4〉를 보면, 2012년 기준 전국 공무원 수 96만 9,589명 중 여성 공무원은 41만 5,980명으로 전체의 40.8%를 차지하고 있다. 10년 전 여성 공무원 비율 29.8%에 비하면 비약적으로 증가했다. 하지만 행정직 내에서도 5급 이상 관리자 6만 4,718명 중 여성은 6,996명으로 10.6%에 불과한 실정이다. 그나마 5급 이상 관리직 여성이 증가한 중요한 요인은 내부 승진에 의한 것이기보다는 그동안 각종 고시에서 여성들이 약진했기 때문이다. 〈표5〉에서 국가고시 여성 합격자 비율을 보면, 행정고시의 경우 2004년 34.0%에서 2013년 39.4%로, 외무고시는 2004년 35.0%에서 59.5%로, 사법시험은 2004년 24.4%에서 40.2%로 높아졌다.

사기업 부문으로 눈을 돌려 보면, 기업 내 여성 관리자의 비율은 여전히 매우 낮은 편이다. 상시 근로자 500명 이상 사업장과 공공기관 등 1,547개 사업장을 대상으로 남녀 근로자 고용 현황을 조

표5 | 국가고시 여성 합격자 비율(2004, 2013년)　　　　　　　　　(단위: 명, %)

구분	2004년		2013년	
	여성	소계	여성	소계
행정고시	89(34.0)	262(100.0)	139(39.4)	353(100.0)
외무고시	7(35.0)	20(100.0)	22(59.5)	37(100.0)
사법시험	246(24.4)	1,009(100.0)	123(40.2)	306(100.0)

자료: 행정안전부, 사이버국가고시센터, 각 연도.
　　　법무부, 사법시험홈페이지, 각 연도.

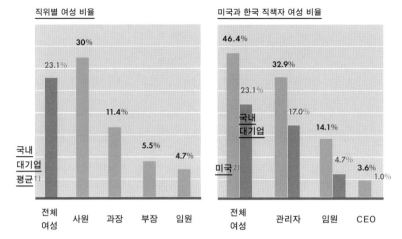

그림1 | 국내 대기업 내 직위별 여성 비율 및 미국의 여성 관리자 비교

직위별 여성 비율

미국과 한국 직책자 여성 비율

1) 〈국내 1,000명 이상 대기업 여성관리자 패널조사〉, 한국여성정책연구원, 2011.
2) US Women in Business, Cstalyst, 2012.2.

사한 결과 여성 근로자 고용 비율은 34.9%로 많이 개선되고 있지
만 여성 관리자 비율은 16.1%로 낮은 편이었다(2010년 기준, 고용
노동부). 하지만 1,000명 이상 대기업을 보면, 관리자의 직위가 높
아질수록 여성의 비중이 더 낮다. 여성 관리자 패널 자료(한국여성
정책연구원, 2011)에 의하면, 국내 대기업 인력 중 여성 인력은 평균
23.1%를 차지하고 있다. 직위별 여성 비율을 보면, 사원 30%, 과장
급 11.4%, 부장급 5.5%, 임원급 4.7%이다.

　미국의 대기업 내 여성 비율과 비교 해보면 확연히 차이가 드
러난다. 미국은 대기업 내 여성 비율이 46.4%로 한국의 2배이며,
관리자는 32.9%, 임원 14.1%, CEO는 3.6%로 여성 관리자의 활약
이 두드러진다. 한국의 경우 대기업 여성 CEO는 1.0%에 불과하
며, 소유 경영자 또는 창업주의 직계가족을 제외하면 여성을 찾아

그림2 | 피라미드 위계 조직에서의 유리천장

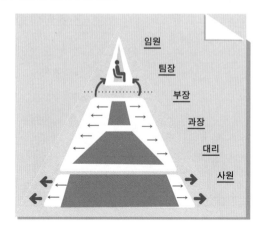

보기가 더욱 어렵다. 〈그림2〉를 보면, 피라미드 위계 조직에서 여
성에게 유리천장이 쳐지는 부분은 1차적으로 과장급에서 부장급
으로 승진하는 시점이며, 2차적으로는 부장에서 팀장 등 임원급으
로의 승진 시기라고 판단된다. 위계화된 기업 구조에서 여성이 책
임 있는 관리자의 위치로 승진하는 것이 제도적 장벽과 사회적 태
도로 인하여 차단되는 유리천장 현상이 특히 심한 현실을 잘 보여
준다.

　피라미드식 조직을 가지고 있는 대기업에서 경력 형성의 전형
적인 특징은 비전략적인 부서에서 전략적 부서로의 수평적 이동을
통해서 핵심적인 경영관리직으로의 상향 이동이 가능한 것으로 나
타난다. 이러한 전형적인 경력 형성 경로에서 여성은 1차적으로 수
평 이동에서도 제약을 받게 된다. 이를 유리벽 glass walls 으로 개념화할
수 있을 것이다. 어찌 보면, 유리천장은 유리벽 속에 이미 내포되어
있다고 보아야 할 것이다. 실제로 대기업 관리직에 진출한 여성들

은 인적 자본에 있어서 남성과 별로 차이가 없거나 오히려 더 높은 경향이 있지만, 남성들이 집중된 부서와 여성들이 집중되어 있는 부서가 구별된 것으로 나타났다(박기남, 2002). 남성들은 주로 총무, 인사, 영업 등 전략적 부서에, 여성들은 기획, 홍보, 연구 등 비전략적 부서에 집중되는 경향이 있다. 여성들은 전문성은 필요하나 부하직원이 배치되지 않거나 조직의 집단적인 의사 결정에 영향을 미치지 않는 자리에 배정된다. 관리자의 위치가 올라갈수록 부서의 업무 내용에 관계없이 조직 관리의 역할이 관리자의 주된 직무가 되는 것을 고려하면, 여성의 고위직 진출은 그 중간 과정에서 이미 한계를 안고 가고 있다고 볼 수 있다. 하위 직급에서의 승진은 좁은 영역에서 가능하지만 중간 관리자 이상의 승진은 불리해지는 것이다.

03

조직의 성별 다양성 증진과 경쟁력 강화

적극적 고용개선조치

우리보다 앞서서 경제 분야에서의 여성 대표성 확보를 고민하고 추진해 온 나라들일수록 글로벌화, 정보화사회 또는 지식 기반 사회로의 재편 과정에서 여성 고급 인력의 활용이 경제 발전 및 기업과 국가 경쟁력의 핵심이라는 인식하에 정부와 기업 차원에서 여성들의 관리직 진출을 적극적으로 추진해 오고 있다. 초기에는 공공 부문에 한정해서 적극적 조치를 실시하는 소극적인 정책을 추진했다면, 최근 들어서는 민간 부문에까지 적극적 조치를 실시함으로써 기업과 정부에서 의사 결정을 하는 임원직에의 여성 진출을 확대하기 위한 방안들을 적극적으로 도입하고 있다. 유럽의회The European Parliament 는 기업 이사회의 성별 격차를 줄이기 위해 법적인 조치를 취할 것을 제안해 왔다. 또한 EU 집행위원회는 상장회사의 비상임 이사의 성별 균형을 향상시키도록 하는 구체적인 지침을 마련하여 각 회원국 내 이사회 임원의 최소 30~40%를 여성으로 구성할 것을 요구하고 있다. 〈표6〉을 보면, EU를 비롯한 서구국가들의 여성 임원 할당제와 관련된 법적 조치들이 정리되어 있다.

아이슬란드의 경우 2006년 국유 기업에 여성 임원 할당제를 도입하고, 2010년에는 사기업에까지 도입하여 시행 중이다. 국유기업의 경우 여성 임원을 50% 또는 이사 총수가 홀수일 때는 50%에 가깝게 하도록 해야 하며, 사기업은 기업 임원이 양성 모두 최소 40%가 되어야 한다. 노르웨이는 기업의 여성 임원 비율이 약 40%로 여성 임원 할당제를 가장 모범적으로 시행하고 있는 국가로 꼽힌다. 프랑스는 2011년 1월 상장 기업 이사회의 여성 이사 비율을 2014년 1월 1일까지 20%로 늘리고, 2017년 1월 1일까지 40%로 확대한다는 내용의 〈이사회 및 감사위원회 구성에 있어서 여성과 남성의 균등한 대표성 및 직업에 있어서 평등에 관한 법률〉을 제정하였다. 이사와 감사위원회 구성원이 8인 이상일 경우, 각 성별의 격차는 2인을 초과할 수 없다고 규정하고 있다. 스페인은 2015년부터 250명 이상의 직원이 있는 상장 기업의 이사직 40%를 여성에게 배분하는 할당제를 2007년에 도입하였다. 의무 사항이 아닌 권고 사항으로 벌칙은 없다. 그러나 할당제를 시행하는 기업은 정부와의 계약에서 우선권을 갖는 인센티브가 주어진다. 이탈리아는 2011년 기업의 여성 임원 할당제 법안이 통과되어 2015년까지 상장 기업, 공공 참여 기업과 국유 기업의 여성 임원 비율을 33%까지 확대한다는 할당제를 시행 중이다. 이를 위반할 경우 규제 기관의 경고, 벌금, 선출 무효화, 이사회 폐지 등의 제재가 있다(박선영 외,

표6 | 각 국가의 기업 여성 임원 할당제

국가 (도입 시기)	여성 임원 현황	대상 기업	목표 비율	목표 기한	제재
아이슬란드 —— 공공 (2006) 민간 (2010)	49%	• 국유 기업 • 지역 기업 • 노동자 20명 이상 상장 공기업·사기업	50%	즉시	–
노르웨이 (2003)	42%	• 상장 공기업, 국유 기업, 지방자치 기업	40%	2013	–
프랑스 (2011)	27%	• 상장 기업(500명 이상, 매출 자산 5,000 만 유로 이상 기업)	20% ↓ 40%	2013 ↓ 2016	28,288
스페인 (2007)	14%	• 250명 이상 상장 기업	40%	2015	45,682
이탈리아 (2011)	13%	• 상장 기업 • 공공 참여 기업, 국유 기업	20% ↓ 33%	2012 ↓ 2015	73,202

자료: 이주희, 2013에서 재구성.

2013).

한국에서도 2006년 3월 1일을 기해 '적극적 고용개선조치 Affirmative Action'가 시행되기 시작했으나, 아직은 임원의 일정 비율을 여성으로 할당하는 제도로까지 나아가지 못하고 있다. 적극적 고용개선조치는 500명 이상 사업장을 대상으로 동종 산업 유사 규모 기업들을 비교·심사하여 여성을 현저히 적게 고용하였거나 여성 관리자 비율이 낮은 기업에 대해 간접차별의 징후가 있다고 보고 개선 방안을 요구하는 제도다(이주희, 2013). 제도의 적용 대상 기업은 매년 직종별·직급별로 남녀 노동자의 수를 보고한다. 그러나 한국의 경우 이 제도가 적용되는 대상이 공기업과 상시 노동자 500인 이상을 고용하는 사기업만을 대상으로 하고 있다. 연방 정부와 조달 계약을 맺은 모든 사기업을 대상으로 하는 미국에 비해 그 파급력이 약하다고 볼 수 있다. 이 제도 실시 이후 여성 관리자 비율은 꾸준히 증가하고 있으나 여성 임원 비율은 6~7%대에서 정체하고 있는 것으로 나타났다. 공공 기관의 경우에는 사기업보다 임원 및 관리자 비율이 모두 더 낮다. 질적인 측면에서 여성 고용 구조가 개선되지 않는 중요한 요인은 여성 고용이 부진한 기업이 '적극적 고용개선조치 시행 계획서'를 제출한 1년 후부터 '이행 실적 보고서'를 제출하도록 되어 있으나, 실적이 미흡해도 강력한 제재나 벌칙이 없어서 여성 관리자 확대를 위한 적극적 조치로서의 실효성이 아직은 약한 것으로 보인다.

다양성 인정

서구의 국가들에서는 이미 1980년대 정보화, 지구화, 신자유주의화 이후 기업의 경쟁력을 강화하기 위해 다양성 경영 전략을 도입하고 있다. 글로벌 세계 경쟁 체제하에서 다양성을 무시하고 성공할 수 있는 기업은 없다는 교훈을 잘 알고 있기 때문이다. 다양성 경영은 성, 인종, 종교, 문화 등 배경이 다양한 인력을 채용하고, 이들의 특수한 문제를 배려해 모든 구성원들의 능력을 발전시킬 수 있는 노동환경을 조성함으로써 기업 경쟁력을 키우는 경영 방식이다. 이러한 다양성 경영에서 가장 주목하고 있는 집단은 바로 여성이다. 무엇보다도 성별 다양성 증진은 사회 구성원의 절반을 차지하고 있는 여성들에게 균형적인 참여를 보장하는 민주주의의 문제이며, 자격을 갖춘 여성을 위한 공정성의 문제이기도 하다.

성별 다양성 증진을 위한 인프라 구축을 위해 기업들은 우수한 여성들이 중도에 사직하는 것을 방지하기 위해 일과 가정을 양립할 수 있는 근무 여건을 조성하고 있다. 재택근무는 물론 정해진 시간 대신 편한 시간을 골라 일하는 시차 출퇴근제, 집중 근로시간제 등 탄력적인 근무 제도를 도입해 가고 있다. 이러한 변화는 고용평등을 목표로 할 뿐만 아니라 기업의 경쟁력을 높이기 위한 다양성 경영의 일환으로 진행된다. 한국에서도 중소 규모의 경쟁력 있는 신생 기업들을 중심으로 경쟁력 있는 여성 인력들이 조직에서 커나갈 수 있도록 일과 가정을 양립하기 위한 다양한 제도들을 파격적으로 실시하고 있다.

기업에서 다양성 경영이 가능하기 위해서는 다양한 입장에서 직장인 김윤희 씨는 네 살과 이제 6개월을 갓 넘긴 두 아이를 둔 '워킹맘'이다. 매일 아침 큰아이를 어린이집에 데려다 주고, 둘째는 가까이 사는 시부모에게 맡긴다. 워킹맘이라면 아침마다 전투를 치르느라 정신이 없겠지만, 그녀는 다르다. 느긋하다. 그녀의 출근 시각은 오전 10시. 아이들을 맡기고 나와도 여유가 있다. 늦게 출근한다고 야근을 하는 건 아니다. 퇴근 시간은 오후 6시, 7시간만 일한다. 하루 7시간, 주35시간이 이 회사 근무시간이다. (중략) 그녀는 아이를 낳은 뒤 출산 지원금으로 회사로부터 1,000만 원씩 모두 2,000만 원을 받았다. 출산휴가와 함께 육아휴직을 모두 썼다. 큰아이 때는 1년간 육아휴직을 했고, 둘째는 6개월을 썼다. 김 씨는 "둘째 때는 1년을 쓸 수도 있었는데 일을 하고 싶어서 6개월만 사용했다"라고 말했다.

그녀가 다니는 회사는 연간 정기휴가 4주(20일) 외에도 5년차부터는 2주 휴가가 별도로 주어진다. 해외로 가족여행을 보내준다. 경비는 회사가 다 낸다. 10년 근무하면 두 달 안식월이 주어진다. 유급이다. 연간 300만 원의 복지기금이 주어지고 식비, 간식비, 교통비, 휴대전화 이용료 등 회사 업무와 관련한 경비는 전액 지원된다. 본인뿐 아니라 배우자까지 2년에 한 번씩 종합건강검진을 받는다. 부모 가운데 50세 이상은 매년 종합검진을 받게 해준다. 최근에는 심리전문가를 초청해 상담 프로그램을 운영하고 있다. 재산이 적은 사람 순서로 월세를 50% 지원해주고 전세자금 대출(2,000만 원 한도), 차량 구매 대출(2,000만 원 한도)도 해준다. (제니퍼소프트, 25명, 2011년 100억 매출 기업)

《시사인》, 2012년 10월 13일

나올 수 있는 차이를 존중하고 인식을 높이는 워크숍과 자료를 제공하는 다양성 훈련 프로그램을 실시할 필요가 있다. 다양성 훈련 프로그램은 많은 사람들이 여성과 소수자에 대한 편견을 인식하지 못하고 있다는 것을 전제로 한다. 인식의 부족이 문제라면, 해결책은 사람들로 하여금 무심코 여성을 폄훼하고 소외시키는 관행을 깨닫게 하고, 여성에게는 그러한 무의식적인 차별을 어떻게 피할 수 있는지 대안적인 행동 유형을 교육하는 프로그램을 마련하는 것이다(줄리아 우드, 2006). 그러나 많은 사람들이 불평등에 관심을 두거나 변화하기를 원치 않는다. 특히 자신이 누리고 있는 특권의 일부를 제한받게 되는 변화는 저항을 불러일으키므로 다양성 제고와 젠더 감수성 프로그램은 반드시 조직의 관리자들이 관심과 의지를 갖고 진행해야 한다.

기업에서 다양성 확보를 핵심적인 경영 원칙으로 세우기 위해서는 최고 경영자의 확고한 의지가 가장 중요하다. 특히 최고 경영자가 여성의 승진을 주도할 수 있는 위치에 고위 여성 임원을 임명하는 것이 중요하다. 대표적인 해외 사례는 바슈롬 사社를 들 수 있다. 바슈롬 사는 최고 경영자의 요청에 따라 여성의 승진과 관련된 문제들을 다루는 부서를 돕기 위해 여성임원네트워크Women's Executive Network를 만들었다. 여성임원네트워크는 조직 내 다양성 확보, 특히 젠더에 초점을 맞춘 활동으로서 회사 내에서 여성들이 당면하고 있는 문제들과 인사 관련 정보를 공유하고 성평등한 조직 문화와 제도를 만들어 가기 위해 회사에 다양한 제안을 하는 협의체이다. 이 네트워크 활동 중 가장 독창적인 성과 중의 하나는 '임원 다양성 체크리스트executive diversity checklist'를 고안해 낸 것이다. 최고 경영자가 자신들의 역할을 더 잘 이해하도록 돕기 위해서, 임원 개개인이 여성의 승진을 장려할 수 있는 환경을 조성하기 위해 어떤 행동을 취해야 하는지를 알려 주는 도구를 개발했다. 바슈롬 사는 이 '임원

📖 바슈롬Bausch & Lomb 사의 임원 다양성 확보 체크리스트

- 회사 내에 내부 태스크포스, 임원 교육 과정, 다기능 로테이션 등 발전 가능성이 큰 기회가 있을 때, 나는 여성에게도 그 기회를 주려고 노력한다.
- 나는 이미 수립되어 있는 발전 계획에 비추어 볼 때, 여성들이 업무를 만족스럽게 수행하도록 보장하기 위해 정기적인 리뷰 과정에 참여한다.
- 나는 개인적으로 적어도 한 명의 여성 관리자에게 멘토 역할을 하고 있다.
- 나는 1년에 적어도 두 번 정도 관리직 여성이 편안하게 참여할 수 있는 사업 관련 행사를 주최한다.
- 나는 여성 직원 네트워크(여성들이 회사 내 인사 관련 정보를 공유하고 성평등한 직장문화를 만들어가기 위해 서로를 지지하는 자발적인 네트워크)를 지지하며, 이들의 대표자와 회사의 젠더 관련 문제에 대해 논의하기 위해 정기적으로 접촉한다.
- 나는 다양성을 장려하는 것이 회사의 생산성 및 경쟁력 확보를 위해 중요하다는 것을 팀원들에게 알리고자 노력한다.
- 나는 노동자의 상당수가 맞벌이이거나 한부모 가정이라는 사실을 존중하며, 유연한 노동 및 육아휴직과 같은 제도를 활용토록 지원함으로써 노동자들이 일과 개인적 책임 간의 균형을 유지할 수 있도록 한다.
- 나는 회사의 관리직 여성이 임원이나 경영진의 여성을 만날 수 있도록 주선한다.
- 나는 젠더 또는 인종의 측면에서 소수자에 속하는 회사 내외부의 조직들 중 적어도 한 곳에서 관리자, 자원봉사자 또는 구성원으로서 일하고 있다.
- 나는 잠재력이 높은 관리자를 발견해내고, 계발시킬 수 있는 시스템을 구축하고 있으며, 이 안에 여성도 정당하게 포함시키려 노력한다.
- 우리 회사에 재직하는 여성은 상위급 진급 가능성이 있는 회사 승진 서열 내에 적절히 배치되어 있다.

이주희 외, 2004.

다양성 확보 체크리스트'를 최고 경영자들이 회람하도록 했다.

최근에는 국내 기업들에서도 이와 같은 여성임원네트워크 조직을 장려하는 추세에 있다. SK그룹의 W-Network, 유한킴벌리의 K-Network 등 몇몇 기업들은 기업 임원의 여성 대표성을 확보하는 등 성평등한 기업 문화를 만들기 위해 다양한 노력을 하고 있다. 여성 임원 네트워크의 대표적인 활동으로는 여성 임원들이 중간 관리자로 성장한 후배 여성들이 중도에 포기하지 않고 승진에 대한 전망을 갖고 일할 수 있도록 격려하고 지원하는 멘토 역할이 있다.

여성 리더십과 네트워크

어떤 직업일지라도 사다리를 올라가다 보면, 조직을 관리하는 관리자의 위치에 오르게 된다. 그리고 결국 조직에서 관리자로 살아남기 위해서는 리더십과 네트워크가 매우 중요하다. 그동안 여성들은 남성중심적인 조직에서 인정받고 성공하기 위해 성실하게 업무에만 매달렸다. 물론 여성 관리자의 성실성은 스스로 일을 많이 함으로써 그만큼 조직원들이 열심히 일하도록 만드는 효과를 가져오기도 하고, 비합리적 권위에 의존하는 잘못된 남성 관리자들과 차별화될 수 있는 장점이 되기도 한다. 남성적 조직 문화에서 일로 승부하고 자리가 아닌 능력으로 부하를 이끄는 여성 리더십은 합리적·민주적 리더십의 특성을 보여 준다. 이러한 여성들의 리더십은 최근의 조직 형태 추세가 전통적 관료제 모형을 벗어나 팀제를 도입하거나 수평 조직의 필요성을 강조하는 분위기와도 맞아 떨어진다.

그러나 중간 관리자의 위치에 오르게 되면 나 혼자만 열심히 일하는 것으로 승진이 보장되지 않는다. 여성이 관리자로서의 역량과 리더십을 발휘하기 위해서는 대인 관계의 역량을 개발해야 하고, 기업 역시 조직적인 차원에서 이를 지원해야 한다. 조직 안에서 여성들이 승진을 위한 안정적인 발판을 마련하기 위해서는 무엇보다도 네트워크를 구축하는 작업을 조직적으로 도와줄 '멘토링'이 필요하다. 멘토링이란 직무에 관한 것뿐 아니라 인생에 관한 것까지 상담할 수 있는 조언자를 직장에서 가짐으로써 개인의 성장은 물론 나아가서 조직의 성과에 기여하는 제도를 말한다. 여성이 조직에서 겪게 되는 많은 어려움을 미리 겪은 선배가 후배와 나누고 대안을 의논하는 것은 직장 내 여성에게 혼자가 아니라는 심리적 안정감과 조직에의 애착을 낳게 된다. 여성이 조직에서 겪는 어려움은 개인적인 차원의 문제가 아니라 남성의 조건을 기준으로 만들어진 회사 내에서 일하는 여성들이 함께 당면하게 되는 구조적인 문제인 경우가 많다. 그러므로 이를 극복하고 적응하는 대응 방식과 경험을 축적하고 서로 나누는 것은 매우 효과적인 프로그램이 될 수 있다. 특히 한 직장 내 여성 구성원들이 이러한 모임을 가진다면 여성들의 의견을 모으고 네트워크로서의 기능을 하면서 공동의 효과적인 대안을 마련해 나갈 수 있을 것이다.

해외의 글로벌 기업들은 이미 1970년대부터 유능한 여성들을 조직에 정착시키고 관리자로 육성하기 위해 조직적으로 네트워크를 지원해 오고 있다. 2009년에 흑인 여성 CEO를 배출한 제록스Xerox 사는 1960년대 후반에 최초로 회사 내 소수 인종을 지원하는 직원 그룹을 만들었다. 이 모임은 제록스 사의 상위 경영진이 인종적 불평등의 현실에 대한 경각심을 높이기 위해 만든 것으로, 처음에는 영업 부서에 속한 흑인의 문제에만 관심을 기울였으나, 그 이후에는 더 나아가 모든 부서의 흑인, 여성, 라틴계 미국인, 게이 및 레즈비언 그룹을 지원하는 그룹들이 지금까지도 활동하고 있다. 제록스 사 최초의 흑인 여성 CEO로 취임한 우슬라 번즈Ursula Burns가 기업의 혁신을 성공적으로 이끌어 가고 있는 배경에는 CEO 개인의 노력도 있지만 조직적 차원에서 문제를 해결하려는 끈질긴 노력이 존재한다.

제8장

비정규직 여성 노동자는 누구인가?:

고용 불안정과 여성 노동자

비정규직 문제의 사회적 맥락

'비정규직 여성 노동자'는 한국사회의 경제적·사회적 불평등 체계의 최저점最低點에서 낮은 임금과 고용 불안정, 비인격적 대우 등 비합리적인 근로조건을 감수하고 있다. 이들의 낮은 노동시장 지위는 인적 자본이나 노동생산성 같은 개인적 격차로만 설명할 수 없는 차별의 요소를 내포하고 있으며, 여러 가지 요인이 다중적으로 작용하고 있다는 점에서 복합 차별의 결과라고 할 수 있다. 성별, 연령, 혼인 상태, 학력, 자녀 유무 등 개인적인 요인과 고용 형태, 산업, 직종, 기업 규모 등 구조적 요인이 함께 착종하여 비정규직 여성 노동자의 근로조건을 낮은 수준으로 제약해 왔다.

한국사회에서 비정규직 고용이 급증하고 사회문제가 된 것은 1997년 IMF 경제 위기 시기이지만, 비정규직 여성 노동자는 이미 1990년대 초반부터 지속적으로 증가해 왔고 여성 노동계에서는 이를 중요한 노동 문제로 지적해 왔다(조순경, 1994; 강이수, 1998). 임시직, 계약직, 용역직, 파견직, 시간제, 아르바이트, 일용직, 특수고용 노동자 등 다양한 이름으로 불리는 비정규직 노동자의 다수가 여성이며, 이들은 고용 불안정과 저임금, 간접고용으로 인한 불이익, 노동자성의 불인정 등 여러 가지 문제를 겪고 있지만, 노동조합 조직이 어려워 단체 협상력을 갖지 못해 왔다. 그 결과 2007년 〈기간제및단시간근로자보호등에관한법률〉(이하 〈기간제법〉) 시행 후 전반적인 비정규직 노동자 감소에 따라 그 규모와 비중이 줄

제8장 비정규직 여성 노동자는 누구인가?　237

고 있지만, 2013년에도 여전히 여성 노동자의 절반 이상이 비정규직이며, 임금과 사회보험, 고용 안정 등 근로조건에서의 저위성低位性도 지속되고 있다.

'비정규직' 고용이란 '정규직' 고용과 대비되는 개념으로 각 사회의 노동조직 방식에 따라, 또 한 기업 안에서도 내부적인 규정(사규)에 따라 그 정의가 달라질 수 있다. 그러나 우리가 "회사에 다닌다"라고 할 때 하루 8시간 이상 일하고 별다른 사유가 없는 한 고용이 보장되며 승진이나 보수 등 노동조건의 면에서 조직의 대다수 구성원과 동등한 대우를 받는 정규직을 중심으로 생각하고 있다면, 비정규직 고용이란 그러한 조건에서 부분적 또는 전반적으로 벗어나는 고용 관계를 총칭하는 것으로 볼 수 있다.

비정규직 노동은 그동안에도 임시·일용직, 비공식 노동 등의 형태로 한국 노동시장에서 일정한 비중을 차지해 왔던 것이 사실이다. 그러나 1997년 이후 정규직 노동자의 일자리가 크게 줄고 있고 비정규직 노동자의 일자리가 급증하며, 정규직 노동자를 비정규직 노동자로 대체하는 현상이 빈발하고 있다.

02

노동의 유연화와 비정규직

노동자의 거센 저항을 받으면서도 기업이 비정규직 고용을 확대시키려 하는 까닭은 무엇인가? 가장 큰 이유는 신자유주의 세계 경제 질서의 확산과 그에 따른 기업의 전략에서 찾을 수 있다. 전 지구적 차원에서 이루어지는 무한 경쟁과 효율 극대화의 논리 앞에서 기업은 고용의 구조조정을 통한 인건비의 절감을 추구하게 된다. 여기서 등장한 것이 '노동의 유연화 전략'이다.

노동의 유연화는 수량적 유연성 증대와 기능적 유연성 증대를 위한 전략으로 나뉜다. '수량적 유연성 numerical flexibility'이란 노동력 공급을 유연하게 하는 것으로 이는 두 가지 방법에 의해 가능하다. 첫째, 노동력 수요의 변화에 따라 노동력 공급을 쉽게 조절할 수 있는 고용 관계를 확대하는 것이다. 임시직이나 시간제, 또는 파견직 노동자의 수를 늘릴 경우, 기업은 정규직 노동자에 비해 노동력의 충원과 퇴출에서 유연성을 가질 수 있다. 둘째, 하청에 의한 외부화 outsourcing, 즉 생산과정의 일부 또는 전부를 기업이 외부의 조직이나 노동자에게 이전시키는 전략이다. 하청이나 재하청, 가내노동 등을 적절히 사용할 경우 기업은 시장의 수요 변동에 따라 생산하는 상품의 양을 조절할 수 있다. 이 같은 수량적 유연화를 목적으로 해고를 쉽게 하고 명시적으로 고정된 고용계약 기간 개념을 도입하는 등 고용 및 해고와 관련된 기존의 법률과 규제를 제·개정하고 노사 간 단체협약을 수정해 나가는 것이 한국사회에서 추구되고 있는 노동의 유연화 정책이다.

이에 비해 '기능적 유연성 functional flexibility'이란 노동자가 지닌 숙련의 내용을 다양화함으로써 생산기술의 변화에 신속하게 적응할 수 있도록 하는 것이다. 직무 순환을 통한 다기능多技能 노동자를 육성하는 프로그램이 이를 가능케 하는 대표적인 방법이다. 이 같은 기능적 유연성은 기업 내 생산품이나 생산방식의 변화에 노동자가 쉽게 적응할 수 있고 필요한 경우 직장 이동이나 직업 이동을 가능케 하여 결과적으로 노동자가 노동시장의 변화에 적응할 수 있는 능력을 확대시킨다. 1997년 외환 위기 이후 직업 훈련과 평생 교육, 지속적인 자기 계발의 중요성에 대한 인식이 커지고 있는 것은 이러한 기능적 유연화의 한 현상이라고 할 수 있다.

수량적 측면을 중시하는 노동의 유연화는 급속히 변화하는 경제 환경 속에서 기업이 노동력 수급을 원활히 하고 노동시장에 경쟁 원리를 도입해 효율적으로 노동을 활용해야 한다는 논리에 기초를 두고 있다. 그러나 노동자의 입장에서 보면 이러한 정책은 고용의 안정성을 붕괴시키고 임금 등 노동조건 전반을 악화시키는 현상으로 해석된다. 임시직과 파견직, 실업 등 고용을 불안정하게 하는 여러 요인들이 노동(시장)의 유연화와 함께 확대되고 있기 때문이다. 이러한 현상은 한국사회에서 1980년대 후반부터 집중적으로 나타났으며 1997년 외환 위기 이후 더욱 빠르게 확산되고 있다. 특히 세계화는 과거 한 국가 내에서 이루어지던 경쟁을 전 세계적 차원으로 확대시킴으로써 노동의 유연화를 더욱 촉진하는 결과를 가져오고 있다.

한국의 여성 노동시장에서 현재 두드러지게 진행되고 있는 현상은 수량적 유연화와 관련된 것이다. '고용 관계와 사용 관계가 동일하고, 고용 기간을 정하지 않은 고용 관계를 맺으며, 법정 근로시간의 전일제 노동을 하고, 노동의 제공자가 〈근로기준법〉 등의 법적 보호 대상이 되는 경우'를 '정규직 노동'으로 지칭한다면, '비정규 노동irregular work, contingent labor, nonstandard work'은 이러한 성격에서 벗어난 모든 형태의 노동을 지칭한다. 한국에서는 1990년대 말 이래 고용이 불안정한 노동자들이 급증하면서 사회문제로 대두되자 2002년 7월 노사정위원회에서 '비정규 근로자 대책 관련 노사정 합의문'을 발표하고 비정규 근로자의 개념과 통계 산출 방법을 제시하였다. 여기서 비정규 고용은 고용계약 기간, 근로 제공의 방식, 고용의 지속성, 근로시간 등 국제적 기준과 아울러 한국적 특성을 고려하는 다차원적인 기준에 의거 파악되어야 한다는 점을 명시하면서, 비정규 근로자를 1차적으로 고용 형태에 의해 정의했다. 이에 따라

📖 비정규직 근로자

1차적으로 고용 형태에 의해 정의되는 것으로 한시적 근로자, 시간제 근로자, 비전형 근로자 등으로 분류된다.

• 한시적 근로자
근로계약 기간을 정한 근로자(기간제 근로자) 또는 정하지 않았으나 계약의 반복 갱신으로 계속 일할 수 있는 근로자와 비자발적 사유로 계속 근무를 기대할 수 없는 근로자(비기간제 근로자)를 포함.

• 시간제 근로자
직장(일)에서 근무하도록 정해진 소정의 근로시간이 동일 사업장에서 동일한 종류의 업무를 수행하는 근로자의 소정 근로시간보다 1시간이라도 짧은 근로자로, 평소 1주에 36시간 미만 일하기로 정해져 있는 경우가 해당됨.

• 비전형 근로자
파견 근로자, 용역근로자, 특수 형태 근로 종사자, 가정 내(재택, 가내) 근로자, 일일(단기) 근로자.

통계청, 〈경제활동인구조사 부가 조사〉 용어 설명

비정규 근로자는 ①한시적 근로자 또는 기간제 근로자, ②단시간 근로자, ③파견·용역·호출 등의 형태로 종사하는 근로자를 가리킨다. 이러한 정의와 함께 통계청에서 실시하는 〈경제활동인구조사 근로형태별 부가조사〉를 통해 비정규 고용의 실태를 파악하도록 조치했다. 이후 비정규 근로자는 한시적 근로자, 단시간(시간제) 근로자, 비전형 근로자로 구분되어 왔으며, 자세한 구분은 아래와 같다.

비정규직 여성 노동자의 구성

비정규직 여성 노동자의 규모와 추이

2013년 3월 기준 전체 임금노동자 1,774만 명 중 비정규직은 45.9%인 814만 명이다. 여성 노동자 762만 명 중 비정규직 비율은 57.5%이고 인원은 438만 명이다. 전체 비정규직 노동자 중 여성의 비율은 53.8%이다. 여성 노동자의 57.5%가 비정규직이고, 비정규직 노동자의 53.8%가 여성인 것이다. 남성 노동자 중 비정규직 비율이 37.2%라는 것을 감안할 때, 여성 노동자의 비정규직 비율이 매우 높다는 것을 알 수 있다.

여성 노동자 중 비정규직 비율은 점차 줄어들고 있다. 이러한 경향은 비정규직 남성 비율이 줄어들고 있는 것과 동일한 경향을

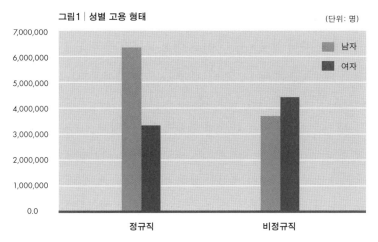

그림1 │ 성별 고용 형태   (단위: 명)

자료: 통계청, 〈경제활동인구조사 부가조사〉, 2013년 3월, 원자료를 토대로 계산.

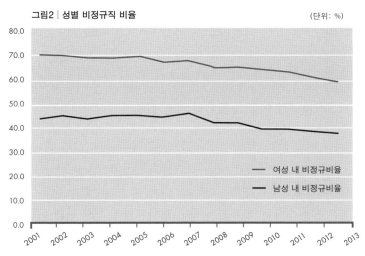

그림2 │ 성별 비정규직 비율   (단위: %)

자료: 통계청, 〈경제활동인구조사 부가조사〉, 2013년 3월, 원자료를 토대로 계산.

보인다. 통계청 〈경제활동인구조사 근로형태별 부가조사〉가 시작된 2001년부터 살펴보면, 2001년 여성 노동자 중 비정규직 비율은 70.7%로 매우 높았다. 이러한 비율은 해를 거듭할수록 낮아져서 2012년부터 60% 이하로 떨어졌다. 남성의 경우도 비슷한데 2001년 45% 수준이었다가 2013년 37%대까지 낮아졌다. 비정규직 비율이 낮아진 이유는 사회적으로 비정규직 문제의 심각성이 제기되면서 일부 기업들이 계약직 등의 비정규직을 무기 계약화한 결과가 반영되었다고 볼 수 있다. 이는 2007년에 제정된 〈기간제법〉의 영향이 일정하게 노동시장 고용 형태에 반영되었다고 해석할 수 있다. 그러나 전체적으로 볼 때 비정규직의 비율은 줄었지만 비정규직 고용 형태 중에서 간접고용이나 단시간 근로가 늘어났다는 점을 고려하면 비정규직 내에서의 고용의 질은 더욱 악화되고 있다고 볼 수 있다. 또한 정규직과 비정규직 간의 임금격차가 점차 벌어지고 있다는 점도 같은 맥락에서 해석될 수 있다.

비정규직 여성 노동자의 고용 형태

비정규직 유형을 9개로 세분화하면 남성과 여성의 비정규직 고용 형태에도 차이가 있다는 것을 알 수 있다. 주목할 만한 특징을 살펴보면, 비정규직 여성이 비정규직 남성에 비해 일반 임시직, 파트타임, 특수 고용, 파견 근로, 재택 근로의 비중이 높은 편이다. 특히 임시 파트타임의 경우 남성은 3.2%에 불과하지만 여성은 11.7%로 파트타임 노동자의 다수가 여성이라는 것을 알 수 있다.

표1 | 성별 비정규직 고용의 내부 구성

(단위: 명, %)

고용 형태		남자	여자	전체
정규직	빈도	6,362,752	3,237,450	9,600,202
	비율	62.8	42.5	54.1
일반 임시직	빈도	1,229,545	1,388,547	2,618,092
	비율	12.1	18.2	14.8
기간제	빈도	1,059,937	978,632	2,038,569
	비율	10.5	12.8	11.5
상용 파트	빈도	13,902	55,303	69,205
	비율	0.1	0.7	0.4
임시 파트	빈도	319,538	889,949	1,209,487
	비율	3.2	11.7	6.8
호출 근로	빈도	486,233	225,481	711,714
	비율	4.8	3.0	4.0
특수고용	빈도	190,184	359,822	550,006
	비율	1.9	4.7	3.1
파견 근로	빈도	82,333	115,144	197,477
	비율	0.8	1.5	1.1
용역 근로	빈도	374,853	307,760	682,613
	비율	3.7	4.0	3.8
재택 근로	빈도	5,968	60,051	66,019
	비율	0.1	0.8	0.4
전체	빈도	10,125,245	7,618,139	17,743,384
	비율	100.0	100.0	100.0

자료: 통계청, 〈경제활동인구조사 부가조사〉, 2013년 3월, 원자료를 토대로 계산.

일반 임시직도 남성이 12.1%인 것에 비해 여성은 18.2%로 높은 비중을 차지하고 있다. 비정규직 중에서도 고용의 질이 더 낮은 비전형 고용 형태인 파견이나 특수 고용의 경우도 여성이 남성에 비해 높은 비율을 나타내고 있다.

같은 비정규직이라고 해도 세부적인 고용 형태에 따라 고용의 질은 매우 다르다. 직접고용에 비해 간접고용이, 전일제에 비해 파트타임이, 법상 노동자성을 인정받는 비정규직에 비해 특수고용이 더욱 열악한 지위에 있다. 다시 말해, 고용의 불안정성과 저임금 문제가 더욱 심각하다는 뜻이다. 이런 맥락에서 간접고용, 파트타임(단시간), 특수고용의 비중이 남성에 비해 여성이 모두 크다는 것은 비정규직 남성 노동자에 비해 비정규직 여성 노동자가 겪고 있는 고용의 질이 훨씬 나쁘다는 것을 의미한다.

비정규직 여성 노동자의 인구학적 특성

비정규직 여성 노동자의 학력 수준을 살펴보면, 고졸이 가장 많은 43.3%를 차지하고 있고, 그 다음으로는 중졸 이하가 28.6%를 차지한다. 남성 비정규직의 학력과 비교해 보면, 남성 비정규직은 중졸 이하가 20.3%, 고졸은 49.5%이다. 전반적으로 학력이 낮으며 여성이 남성에 비해 학력 수준이 조금 낮은 편이다.

남성 비정규직의 가구주 비율이 70.2%인 것에 비해 여성의 가구주 비율은 28.4%로 나타났다. 비정규직 여성 노동자의 가구주 비율이 남성에 비해서는 상대적으로 훨씬 낮지만, 10명 중 약 3명

가량이 가구주이며, 비정규직 여성 노동자의 전반적인 저임금을 고려할 때 이들 가구의 빈곤 상태를 짐작할 수 있다. 비정규직 여성 노동자 중에는 미혼이 23.3%, 기혼 유배우자가 60.0%, 기혼 무배우자가 16.6%이다. 남성에 비해 여성의 기혼자 비율이 10% 정도

표2 | 비정규직 여성 노동자의 인구학적 특성 (단위: %)

구분		비율(%)
학력	중졸 이하	28.6
	고졸	43.3
	전문대졸	12.5
	대졸 이상	15.6
	합계	100.0
가구주 여부	가구주	28.4
	비가구주	71.6
	합계	100.0
결혼 지위	미혼	23.3
	기혼 유배우자	60.0
	기혼 무배우자	16.6
	합계	100.0
연령대	10대	2.1
	20대	17.5
	30대	15.9
	40대	26.2
	50대	23.2
	60대	10.6
	70대 이상	4.4
	합계	100.0

자료: 통계청, 〈경제활동인구조사 부가조사〉, 2013년 3월, 원자료를 토대로 계산.

높다.

　비정규직 여성 노동자의 연령을 살펴보면, 가장 많은 연령대가 40대(26.2%)와 50대(23.2%)이며, 20대가 17.5%, 30대가 15.9%를 차지한다.

여성 노동자의 연령별 비정규직 분포

　여성 노동자의 연령대별 정규직과 비정규직 비율을 살펴보면, 20대와 30대를 제외한 모든 연령대에서 비정규직 비율이 50%를 넘는 것을 볼 수 있다. 〈표3〉에서 비정규직의 비율은 60대와 70대 이상 고령층에서 94.2%, 99.2%, 10대의 저연령층에서 85.1%를 차지하여 이 연령층 여성 노동자는 거의 모두 비정규직임을 알려 준다. 또한 50대의 71.8%, 40대의 59.4%가 비정규직으로 나타나 40~50대 중년층 여성 노동자 10명 중 6명 이상이 비정규직임을 보여 준다. 20대와 30대에서는 각각 44.3%, 40.1%가 비정규직으로 나타난다. 한국의 여성 노동시장에서 20~30대를 제외한 연령계층에서는 비정규직이 될 가능성이 훨씬 높으며 10대와 60대 이상 연령층에서는 대부분의 노동자가 비정규직이라고 할 수 있다. 또한 대학을 졸업하고 노동시장에 나가는 20대 여성들도 10명 중 4명이 비정규직이며, 30대의 경우 비정규직 비율이 다소 낮지만, 이는 출산과 육아기의 여성들이 노동시장을 퇴직한 상태에서 나타난 비율이라는 점을 고려해야 할 것이다.

표3 | 여성 노동자의 연령대별 정규/비정규 비율 (단위: %)

표3 | 여성 노동자의 연령대별 정규/비정규 비율　　　　　　　　　　(단위: %)

구분	10대	20대	30대	40대	50대	60대	70대 이상	전체
정규직	14.9	55.7	59.9	40.6	28.2	5.8	0.8	42.5
비정규직	85.1	44.3	40.1	59.4	71.8	94.2	99.2	57.5
전체	100.0	100.0	100.0	100.0	100.0	100.0	100.0	100.0

자료: 통계청, 〈경제활동인구조사 부가조사〉, 2013년 3월, 원자료를 토대로 계산.

그림3 | 비정규직 여성 노동자의 연령대별 분포　　　(단위: %)

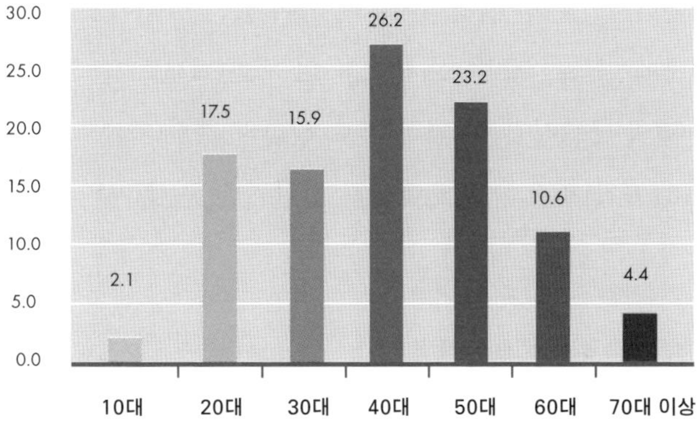

자료: 통계청, 〈경제활동인구조사 부가조사〉, 2013년 3월, 원자료를 토대로 계산.

비정규직 여성 노동자의 기업규모별 분포

비정규직 여성 노동자의 기업규모별 분포를 살펴보면, 5인 미만 사업장이 가장 높은 36.1%를 차지하고 있다. 10인 미만 사업장으로 계산하면 절반이 넘는 56.6%를 차지한다. 반면 100인 이상 규모의 기업에 소속되어 있는 비정규직 여성 노동자는 7.4%로 10분의 1도 되지 않는다. 이는 비정규직 여성 노동자의 문제가 현재까지는 연령층에 관계없이 영세기업 노동자의 문제와 중첩된다는 사실을 알려 준다. 77.3%의 여성 노동자가 30인 미만의 사업체에서 일한다는 사실과 한국의 노동시장이 기업별로 분단되어 있다는 점을 고려하면 비정규직 여성 노동자들의 열악한 상황은 한국 정부의 대기업 중심 발전 전략이 수정되지 않는 한 앞으로도 낙관적인 전망을 찾기 어렵다는 점을 시사한다.

또한 비정규직 여성 노동자의 다수가 영세한 사업장에 소속되어 있으며 특히 5인 미만 사업장에 소속되어 있는 비중이 3분의 1을 넘기 때문에 〈근로기준법〉상 해고 등의 제한(제23조 제1항), 휴업수당(제46조), 근로시간 및 연장 근로 시간의 제한(제50조, 제53조), 연차 유급휴가(제60조), 시간외근로 가산 수당 지급(제56조) 등

그림4 | 비정규직 여성 노동자의 기업규모별 분포　　　(단위: %)

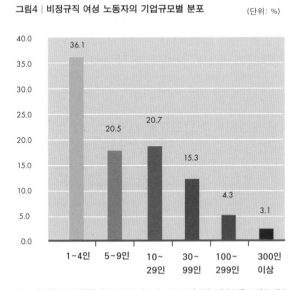

자료: 통계청, 〈경제활동인구조사 부가조사〉, 2013년 3월, 원자료를 토대로 계산.

의 조항이 적용되지 않는다.

비정규직 여성 노동자의 직업별 분포

〈표4〉에서 9개 직업 대분류를 기준으로 성별 고용 형태를 살펴보면, 비정규직 여성이 집중되어 있는 직업은 단순 노무 종사자(29.5%), 서비스 종사자(19.5%), 판매 종사자(16.8%) 등이다. 비정규직 여성 노동자의 대다수(65.8%)가 노동시장에서 하위직이라고 할 수 있는 직무에 집중되어 있는 것이다. 이러한 현상은 비정규직 여성 노동자의 저임금을 초래하는 가장 중요한 원인이라고 할 수 있다. 그런데 한 가지 주목할 점은 세 직종 내 비정규직 노동자의 성별 구성의 차이이다. 단순노무 종사자의 경우는 비정규직 남성 비율이 28.1%, 비정규직 여성 비율이 29.5%로 비슷한 비율을 보이고 있다. 이에 비해 서비스 종사자는 비정규직 남성 노동자가 7.3%인 것에 비해 비정규직 여성 노동자는 19.5%로 매우 높으며, 판매 종사자의 경우는 비정규직 남성 노동자가 9.8%인 것에 비해 비정규직 여성 노동자는 16.8%로 상대적으로 높다. 종사자 수나 비율에서 비정규직 여성 노동자가 월등히 많은 것이다. 이러한 수치는 단순 노무직의 경우 노동시장에서 가장 낮은 위치에 있으면서 남녀 모두 비정규직 고용이 확대되고 있는 데 비해, 서비스직과 판매직에서는 비정규직화가 여성에게 집중적으로 일어나고 있다는 점을 시사한다. 서비스직과 판매직에서 성차별적 고용이 확대되고 있는지 검토해 볼 필요가 있다.

표4 | 성별 고용 형태별 직종 분포   (단위: 명, %)

구분		남자		여자	
		정규직	비정규직	정규직	비정규직
관리자	빈도	255,791	39,041	24,084	4,228
	비율	4.0	1.0	0.7	0.1
전문가 및 관련 종사자	빈도	1,660,407	462,537	1,162,607	696,042
	비율	26.1	12.3	35.9	15.9
사무 종사자	빈도	1,795,059	318,015	1,236,637	544,934
	비율	28.2	8.5	38.2	12.4
서비스 종사자	빈도	253,754	275,140	190,571	854,834
	비율	4.0	7.3	5.9	19.5
판매 종사자	빈도	301,147	367,132	131,280	734,066
	비율	4.7	9.8	4.1	16.8
농림어업 숙련 종사자	빈도	15,705	33,369	453	10,911
	비율	0.2	0.9	0.0	0.2
기능원 및 관련 기능 종사자	빈도	635,746	690,285	56,461	132,573
	비율	10.0	18.3	1.7	3.0
장치·기계 조작 및 조립 종사자	빈도	1,218,386	518,278	228,647	110,969
	비율	19.1	13.8	7.1	2.5
단순노무 종사자	빈도	226,757	1,058,696	206,711	1,292,132
	비율	3.6	28.1	6.4	29.5
전체	빈도	6,362,752	3,762,493	3,237,451	4,380,689
	비율	100.0	100.0	100.0	100.0

자료: 통계청, 〈경제활동인구조사 부가조사〉, 2013년 3월, 원자료를 토대로 계산.

또 다른 한 가지 중요한 사실은 〈표4〉에서 볼 수 있는 것처럼, 비정규직 여성 노동자 중에는 전문가 및 관련 종사자(15.9%)와 사무 종사자(12.4%)도 비교적 큰 비중을 차지하고 있다는 점이다. 비정규직 여성 노동자는 전문가 및 관련직에 종사하는 전체 여성 노동자의 37.4%를 차지하며, 사무직 여성 노동자의 30.6%로 나타난다. 여성의 고학력화 이후 전문직과 사무직 여성들이 증가하는 가운데 10명 중 3~4명은 비정규직으로 취업하고 있음을 알 수 있다. 이러한 수치는 전문가 및 관련 종사자 중 비정규직 남성이 전체 남성 노동자의 21.8%, 사무직 종사자 중 비정규직 남성이 전체 남성 노동자의 15.1%를 차지하는 것과 비교해 볼 때, 여성의 비정규직화가 훨씬 더 높은 수준으로 진행되어 왔음을 보여 준다. 이들 직종에서도 성별 직무 분리 현상이 작용하고 있겠지만, 비정규직 고용이 여성을 중심으로 이루어지고 있음을 알 수 있으며, 이들 직종 내 성차별에 관한 검토가 필요함을 시사한다.

04

비정규직 여성 노동자의 임금

성별 평균임금

2013년 3월 기준 전체 임금노동자의 월 평균임금은 217만 원이다. 이 중 정규직은 283만 원, 비정규직은 140만 원이다. 〈그림5〉에서 성별로 분리해서 살펴보면, 비정규직 여성 노동자의 임금은 정규직 남성 노동자 임금의 35.4%에 불과한 113만 원이다. 정규직 여성 노동자의 임금에 비교해 보면 비정규직 여성 노동자의 임금은 53.2%에 불과하다. 비정규직 여성 노동자의 평균임금인 113만 원이라는 금액은 절대적으로 적은 액수일 뿐만 아니라, 성별·고용형태별 임금격차가 매우 크다는 점을 보여 준다. 이같은 비정규직 여성 노동자의 낮은 임금은 성차별 효과와 고용 차별 효과가 중첩되어 나타난 결과이다. 2013년 법정 최저임금이 시급으로 4,860원, 주 40시간 근무 기준으로 월 102만 원 수준인 것을 감안하면 113만 원이라는 비정규직 여성 노동자의 평균임금은 대다수의 비정규직 여성의 임금이 법정 최저임금의 경계선상에 놓여 있다는 사실을 암시한다.

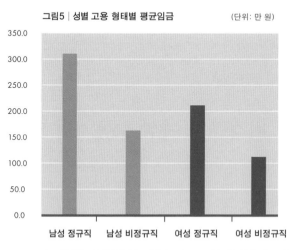

그림5 | 성별 고용 형태별 평균임금   (단위: 만 원)

자료: 통계청, 〈경제활동인구조사 부가조사〉, 2013년 3월, 원자료를 토대로 계산.

비정규직 여성 노동자의 직종과 연령에 따른 임금 비교

〈그림6〉에서 비정규직 여성 노동자의 직종별 월평균 임금을 살펴보면, 상대적으로 관리자(280만 원)의 임금이 단연 높고, 전문가 및 관련 종사자(145만 원), 사무 종사자(134만 원), 판매 종사자(131만 원), 장치·기계 조작 및 조립 종사자(122만 원), 기능원 및 관련 종사자(117만 원)의 임금이 중간 수준이며, 서비스종사자(103만 원), 단순노무 종사자(81만 원), 농림어업 종사자(74만 원)으로 가장 낮은 수준이다. 비정규직 여성 노동자 중 가장 낮은 임금을 받는 서비스·단순 노무·농림어업 종사자는 전체 비정규직 여성 노동자의 49.3%(215만 7,877명)에 달하며, 상대적으로 임금 수준이 높은 관리자는 0.1%(4,228명)에 그치고 있다. 이는 비정규직 여성 노동시장이 매우 동질적이며 거의 모든 노동자들이 150만 원 미만의 임금을 받고 있음을 보여 준다. 〈그림7〉 역시 이를 뒷받침하는 자료로서, 연령에 관계없이 비정규직 여성 노동자들은 150만 원 미만의 임금을 받고 있는 것으로 나타난다.

최저임금 미달자 비율

비정규직 여성 노동자의 낮은 임금 수준을 좀 더 구체적으로 살펴보기 위해, 통계조사상의 월평균 임금과 주당 근무시간을 토대로 시급을 계산했다. 비정규직 임금은 시급으로 구성되기 때문이다. 그리고 법정 최저임금과 계산된 시급을 비교해서 최저임금

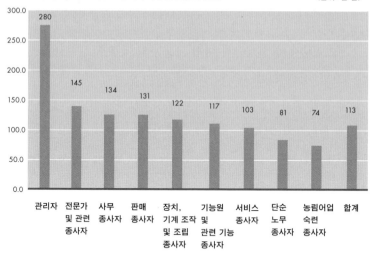

그림6 │ 비정규직 여성 노동자의 직종별 월평균 임금

(단위: 만 원)

자료: 통계청, 〈경제활동인구조사 부가조사〉, 2013년 3월, 원자료를 토대로 계산.

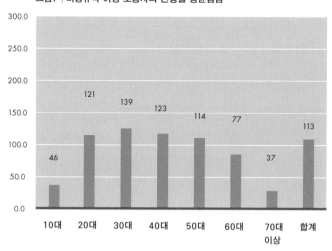

그림7 │ 비정규직 여성 노동자의 연령별 평균임금

자료: 통계청, 〈경제활동인구조사 부가조사〉, 2013년 3월, 원자료를 토대로 계산.

미달자 비율을 추산했다.[1] 그 결과 2013년 기준 비정규직 여성 노동자 중 최저임금 미달자 비율은 28.5%로 나타났다. 비정규직 여성 노동자 3.5명 중 1명은 최저임금을 보장받지 못하고 있는 것이다. 이와 같이 최저임금에 미달하는 노동자가 많은 이유는 법 준수 여부가 순전히 사용자에게 달려 있을 뿐 노동 현장 곳곳으로 행정력이 제대로 미치지 못하고 있기 때문이다.

최저임금을 인상하는 것은 비정규직 여성 노동자의 저임금을 해결하는 데 있어서 매우 효과적인 방법이다. 하지만 최저임금이 인상되더라도 제대로 지켜지지 않으면 소용없다. 비정규직 여성 중 최저임금 미달자가 28.5%나 된다는 것은 대부분의 비정규직 여성이 최저임금 경계선의 임금을 받고 있다는 사실과 함께, 법적 보호를 제대로 받지 못하고 있다는 점을 보여 준다. 최저임금 준수를 위한 행정적 감독과 함께 사용자와 노동자에 대한 홍보와 법 위반에 대한 처벌을 강화함으로써 낮은 최저임금이나마 제대로 지켜질 수 있도록 노력해야 한다.

여기서 주목해야 할 또 하나의 사실은 최저임금 미달자 비율의 증가 추세이다. 〈그림8〉에서 지난 2001년부터 2013년까지 최저임금 미달자의 비율의 변화를 살펴보면 지속적으로 증가하고 있는 것을 볼 수 있다. 비정규직 여성 노동자 중 최저임금 미달자 비중은 이 기간 10.5%에서 28.5%로 크게 증가했다. 이러한 증가세는 특히

---

[1] 전체 임금노동자 중 최저임금 미달자로 추정되는 비율은 11.8%이다. 2013년 최저임금인 시급 4,860원보다 낮은 시급을 받고 있는 노동자가 209만 명이나 되는 것이다. 이러한 수치는 10명의 임금노동자 중 1명은 최저임금을 보장받지 못하고 있다는 사실을 알려 준다. 전체 임금노동자 중 최저임금에 미달하는 여성 노동자는 7.5%이고, 남성 노동자는 4.3%였다. 여성 노동자 중 최저임금 미달자가 훨씬 더 많다. 따라서 여성 노동자에 한정해 보았을 때, 최저임금 미달자 비율은 2013년 기준 17.4%에 달했다. 이는 여성 노동자 6명 중 1명은 최저임금에 미달하는 임금을 받고 있다는 사실을 의미한다.

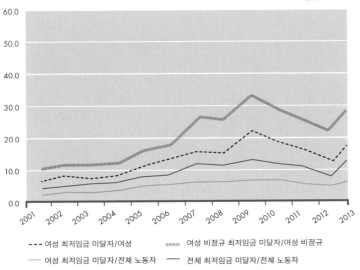

그림8 | 최저임금 미달자 비율 변화 (단위: %)

--- 여성 최저임금 미달자/여성 ‖‖‖‖‖ 여성 비정규 최저임금 미달자/여성 비정규
—— 여성 최저임금 미달자/전체 노동자 —— 전체 최저임금 미달자/전체 노동자

자료: 통계청, 〈경제활동인구조사 부가조사〉, 2013년 3월, 원자료를 토대로 계산.

2007년 〈기간제법〉 시행 후 더 뚜렷해지는 것으로 나타난다. 이 같은 높은 최저임금 미달자 비중과 증가 추세는 이 시기 최저임금 상승 폭이 과거에 비해 높아졌다는 사실과, 무엇보다 저임금 여성 노동시장이 급속히 확대되었다는 사실을 암시한다. 최저임금은 저임금 노동자를 보호하는 매우 중요한 법적 도구이며 이를 규제하는 것은 국가의 중요한 책무이다. 최저임금 수준의 향상과 함께, 그것의 법적 실효성을 확보하는 일도 매우 시급한 과제라고 할 수 있다.

비정규직 여성 노동자의
조직화 수준

　　노동조합은 노동자가 노동조건을 개선시킬 수 있는 유력한 수단
이라는 점에서 노동조합 가입률은 매우 중요한 노동 지표 중 하나이

표5 | 성별·고용 형태별 노동조합 가입률　　　　　　　　　　(단위: 명, %)

구분		노조 없음	비가입 대상	가입 대상이나 비가입	가입	전체
남자	**정규직** 빈도	3,901,044	474,756	545,503	1,441,449	6,362,752
	비율	61.3	7.5	8.6	22.7	100.0
	비정규직 빈도	3,238,699	338,044	73,625	112,124	3,762,492
	비율	86.1	9.0	2.0	3.0	100.0
	전체 빈도	7,139,743	812,800	619,128	1,553,573	10,125,244
	비율	70.5	8.0	6.1	15.3	100.0
여자	**정규직** 빈도	2,189,129	131,034	385,574	531,713	3,237,450
	비율	67.6	4.0	11.9	16.4	100.0
	비정규직 빈도	3,875,638	389,878	60,967	54,207	4,380,690
	비율	88.5	8.9	1.4	1.2	100.0
	전체 빈도	6,064,767	520,912	446,541	585,920	7,618,140
	비율	79.6	6.8	5.9	7.7	100.0

자료: 통계청, 〈경제활동인구조사 부가조사〉, 2013년 3월, 원자료를 토대로 계산.

다. 2013년 3월 기준 한국의 노동조합 가입률은 12.1%이다. 1,774만 명 중 214만 명이 노동조합에 가입해 있는 것이다. 이러한 가입률은 정규직과 비정규직, 남성과 여성 간에 매우 큰 차이를 보인다. 정규직 남성의 가입률은 22.7%, 비정규직 남성은 3.0%, 정규직 여성은 16.4%, 비정규직 여성은 1.2%의 가입률을 나타내고 있다.

정규직과 비정규직 간 노조 가입률의 격차가 매우 크며, 비정규직 내에서도 남성의 노조 가입률에 비해 여성은 절반 수준인데, 이는 두 가지 측면에서 해석할 수 있다. 첫째, 산업 간 성별 분업의 효과가 반영된 지표라는 점이다. 노조 가입률이 상대적으로 높은 제조업은 남성 비율이 높고, 노조 가입률이 낮은 서비스업은 여성 비율이 높다는 점이 작용하고 있다. 둘째, 노동조합 조직 문화가 여성친화적이지 않다는 점이다. 남녀가 비슷한 비율로 종사하고 있는 업종에서도 여성의 노조 가입률은 남성에 비해 낮은 것이 보통인데, 이는 노동조합의 중심적 역할을 남성이 맡고 있고, 조직 내 문화도 가부장적 분위기가 강하기 때문으로 해석된다. 헌법상 권리인 단결권이 온전히 보장되기 위한 제도적 보완이 필요하지만, 노동조합 운동의 자기 성찰도 동시에 필요하다고 할 수 있다.

06

인권의 사각지대에 선 비정규직 여성 노동자

비정규직 여성 노동자의 낮은 지위는 고용 형태별 불평등과 성별 불평등이 결합한 결과이다. 비정규직 노동자라는 신분은 기업의 내부노동시장에서 배제되고, 연공서열형 임금 체계에서 경력이나 근속을 인정받지 못하기 때문에 낮은 임금 수준에 묶일 수밖에 없다. 또 성역할 고정관념과 가부장적 의식이 강한 한국사회에서 남성중심적 노동 규범과 조직 문화가 지배적인 영향력을 행사하는 조건에서 여성들의 생애 과정에 내포된 차이는 이들을 노동시장의 주변인으로 만들어 왔다. '회사를 위해 어디든 갈 수 있고 언제나 일할 수 있는 사람'을 전제하는 남성중심적 노동 규범이 지배하는 곳에서 양육과 돌봄의 책임을 지고 있는 여성들은 문제적 집단이 되기 쉽다(김경희·강은애, 2010; 신경아, 2001). 이런 조건에서 노동시장을 이탈한 여성들이 재취업을 시도할 경우, 이들이 들어갈 수 있는 일자리는 대부분 여성 직종의 비정규직 고용이다. 30대 이후 여성들의 대다수가 비정규직이라는 사실은 한국의 노동시장에서 남성과는 다른 생애 시간표를 지닌 여성들은 그들의 직업적 능력이나 경력, 희망과 관계없이 노동시장의 아웃사이더이다나 불안정한 노동자가 될 가능성이 크다는 점을 알려 준다. 2007년부터 〈기간제법〉이 시행되어 왔지만, 여전히 '비정규직'의 존재는 한국

노동시장의 가장 큰 특징이자 문제이며, 고용 불안정과 저임금뿐만 아니라 신분적 차별과 노동자 인권의 유린이라는 매우 전근대적이고 반ᄅ인간적인 고용 형태가 되고 있다. 특히 여성들에게 비정규직 고용은 정규직 전환이나 재계약이라는 미끼와 함께 직장 내 성희롱이나 성폭력의 피해자가 될 위험성이 높은 일자리가 될 수 있다.[2] 다음은 학교에서 근무하는 비정규직 여성 노동자의 사례를 통해 이들이 경험하는 차별의 실태를 살펴보기로 한다.

학교 비정규직은 2000년대 중반 이후 활발한 운동을 통해 노동조건을 개선해 온 직종으로서 여성 노동자 정인용 씨의 사례를 소개한다. 학교 비정규직은 교사의 교육 활동을 보조하고 행정 업무를 처리하는 일을 주로 한다. 그녀의 사례는 비정규직 고용이 얼마나 불안정하며 차별받는 일자리인지를 분명히 보여 준다. 정인용 씨의 사례는 한국비정규노동센터의 〈비정규 노동 수기 공모전〉에서 입상한 글(《프레시안》 게재)의 발췌문이다.

● 학교 비정규직의 일상과 차별

"니들이 무슨 선생이야?" 투명인간 취급받는 우린……

나는 학교 도서관에서 일하는 비정규직 사서다. 올해로 학교 도서관에서 계약직 사서로 근무한지 햇수로 10년이 된다. 도서관

---

2 최근 중소기업중앙회에서 '쪼개기 계약'과 성추행에 시달린 20대 계약직 여성 노동자가 자살하였다. 쪼개기 계약이란 2년 이상 근무자의 정규직 전환을 막기 위해 비정규직 여성 노동자들의 계약기간을 2개월에서 6개월에 이르는 짧은 기간으로 쪼개어 계약을 갱신해 가는 것이다. 이에 더해 정규직 전환을 구실로 남성 상급자가 성희롱과 성추행을 계속하자 견딜 수 없게 된 여성 노동자가 자살함으로써 사건이 세상에 알려졌고, 정부는 쪼개기 계약을 단속하겠다는 방침을 밝혔다(〈'3·6·2·4·2' 비정규직 자살 부른 '쪼개기 계약' 없앤다〉, 《머니투데이》, 2014년 11월 2일).

사서가 되겠다고 어렵사리 공부하여 취직한 학교 도서관은 내가 꿈꾸던 '학교'와는 또 '도서관'과는 거리가 먼 곳이었다.

첫 학교에서 비정규직이 전부 그만둔 이유

첫 학교는 70여 명이 넘는 교직원이 근무하는 고등학교 도서관이었다. 아이들의 자습 감독을 해야 한다는 이유로 학교 도서관은 일요일에 개관을 하도록 계약하게 했고, 그렇지 않으면 계약을 할 수도 없는 상황이었다. 그렇게 1년 반을 근무하면서도 혹 계약이 해지될까 봐 싫은 소리 한마디 못 해가며 매주 일요일 어린 나의 아이들은 겨우 주먹밥으로 점심을 때우게 하고 일을 해야만 했다.

처음엔 원래 학교 도서관이란 것이 그런가 보다 했는데, 다른 학교 사서들을 만나고 학교 내 다른 비정규직 직원들과 이야기 나누면서 그 이유는 내가 '비정규직'이기 때문이란 걸 알게 되었다. 1년 365일, 일요일만 따지면 55주, 70명 교직원들이 1년을 돌아가며 출근하면 1년 중 딱 하루만 출근해도 될 일이었다. '도서관 업무'가 아닌 일을 한다는 것도 자존심이 상하는 일이었지만, 직장이란 것이 내 자존심만 세우고 할 수도 없는 것이니 그러려니 했다. 그렇지만 그 누구도 365일 중 단 하루라도 학교에 나와서 아이들을 지도하는 게 싫다는데 그 일을 내가 도맡아 해야만 했다는 데 화가 났다. 그때 만일 내가 '노동조합'이라는 걸 알고 있었더라면, 그렇게 그 학교를 박차고 나오지도 않았을 텐데…….

그땐 그 상황이 그저 싫고 화만 나고, 어쩔 수 없다는 생각밖에 안 들어 퇴사를 하고 말았다. 그런데 그 이후 상황이 더 기가 막혔다. 내가 그만두고 나오자 행정 실무사(당시 '과학 보조'라 불림)에게 일요일 근무를 시킨 것이다. 그 선생님도 결국 그만두셨고, 그 자리는 차례차례 다음 비정규직들에게로 옮겨졌다. 그래서 그해 결국 그 학교에 근무하던 모든 비정규직들이 그만두는 사태가 벌어지고 말았다.

그 후 옮겨 온 학교는 소규모 학교였지만, 몇 학급이 더 늘면 365일 계약을 해주겠다고 하여 들어오게 되었다. 그런데 이 학교에서도 예산이 없다는 이유로 5년째 월급 100만 원을 받으며 학교 도서관을 지키고 있다(급식비 월 7만 원을 제하고 나면 100만 원도 안 되는 월급). 그나마도 '도서관'에 대한 열정이 있는 관리자가 있으니, '사서'도 있는 것이라고 자위하면서 이런 상황에 몇 백 권 책을 살 수 있다는 걸 다행으로 생각하며 지내고 있다.

정규직 사서였다면 '투명인간' 취급했을까?

하지만 월급 100만 원보다 나를 더 비참하게 만든 것은 내가 학교에 근무하고 아이들의 독서 교육을 담당한다고 하면서도 그저 나를 투명인간 취급하는 혹은 나를 심부름꾼 취급하는 주변의 시선들이었다.

어느 해 봄 아이들과 독후 활동을 하기 위해 계획을 세우고, 재료를 사고, 만반의 준비를 마치고, 아이들에게 홍보까지 해놓고 시작하려는데, 학교에 다른 행사가 있다고 할 수 없다고 했다. 미리 알아보지 않은 나의 실수도 있겠지만, 늘 학교에서 뒷전인 비정규직 사서에게 '학사 운영'이라는 게 공유될 리 만무했고, 교직원 회의에는 말 그대로 교원과 공무원인 교직원만 참석하고 '회계직'이라 불리던 우리 비정규직들은 아무도 참석을 못 하기에 그달 그달 미리 알아 두지 않으면 알 수가 없고, 미리 알고 있어도 일주일에 한 번씩 열리는 교직원 회의에서 바뀌어 버리면 '뒷북치는 사서'가 되는 것이다.

"니들이 무슨 선생이야?"

얼마 전 교무실에 계신 행정 실무사(예전에 '교무 보조'라 불리던) 선생님들 두 분이 도서관에 내려오셨다. 여간해선 두 분을 한자리에서 같이 보기가 정말 어려운 일인데(식사도 교대로 하셔야 하고, 한 분이라도 자리를 비우면 교사들이 전화 받을 사람 없다며, "내가 전화 받는 사람이야?" 이런단다) 그날은 어두운 표정으로 두 분이 다 내려오셨다. 아무래도 학교를 그만두셔야겠다면서.

지난 봄 '교원 업무 경감' 차원으로 교사들은 수업에 집중하고, 잡무를 덜어 주어야 한다면서 그 '잡무'라 불리는 모든 일들이 '행정 실무사'들에게 돌아갔다. 그 업무 폭탄을 맞고도 1년을 잘 버티신 선생님들이시다.

"일이 많은 건 참겠어요. 일이 많아도 나를 인정해 주는 게 오히려 내가 있는지 없는지 유령 취급할 때보다는 나아요. 하지만, 인간적인 모욕은 도저히 못 참겠어요"라고 말씀하시며 눈시울을 적신다. 올 초 경기도교육청에선 '학교 비정규직' 처우 개선의 일환으로 '호칭 개선'에 대한 이야기도 나왔다. 그래서 이전까지는 '○○ 보조', '○○ 씨', '미스 ○○', '○○ 양'이라고 부르던 호칭을 '선생님'으로 부르자는 이야기다. 그리고 학교 내에서도 어느 정도 잘 지켜지는 것 같았다. 먼저 우리끼리 서로를 '선생님'이라 불렀고, 그걸 보는 아이들도 자연스럽게 '언니'에서 '선생님'으로 자리 잡아가던 터였다.

처음 월급 100만 원 넘었다고 울었지만……

지난 9월에는 학교 비정규직 처우 개선안으로 몇 가지 수당들이 신설되었다. 우리들이 힘을 합쳐 외치니 그나마도 조금 귀 기울여 주는 듯, 선심 쓰듯 수당들을 내어 주었다. 많지는 않지만 교통보조비, 가족수당 등을 받았을 때, 급식실에 계신 조리 실무사님들은 기쁨의 눈물을 흘리시기까지 했다. 그분들은 새벽 7시 30분이면 출근해서 그날 조리할 식재료들을 검수하고 준비하며, 아이들이 몰려오는 12시가 될 때까지 숨 한번 고르지도 못하고 정신없이 일하신다. 배식이 끝나면 물 들이켜듯이 밥 한술 후루룩 털어 드시고, 또 다시 씻고, 닦고, 정리하고 허리 한번 펼라치면 "아악" 소리가 절로 새나온다.

그렇게 16년을 학교 급식실에서 일하신 조리 실무사님은 일하면서 처음으로 월급이 100만 원이 되었다고 기쁨의 눈물을 훔치셨다. 하지만 처음 학교에 들어와 일하기 시작했을 때나 16년이 지난 지금 달라진 건 9월에 새로이 신설된 수당 몇 푼이 전부다. 근무 일수는 더 늘어났고, 학생 수가 늘어 노동강도는 배가 되었는데도 그저 월급이 100만 원 넘었다는 사실이 감개무량하다고 말씀하신다. 이제 학교 들어온 지 1년이 채 안 된 새내기 조리사님과 월급이 같은데도 말이다. 아파도 대체 인력이 없다는 이유로 병가 한번 못 내보고, 인대가 늘어난 어깨를 칭칭 동여맨 채 출근해서 무거운 잔반통을 이고 지고 날라도 학교에선 누구 하나 그분들의 처우에 대해 신경 쓰지 않는다.

차별받지 않고 '교육 주체'로 자리매김하고 싶다

이렇듯 사람들이 '비정규직'이라고 부르는 우리들은 학교 곳곳에 꼭 필요한 사람들이다. 교사들은 힘들다고 싫다는 일, 공무원들은 할 수 없는 일들을 하고 있는 우리들이 왜 비정규직이어야만 하는지 묻고 싶다. 코에 걸면 코걸이, 귀에 걸면 귀걸이. 우리가 딱 그 짝이다. 우리가 바라는 것, 어마어마한 월급도 아니고, 승진도 아니다. 소박한 우리들의 희망은 사람답게 사는 삶이다. 차별받지 않는 삶이다. 우리들이 있는 이 자리에서 언제나처럼 우리들의 미래인 아이들을 보살피고, 교육하는 교육의 주체로 당당히 자리매김하고 싶을 뿐이다.

정인용, 〈나는 학교비정규직입니다〉 중에서

(한국비정규노동센터 '2012 비정규노동 수기 공모전' 수상작)

07

맺음말

지금까지 2007년 〈기간제법〉 시행 이후 전개된 한국의 비정규직 여성 노동자의 노동시장 조건을 살펴보았다. 이를 토대로 '비정규직 여성 노동자는 누구인가?'라는 당초의 질문에 대한 답변과 그에 따른 과제를 정리해 보면 다음과 같다.

첫째, 2007년 '비정규직보호법'이라고 불렸던 〈기간제법〉 시행 이후 비정규직 여성 노동자의 수는 감소하고 있지만, 간접고용의 증가나 최저임금 미달자 증가 등 고용의 질은 더욱 나빠지고 있다. 또 2008년 이후 비정규직 여성 노동자의 증가는 주로 요양 보호사 등 40대 이후 중고령 돌봄노동자 층에 집중되고 있으나, 돌봄노동에 대한 한국사회의 저평가로 인해 이들은 저임금 노동시장에 머물러 있다. 그 결과 2013년 비정규직 여성 노동자의 28.5%가 최저임금에 미달하는 임금을 받았다. 따라서 비정규직 여성 노동자의 노동조건을 개선하기 위해 최저임금의 수준을 높이고 최저임금제의 현실적 실효성을 대폭 강화해 나가야 한다는 과제가 제기된다.

둘째, 지난 50여 년간의 공업화 과정에서 여성들은 주로 영세기업 노동자로 일해 왔다. 2013년에도 비정규직 여성 노동자의 77%가량이 30인 미만의 영세사업장에서 일하며, 반대로 100인 이상 사업장에서 일하는 비정규직 여성들은 7.4%에 지나지 않는다. 이는 대기업 중심의 발전 전략을 추진해 온 한국의 국가정책이 여성들에게는 매우 배제적인 효과를 가져다주었음을 암시한다. 한국 비정규직 여성 노동자들의 문제는 정규직과 비정규직 간의 차별만이 아니라, 대기업 중심의 자원 배분 구조를 전개해 온 국가정책 전반의 책임이라고 할 수 있다. 중소, 영세기업 노동자의 노동조건을 개선하기 위한 국가적 차원의 노력이 없이는 비정규직 여성 노동자의 노동조건 향상은 불가능하다고 할 수 있다.

셋째, 최근 확대되고 있는 비정규직 여성 노동시장은 간병과 요양 보호, 보육 등 돌봄노동 수요의 증가와 깊은 관계가 있다. 그러나 한국 노동시장에는 돌봄노동에 대한 엄밀한 평가 체계가 확립되어 있지 않고 가부장적 관념으로 인해 돌봄노동은 여성이면 누구나 할 수 있다는 평가절하 관행이 자리 잡아 돌봄노동자들의 임금은 매우 낮은 수준에 머물러 있다. 특히 노동시장을 퇴장한 후 재진입하는 40~50대 돌봄 여성 노동자들은 그들이 가족에서 돌봄노동을 수행해 왔음에도 불구하고 '경력 단절' 여성으로 규정되면서 저임금 노동자로 한정되는 현상이 나타나고 있다. 요양 보호사 등의 임금이 100~150만 원이며 경력에 관계없이 임금 수준이 고정되어 있다는 사실은 국가가 창출한 돌봄노동 시장이 숙련이나 경력을 개념화하지 못한 외부노동시장적 특성을 가지고 있다는 사실을 시사한다. 그들의 임금이 20대 노동시장 신규 입직자의 임금과 같은 수준이라는 사실은, 경력과 근속에 따라 임금 수준이 향상되는 것이 노동시장 관행이지만, 이들의 경우 이 같은 노동시장 임금 체계의 영향을 받지 못하고 있음을 보여 준다.

돌봄노동뿐만 아니라 노동시장의 많은 '여성 일자리'들이 이처럼 경력이나 근속을 인정받기 어렵고 전문성과 숙련의 향상이 임금 산정에 고려되지 않는 일자리라는 점은 앞으로 풀어 가야 할 가장 큰 과제의 하나이다. 노동시장에서 여성들이 수행하는 직무의 전문성과 숙련도, 경력을 반영한 임금 체계를 확립하고 이를 보편화해려는 노력이 필요하다. 이는 궁극적으로 '동일노동 동일임금' 체계의 확산과 같이 가야 한다는 점도 지적할 수 있다.

넷째, 가장 중요한 정책 방안은 비정규직 노동자의 사용 사유를 제한하는 것이다. 기업에서 정규직 노동자를 고용해야 할 자리에 비정규직 노동자를 씀으로써 비정규직 일자리가 양산되는 것을 막기 위해 2007년부터 시행된 〈기간제법〉은 기업에서 같은 일자리에 비정규직 노동자가 2년 이상 계속 근무할 경우 정규직으로 전환

해야 한다는 조항이 포함되어 있다. 그러나 일부 기업을 제외하고 많은 기업에서는 비정규직 노동자의 정규직 전환을 막기 위해 고용 기간을 2년 이내로 제한하고 있다. 그 결과 비정규직 노동자의 고용 안정을 위해 만들어진 법이 오히려 고용 기간을 2년이라는 짧은 기간으로 한정하는 결과를 가져왔다. 따라서 노동계에서는 비정규직의 남용을 막기 위해서는 '사용 사유를 제한'하는 것이 가장 근본적인 방법이 될 것이라고 보고 있다. 기업에서 여러 가지 이유로 일시적인 기간에만 노동자를 사용해야 할 때 비정규직의 고용을 허용하며, 상시적인 일자리에서는 사용할 수 없도록 하는 것이다. 이렇게 함으로써 기업에서 원칙적으로 정당한 경우에는 비정규직 노동자를 고용할 수 있지만 그것을 남용할 가능성을 차단하여 고용의 안정성을 확대할 수 있다.

마지막으로 시간제 일자리 확대 정책의 문제를 지적할 수 있다. 정부는 2013년부터 시간제 일자리 확대를 통해 여성의 고용을 늘리겠다는 정책을 시행하고 있다. 그러나 시간제 일자리는 여성을 절반의 소득에 만족해야 하는 주변적 노동자로 만들어 갈 가능성이 크다. 여성은 집에서는 가사와 양육을 전담하고 노동시장에서는 절반의 임금을 받는 이중 부담과 불안정 고용의 담지자로 고착되기 쉽다. 시간제 고용은 노동시간과 임금, 조직 내 지위에서 여성과 남성의 격차를 키우고 가족의 돌봄노동을 여성에게 전담하도록 하는 불평등한 일자리이다. 따라서 시간제 고용은 일자리 창출 수단(채용형 시간제)이 아니라, 임신과 출산, 양육의 부담이 큰 시기에 여성들이 노동시장을 떠나는 대신 일시적으로 선택할 수 있는 일자리 유지 방법(전환형 시간제)으로 사용되어야 한다.

시간제 일자리는 양육 등 가족 돌봄의 책임을 가진 여성들에게 일과 가족 돌봄을 병행할 수 있는 일자리라고 알려져 있다. 한국 노동시장에서 여성의 시간제 일자리도 그런 성격을 띠고 있을까?

2013년 3월 기준 〈경제활동인구조사 근로형태별 부가 조사〉에 따르면, 시간제 노동자는 177만 7천 명으로 전체 임금노동자(1,774만 3,000명)의 9.9%, 비정규직 노동자(580만 9,000명) 중 30% 이상을 차지할 만큼 증가했다. 이 중 여성은 128만 5천 명으로 전체 시간제 노동자의 73% 이상에 이른다. 이러한 수치는 2008년 이후 매년 10% 이상 증가해 온 결과를 보여 주는데, 음식 숙박업 등 서비스 산업과 5인 미만의 소규모 사업체에서 빠르게 증가해 왔다.

따라서 시간제 노동자의 근로조건은 모든 지표에서 정규직은 물론 비정규직 내에서도 가장 낮은 수준으로 나타난다. 2013년 3월 기준 평균 근속 기간은 1년 6개월로 다른 비정규직 평균인 2년 5개월에 비해 훨씬 짧으며 1년 미만이 66.3%에 이른다(한인상, 2013). 시간제 노동자의 대다수가 임시직이나 일용직으로 일하고 있음을 추측할 수 있다. 임금은 같은 시기 임금노동자 월평균 임금이 217만 1천 원, 정규직 253만 3천 원, 비정규직 141만 2천 원인 데 비해, 시간제 노동자는 65만 1천 원에 불과해 전체 임금노동자 월평균 임금의 30%에 머물고 있음을 보여 준다. 시간제 노동자의 복지 수혜율과 사회보험 가입률은 퇴직금 12.0%, 상여금 17.3%, 시간외수당 8.6%, 유급 휴일(가) 8.7%, 국민연금의 직장 가입률 13.9%, 건강보험 17.2%, 고용보험 16.3%로 매우 낮다.

여성 시간제 노동자의 특징을 살펴보면, 세 집단으로 구분할 수 있다. 첫째, 지난 10년 사이 가장 크게 증가한 집단은 40대 중반 이후 특히 60세 이상의 중·고령 여성 노동자층이다. 〈그림9〉는 2008년 이후 여성 시간제 노동자 중 60세 이상이 가장 크게 증가해 왔음을 보여 준다. 둘째, 20대 후반부터 30대 중반까지 가사·양육과 임금노동을 병행하려는 층이다. 셋째, 20대 초·중반의 노동시장 신규 입직자로서 원하는 전일제 일자리를 찾지 못한 비자발적 시간제 가능성이 높은 노동자들이 있다. 특히 기혼 여성 시간제 노동자 중 40세 이상 연령대는 2012년 3월 80%를 넘어서고 있다.

또 〈표6〉에서 여성들이 시간제로 일하는 이유 중 가장 많은 부분은 '당장 수입이 필요해서'로 나타난다(한국노동연구원, 2012). 육아와 고용을 병행하기 위한 연령인 25~39세 연령층보다 40대 이후의 시간제 노동자가 많고, 기혼 여성들의 시간제 취업 이유도 당장의 수입을 얻기 위한 것이라는 사실은 한국에서 여성의 시간제 고용은 육아 및 가사와 임금노동을 양립해 나가기 위한 전략이기보다는 중·고령 여성들의 불안정·불완전 일자리라는 속성을 지닌다는 점을 알려 준다.

그림9 | 연령별 여성 시간제 노동자 비중 추이   (단위: %)

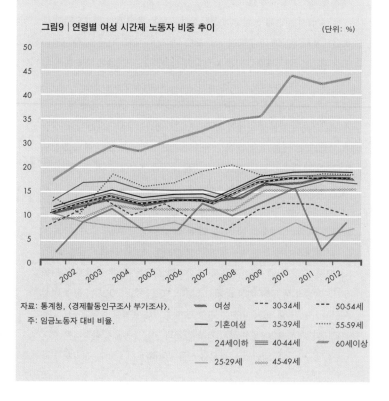

자료: 통계청, 〈경제활동인구조사 부가조사〉.
주: 임금노동자 대비 비율.

여성   30-34세   50-54세
기혼여성   35-39세   55-59세
24세이하   40-44세   60세이상
25-29세   45-49세

	기혼 여성	24세 이하	25~ 29세	30~ 34세	35~ 39세	40~ 44세	45~ 49세	50~ 54세	55~ 59세	60세 이상
근로조건 만족	19	0	23.5	16.9	21	23.3	18.7	17.5	19.2	16.7
안정된 일자리	2.8	0	0	4.1	0.4	2.9	6.7	1.9	1.8	2.6
당장 수입이 필요	39.5	0	19	21.6	22.6	23.8	33.4	45.3	53.4	57.6
원하는 일자리 없어서	4.9	43.7	6.5	3.9	3.3	4.5	6.2	8	5.4	3.2
경력에 맞는 일자리 없어서	0.6	28.1	0	2.8	0	0.5	1.3	0.4	0	0.2
경력을 쌓아 직장 이동	1.5	0	2.5	1	2	3.1	2	2	0	0.3
육아 · 가사 병행 위해	20.9	0	39.5	37.5	43.1	26	16.1	17.5	12	10.5
학업 · 직업훈련 병행 위해	0.4	0	0	1.1	0.7	0	1.8	0	0	0
노력한 만큼의 수입	2.5	0	4	7.6	0	3.9	2.8	1.5	1	2.2
근무시간 조절 가능	6.9	28.1	5.1	3.5	6.2	11.9	10.7	6	6.6	3.5
기타	1	0	0	0	0.6	0	0.3	0	0.6	3.1

표6 │ 시간제로 일하는 이유 (단위: %)

자료: 통계청, 〈경제활동인구조사 근로형태별 부가조사〉, 2013.

제9장

일터로 들어온 섹슈얼리티:

직장 내 성희롱

성희롱이란?

'성희롱'이라는 용어가 알려지기 전에는 여성들이 직장이나 사회에서 일상적으로 성적인 수치심이나 굴욕감을 느끼면서도 그 경험을 무엇이라고 불러야 하는지 몰랐으며, 그저 사적인 문제로 생각하고 참아 내야만 했다. 하지만 1999년 성희롱 규제 관련 조항을 처음으로 마련한 〈남녀차별금지및구제에관한법률〉의 제정으로 그동안 사적인 일로 은폐되어 왔던 성희롱에 대한 사회적 관심과 인식이 빠르게 변화하는 계기가 되었다. 직장 내 성희롱에 대한 노동자들의 권리 의식과 법적인 구제 제도에 대한 기대 또한 증가해 왔다. 실제로 성희롱 사건은 〈남녀고용평등법〉과 관련되어 고용노동부에 접수된 사건 중 가장 많은 비중을 차지하고 있다. 이러한 현상은 성희롱이 위법한 행위라는 사회적 인식이 그만큼 높아졌음을 반영하는 것임과 동시에, 많은 수의 여성들이 여전히 직장에서 일상적으로 성희롱에 노출되어 있음을 반증하고 있다.

그러나 직장 내에서 성희롱에 대한 문제 제기와 해결은 여전히 힘든 상황이다. 문제 제기 이후의 불이익, 조직 내 따돌림, 동료들로부터 공감과 지지를 받기 어려운 상황으로 인해 직장 생활을 유지하는 것이 불가능하기 때문이다. 직장 동료들이 피해자의 성희롱 문제 제기 자체에 대해서는 표면상 호의적인 태도로 받아들이지만, 해결 과정에서 피해자에게 '회사의 분위기를 위해서' 또는 '상대방의 장래를 위해서' 문제를 덮어 둘 것을 종용하는 경우가 많다. 또한 전반적인 직장 분위기가 피해자의 행실과 태도를 문제 삼으면서 가해자를 오히려 두둔하는 등 피해자에게는 적대적이면서 가해자에 대해서는 관용적인 태도를 취하는 경우가 대부분이다. 이런 직장 분위기에서 성희롱 피해자가 성희롱 피해를 구제받기 위해서는 '성희롱을 감내할 것인가, 아니면 생존권을 걸고서라도 문제 제기를 할 것인가'라는 딜레마적 선택을 해야 한다. 더군다나 여성의 비정규직화로 대표되는 고용 불안정이 가속화되면서 '법 따로, 현실 따로'의 현상이 두드러지고 있다. 비정규직, 특수고용직, 영세사업장에서 여성이 법의 보호를 받으며 성희롱 문제를 해결하는 것은 여전히 어려운 현실이다.

그렇다면 성희롱이란 무엇이고, 일터에서 문제가 되는 성희롱의 원인과 상황은 무엇이며, 어떻게 대응해야 할까?

직장 문화와 섹슈얼리티

조직 내 여성의 일에 관한 연구에서 여성을 성적으로 대상화하는 섹슈얼리티 문제는 매우 중요하다. 특히 아직까지 남성중심적인 조직 문화 안에서 여성에게 일상적으로 일어나는 성희롱에 대해 어떻게 규정하고 대응하는지는 조직 내 여성의 정체성을 새롭게 구축하고 조직 내 여성의 경력에 대한 전망을 공고히 해나가는 데 핵심적인 해결 과제다. 왜냐하면 이제 많은 여성들에게 직장은 더 이상 결혼 전에 잠시 머물다 가는 임시 정류장이 아니기 때문이다.

대부분의 조직들은 성별화되어 있으며, 성별화된 의미들, 정체성들, 실행들, 그리고 권력관계가 존재하는 장場이다. 따라서 여성이 조직에 들어가는 것은 섹슈얼리티의 세계에 들어가는 것이다. 왜냐하면 우리의 성적 감정과 행위, 섹슈얼리티에 대한 생각의 방식, 성적 정체성은 생물학적인 것이 아닌 사회적·역사적인 힘에 의해 구성된 것이기 때문이다. 결국 조직 안의 남성과 여성의 섹슈얼리티와 성 정체성은 그 사회의 문화와 구조에 의해 형성되는 것이다(Halford & Leonard, 2001; 허목화, 2012에서 재인용).

　　사회·문화적 관점에서 한국 사회의 섹슈얼리티는 '순결 이데올로기'와 이성애 중심적인 '결혼 제도'와 연관해 설명할 수 있다(이성은, 2003). 순결 이데올로기는 이성애적 관계 내에서 성별화된 규범의 대표적인 양태이며, 유교주의에 근거한다. 유교의 논리 안에서 여성의 성은 재생산의 도구로 규정된다. 미혼 여성에게는 순결을, 기혼 여성에게는 정절을 강요한다. 하지만 서구 문화의 도입으로 결혼을 전제로 한 성과 사랑의 전통적인 각본이 변화함에 따라 순결 이데올로기가 변화하고 있다. 이제 많은 여성들은 남성들과 마찬가지로 결혼을 전제로 하지 않고 자유롭게 사랑하고 헤어지며 때로는 성관계를 맺기도 한다. 한국사회에서 성과 사랑, 결혼은 더 이상 일직선상에 놓여 있지 않다. 여성들은 성과 사랑, 결혼과 임신, 출산을 자신의 커리어 유지를 위한 선택의 문제로 받아들이고, 이에 따라 가족의 형태도 매우 다양해지고 있다. 이렇게 가족의 현실이 급격히 변화하고 있는 반면, 일의 영역은 여전히 전통적인 여성상에 기반한 남성중심적인 문화가 굳건히 자리 잡고 있다. 다수의 남성들이 권력의 자리에 집중되어 있는 한국의 기업 조직은 여전히 성차별적 성별 문화(여성을 남성과 동등한 노동자로 규정하는 것이 아니라 '사무실의 아내', '직장의 꽃'으로 규정하는 방식)가 지배적이다. 이러한 성차별적 조직 문화는 때로는 여성에게 일종의 성적 노동을 강제하는 '조직 성애화'의 근거가 되기도 한다.

역사적으로 보면 성애화된 노동의 역사는 이미 일제강점기인 1920~1930년대까지 거슬러 올라갈 정도로 매우 뿌리 깊다. 1934년 한 잡지 기사에서는 여성의 직업을 성스러운 직업(교원, 간호부 등), 고통스러운 직업(여직공), 에로틱한 직업(여급, 여점원)으로 나누기도 했다. 사실 일제강점기에 신여성을 포함하여 공적인 공간으로 나와 활동한 직업여성 전반에 대한 사회적 공격의 가장 큰 무기는 '도덕적으로 문제가 있는 집단', 즉 섹슈얼리티와 관련하여 부정적인 혐의를 두는 것이었다. 그중에서도 사람과 직접 대면하여 친절을 제공해야 하는 서비스직 여성의 경우 업무를 일의 특성이 아닌 서비스직 여성의 문제로 확대하고 비난하거나, 아예 일의 성격을 '에로틱한 직업'으로 규정하는 것이 당시의 사회적인 분위기였다. 예를 들어 버스의 등장과 함께 출현한 '버스 걸'은 손님들에게 직접적으로 성희롱을 당하는 일도 많지만, 운전수와의 몇 마디 대화도 '운전수와의 로맨스'로 규정하는 것이다. 버스보다 더 한정적이고 폐쇄된 공간에서 일해야 하는 '에레베타 걸'의 경우에는 "짓궂은 사내들이 탄 에레베타가 중간에 2~3초 서면 세상이 아득하고, 손님이 없을 때는 장난꾼이 일부러 타서 희롱을 일삼는데 떠들 수도 없고 참으면 더 심하게 굴었다"라고 어려움을 토로하였다. 이같이 일제강점기에는 서비스직 여성을 생활 전선에 나선 직업인이기보다는 아무 남성이나 성적 접근이 가능한 성애화된 대상으로 보는 당시의 사회적 분위기로 인해 여성들은 업무 과정 중에 일상적으로 성희롱에 노출되어 많은 어려움을 겪었다(강이수, 2011).

그로부터 거의 100년이 경과한 21세기 한국사회의 기업 현실 역시 그다지 많이 변한 것 같지는 않다. 기업들은 여성도 실력만 있으면 채용한다고 말하지만, '같은 값이면 다홍치마'라고 외모가 뛰어나고 날씬한 여성을 선호하는 것이 조직 문화의 현실이다. 때문에 취업 시즌이 되면 많은 여성들이 취업을 위해 성형외과를 찾아 얼굴을 고치기까지 한다. 이제 '취업성형'이라는 단어는 자연스러운 일반명사가 되고 있다. 고용 평등 상담 사례 분석에 의하면, 20대 직장 여성의 절반이 성희롱에 대한 고민을 털어놓았고, 상담 여성의 73%는 해당 직장에서 일한 지 1년이 되지 않았다. 이는 직장에 들어간 지 1년이 되지 않은 많은 여성들이 성희롱의 위험에 노출되어 있으며, 성적 피해 사실과 관련된 말을 꺼내기 어려운 현실을 생각했을 때 많은 여성들이 일터에서 성적 대상화로 인한 고민을 가지고 있음을 단적으로 드러낸다. 성적 피해 사실과 관련된 말을 꺼내기 어려운 현실에서 여성들이 손쉽게 할 수 있는 선택은 조용히 직장을 떠나는 것이다(허목화, 2012).

조직 내 섹슈얼리티와 관련해 새롭게 등장한 '사무실 배우자office spouse' 담론은 이성애적 조직 내의 권력이 새로운 섹슈얼리티를 생산하고 있음을 보여 준다. 이전에 동성이나 이성에게 모두 사용되었던 직장 동료라는 단어는 이제 성에 따라서 '오피스 와이프office wife' 혹은 '오피스 허즈번드office husband'라는 이름으로 불린다. 이 신조어는 서로 어떠한 신체적 접촉도 하지 않으며 불륜과 다르다는 것을 전제하지만, 현실에서 그 경계는 불분명하다. 자칫 지루

할 수 있는 직장 생활에서 시시덕거리며 농담을 나눌 수 있는 직장 내 누군가가 있다는 약간의 성적 긴장감이 이성애적 조직 문화에서 업무 효율을 높일 수 있다며 긍정적으로 묘사되고 있다. 하지만 이러한 성적 긴장감은 이를 즐기는 사람에게는 업무 효율을 높이는 요소가 될 수도 있으나, 일방적으로 한 성이 대상화된다면 그 안에 있는 권력관계를 은폐할 수 있다.

성희롱, 섹슈얼리티에 드리워진 권력관계

성희롱sexual harassment 이란 일반적으로 성적으로 추근대거나 괴롭히는 행동을 일컫는 말이다. 성희롱은 넓은 의미에서 성폭력sexual violence 의 하나라고 할 수 있다. 성폭력은 본인의 의사와 무관하게 타인에 의해 행해진 성과 관련하여 행사된 행위로서 물리적 폭력의 극단인 강간에서 성희롱까지 포괄하는 개념이다. 그런데 성폭력이 섹슈얼리티에 대한 강제성, 침해 행위로 제기되어 온 것에 비해 성희롱의 문제 제기 방식은 그 사회적 맥락에서 차이가 있다.

미국의 경우 성희롱이 사회적으로 문제화된 것은 1970년대 이후의 일이다. 1970년대 미국의 여성운동가들은 학교나 기업 그리고 거리에서 일상적으로 저질러지는 여성에 대한 원치 않는 접근 또는 괴롭힘이 여성의 지위에 부정적인 영향을 미친다는 점을 지적하기 시작했다. 아울러 이에 대한 적절한 조치가 없다면 이는 여성에 대한 차별이므로 이를 금지시켜야 한다고 주장하면서 성희롱을 성차별의 문제로 제기했던 것이다. 당시 성과 관련해 발생한 다양한 차별 행위와 사례에 대해 여성 법학자인 맥키넌Catharine A. MacKinnon이 '성희롱'이라고 명명하였으며, 이후 성희롱에 대한 본격적인 논의와 연구가 더욱 활발하게 이루어지기 시작하였다.

성희롱에 대한 개념 규정은 학자들마다 다소 다르다. 틸 F. J. Till 은 학내 성희롱을 연구하면서, 성희롱이란 "학생들의 교육적 이득, 분위기 및 기회의 완전한 향유를 가로막거나 손상시키는 행태로서 한 개인의 섹슈얼리티 또는 성적 정체성을 강제하는 권위의 사용"으로 정의했으며, 피츠제럴드 L. F. Fitzerald 등은 성희롱이란 "공적인 권력의 차이가 존재하는 상황에서 성차별 또는 성적인 언급, 요구 등을 통해 수단적 관계를 성적 관계화sexualization 시키는 것으로서, 공적인 권력의 차이가 존재하지 않는다 하더라도 여성이 원치 않거나 여성에게 가해적인 경우 성립될 수 있다"라고 지적하기도 했다(Fitzerald & Schulman, 1993).

한편 성희롱은 성희롱의 발생 상황과 영향에 따라 다시 두 가지 유형으로 구분된다. 하나는 대가 보복형 성희롱이고, 다른 하나는 환경형 성희롱이다. 우선 대가 보복형 성희롱은 성적 언동, 기타 요구 등에 대한 피해자의 대응에 따라 고용 및 교육 조건에 불이익을 주거나 특혜를 주는 행위이다. 국내에서 최초로 성희롱 문제를 제기했던 '신 교수·우 조교 사건'이 이에 해당된다. 이는 1992년 서울대학교 화학과 실험실에서 1년간 유급 계약직으로 근무했던 우 조교가 불필요한 신체 접촉과 성적인 발언을 지속해 온 지도 교수인 신 교수에게 거부 의사를 밝히자, 신 교수가 자신을 재임용에서 탈락시키는 보복 행위를 했다고 신 교수와 서울대학교를 상대로 소송을 제기한 사건이다. 환경형 성희롱은 가해자의 행위가 개인의 업무 능률을 저해하거나 위협적·적대적·공격적인 환경을 형성할 의도를 띠었거나, 그 행위로 인하여 이 같은 결과가 발생했을 경우다. 환경형 성희롱은 처음에는 그 환경이 피해자에게 중대한 심리적·육체적 손상을 끼친 경우에만 인정되었지만 점점 그런 증명을 요구하지 않는 쪽으로 광범위하게 인정되고 있다. 1998년 미국 미쓰비시 자동차 공장의 여직원 700여 명이 상사의 묵인하에 남자 직원들로부터 상습적으로 성희롱을 당했다며 회사를 상대로 낸 손해배상 청구 소송에서 승소하여 3,400만 달러(당시 환율로 473억 원)의 보상금을 받아 낸 사례가 환경형 성희롱에 해당된다.

직장 내 성희롱의 개념과 유형

직장 내 성희롱의 개념

한국사회에서 직장 내 성희롱에 대한 명백한 규정은 1999년 2월 개정·시행된 〈남녀고용평등법〉에 처음으로 명문화되었다. 이후 〈남녀고용평등법〉은 2007년 〈남녀고용평등과 일·가정양립지원에 관한법〉(이하 〈남녀고용평등법〉)으로 확대되었다. 기존 〈남녀고용평등법〉 제2조(정의)에 근거하면 직장 내 성희롱은 "사업주, 상급자 또는 근로자가 직장 내의 지위를 이용하거나 업무와 관련하여 다른 근로자에게 성적 언동 등으로 성적 굴욕감 또는 혐오감을 느끼게 하거나, 성적 언동 그 밖의 요구 등에 따르지 아니하였다는 이유로 고용에서 불이익을 주는 것을 말한다"라고 정의하고 있다. 그러나 직장 내 성희롱 행위 주체의 범위를 직장 내로 한정함으로써, 외부 고객 등 업무와 관련이 있는 제3자가 업무 수행 과정에서 노동자에게 성적 굴욕감 또는 혐오감을 느끼게 하는 성희롱 행위를 할 경우 노동자를 보호할 수 없다는 한계가 있었다. 이에 2007년 개정에서 사업주에게 고객 등에 의한 성희롱 방지를 의무 조항이 아닌 노력 조항으로 규정했다. 직장 내 성희롱의 성립 요건과 판단 기준에 대한 법 조항을 보다 구체적으로 살펴보기로 하자.

첫째, 행위자가 사업주, 상급자, 근로자여야 하고, 피해자는 다른 근로자여야 한다. 근로자란 사업주에게 현재 고용된 자뿐만 아니라 취업할 의사를 가진 구직자도 포함된다(제2조 제4호).

둘째, 직장 내의 지위를 이용하거나 업무와 관련성이 있어야 한다. 업무와 관련성이 없거나 지위를 이용하지 않은 경우에는 직장 내 성희롱이 성립하지 않는다. 업무 관련성의 인정 여부는 쌍방 당사자의 관계, 행위가 행해진 장소 및 상황, 행위의 내용 및 정도 등 구체적인 사정을 참작하여 판단해야 한다. 업무 관련성은 업무 수행의 기회나 업무 수행에 편승하여 성적 언동이 이루어진 경우뿐만 아니라 업무 권한을 남용하거나 업무 수행을 빙자하여 성적 언동을 한 경우도 포함된다.

셋째, 성적 언동 등이 있어야 한다. 성희롱은 육체적 행위, 언어적 행위, 시각적 행위, 그 밖에 사회 통념상 성적 굴욕감 또는 혐오감을 느끼게 하는 것으로 인정되는 언어나 행동성 등 그 유형이

다양하다. 반드시 신체적인 접촉이 있을 경우에만 성희롱이 아님을 알 수 있다. 성희롱의 구체적인 유형과 사례에 대해서는 다음 절에서 자세히 살펴보기로 하자.

넷째, 그 성적인 언동으로 성적 굴욕감 및 혐오감을 느끼거나 성적 언동이나 성적 요구에 불응한 것을 이유로 한 고용상의 불이익이 있어야 한다. 성희롱의 전제 요건인 '성적 언동 등'이란 남녀 간의 육체적 관계나 남성 또는 여성의 신체적 특징과 관련된 육체적·언어적·시각적 행위로서 사회 공동체의 건전한 상식과 관행에 비추어 볼 때, 객관적으로 상대방과 같은 처지에 있는 일반적이고도 평균적인 사람으로 하여금 성적 굴욕감이나 혐오감을 느끼게 할 수 있는 행위를 의미한다.

이처럼 규정상의 성희롱의 성립에서 가해자의 성적 동기나 의도 유무는 중요한 것이 아니다. 가해자보다는 피해자가 느끼는 성적 굴욕감이나 혐오감이 더 중요한 판단 기준이다. 성희롱의 성립 요건은 당사자의 관계, 행위가 행해진 장소 및 상황, 행위에 대한 상대방의 명시적 또는 추정적인 반응의 내용, 행위의 내용 및 정도, 행위가 일회적 또는 단기간의 것인지 아니면 계속적인 것인지 여부 등의 구체적 사정을 참작하여 볼 때, 객관적으로 상대방과 같은 처지에 있는 일반적이고도 평균적인 사람으로 하여금 성적 굴욕감이나 혐오감을 느낄 수 있게 하는 행위가 있고, 그로 인하여 피해자가 성적 굴욕감이나 혐오감을 느꼈음이 인정되어야 한다(박선영 외, 2011).

직장 내 성희롱의 유형과 사례

그렇다면 구체적으로 어떠한 행위가 성희롱인가? 성희롱의 행위 유형은 크게 신체적 성희롱, 언어적 성희롱, 시각적 성희롱 그리고 기타 사회 통념상 성적 굴욕감을 유발하는 것으로 인정되는 언어나 행동 등으로 나누어 볼 수 있다. 〈표1〉에서와 같이, 〈남녀고용평등법〉 시행규칙은 성희롱에 해당하는 성적 언동을 다음과 같이 예시하고 있다.

이러한 유형별 예시는 성희롱 행위에 대한 이해를 돕기 위한 구분이다. 하지만 현실에서 일어나고 있는 성희롱은 여러 유형들

표1 | 〈남녀고용평등법〉 시행규칙상의 성희롱 유형별 성적 언동의 예시

유형 구분	성적 언동의 예시
육체적 행위	• 입맞춤이나 포옹, 뒤에서 껴안는 등의 신체적 접촉 행위 • 가슴, 엉덩이 등 특정 신체 부위를 만지는 행위 • 안마나 애무를 강요하는 행위
언어적 행위	• 음란한 농담을 하거나 음탕하고 상스러운 이야기를 하는 행위 (전화 통화 포함) • 외모에 대한 성적인 비유나 평가를 한 행위 • 성적인 사실관계를 묻거나 성적인 내용의 정보를 의도적으로 유포하는 행위 • 성적인 관계를 강요하거나 회유하는 행위 • 회식자리 등에서 무리하게 옆에 앉혀 술을 따르도록 강요하는 행위
시각적 행위	• 음란한 사진·그림·낙서·출판물 등을 게시하거나 보여 주는 행위 (컴퓨터 통신이나 팩시밀리 등을 이용하는 경우를 포함) • 성과 관련된 자신의 특정 신체 부위를 고의적으로 노출하거나 만지는 행위
기타	• 그 밖에 사회통념상 성적 굴욕감 또는 혐오감을 느끼게 하는 것으로 인정되는 언어나 행동성

이 중첩되어 있어 어느 하나의 유형에 넣기 어렵고 유형별로 경중을 가리기도 쉽지 않다. 예컨대 신체적 성희롱이 시각적·언어적 성희롱에 비해 더 심각한 어떤 것으로 이해하는 방식이 일반적이지만, 신체적 성희롱으로 분류할 수 있는 행위의 수위는 편차가 크고 시각적·언어적 성희롱 또한 범주 내의 편차가 크기 때문에 개별 행위를 무시한 유형 간 경중 비교는 위험하다. 피해의 차원에서 볼 때에도 개별 피해자가 느끼는 피해의 수준이 시각적·언어적 성희롱이 더 작고, 신체적 성희롱이 더 크다고 보기도 어렵다. 이러한 현실을 감안해 유형별 성희롱을 대표적인 사례를 중심으로 살펴보기로 하자.

우선 신체적 성희롱은 ①입맞춤이나 포옹, 뒤에서 껴안는 등의 신체적 접촉 행위 ②가슴, 엉덩이 등 특정 신체 부위를 만지는 행위 ③안마나 애무를 강요하는 행위 등 신체적 접촉을 통한 육체적 행위를 말한다. 이 같은 직접적인 신체적 접촉 행위는 명백하게 성희롱으로 인지되고 있다.

"해외에서 발령을 받아서 일을 하는데 업무차 대표가 왔다. 대표는 호텔에서 며칠 묵었고, 나는 사택에서 지냈다. 이상하게 대표는 회의를 모두 호텔에서 진행을 했다. 마지막 날 호텔에 통역과 이사와 같이 회의를 했고, 통역과 이사가 업무를 마치고 잠깐 나간 사이에 대표가 문을 잠그고 나를 덮쳤다. 대표의 그런 당황스럽고 무서운 태도에 나는 강하게 거부를 했고 옷도 다 찢어지고 황급히 그곳을 빠져나왔다. 서울에 와서도 업무차 KTX로 이동할 때 내 옆에 앉아서 내 다리를 더듬었다. 업무적으로 불러 놓고 드라이브를 가

자고 하고, 식당에 가자고 했다. 대표는 그 사건 이후에도 나에게 몇 번 연락을 했다. 심장이 두근거리고 스트레스가 너무 많다." (한국여성민우회, 2011)

"병원에서 근무하였다. 원장이 회식 후 할 말이 있다고 하면서 "가슴 한번 만져 보면 안 될까?"라는 말을 하여 너무 놀라 정신없이 그만둔다는 말만 하고 나왔는데 억울하다. 피해 보상을 청구하고 싶은데 어떻게 할 수 있는지?" (인천여성노동자회 평등의 전화, 2011)

언어적 성희롱에는 ①음란한 농담을 하거나 음탕하고 상스러운 이야기를 하는 행위(전화 통화 포함) ②외모에 대한 성적인 비유나 평가를 한 행위 ③성적인 사실관계를 묻거나 성적인 내용의 정보를 의도적으로 유포하는 행위 ④성적인 관계를 강요하거나 회유하는 행위 ⑤회식 자리 등에서 무리하게 옆에 앉혀 술을 따르도록 강요하는 행위 등이 포함된다. 특히 최근에는 텔레마케터나 콜센터 등 고객을 상대로 한 전화 서비스 업무에서 고객에 의한 언어적 성희롱이 심각한 현실이다.

"면접 보러 가서 사장한테서 불쾌한 이야기를 들었다. 나한테 취미가 무엇이냐고 묻기에 등산이라고 답했더니 단둘이 등산도 가자고 한다. 다른 직원들은 다 나가서 일을 하니까 사장 본인이랑 단둘이 밥도 먹어야 하고, 그럼 식사에서부터 모든 취향을 서로 맞춰야 된다고 했다. 사장은 면접 시 결혼 여부를 물으면서 왜 결혼을 안 했는지 꼬치꼬치 묻고 과거에 "남자와의 관계에 있어서 큰 상처를 받았느냐?"라는 질문을 했다. 면접에서 내가 왜 이런 이야기를 들어야 하는 것인가?"(한국여성민우회, 2011)

"업무상 전화를 응대를 해야 하다 보니 별별 희한한 사람들이 많아서 너무 힘들다. 얼마 전부터 처음에는 아주 점잖은 음성으로 이야기를 하다가 갑자기 변태적인 욕설, 소리가 나오다가 "얼마면 한번 해줄래?"등등. 이런 일들을 반복적으로 당하다 보니 일할 의욕도 없고 당장 그만두고 싶은데 서비스직은 이런 일들이 그냥 업무니까 하고 계속 당해야만 하는지?"(부산여성회 평등의 전화, 2011)

다음으로 시각적 성희롱에는 ①음란한 사진·그림·낙서·출판물 등을 게시하거나 보여 주는 행위(컴퓨터 통신이나 팩시밀리 등을 이용하는 경우를 포함) ②성과 관련된 자신의 특정 신체 부위를 고의적으로 노출하거나 만지는 행위가 포함된다.

이 밖에도 사회 통념상 성적 굴욕감 또는 혐오감을 느끼게 하는 것으로 인정되는 언어나 행동도 큰 범주에서 성희롱이라고 할 수 있다. 예를 들면, "여자가 무슨 그런 중요한 업무를 해?"와 같은 성차별적 여성 비하 발언이나, "간단히 회의하자고 직원들에게 모이라고 하면서 여직원에게 커피를 사 오라고" 하는 등 여성의 성역할을 요구하는 경우, 그리고 "전화를 받았을 때 남자 직원을 바꿔 달라는" 등의 여성을 대등한 주체로 보지 않고 비하하는 표현에 대해서 여성들이 성적으로 굴욕감을 느꼈다면 성희롱에 해당한다.

그러나 이렇게 다양한 유형의 성희롱이 제시됨에 따라, 남녀 간의 약간의 친밀한 표현도 전부 성희롱으로 여겨진다면 어떻게 남녀가 함께 직장에서 일할 수 있겠느냐는 반론도 제기되고 있다. 사실 구체적으로 어떤 상황에서 어떤 행동을 성희롱으로 볼 것인지의 문제는 간단하지 않다. 우리 사회에 만연해 있는 '연애를 조장하는 문화' 혹은 '강압적 짝짓기 문화'가 어떻게 성희롱을 유발하는 적대적 노동환경이 될 수 있는지, "남자 친구 있어요?"라는 질문과 "동거해 봤어요?"라는 질문이 일상적이고 자연스럽게 행해지고 있는 직장 문화에서 성희롱은 지속될 수밖에 없다. 특히 남녀 간의 성에 대한 인식이 아직도 큰 한국사회에서 성희롱 행위자는 자신의 행위를 여전히 '친밀감'의 표현이라고 주장하고 동료와 상사 역시 가해자와 마찬가지로 '친밀감과 성희롱'을 구분하지 못하는 인지구조를 공유하고 있는 한 기업 현실에서 성희롱은 일상화될 수 있다.

비정규직 노동자에 대한 성희롱 문제

전반적으로 직장 내 성희롱이 증가하고 있는 상황에서, 특히 비정규직 여성들은 더 큰 어려움을 겪고 있다. 고용 관계가 취약한 계약직·파견직과 같은 비정규직 여성 노동자는 불안정한 고용과 낮은 지위로 인해 직장 내 성희롱을 당해도 법적으로 해결하기 어려운 처지에 놓여 있다. 현행법은 성희롱 예방 교육의 책임을 사용 사업주에게 지우고, 성희롱 발생 시에는 파견 사업주에게 책임을 묻도록 되어 있어, 실제적으로 성희롱에 대한 책임 소재가 불분명한 상황이다. 비정규직에게는 성희롱 예방 교육도 제대로 실시되지 않는 경우가 많다. 비정규직 여성 노동자의 성희롱 문제의 심각성을 보여 준 대표적인 사례는 2010년 9월에 발생하여 490일간의 장기간 투쟁을 통해 2012년 1월 성희롱 피해 여성의 원직 복직과 이후의 어떠한 불이익을 주어서는 안 된다는 승소 판결을 이끌어 낸 '현대자동차 사내 하청 성희롱 부당 해고 사례'이다.

현대자동차 하청 공장에서 일어난 사례는 성희롱 피해자가 성희롱 예방 교육을 받아 본 적이 없고, 성희롱을 당한 것을 파견 사업장의 소장에게 문제를 제기하자 해고를 당한 경우다. 해당 여성 노동자의 경우 법원에서 불법 파견인 것으로 판정이 났기 때문에 실제로 원청인 현대자동차의 정직원과 동등한 지위였음에도 불구하고 원청의 책임 부인, 파견 업체의 해고로 거리에서 장기간 농성을 할 수밖에 없었다. 세 자녀를 키우면서 하청 공장에서 일하던 비정규직 여성 노동자였던 피해자가 반복되는 성희롱의 괴로움을 동료에게 털어놓았다는 이유만으로 징계 해고를 당하는 현실은 직장 내 성희롱의 문제가 비정규직 여성 노동자들에게는 단순히 '기분 나쁜' 수준의 문제가 아니라 '생존의 문제'가 될 수 있음을 보여 주었다. 관리자들은 노동자들의 불안정한 고용 상태를 이용해 성희롱을 하고, 성희롱 사실에 대해 침묵하게 함으로써 자신들의 노동 통제에 순응하게 만든다. 성희롱 사실을 알렸을 경우 생존을 위협받게 되는 것은 가해자가 아니라 피해자인 여성 노동자들 쪽이라는 사실을 가해자도 피해자도 잘 알고 있기에 가능한 일이다.

앞선 사례에서 보듯이 비정규직 노동자는 불안정한 고용 관계로 인해서 원청 업체의 정규직원이나 파견 사업장의 상사나 감독관으로부터 성희롱에 더 많이 시달리고 있음을 알 수 있다. 이 경

© 지구지역 행동 네트워크

2011년 11월 30일 〈전 세계 동시다발 1인 시위〉에서 전미자동차노조가 미국 전역의 현대자동차 공장, 영업소 앞 피켓 시위를 벌인 것이 현대자동차에게는 결정적인 압박으로 작용했다.

우 성희롱은 노동 통제의 목적으로 일상적으로 행해지는 것이다. 관리자들은 성희롱을 이용해 끊임없이 자신의 권력을 확인시키고, 그 과정을 통해 성희롱뿐 아니라 다른 노동 문제에 대해서도 발언할 수 없도록 함으로써 여성 노동자들을 통제하고 있는 것이다. 힘없는 비정규직 여성 노동자가 성희롱에 대해 취할 수 있는 방법은 개인적으로 참는 것밖에 없다.

결국 성희롱이 여성 노동자 통제의 수단으로까지 기능할 수 있게 된 이와 같은 현실은 가부장적이고 남성중심적인 노동 현장과 불안정 고용을 양산해 내고 있는 신자유주의 정책의 결과라고 할 수 있다. 따라서 근본적인 성희롱 방지 대책을 마련하기 위해서는 형식적인 성희롱 예방 교육만 실시할 것이 아니라, 남성 중심의 노동환경 문제와 여성 노동자의 고용 안정, 노동조건 개선을 위한 대책들이 함께 마련되어야 할 것이다. 보다 구체적으로 직장 내 성희롱에 대한 사용 사업주의 책임 소재를 명확히 하는 법적 제도를 마련하고, 파견 노동 등 고용 형태가 불안정한 상황에서 일어난 성희롱의 경우 원청 업체가 책임을 질 것을 분명히 하며, 원청 업체는 성희롱 예방 및 가해자 처벌, 피해자 보호 조치 등의 역할을 적극적으로 수행하도록 해야 할 것이다.

03
직장 내 성희롱의 실태와 영향

직장 내 성희롱의 실태

여성들이 직장에서 어느 정도 성희롱에 노출되어 있는지를 조사한 결과(김정혜 외, 2011)[1]에 의하면, 최근 2년간 성희롱을 경험한 적이 있다고 응답한 비율이 39.4%인 것으로 나타났다. 여성 10명

---

1 이 성희롱 실태 조사는 전국민주노동조합총연맹(이하 민주노총)이 공익 변호사 그룹 〈공감〉에 의뢰하여 2011년 2월부터 6월에 걸쳐 민주노총 조합원을 중심으로 제주를 제외한 전국 여성 노동자를 대상으로 하여 실시되었다. 민주노총 산하 각 연맹의 여성 사업 담당자가 단위 사업장으로 설문지를 우편 또는 이메일로 발송한 다음 단위 사업장에서 조합원 및 비조합원에게 설문지를 배포하고, 응답자가 자기 기입식으로 직접 설문지를 작성하였다. 최종 분석에 사용된 설문은 모두 1,652건이었다. 이 보고서에는 일반적인 성희롱의 실태뿐만 아니라 정규직·비정규직에 따른 성희롱 실태 비교, 노조의 유무와 피해자의 노조 가입 여부에 따른 성희롱의 상관 관계, 나아가 성희롱 발생 후 피해 구제를 위한 고충 처리 기구의 유무와 피해 구제 방법에 대한 인지도 조사 등 성희롱 해결의 주체에 대한 모색 등의 내용이 포함되어 있다.

그림1 | 성희롱 경험 유무

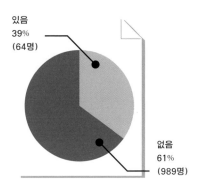

있음
39%
(64명)

없음
61%
(989명)

중 4명은 성희롱 경험이 있는 것으로, 여전히 높은 수치라고 할 수 있다. 직종별로는 사무직의 경우 성희롱 경험률이 40.6%로 가장 높았고, 생산직 38.7%, 판매 서비스직 34.3%의 순으로 나타났다.

성희롱 행위 중 빈도수가 높은 항목들의 내용을 보면, "여성을 비하하는 기분 나쁜 말이나 욕설을 들었다"가 24.1%로 가장 많았으며, "상대방이 성적인 이야기를 하거나 음담패설, 성적인 몸짓 등을 하여 불쾌하거나 당황한 적이 있다"(17.4%), "상대방이 성적 서비스를 요구하는 듯한 말과 행동을 하여 불쾌했던 적이 있다"(17.0%), "커피 접대, 심부름 등을 시키면서 그런 일은 여성이 하는 것이 더 좋다고 하여 성적으로 불쾌하거나 당황한 적이 있다"(15.0%), "나의 외모, 옷차림, 몸매 등을 평가하여 나를 성적 대상으로 보는 것 같아 불쾌하거나 당황한 적이 있다"(10.9%) 순이었다. 가장 빈번하게 발생하는 성희롱은 주로 언어적 성희롱이었다. 하지만 실제 직장에서 발생하는 성희롱은 언어적인 것과 신체적인 것, 시각적인 성희롱이 분명하게 구분되기보다는 혼재해서 함께

그림2 | 성희롱 발생 시점(중복 응답 가능)

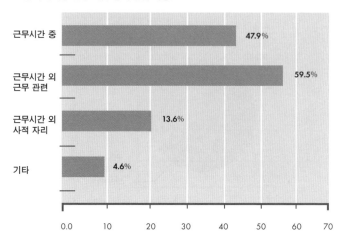

일어나고 있다.

신체적 성희롱으로 발전할 수 있는 성적 서비스의 요구는 대부분 회식 자리와 관련된 것들이었다. 근무 중은 아니지만 사실상 근무의 연장인 회식 자리는 모든 형태의 성희롱이 일어나는 장소임을 알 수 있다. 여성들은 "회식 자리에서 직장 동료에게 술을 따라야 하는 분위기라 어쩔 수 없이 술을 따르게 되었다"거나, "블루스 음악이 나오면 으레 남녀가 같이 추기를 바라는" 등 성적 서비스를 요구받았다. 또한 "노래방에서 친분과 술기운에 의존해 어깨동무하고 팔짱 끼고 해서 좀 놀랐다", "술이 취한 동료가 이야기를 하며 손으로 허벅지를 만져서 불쾌했던 경험이 있다"와 같이 성적 접촉도 빈번히 일어나고 있었다. 이처럼 근무의 연장인 회식 자리에서 성적 농담이나 성적 대상화가 일상적으로 일어나고 있어서, 직장 내 성희롱을 없애기 위해서는 무엇보다도 남성중심적인 회식 문화를 바꾸기 위한 시도들이 필요한 시점이다.

그림3 | 성희롱 경험 빈도

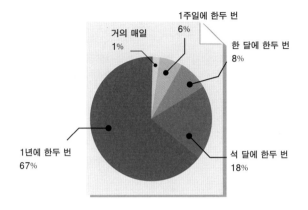

성희롱 발생 장소는 회식 문화가 성희롱의 중심에 있다는 것을 극명하게 드러낸다. "근무 시간 중"(47.9%)보다 "근무 시간 외이지만 회식, 접대, 야유회 등 근무와 관련된 자리"에서 성희롱이 일어난다고 응답한 비율이 59.5%로 더 높게 나타났다. 특히 30~40대 성희롱 경험자 중에서는 60% 이상이 근무 시간 외의 근무 관련 자리에서 성희롱을 경험한 적이 있다고 응답하였다.

성희롱의 심각성을 판단하는 중요한 요인 중 하나인 성희롱 경험의 빈도를 보면, 성희롱 경험이 있는 응답자의 67.3%가 최근 2년간 1년에 1~2번 이하의 성희롱을, 18.2%가 석달에 1~2번의 성희롱을 경험했다. 한달에 1~2번 7.8%, 1주일에 1~2번 5.5%, 거의 매일 성희롱을 경험하고 있다는 응답도 1.3%나 되었다.

성희롱 행위자로는 상사가 60.2%로 가장 많았으며, 고용주 4.8%를 포함하면 상급자가 모두 65.0%로서 성희롱이 직장 내 권력관계에서 발생한다는 점을 확인해 주고 있다. 동료에 의한 성희

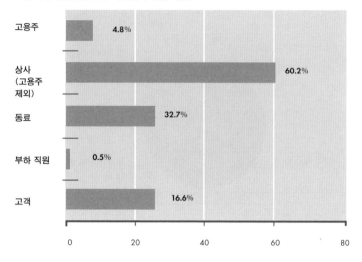

그림4 │ 성희롱 행위자의 직위(중복 응답 가능)

고용주　4.8%

상사
(고용주
제외)　60.2%

동료　32.7%

부하 직원　0.5%

고객　16.6%

0　20　40　60　80

롱도 32.7%나 되었으며, 그 외 고객에 의한 성희롱이 16.6%였다. 현행 〈남녀고용평등법〉은 직장 내 성희롱을 중심으로 제재하고 있기 때문에 고객 등 업무 관련자의 성희롱에 대해서는 적절한 조치를 취하도록 노력할 의무만 부과하고 있어 보완이 필요하다. 특히 서비스 직종에서 여성들의 비율이 증가하고 있는 현실을 고려할 때, 고객에 의한 성희롱이 앞으로 중요한 쟁점이 될 수 있다.

직장 내 성희롱의 영향과 피해

직장 내 성희롱의 영향과 문제점은 무엇일까? 성희롱에 대한 각종 실태 조사와 ILO 및 EU의 문서들은 직장 내 성희롱이 노동자는 물론 기업과 국가에도 심각한 영향을 미친다는 점을 공통적으로 지적하고 있다.

우선 피해자가 직접적으로 받는 영향으로는 정신적·신체적·심리적 불안과 스트레스를 들 수 있다. 실제로 앞에서 인용한 성희롱 실태 조사 결과(김정혜 외, 2011)에서도 "성희롱 행위자와의 업무에서 불편함이 있었다"라는 응답이 32.8%였으며, "직장에 다니기 싫어졌다"라는 응답이 23.1%, "업무 능률이 떨어졌다"라는 응답이 12.9% 등으로 나타났다. 성희롱의 경중과 무관하게 성희롱 경험자의 절반 이상이 업무 환경 악화를 경험하고 있어서, 직장 내 성희롱은 피해자에게 근무 의욕 상실, 신뢰감 저해, 업무 능력 저하 등을 가져와 결국 기업의 전체적인 생산성과 업무의 효율성 악화를 초래해 기업의 인력 관리 비용을 증대시킨다.

또한 직장 내 성희롱이 만연한 기업은 평등하고 협력적인 직장 문화를 이룰 수 없으며, 성희롱으로 인한 사건이 법적 소송 등으로 이어지게 되면 소송 비용 및 손해배상 비용, 불매운동으로 인한 손실, 인권이 무시되는 기업 이미지 등의 부담을 지게 된다. 성희롱의 가해자 역시 그 사실이 알려지게 되면 주위의 따가운 시선으로 인해 조직 부적응, 가정의 불화를 겪게 되는 것은 물론이다.

이상에서 살펴본 바와 같이 직장 내 성희롱은 개인의 노동권에 대한 침해일 뿐만 아니라 건전한 직장 문화 조성을 저해하는 요소이기도 하다. 결국 생산성과 업무 면에서 효율성을 떨어뜨리는 결과를 초래해 결과적으로 기업 전체에도 경제적 피해를 입히게 된다. 직장 내 성희롱으로 인한 자진 퇴사나 해고 등의 문제 역시 기업 전체의 생산성 악화는 물론 기업의 채용 및 노동력 관리 비용의 증대를 가져와 결국 국가 전체로서도 막대한 경제적 손실을 입을 수밖에 없다.

직장 내 성희롱의 예방과 대처 방안

그렇다면 직장 내 성희롱은 어떻게 예방해야 하며, 성희롱이 발생했을 경우에는 어떻게 대처해야 하는지 살펴보기로 하자. 앞서 지적했듯이 한국에는 직장 내 성희롱에 대한 법 조항이 규정·시행되고 있다.

직장 내 성희롱 예방 관련 법 조항

직장 내 성희롱 예방 조치와 발생 시 조치 규정에 대해 〈남녀고용평등법〉을 중심으로 살펴보고자 한다. 직장 내 성희롱과 관련한 사업주의 의무 사항과 벌칙 조항은 〈표2〉에 정리되어 있다.

직장 내 성희롱을 예방하기 위해서는 무엇보다도 사업주는 노동자가 안전한 노동환경에서 일할 수 있는 여건을 조성하기 위해 직장 내 성희롱 예방을 위한 교육을 실시해야 한다. 직장 내 성희롱 예방 교육은 연 1회 이상 실시해야 하며, 교육에는 ①직장 내 성희롱에 관한 법령 ②해당 사업장의 직장 내 성희롱 발생 시 처리 절차와 조치 기준 ③해당 사업장의 직장 내 성희롱 피해 노동자의 고충 상담 및 구제 절차 ④그 밖에 직장 내 성희롱 예방에 필요한 사항이 포함되어야 한다. 직장 내 성희롱 예방 교육은 사업의 규모나 특성 등을 고려하여 직원 연수, 조회·회의, 인터넷 등 정보 통신망을 이

표2 | 직장 내 성희롱 위반 시 사업주 벌칙 조항

관련 조항	내용	위반 시 벌칙 조항
성희롱 금지 (제12조)	사업주, 상급자 또는 근로자는 직장 내 성희롱을 하여서는 아니 된다.	1,000만 원 이하의 과태료 (제39조 제1항)
성희롱 예방 교육 (제13조 제1항)	사업주는 직장 내 성희롱을 예방하고 근로자가 안전한 근로 환경에서 일할 수 있는 여건을 조성하기 위하여 직장 내 성희롱의 예방을 위한 교육을 실시하여야 한다.	300만 원 이하의 과태료 (제39조 제3항)
직장 내 성희롱 가해자 조치 (제14조 제1항)	사업주는 직장 내 성희롱 발생이 확인된 경우 지체 없이 행위자에 대하여 징계나 그 밖에 이에 준하는 조치를 하여야 한다.	500만 원 이하의 과태료 (제39조 제2항)
직장 내 성희롱 피해자 불이익 금지 (제14조 제2항)	사업주는 직장 내 성희롱과 관련하여 피해를 입은 근로자 또는 성희롱 피해 발생을 주장하는 근로자에게 해고나 그 밖의 불리한 조치를 하여서는 아니 된다.	3년 이하의 징역 또는 2,000만 원 이하의 벌금 (제37조 제2항)
고객 등에 의한 성희롱 방지 (제14조의 2 제1항)	사업주는 고객 등 업무와 밀접한 관련이 있는 자가 업무 수행 과정에서 성적인 언동 등을 통하여 근로자에게 성적 굴욕감 또는 혐오감 등을 느끼게 하여 해당 근로자가 그로 인한 고충 해소를 요청할 경우 근무 장소 변경, 배치 전환 등 가능한 조치를 취하도록 노력하여야 한다.	-
고객 등에 의한 성희롱 피해자 불이익 금지 (제14조의 2 제2항)	사업주는 근로자가 고객 등에 의한 성희롱 피해를 주장하거나 고객 등으로부터의 성적 요구 등에 불응한 것을 이유로 해고나 그 밖의 불이익한 조치를 하여서는 아니 된다.	500만 원 이하의 과태료 (제39조 제2항)

자료: 〈남녀고용평등과 일·가정 양립 지원에 관한 법률〉.

용한 사이버 교육 등을 통하여 실시할 수 있다. 그러나 단순히 교육 자료 등을 배포·게시하거나 전자우편을 보내거나 게시판에 공지하는 데 그치는 등 노동자에게 교육 내용이 제대로 전달되었는지 확인하기 곤란한 경우에는 예방 교육을 한 것으로 보지 않는다. 직장 내 성희롱 예방 교육은 상시 노동자 1인 이상 전 사업장에서 실시해야 한다. 〈파견근로자보호등에관한법률〉 제2조 제4호에 따라 파견 근로가 이루어지는 사업장에서의 직장 내 성희롱 교육은 사용 사업주가 실시해야 한다. 정규직 노동자뿐만 아니라, 임시·일용직 노동자, 아르바이트생 등 모든 노동자를 대상으로 성희롱 예방 교육을 실시해야 한다.

사업주는 직장 내 성희롱이 발생하면 다음과 같은 조치를 취해야 할 의무가 있다. 첫째, 직장 내 성희롱 행위자에게는 지체 없이 징계나 그 밖에 이에 준하는 조치를 취해야 한다. 성희롱과 관련하여 피해를 입은 노동자 또는 성희롱 발생을 주장하는 노동자에게 해고나 그 밖의 불리한 조치를 취해서는 안 된다. 둘째, 사업주는 고객 등에 의한 성희롱 방지를 위해서도 노력해야 한다. 사업주는 고객 등 업무와 밀접한 관련이 있는 자가 업무 수행 과정에서 성적인 언동 등을 통하여 노동자에게 성적 굴욕감 또는 혐오감 등을 느끼게 하여 해당 노동자가 그로 인한 고충 해소를 요청할 경우 근무 장소 변경, 배치 전환 등 가능한 조치를 취하도록 노력해야 한다. 또한 고객 등에 의한 성희롱 피해자에게 불리한 조치를 해서는 안 된다.

이상과 같이 우리나라의 직장 내 성희롱 관련 법 조항은 성희롱을 예방하기 위해 사업주의 역할과 의무를 분명히 규정해 놓고 있다. 하지만 문제는 이러한 법 조항을 근거로 국가나 사법부가 직장 내 성희롱에 대해 적극적으로 관리 감독하고 대처함으로써, 현재 구축된 법·제도적 인프라가 실질적으로 작동할 수 있는 조직을 만들기 위한 방안을 보다 적극적으로 고민해야 할 것이다.

성희롱 없는 일터 만들기

직장 내 성희롱 상담 결과(한국여성민우회, 2011)에 의하면, 대부분의 사업장은 직장 내 성희롱을 조직의 중요한 사안으로 인식하지 않고, 이를 공식적으로 해결해야 하는 문제라고 생각하고 있지 않았다. 대규모 사업장의 경우에도 성희롱 사건과 관련한 내부 규약이 있더라도 행위자의 지위와 권위를 고려해야 한다는 이유로 해결 과정을 '비밀리'에 진행하고 있었고, 전체 조직의 문제로 성희롱 사건을 받아들이는 것이 아니라 사건의 접수에서부터 판단까지 오로지 1인의 성희롱 예방 담당자에게만 그 역할을 전담하도록 구색만 갖추는 사업장도 상당했다. 이와 같은 성희롱 피해자에게 관련 법 등 공식적인 절차를 제시하여도 관계의 고립과 고용 박탈 등의 두려움으로 실질적으로 제도를 활용할 수 없는 현실인 것이다.

그렇다면 성희롱이 일상화된 직장의 변화는 어디서부터 시작되어야 할까? 성희롱이나 성폭력을 없애기 위한 가장 좋은 방법은 효과적인 예방책을 마련하는 것이다. 하지만 법적으로 처벌 가능한 위법행위에 해당하는 성희롱에 대한 인식만으로 성희롱 예방에는 한계가 있다. 구조적으로는 고용 불안정성이 해결되어 노동조건이 향상되어야 하며, 사회·문화적으로는 성희롱 발생 이전의 상황 즉 위법행위에 해당되지 않지만 성희롱 발생을 촉진하는 일상의 조직 문화에 대한 인식이 가능해져야 한다. 성희롱은 발생 초기부터 '사소한 것', '자연스러운 것', '당연한 것'으로 여기는 '잠재적 문제 상황'의 지속성·반복성·점진성의 단계를 거쳐 발생하기 때문이다. 따라서 보다 근본적인 예방이 가능하기 위해서는 이러한 잠재적 문제 상황에 대한 인식과 개입이 가능하도록, 교육 훈련 프로그램이나 평등한 직장 문화 캠페인이 필요하다. 구성원 각자가 성희롱 문제에 대해 '가해자·피해자'만의 문제가 아니라 자신의 문제로 받아들일 수 있을 때, 진정한 예방과 해결이 가능할 것이다.

직장 내 성희롱 실태에서 살펴본 바와 같이 성희롱은 근무시간 외의 장소인 회식이나 야유회 등과 같은 장소에서 발생하는 만큼, 한국여성민우회가 제안하는 '회식 문화를 바꾸자' 캠페인의 실천도 직장 내 성희롱을 예방하는 데 도움이 될 수 있을 것이다.

다른 한편, 개인적인 차원에서의 직장 내 성희롱 대처 방안을 생각해 보기로 하자. 첫째, 상대방의 행위가 불쾌하다고 느껴졌을 경우 싫은 것은 싫다고 분명히 거부하고 그에 대한 공식적인 사과를 요구해야 한다. 직장 내의 입장이나 상황 때문에 분명한 의사를 밝히지 않으면 성희롱은 지속되거나 반복되기 쉽다. 만약 가해자와 직접 부딪쳐 공개 사과를 요구하기 어려울 때에는 자신의 심정과 요구를 상세히 담은 편지를 써서, 사본을 남겨 두고 내용증명이나 등기우편으로 보낸다.

둘째, 이 같은 요구에도 불구하고 가해자의 행동에 변화가 없다면 공식적인 문제 제기를 위해 준비해야 한다. 우선 기록을 남기고, 다음으로 회사 내의 믿을 만한 사람에게 도움을 구하고 의논하며, 회사 내의 고충 처리 기관을 통해 문제 해결을 요구한다.

셋째, 회사 내에서 해결되지 않을 때는 외부 기관에서 도움을 구한다. 민간단체들의 고용평등상담실을 이용하거나 고용노동부, 인권위의 조사 및 구제를 진정하고 조정하는 신청이 가능하다. 민·형사 소송 제기 역시 가능하다.

그러나 무엇보다도 직장 내 성희롱 예방을 위한 첫걸음은 남녀가 동등하고 상호 존중하는 일상적인 기업 문화와 관계 변화를 만들어 가는 것이다. 공식적인 절차를 밟아 해결할 수 있는 법 제도가 마련되어 있어도 이것을 실질적으로 활용할 수 있는 조건이 형성되어 있지 않다면 소용없으므로, '작은 것들의 정치'를 복원하는 것이 필요하다. 일례로 사내 고충 처리 기관의 내실화와 더불어 조직 모든 구성원들이 성희롱 사안(예방과 성희롱 발생에서부터 해결 과정까지 일련의 모든 과정)에 대한 토론 과정을 거쳐 각각의 자치 규약을 만드는 등 자율적인 실천을 통해 성평등한 공동체 문화를 형성해 나가는 것이 바람직하다. 상대방의 의사를 존중하고, 배려하는 마음이 있다면 성희롱은 발생하지 않을 것이다. 성희롱과 관련해 의식이 변하고, 여성들이 철저한 권리 의식으로 성희롱에 대처한다면 직장 내 성희롱은 사라질 수 있을 것이다.

📖 회식 문화를 바꾸기 위한 직장인의 유쾌한 실천 10가지 [한국여성민우회]

1　회식 날짜와 장소는 모두의 일정과 의견을 고려하여 함께 정한다.

2　자율적인 회식 참여를 보장하고 억지로 술을 권하지도 먹지도 않는다.

3　술 따르기, 블루스 강요, 끼워 앉히기 등 성희롱을 하지 않는다.

4　음담패설은 하지도, 재밌는 척 듣지도 않는다.

5　고기 굽기, 수저 놓기, 안주 찢기 등 회식 자리 도움 일은 모두가 함께
　　한다.

6　여성을 성적 대상화하는 단란 주점, 룸살롱 등 퇴폐 향락 업소에 가지
　　않는다.

7　회식 자리 성희롱, 폭언, 폭행 등을 문제 제기하는 동료의 든든한 지지
　　자가 된다.

8　가정과 직장의 양립을 저해하는 잦은 장시간의 회식을 삼간다.

9　'여자니까', '남자니까', '네가 어리니까', '밥하러 안 가?' 등 권위적이고
　　성차별적인 발언을 하지 않는다.

10　평등한 관계에서 소통하며 팀워크를 다지는 회식 문화를 만들어 간다.

📖 성희롱 상담 및 신고

- 대표전화 1644-3119
- 모바일앱 〈법 안지키는 일터 신고해~ 앱〉
- 인터넷 www.moel.go.kr
- 모바일웹 m.moel.go.kr

〈성희롱 조사, 진정 및 구제〉

- 국가인권위원회 : ☎ (국번없이) 1331 / www.humanrights.go.kr
- 고용노동부 : ☎ (국번없이) 1350 / www.molab.go.kr

표3 | 전국 고용평등상담실 현황

기관명	전화번호	이메일/홈페이지	소재지
서울여성노동자회	02-3141-9090	equaline@hanmail.net http://www.equaline.or.kr	서울 마포구 서교동 351-28 5층
(사)여성노동 법률지원센터	0505-515-5050	http://www.yeono.org/	서울 영등포구 당산동 1가 295-1 2층
한국노동조합총연맹	02-6277-0190	http://www. inochong.org/	서울 영등포구 여의도동 35번지
한국여성노동연구소	02-902-1137	http://kiwlr.org/	서울 강북구 수유4동 569-70 대신빌딩 3층
(사)한국여성민우회	02-706-5050	eq5050@womenlink.or.kr http://www. womenlink.or.kr	서울시 마포구 성산제1동 (성산동) 249-10 시민공간 나루3층
(사)인천여성노동자회	032-524-8831	iwwa@hanmail.net http://www. womenworker.org/	인천시 부평구 십정1동 (십정동)182-223 3층
(사)안산여성노동자회	031-494-4362	http://www. aswomenworker.org/	경기 안산시 단원구 원곡동 758 3층
(사)부천여성노동자회	032-324-5815	http://pwwa21. bucheon4u.kr/	경기 부천시 원미구 중동 1144-4 현해탑 B/D 704호
수원여성노동자회	031-246-2080	http://www. ggswwa.or.kr/	경기 수원시 팔달구 매산로 3가 73-4 두리빌딩 3층
(사)광주여성노동자회	062-361-3028	http://www.gjwwa.or.kr/	광주시 서구 경열로 69-1 문정회관 5층
전북여성노동자회	063-286-1633	http://www.jwunion.org/	전주시 완산구 경원동3가 38-5 대림빌딩 4층
부산여성회	051-506-2590	labor5050@hanmail.net http://www. busanwomen.or.kr/	부산시 동래구 온천3동 1441-17 동원빌딩 3층
마산창원여성노동자회	055-264-5049	http://www. ww5050.org/	창원시 상남동 73-5 경창상가 5층
(사)대구여성회	053-427-4595	http://www. daeguwomen21.or.kr/	대구 중구 동인동1가 232-2 보성빌딩 3층
한국노동조합총연맹 충청북도지역본부	043-273-7801	–	충청북도 청주시 흥덕구 복대1동 100-15

자료: 〈남녀고용평등과 일·가정양립지원에관한법률〉.

제10장 **감정노동:**

콜센터 여성 노동자 사례

감정노동이란?

현대사회에서 여성들이 주로 취업하는 직종의 하나가 서비스직이다. 직접 고객과 대면하여 필요한 서비스를 제공하는 직업은 각 산업과 조직에서 크게 늘어나고 있으며, 여성이 지닌 대인 관계, 소통, 돌봄 능력으로 인해 상당 부분 여성의 일자리가 되어 왔다. 또 여성의 입장에서도 생산직 등 육체노동을 주로 하는 업무에 비해 신체적 힘이 덜 들고 근무 환경도 양호하다는 점에서 선호하는 일자리가 되기도 한다. 그러나 최근 서비스직 여성 노동자들이 수행하는 감정노동이 사회적 문제가 되고 있다.

감정노동 emotional labor 이란 이윤 창출을 위해 노동자가 자신과 고객의 감정을 관리하는 행위를 가리킨다. 판매, 유통, 음식, 관광 등 다양한 서비스산업 노동자들은 일상 업무에서 감정노동을 수행하는데, 이것이 노동자에게 정신적·육체적 부담을 주어 업무 몰입도를 떨어뜨리고 이직률을 높이는 것으로 나타나고 있다. 이 같은 감정노동은 다음과 같은 점에서 중요한 노동 문제가 될 수 있다. 첫째, 정신노동과 육체노동이라는 노동에 대한 이분법적 범주 구분으로는 규명할 수 없는 새로운 성격의 노동이다. 서비스 사회의 전개에 따라 대인 서비스 업무가 확대되면서 감정노동은 점점 더 기업의 생산활동에서 중요한 요소로 자리 잡게 되었다. 둘째, 이러한 변화에도 불구하고 감정노동은 직무의 구성 요소로서 정확히 평가받지 못하고 있으며, 특히 임금 등 노동에 대한 보상 기준에 포함되지 못하고 있다. 셋째, 감정노동은 노동자의 업무 만족도와 조직 몰입도에 심각한 영향을 줄 수 있지만, 대부분의 기업에서 이것은 중요한 요소로 다루어지지 않고 있다. 넷째, 따라서 감정노동을 수행하는 많은 노동자들은 자신에게 소외와 좌절감을 일으키는 요인이 무엇인지 명확히 알지 못한 채 감정노동으로 인한 부정적 결과로 고통받고 있다.

감정노동은 사람을 대하는 서비스산업에서 많이 요구되고 있는데, 호텔 등 숙박업소의 객실 서비스 종사자, 카지노 딜러, 간병사나 간호사, 유통업의 판매직이나 고객 서비스 담당자, 은행의 텔러, 콜센터 상담사 등의 업무에서 감정노동이 큰 비중을 차지하는 것으로 나타나고 있다.

02

감정노동의 개념과 문제의식

현대사회에서 많은 직업은 사물보다 사람을 다루는 일에 관련되어 있으며 면 대 면face-to-face은 물론 목소리 대 목소리voice-to-voice로 서비스를 전달하는 업무가 늘어나고 있다. 감정노동이라는 용어와 개념을 처음으로 제시한 미국의 여성 노동 연구자 혹실드는 비행기 승무원이나 텔레마케터를 대표적인 예로 지적했다. 미국의 경우 약 3분의 1의 노동자들이 실질적으로 감정노동을 하고 있으며 여성 노동자 중에서는 약 2분의 1이 감정노동을 포함하는 직업을 가지고 있다고 보았다(Hochschild, 1983: 11). 여기서 감정노동이란 외적으로 나타나는 얼굴과 신체적 표현을 위해 노동자가 자신의 감정을 관리하는 것을 의미한다. 그것은 단순히 개인이 자기감정을 조절하는 차원을 넘어 임금을 위해 팔리는 상품과 같은 교환가치를 갖는다.[1] 다시 말해서 감정노동이란 다른 사람(고객)에게 적절한 마음의 상태를 만들어 내는 외적 모습(표정)을 유지하기 위해서 노동자가 자신의 어떤 감정을 이끌어 내거나 억압하는 행위를 가리킨다.

감정노동은 감정의 도구화를 초래한다. 혹실드는 승무원들과의 인터뷰에서 승무원들이 이런 경험을 하고 있다는 사실을 알아냈다. 승무원들은 자신이 짓고 있는 미소가 "그들의 것, 그들에게서 나온 것 of them 이 아니라 그들 밖에 있는 것 on them "으로 느끼고 있다. 그들은 자신의 미소가 화장이나 유니폼, 녹음된 음악, 비행기 장식의 부드러운 파스텔 톤, 음료수 등의 연장으로 승객의 기분을 조절하기 위한 것이라고 생각한다. 승무원들에게 미소는 노동의 일부로, 자아와 감정을 조절해서 그 일이 힘들지 않은 것처럼 보이게 하는 것이며, 피로와 동요를 은폐하는 목적을 갖는다(Hochschild, 1983: 8).

혹실드는 감정노동이 한 측면에서는 서비스의 전달이지만, 다른 측면에서 보면 노동자들을 자신으로부터 소외시키는 과정이라고 해석한다. 승무원들이 짓는 미소는 그런 행동이 '의도적으로 기획된 것'이라는 점을 오히려 드러냄으로써 승객들을 안심시키는

---

1 혹실드는 감정노동을 개인이 사적 관계에서 일상적으로 행하는 감정의 관리와 구별한다. 사적 맥락에서 이루어지는 개인의 감정 관리(emotion work 또는 emotion management)도 문화적 규범에 따라 수행되지만, 금전적인 보상을 가져오는 것은 아니다. 이에 비해 감정노동은 판매 행위(상품이든 노동력이든)의 한 부분이기 때문에 조직적으로 설계되고 통제된다.

효과를 낳는다. 비행기 내에서 일어나는 모든 현장 행위들이 모두 '계산된 것'이라는 확신은 승객들에게 비행 중에 발생할 수 있는 모든 사태에 대해 항공사가 철저하게 예측하고 있다는 믿음을 심어줄 수 있다. 그러나 승무원의 입장에서 보면 감정노동은 자기 소외의 원천일 수 있다. 승무원들은 표면적 수준에서 '올바른' 감정을 보여 주기 위해 개인적으로 느낄 수 있는 다른 감정들을 억압하거나, 업무에서 요구되는 감정 이외에 다른 감정의 규칙들feeling rules 을 회피함으로써 느낄 수 있는 능력 자체를 상실할 수 있기 때문이다.

감정노동의 가장 중요한 특징은 그것이 사회적으로 설계되고 위에서부터 철저히 조직된다는 점이다. '감정노동의 사회적 설계 social engineering of the emotional labor', 즉 매우 사적인 개인의 감정 관리가 노동시장으로 끌어들여져 인간의 노동으로 팔릴 때 그것은 매우 표준화된 사회적 양식으로 규격화된다. 대다수 조직은 노동자의 감정 관리에 관한 명시적 또는 암묵적인 규칙을 가지고 있으며, 종업원들은 개인의 의사와는 무관하게 그 규칙을 준수해야 한다(Zapf et al., 1999: 373). 기업의 과업 지시서에는 감정 표현의 규칙들이 포함되어 있고, 직업윤리의 일부로서 직업(또는 직무) 교육에 포함된다.

혹실드는 감정노동의 차원을 네 가지로 구분하였다. 첫째, 표면적 행동surface acting 으로 종업원들이 조직의 표현 규칙에 일치하기 위해 '표면적으로' 나타나는 감정의 가시적 측면들을 조정해 가는 상태를 말한다. 둘째, 심층적 행동deep acting 은 노동자들이 상황의 요구에 맞추기 위해 외적 태도를 조정해 가지만 내적인 감정은 변하지 않은 채로 남아 있는 상태를 가리킨다. 셋째, 적극적인 심층 행동active deep acting 은 노동자들이 과업 규칙에서 표현하도록 요구

받는 역할을 수행하기 위해 자신의 느낌 자체를 조정해 가려고 하는 상황을 뜻한다. 이 경우 표면적 행동뿐만 아니라 내적인 감정까지 통제의 대상이 되며 종업원 스스로 자신의 내적 감정을 통제하려고 노력하는 상태에 이르게 된다. 넷째, 수동적 심층 행동 passive deep acting 으로 종업원이 특정 상황에서 요구되는 감정을 자동적으로 느끼게 되는 상태를 의미한다. 이 네 가지 차원은 감정노동의 결과 노동자들이 자신의 고유한 감정과 느낌으로부터 분리되어 조직의 감정 규칙에 종속이 심화되어 가는 단계들이다. 그 결과 감정노동자는 자신의 주관적 느낌에 귀를 기울일 수 있는 능력을 상실하고 고객에게 가벼운 감정의 전시만을 제공할 수 있는 소외의 상황을 겪게 된다(Hochschild, 1983: 21).

03

콜센터 상담직 노동자의 감정노동: 사례 연구[2]

콜센터 상담원은 직업 분류상 '전화통신판매원'(한국고용정보

---

2 이 글의 인터뷰 자료는 필자가 참여한 〈콜센터 텔레마케터 여성 비정규직 인권 상황 실태 조사〉(국가인권위원회, 2008)에서 인용한 것이다.

원 직업분류, 1033), '전화통신판매종사자'(한국표준직업분류, 5210)
로 정의된다. 구체적으로 "각종 상품을 전화 주문에 의하여 판매하
거나 직접 고객에게 전화를 걸어 상품을 판매하고, 판매한 상품의
취소, 하자 접수 등을 담당하기도 하며, 제조 업체, 호텔, 홈쇼핑 전
문 업체, 항공사, 보험업 등 다양한 분야에 고용되어 있다"(한국고
용정보원 직업분류, 1033). 업무에서는 표준화된 대본과 작업 설명서
가 주어지지만, 이것이 포괄할 수 있는 범위에는 한계가 있어 상담
의 대부분은 상담원의 직관력과 판단력, 의사소통 능력으로 이루
어지는 즉흥적 대화에 크게 의존한다(국가인권위원회, 2008).

　인바운드inbound(외부에서 걸려오는 전화를 받는 고객 상담 업무)는
업무 흐름, 매뉴얼, 스크립트 등이 정형화되어 있지만, 고객의 요구
가 충족되어야 하므로 상담원은 상당한 스트레스를 겪게 된다. 여기
서는 상담원이 주어진 시간 내에 고객의 불만을 얼마나 잘 처리하는
가가 중요한 평가 항목으로, 고객의 불만 처리와 문의 사항에 응대
하기 위해 감정 표현의 빈도가 높다. 응대 속도, 처리 시간, 대기 시
간, 콜 처리율, 불통률이 직무 평가 기준이다. 아웃바운드outbound(외부
의 고객에게 전화를 걸어 상품을 판매하는 업무)는 고객이 통화를 거부
할 때도 가능하면 고객과 통화를 하여야 하며, 적절한 단어를 사용하
여 고객의 호감을 얻고 대화를 이끌어 갈 수 있어야 한다. 콜당 비용,
판매 건당 비용, 시간당 판매량, 평균 판매 가치, 시간당 접촉 횟수, 1
인당 연간 평균 매출 등으로 업무 성과를 평가한다.

　콜센터에서는 통화 내용을 모니터링해 사전에 설정된 감정 표
현 규범과 비교하여 성과를 평가하고 이를 근거로 보상(급여, 인센
티브, 우수 사원 선정 등)을 실시하고 있다(이수연·양해술, 2008). 성과

평가에는 동일한 표현을 하더라도 감정의 강도에 따라 부여하는 점수의 배점을 달리한다. 언어 표현에서도 일정한 규범이 있다. 첫 인사에서부터 상담과 종결 단계까지 조직의 감정 표현 규범을 준수해야 하며, 모니터링을 통해 평가를 받고 점수화되어 성과 평가에 반영한다.[3]

업무의 특성과 감정노동의 중요성

콜센터 노동자들의 업무에서 감정노동이 차지하는 비중은 어느 정도인가? 텔레마케터 교육과 구인·구직 정보를 제공하는 인터넷 사이트 '텔레잡' 내 'TM 아카데미'에서 제공하는 'TM 기초 상식'을 살펴보면 텔레마케터에게 필요한 자질, 즉 필수 조건은 11개이며 이 중 감정노동과 직접적으로 관련된 항목은 5개이다.

콜센터 상담직 업무 중 감정노동의 요소를 살펴보면, 세 가지 범주가 섞여 있는 것을 알 수 있다. 첫째, 기본적인 업무 능력과 직접적인 관련을 갖는 것으로 청취력과 언어적 표현 능력이다. 고객의 말을 정확히 듣고 고객에게 호감을 주거나 설득력을 행사할 수 있는 적절한 언어를 구사할 수 있어야 한다. 둘째, 고객과의 소통 과정에서 고객의 감정을 정확히 읽을 수 있는 감수성이다. 특히 긍정적인 감정을 유도하고 부정적인 감정을 극복할 수 있는 감정적 주도성이 필요하

---

3 사례 연구에 참여한 콜센터 상담직 노동자들은 총 48명으로, 한국에서 콜센터를 운용 중인 6개의 산업 분야(금융 및 보험업, 사업 서비스업, 제조 및 도소매업, S/W 개발 및 공급, 공공 행정, 국방 및 사회보장 행정)를 포괄하고 있다. 연구 참여자에는 인바운드와 아웃바운드 근무자가 모두 포함되어 있지만, 한국의 콜센터 근무자의 대다수가 인바운드 업무를 수행하고 있으므로 인바운드 노동자의 경험을 중심으로 사례를 수집·분석하였다.

- **표현 및 구술 능력:**

  건강하고 밝은 성격. 반복적 업무이므로 인내력이 필요하다.

- **훌륭한 청취력, 이해와 배려:**

  느낌이 좋은 고상한 말씨를 사용해야 하며, 친밀감이나 따스함이 실린 목소리와 말투, 품성이 중요하다.

- **조직 적응력, 감수성:**

  스트레스 및 신체의 긴장 상태를 해소하는 능력. 고객에게서 컴플레인이 야기되었을 때, 고객을 설득시키지 못했을 때, 불쾌한 감정을 가진 고객에게 비난을 받았을 때, 텔레마케터 자신의 실적이 저조하였을 경우에 이를 적극적으로 극복하는 능력이다. 상대방의 마음을 움직일 수 있도록 감수성 훈련도 나름대로 익숙해져야 한다. 자신의 감성을 인식하고 타인의 감성을 인식하며 자신에게 스스로 동기를 부여하며 자신의 감정과 타인의 감정을 다루는 능력이 있어야 한다.

- **정서적 안정과 자기 회복 능력:**

  자신의 감정을 조절하기 힘들고 고객과 감정 충돌도 발생하는 경우 (중략) 최대한 자신의 감정을 억누를 수 있는 자세가 매우 중요하다. 특히 연체 관리, 반품 요구 시 대응, 해약, 컴플레인 처리 시는 대다수의 고객들이 분노해 있는 경우가 많아 그 분위기에 휩싸일 수 있으므로 평소에 자신을 컨트롤할 수 있는 훈련 습득도 중요하다. 또 통화 결과에 따라 심리적으로 위축이 되거나 감정이 상하더라도 짧은 시간 안에 상황을 원상회복시킬 수 있는 자기 회복 능력이 요구된다.

- **긍정적 사고:**

  전화할 때 '예스 화법'을 사용, 상황을 긍정적으로 유도하여 고객을 설득하는 행동이 필요하다. 예스 화법은 상대방이 '예스', '그렇습니다'라고 응답하지 않을 수 없는 말이나 질문을 계속 건네는 화법을 말한다.

다. 셋째, 고객으로부터 부당한 감정적 침해를 받았을 때 자신의 감정을 수습하고 정서적인 안정을 취할 수 있는 자기 회복 능력이다.

이러한 능력은 고객 응대 서비스에서 업무의 성과를 결정짓는 중요한 요인이다. 서비스의 질이나 고객의 만족도는 노동자와 고객 사이의 소통에 의해 좌우되기 때문이다. 그러나 콜센터 상담직 업무에서 감정노동은 더 큰 비중을 갖는다. '목소리로 하는 일', 다시 말해서 대면적 접촉에 비해 고객들이 자신의 감정을 여과 없이 일방적으로 표현하기 쉬운 상황에 직면하기 때문이다. 이처럼 공간적으로나 시간적으로 제한된 조건에서 타인의 감정을 읽고 자신의 감정을 조절할 수 있는 능력은 필수적이다. 특히 고객과의 통화로 인해 스트레스나 긴장, 우울감, 분노 등 부정적인 감정이 생겼을 때 그것을 빠른 시간 안에 극복하는 능력이 중요하다. 따라서 한국의 대다수 콜센터 상담직 업무에서 감정노동은 가장 핵심적인 구성 요소이며 노동의 성과를 결정짓는 요인이라고 할 수 있다.

불만 접수 중심의 콜센터 업무

콜센터 상담직 업무에서 감정노동이 중요한 또 다른 이유는 이들의 업무가 회사 전체의 업무 구조 안에서 갖게 되는 위치에 있다. 콜센터 업무의 주요 부분이 상품 판매를 넘어 인바운드 업무의 경우 고객들의 불만을 접수하고 처리하는 일과 관련되어 있기 때문이다. 따라서 인바운드 업무에서 반품 요구나 해약, 고객들의 불만 처리 분야 종사자들의 경우 감정노동은 가장 핵심적인 요소라고 할 수 있다. 한국의 경우 전체 콜센터 업무에서 인바운드 업무의 비중은 93%에 이르는 것으로 보고되고 있다.[4] 인바운드 업무의 경우 반품이나 불만 접수와 관련된 사항이 많아 노동자가 갈등 상황에 직면할 가능성이 크고 감정노동의 강도도 강한 것으로 나타난다.

아래 P 사업장 노동자의 지적처럼, 이들이 하는 업무의 성격 자체가 고객의 불만을 처리하는 일일 경우 폭언이나 욕설은 항상적으로 발생할 수 있다. 아래의 면접 참여자가 자신들을 '총알받이'라고 이야기한 것은 이러한 구조적인 조건을 인식하고 있기 때문이다.

> **질문:** (고객이 일방적으로 폭언을 하는 경우) 먼저 끊을 수 있나요?
>
> **대답:** 끊을 수는 있습니다. 끊으라고 얘기도 해요. 근데 저희들 못 끊는 이유가 있어요. 끊었다 하면 그 민원인은 열이 받아서 또 건다고요. 그러면 다음 상담원이 그에 대한 여파를 심하게 받기 때문에 함부로 끊지를 못해요. 끊었다가 OOO 홈페이지 게시판에 인터넷으로 그에 대한 민원이 들어오면 골치 아프죠. 될 수 있으면 저희들이 끊지 않고 해결해 주려고 노력을 많이 해요. **저희가 총알받이라고 보면 돼요.** (P 사업장)

따라서 콜센터 노동자들은 자신들이 인격을 갖춘 인간이기보다는 스트레스 해소의 대상이 되고 있다는 자괴감을 느낀다. 케이블 TV 회사에서 일한 경력이 있는 면접 참여자 J 역시 콜센터 상담원들의 업무 자체가 고객들의 불만 사항을 접수하는 영역이므로 상담원들은 일상적인 폭언, 욕설, 인격 모독에 노출되어 있다고 이야기한다. 또 전화로 하는 대화라 의사소통에 제약이 있을 수 있고

---

4 한국콜센터 산업정보연구소, 〈콜센터 운영 기업 지표〉, www.callcenter.or.kr.

문제를 해결하기란 더욱 어려울 수 있다. 이 경우 고객 측에 잘못이 있다고 해도 고객의 일방적인 분노 표출의 대상은 상담원이다. 따라서 상담원들은 욕설과 비난, 분노가 항상적으로 존재하는 작업장 환경 속에서 일을 하고 있다.

저는 그런 경우 안 당해 봤지만, 참기 힘들 정도로 듣도 보도 못한 경우의 욕을 듣는 경우도 있어요. "도끼로 찍어 죽인다" 이런 것도 있고. (웃음) 그것도 이제 단어들을 빼서 말씀 드린 거고 상스러운 욕도……. 저 같은 경우에는 몇 번 들어 본 적 있고, 내가 '다'를 얘기하는데 자기는 '바'로 알아들었다고 우기는 고객이 찾아와가지고 사과하라고 그런 경우가 있었어요. 저는 잘못 없는데 그분이 오해를 해서 찾아오거나 이런 경우도 있었고요. (개인 면접 참여자 J)

이처럼 고객들의 불만을 접수하고 그들을 감정적으로 달래 주어야 하는 위치에 있지만, 콜센터 노동자들이 자신의 힘으로 할 수 있는 일은 아무것도 없다. 문제를 해결할 수 있는 권한을 갖고 있지 않기 때문이다. 따라서 콜센터 노동자들은 고객들을 불만을 '들어주고' 그들의 감정적 폭발을 '참아 내는' 수밖에 없다. 이러한 상황에서 감정노동은 그들의 업무 중 가장 큰 비중을 차지하고 그 중요성에서도 가장 우선적인 것이 된다.

시간적 압박

콜센터 업무에서 특징적인 시간적 압박은 감정노동의 강도를 강화시킨다. 분, 초 단위로 측정되는 생산성 지표는 노동자의 시간 개념을 극세화極細化함으로써 감정적 회복에 필요한 시간을 확보하기 어렵게 한다. 특히 인바운드 업무의 경우 '콜을 몇 초 만에 받는지, 평균 통화 시간(분), 이메일 처리 시간(분), 평균 응대 속도(초), 평균 후처리 시간(분), 평균 대기호(초), 평균 포기 전 시간(초), 평균 이메일 응답 시간 등'으로 시간과 관련된 측정 요소가 많고 단위 시간도 초와 분으로 세분화되어 있다.[5] 아웃바운드 업무에서도 시간당 판매 건수, 시간당 통화 성공 건수(사람과 통화한 건수) 등 시간당 업무 생산성이 측정되고 있다.

콜센터 운영 비용 중 인건비가 전체 비용의 53%로 가장 큰 비중을 차지한다는 점을 고려할 때[6] 인력 운영은 비용과 직결되는 기업 경영의 가장 중요한 영역이라고 할 수 있다. 콜센터 인력 운영과 관련해서 평가는 크게 양적 기준과 질적 기준으로 나뉜다.[7] 양적 기준은 생산적 시간과 비생산적 시간을 구분하여 생산적 시간, 즉 상담원이 통화 중인 시간을 최대한 늘리고 식사, 휴식, 모임 등으로 소비되어 상담원이 연결되지 않는 비생산적 시간을 최소화하는 것이다. 질적 기준은 '시민 요청에 응대하는 태도, 공손한 태도, 친절한 음성, 제시된 인사말과 업무 흐름을 잘 따르는지 여부, 시민에게 문제가 해결될 거라는 확신을 주는 태도, 편안한 대화, 마지막 인사까지 친절하게 업무를 완수하는 태도'로 모두 감정노동과 관련된 것이다. 이러한 양적·질적 평가 기준이 통합적으로 적용되는 과

---

5 박득, 〈콜센터 운영 수준 진단 프로그램을 통한 콜센터 운영 성과 관리〉, 한국콜센터산업정보연구소, cfs9.blog.daum.net.
6 한국콜센터산업정보연구소, 〈콜센터 운영 기업 지표〉, www.callcenter.or.kr.
7 한국콜센터산업정보연구소, 〈CIRC Report ⑧〉, www.callcenter.or.kr.

정에서 노동자는 한편으로는 시간 압박과 다른 한편으로는 충실한 감정노동의 수행 사이에서 갈등을 겪을 수 있다.

> 텔레마케터들을 자신들의 돈 버는 기계로 아는 회사들이 있어요. 어떤 회사에서는 점심시간 같은 경우에도 자기가 앉은 자리에서 밥을 먹어야 하는 거죠. 밥 먹을 공간이 없으니까. 실제로 오후 휴식 시간, 점심시간 같은 경우에도 "10분만 쉬세요, 오늘 쉬는 시간은 10분입니다. 50분부터 콜 들어가겠습니다." 이렇게 자기들 멋대로 수시로 쉬는 시간을 뺏아 가죠. 내가 만약에 콜을 하는데 안 끊어서 점심시간이 끝났어요. 그러면 못 먹는 거예요. 물도 많이 못 먹어요. 화장실을 잘 갈 수 없으니까⋯⋯. 어떤 때는 화장실 자꾸 가니까 물도 못 먹게 하는 거예요. (면접 참여자 B)

점심시간이나 쉬는 시간은 물론 화장실 가는 시간도 통제하는 위의 사례는 노동자의 기본적인 인권마저 보장되지 못하고 있음을 보여 준다. 콜센터 노동에서 노동자가 자리를 이탈한 시간은 비생산적 시간이라는 인식이 인간의 기본적인 생존에 필요한 시간마저 최소화시키고 있는 것이다. 이러한 시간적 압박은 고객과의 갈등으로 인해 감정적 손상을 입게 된 상황에서도 충분한 휴식을 갖지 못하게 하는 장애 요인이 될 수 있다.

비공식적 업무

콜센터 근무자들의 업무에서 감정노동의 비중이 큰 또 다른 이유는 공식적으로 명시된 업무뿐만 아니라 비공식적인 업무, 즉 고객이 요청하는 어떤 대화에도 응해야 하는 현실에 있다.

질문: 그렇게 1시간이나 3시간 통화를 하면 그 사람은 무슨 얘기를 합니까?

면접 참여자 1: 사적인 얘기도 하고, 정치 얘기도 하고, 경제 얘기를 하는 분들도 있고.

면접 참여자 2: 노래 불러 달라고 하는 사람도 있는데.

면접 참여자 3: 아침에 깨워 달라는 사람도 있다며? 모닝콜.

질문: 그러면 그걸 다 받아 줘야 되나요?

면접 참여자 1: 먼저 전화를 끊을 수 없기 때문에, 욕을 하든 뭘 하든 계속 양해를 해달라는 말만, 죄송하다는 말만 하고 계속 받아야죠. 고객이 먼저 끊기 전에는.(중략) 저희 상담원들이 제일 무서운 날이 비 오는 날하고 흐린 날이거든요. 그러면 이 사람들이 기분이 우울해지니까 콜센터로 전화해서 민원이 많아져요.

면접 참여자 2: 습한 날.

면접 참여자 3: 여름에는 습한 날. 그러면 아침부터 준비를 하고 있거나 그렇게 되거든요…….

면접 참여자 1: 노래 생각난다고 그래요.

질문: 불러 달랍니까?

면접 참여자 1: 회원이 그거에 대해서 요청을 하시는데, 저희가 못 들어준다고 죄송하다고 계속 얘기하니까, 두 가지 방법이 있는데 아가씨가 노래를 불러 주시든지, 아니면 포인트로 달라고 해요. 제가 해드릴 수 있는 방법이 없잖아요.

면접 참여자 2: 그냥 노래 불러 줘. (P사업장)

상식적으로 이해할 수 없는 상황이지만, 위의 인터뷰는 카드사 콜센터 노동자들이 일상적으로 겪고 있는 감정노동의 실태를 보여 준다. '상담' 업무지만, 카드 사용과 관련한 공식적인 업무만이 아니라 고객의 개인적 감정을 달래 주어야 하는 비공식적인 업무들도 늘 수행해야 하는 것이다. 그리고 그런 비공식적 업무 수행 과정이나 결과는 노동자들에게 결코 우호적이지 않다. 콜센터 노동자들이 개인의 감정 돌봄 같은 터무니없는 일들을 거부할 수 없는 위치에 있는 약자라는 점을 악용하는 고객들의 일방적인 횡포에 불과한 것이기 때문이다.

고객 중심의 제도화와 노동자 보호 장치의 부재

고객과 노동자 사이에서 감정적 충돌이 있을 때 이유 여하를 막론하고 노동자는 참아야 한다. 대부분의 사업장에서 고객 중심의 감정 표현 규범만이 주어지고 있을 뿐 고객의 일방적인 감정적 행위에 맞서 노동자를 보호할 수 있는 제도나 장치, 지침은 없기 때문이다. 고객과의 갈등 상황이 발생했을 때 고객의 일방적인 행위일지라도 회사는 이를 개선하기보다는 노동자들에게 인내심을 요구한다. 콜센터 근무는 서비스직이므로 고객 만족을 위해 무조건 참아야 한다는 것이다. 회사의 이러한 방침은 결국 고객들의 일방적인 행동을 지속시키는 요인이 되고 있다.

저희도 기본적 인격은 갖춰야겠지만 전화는 상대방도 인격을 갖춰야 한다 생각하는데 외부에서 보면 **무조건 저희는 '참아라, 받아들여라'라는 식으로 교육이 들어가요.** 그러다 보니 민원인들 같은 경우, 솔직히 자기가 어떤 스트레스를 받으면 콜센터에 전화해서 그 스트레스 푸는 경우가 굉장히 많이 있는 거

같아요. (P 사업장)

고객들 역시 상담의 내용만이 아니라 상담원들의 태도나 말투, 억양 등 감정노동에 대해서 직접 지적하고 문제 제기를 하기도 한다. 때문에 콜센터 노동자와 관리자들 사이에서 문제가 되는 것은 업무의 기술적인 부분이라기보다 '고객 서비스 마인드'에 관련된 것이다. 상담원이 잘못한 것이 없어도 고객이 불만을 제기하면 무조건 참아야 하는 상황에 대해 노동자는 늘 수용하기가 어렵고, 따라서 회사는 모니터링을 통해 상담원의 통화 내용을 평가한다.

내가 잘못하지 않았는데 고객 입장에서 고객이 불편했기 때문에 내가 참아야 되고 그런 거, 어떤 때는 잘 받아들일 수 있지만, 고객이 우겨서 될 상황이 아닌데 우기거나 또 거기에 대해서 원칙적인 응답을 했을 때 응답 태도에 대해서 문제를 삼아 버리는 경우에도 사과를 해야 해요. (면접 참여자 J)

이러한 상황 속에서 어떤 법적·조직적 대응이나 보호 방안을 갖지 못한 노동자들은 정신적으로나 정서적으로 상처받을 수밖에 없다. 외롭고 우울한 고객에게 말벗이 되어 주거나 모닝콜을 해주기도 하고 심지어는 노래를 불러 달라는 요청도 쉽게 거절하지 못하는 이유는 고객의 권리에 대한 보호 장치만 있을 뿐, 회사나 노동자의 주장을 제시할 수 있는 제도적 장치는 결여된 현실 때문이다.

면접 참여자 1: 신용카드사 같은 경우에는 이미지를 굉장히 중요하게 생각을 하잖아요. 그러다 보니까 무조건적인 고객 만족을 외치고 있어서 정말 저희가 들어줄 수 없는 민원인 경우에도 회사의 이미지 때문에 들어주는 경우가 있고, 아니면 **금융감독원 민원 들어가는 것 때문에 들어줘야 하는 경우도 있어요. 금융감독원 민원 들어가게 되면 회사가 벌점제로 카운트가 들어가니까.** 그런 것들이 좀 문제가 돼서, 아예 그거 가지고 딜을 하자고 하는 사람들도 있거든요. "금전적으로 네가 이걸 나한테 보상을 해줄래? 아니면 내가 금감원에 민원을 넣을까?" 이런 식으로요.

　　면접 참여자 2: 다 오픈화가 돼가지고, **우리가 금감원이나 그런 데서 약점을 잡히면 안 된다는 걸 고객들이 아는 거예요.** 사람들은 항상 민원을 제기할 수 있는 그런 곳, 인터넷이나 금감원이나 그런 게 있지만, **상담원들의 고충에 대해서는 그런 걸 해줄 수 있는 곳이 없어요.** (P 사업장)

　　카드사의 경우 고객이 불만을 가지고 금융감독원에 민원을 제기하면 회사가 벌점을 받게 된다. 따라서 회사에 피해를 입히지 않기 위해 노동자는 어떤 상황에서도 참고 견뎌야 한다. 이처럼 고객의 일방적인 통제나 문제 제기에 대해 노동자가 자신의 정당함을 주장할 수 있는 법적 보호 장치가 존재하지 않는 현실적 조건 속에서 감정노동은 지속적으로 재생산된다.

전통적 여성성의 활용

　　콜센터 상담직 노동자들이 수행하는 가장 단순한 형태의 감정노동은 고객 만족도를 높이기 위해 목소리 톤을 높이거나 친절하고 상냥한 말씨로 이야기하는 것, 특정한 어법을 사용하는 것이다. 회사는 노동자의 이러한 태도와 능력을 지속시키기 위해 교육이나 지침을 제공하고, 모니터링한다.

　　목소리 자체가 낮은 분들은 어쩔 수 없고요. 민원 응대 자체가 하이 톤이 될 수가 없어요. 근데 다른 콜센터와 같은 톤으로 하도록 강요하는 식으로 교육을 한다는 게 더 짜증날 때가 많아요. 그 상담원이 얼마나 내실 있게 잘하느냐를 보는 게 아니라 기본 인사 끝인사 이런 걸 잘했는지 보는 거죠. 그게 평가 항목에 들어가 있으니까. "~습니까?", "~습니다" 이런 말투를 몇 퍼센트 사용하는지, 그런 걸 보는데…… 그런 말을 쓰는 건 힘들어요. 너무 형식적이라. 예를 들어 저희는 이 사람한테 맞는 말이 뭘까 생각해야 하는데 그게 "~습니까?" 같은 말투상의 이런 걸 몇 퍼센트 사용했는지 생각하면서 할 수 있는 게 아니잖아요? (E 사업장)

공공 기관에서 근무하는 위의 면접 참여자는 자신의 역할이 제도를 정확히 이해하고 고객들에게 적합한 제도적 혜택을 찾아주는 일임을 잘 알고 있다. 따라서 제도의 이해와 고객의 조건에 맞는 상담 내용이 중요하지만, 그녀의 일에서 중요한 평가 항목은 '하이톤'을 사용한다거나, "~습니까?", "~습니다"와 같은 경어체를 얼마나 썼는지와 같은 형식적인 것이다. 콜센터 근무자들의 업무를 전문적인 것이기보다는 낮은 수준의 감정노동으로 규정하고 여성이면 누구나 잘할 수 있는 단순한 능력이라고 여기는 것이다. 그 때문에 콜센터 업무는 남성에 비해 목소리의 음색이 높고 겸손한 성품을 가진 여성들에게 적합한 일이라고 인식되며, '여성의 일'에 주어지는 낮은 평가가 뒤따른다.

그러나 감정노동 능력은 밝은 성격이나 따스한 품성과 같은 타고난 특성만으로 충분하지 않다. 앞서 본 텔레마케터의 요건에서 제시되었듯이, 자기 통제력을 강화시키기 위한 훈련이나 설득력 있는 화법 등은 학습과 경력에 의해서 축적될 수 있는 것이다. '감수성 훈련'이나 '자신을 컨트롤할 수 있는 훈련 습득'과 같은 표현은 결국 감정노동에서도 숙련이 중요함을 보여 준다.

감정노동 능력을 여성의 생물학적 특성에서 찾는 이러한 관행은 여성 노동자들을 일상적인 폭언과 욕설, 인격적 모욕, 성희롱에 노출시키는 결과를 가져온다. 그리고 이러한 현실은 다시 감정노동의 강도를 훨씬 강화시킨다.

면접 참여자 1: 정말 부모님 욕을 한다든가, 회사가 아니라 '네가 문제다'라고 하면서 정말 인격적으로 되게 심한 욕을 하는 회원이 있거든요. 저도 상담 센터 여기뿐만 아니라 오래 했기 때문에, 웬만한 욕은 받아서 만만하게…… 어쩔 때는 30분 동안 말귀를 못 알아들으시는 분보다 그냥 욕 한마디 하시는 분들이 편할 정도로 **욕은 많이 면역이 되어 있는데도 불구하고 정말 30분, 40분 동안 인격적으로 욕을 한다든가, 성적으로 얘기를 하면 전화 통화를 하면서 우는 경우도 있어요.** 제가 먼저 끊을 수는 없기 때문에 그런 부분에서 정신적으로 스트레스를 받는 경우가 있어요. (P 사업장)

특히 대다수의 콜센터 근무자가 여성이기 때문에 겪게 되는 성적 모욕은 대부분의 면접 참여자들이 가진 경험이었다. 일상적인 근무 환경에서 분리시키기 어려울 정도로 성적 모욕은 보편화되어 있고 그 빈도나 강도도 심각한 수준으로 나타났다.

면접 참여자: 제가 예전에 홈쇼핑에 근무했어요. 홈쇼핑은 방송으로도 나가지만, 카탈로그도 나가거든요. 그러면 카탈로그에 보면 뭐 속옷 같은 거 있잖아요. 팬티나 속옷이라든지 성인 용품도 나가요. 그러면 남자분이 전화를 해가지고, 그 상품을 지목하면서 굉장히 자세하게 묻는 거예요. **여상담원이 일일이 대응하기가 너무 민망한 그런 질문을요.** 그렇게 해서 질문을 계속하거나. 그런 분들은 음성이 좀 느끼해요. 늘어지듯이, 뭐랄까, 능구렁이처럼, 상대방이

당황한다는 걸 알면서도, 이 정도면 상당히 안내가 되지 않았을까 싶은데, 굉장히 자세하게, 생각도 못 한 굉장히 자세한 것들을 물어보는 거예요. 그런 사람도, 그런 사례도 있고, 또 특히 밤 시간대에 전화가 와서 받으면 그냥 호흡만, 호흡 소리만 들린다든지, 그렇게 이상하게 전화를 걸어 오는 고객들이 있었어요. 상담 경력이 좀 많은 상담원들은 유연하게 끊든지 대처를 하는데, 얼마 안 된 상담원들은 울고……. 끊고 나면 가슴이 막 뛰고 그렇잖아? 인바운드는 끊는 게 안 되니까 끊지도 못하겠고. 끊고 나면 감정이 추슬러지지가 않는 거예요. (K 사업장)

데이트 요구나 신체 사진을 보내 오는 등 비교적 가벼운 성희롱은 물론 성폭력 수준의 통화를 끊지도 못하고 계속 들어야 하는 사례도 있었다. 경력이 쌓인 노동자들은 전화를 끊는 방식으로 대처하지만, 이미 진행된 성희롱이나 성폭력은 감수하고 난 이후의 상황이다. 더욱이 신참 노동자들은 일방적으로 당할 수밖에 없다. 성희롱이나 성폭력에 대응할 수 있는 개인적 경험도, 회사의 지침도 존재하지 않기 때문이다.

04

감정노동자의 심리적 문제

감정 표현 규범과 심리적 질병

이처럼 폭언과 욕설, 인격 모독이 일상화된 업무 환경이지만 노동자들이 그것에 저항하거나 대응할 방법은 대부분의 사업장에서 갖춰져 있지 않다. 또 법·제도적인 차원에서도 찾아볼 수 없다. 따라서 노동자들은 끊임없는 스트레스와 감정적 부조화 상태에 시달려야 하며, 이것은 노동생산성을 떨어뜨리는 요인이 된다.

> 일부러 기분 나쁘게 하려고 "아줌마" 뭐 이런 경우도 있고…… 심리적으로 그런 말 한 번 들으면 다시 업무하기가 힘들죠. (개인 면접 참여자 G)

모욕적인 상황에서 노동자가 할 수 있는 대응은 전화를 끊는 것인데, 이 경우 상담원이 먼저 전화를 끊어서는 안 된다는 명문화된 규정은 없지만, 대부분의 회사에 그렇게 해서는 안 된다는 것이 암묵적인 원칙이 되고 있다. 고객이 민원을 제기하거나 직접 찾아오는 등 더 큰 소동을 벌일 수 있기 때문이다.

> **질문**: 감정노동이라는 말을 이해하시나요? 어떤 느낌이 드나요?
>
> **면접 참여자 B**: 항상 고객에게 친절한……. 아무래도 그런 게 많죠. 실제적으로 목소리가 나가야 하니까 기분이 안 좋거나 그러면 콜을 하는 데 지장이 있죠.
>
> **면접 참여자 C**: 처음에 아침에 들어가서 업무를 시작했는데, 자기도 기분 나쁜 상황에 있었던 상황에서 고객하고 통화를 할 수 있잖아요. "왜 아침부터 전화하고 지랄이야"라고 하면 사실 저희도 그날 일을 하기 싫어지는 거죠. 오늘도 회사에서 화장실 가니까 한 명 울고 있더라고요. 세 건이나 했는데 왜 우냐고 했더니, 감정 조절을 못 해서 자기 좀 힘들다고……. 그런 경우에는 고객한테 심한 말 듣고 조절이 안 된 거죠……. (개인 면접 참여자 B, C)

고객에게서 폭언이나 욕설을 들었을 때 자기 감정을 조절해야 한다는 인식이 면접 참여자들이 가진 감정노동 개념이었다. 그러나 실제로 고객에게 욕설을 들었을 때 감정 조절 대신 '울 수밖에 없는' 상황에 자주 직면한다. 그리고 그러한 자신의 행동을 감정 조절을 못한 행동이라고 생각한다.

누군가에게 욕설을 들었을 때 화가 나고 눈물이 나는 것은 당연하고 자연스러운 반응이지만, 콜센터 노동 현장에서 그 감정은 조절해야 하는 것으로 인식된다. 회사의 영업을 위해서는 자연스러운 감정적 반응을 억눌러야 하는 상태가 필요하다는 것이다. 여기서 '운다'는 것은 적극적인 심층적 감정 조절에 실패했다는 표시로 해석된다. 자신의 분노를 울어서 푸는 것이 아니라, 분노를 느끼더라도 드러내지 않거나, 분노 자체를 느끼지 않을 수 있어야 한다는 암묵적 규정 때문이다. 따라서 욕설을 듣고 우는 상태는 자연스러운 반응이 아니라 감정 조절이 안 된 상태로 규정된다.

면접 참여자 B : 회사에서는 그런 일에 대해서 잠깐 쉬고 하라 이런 게 없어요. 본인이 해야 한다, 자기 컨트롤은 자기가 해야 하고, 집에 일이 있어도 회사 나와서 감정 안 좋다고 목소리를 드러내면 안 된다, 회사는 딱 집어서 그렇게 얘기해요. 그렇기 때문에 회사한테 "이러이러해서 오늘 힘드니까 조금 쉴게요" 이게 안 되고, 자기가 참고 자기가 일해야 해요. 자기 스스로 풀어야 하고. 본인이 감정 조절을 해야 하죠. 감정의 기복이 심한 사람은 굉장히 힘들어하죠. (개인 면접 참여자 B)

회사에서 감정 조절은 개인에게 맡긴다고 하지만, 감정의 자율성을 허용하는 것은 아니다. 업무에 필요한 일정한 감정만을 드러내고 다른 감정들은 억압해야 한다는 규칙이 이미 정해져 있다. 명확한 감정 표현 규범이 존재하는 것이다. 이러한 감정 표현 규범에 따라 개인들은 표면적 행동 surface action 을 수행한다. 자신의 진정한 자아나 느낌을 억누르고 회사가 요구하는 감정을 표현하려고 노력해야 한다. "자기 컨트롤은 자기가 해야 하고, 감정 안 좋다고 목소리를 드러내면 안 된다"는 말이 이 상황을 보여 준다. 이러한 표면적 행동은 노동자에게 어떻게 인식될까? 자아 효능감 self-efficacy 의 확대일까? 소외의 징후일까?

면접 참여자 1: 자기 비하를 시키는 경우가 좀 많은 것 같아요. 저희가 정말 머리가 나빠서 여기 들어온 걸로 알고 있어서, "네가 그렇게 돼 있으니까 거기 앉아 있지", "너희 거기서 한 달 월급 얼마냐?" 이렇게 말씀하시면서 통화대기 시간 중에 "내가 한 시간에 페이가 얼만데", "한 달 버는 게 얼만데" 이런 말을 해요. (P 사업장)

면접 참여자 B: 대인 기피증이랄까. 회사에 나와서 계속 실적 때문에 그렇고, 자기 소화하기에도 벅차고 정신적 여유도 없고 도대체 내가 왜 이렇게 살아야 되나 이런 생각 많이 들어요. 본인의 의사와 상관없이 똑같은 일을 계속 해야 하니까요. 앵무새처럼 똑같은 일만. 내 기분이 안 좋아도 계속 웃으면서 해야 하고 하루 종일 내 의지와 상관없이 기계적으로 콜해야 하니까 사람 만나는 것도 귀찮고 사람한테 실망하고 말하는 것 자체가……. 그래서 혼자 있는 게 좋아요. 워낙에 말을 많이 하니……. 아침에 회사에 딱 가면 감옥 같아요. 마음이 무겁고 집에 빨리 가서 일해야 하는데 업무에 치이다 보니까 집에도 가기 싫고 집에 와서는 또 다 해야죠. 중·고등학생 애들이 '우리 엄마 힘드니까 청소라도 해야지' 이런 거 없거든요 전혀 안 해요. 12시쯤 잠들면 아침에 일어나서 또 애들 챙겨 주고 출근하기 바쁘고 그러면 언제 가서 다른 일 할 시간이 없죠. 평일은 친구들 만나고 싶어도 못 만나고 휴일에도 잘 못 만나요. 피곤하니까. (개인 면접 참여자 B)

대부분의 면접 참여자들은 일상적 노동 속에서 자기 비하를 경험하고 있었다. 고객의 어떤 이야기도 들어야 하고 모욕을 감수해야 하는 상황에서 자아존중감을 유지하기란 쉽지 않기 때문이다. 자신의 감정과는 무관하게 업무에서 요구되는 감정만을 표현해야 하고, 하루에 200~300통의 전화를 기계적으로 걸어야 하는 상황에서 노동자는 회사를 감옥이라고 느낀다. 특히 가정에서 돌봄노동의 책임까지 가진 기혼 여성들의 경우 정신적·육체적 여유란 없다. 직장에서 늘 사람을 대하는 일에 시달리는 B는 그래서 사람이 싫고 자신의 상태를 대인 기피증이라고 생각한다.

이처럼 면접 참여자 중 회사의 감정 표현 규칙에 따라야 하는 현실을 자아 효능감의 확대로 해석하는 사람은 없었다. 오히려 감정노동을 수행하는 과정에서 우울증이나 심리적 질병을 겪을 수 있다고 걱정하고 있었다. 또 이들의 우려는 가족과 아이들에게로 향하기도 한다. 가족이 일에서 쌓인 분노를 표출하는 대상이 될 수 있기 때문이다. 감정 표현 규범의 1차적 피해자가 감정노동자라면, 그녀의 가족은 2차적 피해자가 될 수 있다는 것이다.

질문: 혹시 콜센터 내에 그런 전화가 왔을 때 어떻게 처리하는지 처리 요령, 지침 이런 건 없나요?

면접 참여자 1: 없습니다. 제가 안타까운 게, 그렇게 저희들에게 권한이 없고 말이라는 건 한계가 있거든요. 그런 걸 윗 상사들이 해결해 주면 민원인이 받아들이기에 다르거든요

질문: 내용적으로 잘 모르는 부분일 수도 있고 잘 아는데도 상대방이 억지 부릴 땐 윗사람이 해결해 줘야 되는데 그게 잘 안 된다는 거죠?

면접 참여자 1: 네……. 그걸 해결해 줄 수 있는 그런 시스템이 되어 있지 않아요. 스트레스 많이 받죠……. 신입 사원인 경우에는 밤에 가서 잠을 못 자죠. 그다음 날까지, 그 전화 받은 일에 대한 스트레스 때문에 집에 가서까지

영향이 많죠.

　　면접 참여자 2: 자기 마인드 컨트롤이 잘 안 되는 사람들 같은 경우에는 진짜 정신 질환도 생길 수 있고…….

　　면접 참여자 1: 그게, 그날 하루 기분이 나쁘면 아이들한테 괜히 짜증이 나고 그래요. (P 사업장)

그러나 이런 상황은 회사라는 조직 안에서 어떤 문제나 질병으로 인식되지 않는다. 외상外傷으로 나타나지 않고 직장이 아닌 가정에서 표출되기 때문이다. "괜히 짜증이 나는" 이 상태가 지속될 경우 정신적 질환을 앓을 수 있다는 사실을 인식하지만, 신체적 상해처럼 가시화되지 않아 예방을 위한 조치를 요구하지 못한다. 따라서 감정 규범에 적응하지 못한 대가는 고스란히 노동자 개인의 몫일 수밖에 없다. 높은 이직률은 그 증거 중 하나다.

거짓 자아와 감정적 무감각

감정 표현 규범에 자신의 감정을 종속시켜야 하는 상황이 계속되었을 때 노동자의 내면은 어떤 변화를 경험할까? 보험업의 텔레마케팅 등 오랜 기간 이 일을 해온 42세의 면접 참여자 B는 자신의 경험을 다음과 같이 이야기한다.

　　면접 참여자 B: 그런 거 있어요. 직업이 이렇다 보니까 예전엔 통화할 때 무뚝뚝하게 하고 그랬는데 이거 하고 나서는 괜히 상냥하게 되고 그런 게 있어요. 상냥한 목소리가 자동적으로 나가게 되는 거잖아요? 반사적으로 행동하게 되는 거죠. 그게 좋을 수도 있고 나쁠 수도 있지만 전화만 잡으면 긴장된 목소리…… 상냥한 목소리…… 끝날 땐 항상 감사합니다…….(웃음)

나 자신이 없는 듯한……. 제 감정을 보일 수가 없잖아요? 그냥 마냥 좋아야 하고…… 웃으면서 이야기하죠……. 눈물 나도……. 나중에 기분 굉장히 안 좋은데 전화만 오면 딱 바뀌는 거죠……. 앵무새처럼 상냥하게……. 저는 콜센터 일 한 지 오래됐어요……. 사람을 대하는 것도 안 좋은 목소리로 할 수 없어요. 처음엔 안 되다가 나중엔 자연스럽게 되는 거예요. 기분이 안 좋다가도 전화하면 아주 상냥하게 말하는 거예요. 아무 일 없었단 듯이……. 그런 걸로 인해서 내 감정이 없어지는 거 같아요. 일하는 동안엔 기분이 안 좋아도 잊어버리고…… 슬퍼도 잊어버리게 되고 그렇게 되는 거 같아요. (개인 면접 참여자 B)

B의 경험은 혹실드가 제시한 감정노동의 네 차원에서 가장 심화된 수준과 그로 인한 노동의 소외 상태를 보여 준다. '수동적 심층 행동', 즉 노동자가 특정 상황에서 요구되는 감정을 의식적인 노력 없이 자동적으로, 반사적으로 느끼게 되는 상태가 그것이다. 전화만 잡으면 "상냥한 목소리가 자동적으로 나가게 되고" "눈물이 나도 웃으면서 이야기하는" 것이 "나중엔 자연스럽게 되는" 상태다. 자신의 진정한 사아 real self 감각을 잃고 대신 거짓 자아 false self 를 수용하게 되는 것이다.

그 결과 감정노동자는 "아무 일 없었다는 듯이 (……) 내 감정이 없는 것 같은" 일종의 감정적 마비, 무감각의 상태를 경험한다. 어떤 외적 자극에도 감정적으로 동요하지 않고 업무에 필요한 감정만을 드러내야 한다는 조건 속에서 노동자는 회사에서 제시하는 감정의 규칙에 적합하지 않는 다른 감정들을 스스로 억압하게 되고, 이러한 과정이 무수히 되풀이되면서 점차 어떤 자극에도 감정을 느끼지 못하는 수동적인 상태에 이르게 된다. 감정은 자아의 메신저라는 혹실드의 지적처럼, 인간이 외부 세계의 자극에서 얻게 되는 긍정적·부정적 감정은 그것의 인식과 표현을 통해 자아존중감을 보존하는 역할을 한다(Hochschild, 1983). 노동자가 자신의 내적인 감정 felt feeling 을 억압하고 외적으로 전시되는 감정 displayed feeling 만을 의도적으로 수용해 갈 경우 감정의 왜곡은 물론 자아의 존재감을 지속하는 데 필요한 감정적 능력을 상실할 수 있다.

04

맺음말

콜센터 상담직 여성 노동자들의 노동 경험에 대한 심층 면접 결과는 이들의 감정노동이 구조적으로 조직된 것이라는 점을 알려준다. 단순히 개인과 개인 간의, 목소리에 의한 접촉이라는 형식이 아니라, 기업 내 업무 체계상 이들에게 주어진 업무가 감정노동이라는 사실이 더욱 중요하기 때문이다. 이들이 주로 하는 일은 공식적으로 불만 접수 업무이며, 비공식적으로는 고객의 민원과 감정적 폭발을 포함한 모든 종류의 대화와 주문이다. 따라서 이들은 자신을 '총알받이'라고 느낀다. 회사에 대한 고객의 불만과 분노에 가장 먼저 직면하고 자기 선에서 그것을 잠재워야 하기 때문이다. 그러나 이들에게는 고객들이 제기한 불만의 원인을 다룰 수 있는 권한이 없다. 따라서 불만을 해결하지는 못한다. 고객 역시 이 사실을 알고 있으므로 노동자들을 감정적 폭발의 대상으로 삼을 뿐 해결을 위한 적극적인 노력을 하지 않는다. 또 고객 중심주의로 제도화된 기업 안팎의 시스템 속에서 고객의 일방적인 분노도 노동자는 참을 수밖에 없다는 사실을 모두 알고 있다. 노동자를 보호할 제도적 기제가 갖추어지지 않은 현실은 상담직 노동자들이 부당한 감정노동을 계속해 가지 않을 수 없는 구조적 조건으로 작용한다.

그러나 감정노동의 결과는 철저하게 노동자 개인의 상황으로 처리된다. 모욕적 언사나 폭언을 듣고 화를 내거나 눈물을 흘리는 노동자는 직업의식이 부족하고 자기통제에 실패한 사람으로 인식된다. 계속되는 감정적 억압의 결과 정신적·육체적 질병을 얻게 된 사람들은 회사를 떠나거나 가족이나 다른 사람들에게 공격적이 되거나 스스로 무감각한 상태로 굳어지게 된다. 감정노동의 결과가 철저히 개인적이고 심리적인 차원으로 귀속되며 감정적 무감각 상태가 '적응' 또는 '숙련'의 경험으로 해석된다.

이러한 상황은 고객 관계 customer relations 가 중요시되는 서비스 사회에서 더욱 심화될 수 있다. 서비스 활동의 주문에서부터 그 과정의 감독과 결과 산출에 대한 평가-반응에 이르기까지 고객이 전반적으로 개입함으로써 고객과의 관계 속에서 노동자들은 자기 노동의 성취감과 소외감을 느끼게 되며, 관리자와 고객의 이중 감시-통제에 의해 자신의 자율성을 더욱 제약받을 수 있다(이병훈, 2006). 특히 '소비자는 왕'이라는 일방적인 소비자 중심주의는 고객과의 접촉이 업무의 대부분을 차지하는 감정노동자에게 매우 부정적인 영향을 줄 수 있다. 노동자의 자율성은 물론 인격을 침해하고 그 누적된 결과로 직장을 떠나게 되는 이중, 삼중의 피해를 낳을 수 있다. 소비자본주의 사회에서 소비자의 권리뿐만 아니라 기본적인 의무를 포함한, 삼각관계의 새로운 사회적 규범을 정립해 가야 할 필요성이 강하게 대두되고 있다.

　감정노동의 피해를 줄이는 일은 노동자의 인권은 물론, 노동권을 보호하는 일이기도 하다. 이에 따라 한국사회에서도 노동권 보장을 위한 접근으로서 감정노동자 보호와 피해 예방을 위한 노력이 시작되고 있다. 고객의 부당한 대우로부터 노동자를 보호할 수 있는 대책들이 논의되고 있으며, 수당이나 휴가 제도, 심리 상담 프로그램을 도입하여 감정노동으로 인한 피해를 보상하는 기업들도 생기고 있다. 물론 이런 변화들은 노동조합의 요구를 기업이 수용한 것에서 시작하고 있지만, 기업의 차원을 넘어 전 사회적 차원에서 과도한 감정노동에 대한 규제와 예방, 적절한 보상의 필요성에 대한 관심이 확산되어야 할 것이다.

제11장

돌봄노동:

인정되지 않는 가치

"출생과 동시에 직업을 얻고 독립적인 삶을 유지할 수 있는 인간은 없다. 스스로 무덤을 만들고 관 속으로 사라지는 인간도 없다. 모든 인간은 태어나서 성인기에 이를 때까지 상당한 기간 동안 신체적·정신적·물질적 측면에서 타인으로부터 돌봄을 필요로 하는 절대적 의존의 시기를 거치며, 나이가 들면 다시 새로운 돌봄 욕구에 직면하게 된다. '독립적' 성인이라 할지라도 질병이나 장애와 같은 조건에 따라 타인으로부터의 돌봄을 필요로 하는 시기가 있다. 영구적인 장애로 타인의 돌봄에 의지하지 않고는 삶을 유지할 수 없는 사람도 적지 않다. 이처럼 돌봄 욕구가 모든 인간의 생애 과정에서 피할 수 없는 조건이라는 사실은 누군가가 이들의 돌봄 욕구를 지속적으로 충족시켜 왔고, 현재에도 그렇다는 것을 의미한다."
(마경희, 2011)

'우리 모두는 어떤 어머니의 자녀'라는 표현이 말해 주듯이, 우리는 누군가로부터 돌봄을 받지 않고는 인간으로서 독립적일 수 없다. 돌봄과 의존은 인간존재의 필수 불가결한 삶의 일부이지, 바람직하지 않은 사회적 조건이 아니다(Kittay, 1999). 의존은 초기 양육기, 질병, 장애, 노령의 과정에서 누구나가 직면하는 인간 조건의 한 측면이고 인간의 생애 과정은 '불가피한 의존inevitable dependencies'의 시기들을 거친다. 누스바움M. C. Nussbaum은 인간이 누구의 도움을 받지 않고 '정상적·독립적' 생활을 할 수 있는 기간은 매우 일시적이라고 보면서, 이러한 관점에서 인간은 누구나 본질적으로 '장애'를 가지고 있는 셈이라고 주장하기도 한다(Nussbaum, 2002).

그러나 한국사회를 돌아보면 돌봄이나 의존이 필요 없는 것처럼 보이는 '독립적' 개인을 토대로 사회시스템이 돌아가고 있다. 인간은 독립적인 존재라는 가정으로 인해 돌봄을 필요로 하는 사람들을 의존자라고 부정적으로 낙인을 하거나, 돌봄을 필요로 하는 사람들을 돌봐야 하기 때문에 경제활동을 하지 못하는 사람들 역시 경제적으로 무능하거나 독립적이지 못한 사람으로 치부하는 경향이 있다. 이렇게 독립적 개인을 전제로 하는 사회의 기본 가정은 돌봄노동에 대해 가치를 부여하지 않거나, 사회적으로는 보이지 않는 일 invisible work 로 취급하여 왔다.

그러나 여성의 취업이 확대되면서 돌봄노동의 위치도 달라지고 있다. 과거에는 돌봄노동이 여성들이 어머니, 아내, 며느리, 딸로서 당연히 맡아 해야 하는 일이었다면, 현대사회에서는 대가를 지불하고 이용해야 하는 가시적인 노동이 된 것이다. 그렇다면 사회를 유지하기 위해 꼭 필요한 돌봄노동은 어떤 특성을 지니고 있으며, 노동시장에서 돌봄노동을 담당하는 노동자의 조건과 문제들은 무엇인지, 또한 돌봄노동의 사회화가 여성 노동시장에 어떤 영향을 끼쳤는지 탐색해 보기로 하자.

돌봄노동의 의미와 필요성

 돌봄노동은 오랫동안 사적 영역인 가족 내에서 비공식적이고 비가시적으로 이루어졌고, 돌봄노동에 대한 사회적 책임을 둘러싼 논의는 공식적으로 핵심 쟁점이 되지 못했다. 그러나 저출산, 인구 고령화와 함께 가정 내 무급 돌봄노동 제공자였던 여성들의 경제활동이 증가함에 따라 돌봄의 문제는 점차 사회적인 중요한 문제로 규정되고 있다. 돌봄 문제가 개인 혹은 개별 가족의 영역을 넘어서면서 돌봄의 책임을 사회적으로 어떻게 조직화할 것인지에 대해 사회정의 또는 윤리의 문제로 접근되고 있는 것이다. 누가 돌봄에 대한 책임을 질 것인가, 누가 돌봄을 직접 제공할 것인가, 돌봄을 담당하는 사람들의 노동조건을 어떻게 지원할 것인가 등의 문제는 사회적 재화의 분배와 부담을 결정하는 사회적이고 정치적인 성격의 문제이기 때문이다.

 키테이 E. F. Kittay 는 돌봄이 특정 의존 집단에 한정된 욕구가 아니라 인간이라면 누구나가 초기 양육기, 질병, 장애, 노령기 등 지속적인 생애 과정에서 경험하는 보편적이고 본질적인 욕구이며, 인간 자체가 독립적인 존재라기보다는 돌봄을 매개로 한 상호 의존적이고 관계적인 존재라는 점을 전제한다(Kittay, 1999). 돌봄의 출발점은 돌봄 관계에 있는 타인의 욕구에 대한 관심으로부터 출발한다. 트론토 J. C. Tronto 에 의하면, 돌봄이란 서로 구분되면서도 상호 연관되어 있는 네 단계의 과정을 포함하고 있다. 먼저, 돌봄 욕구에 대한 관심 caring about 은 돌봄의 필요성에 대한 인정을 의미하며, 둘째,

욕구에 대한 책임taking care of은 인정된 욕구에 대해 자원을 어떻게 분배하고 책임 주체를 누구로 할 것인지를 결정하는 과정이다. 셋째, 돌봄의 제공care-giving은 돌봄 제공자가 수혜자와 직접 관계를 맺으며 제공하는 육체적·정신적 활동이며, 넷째, 돌봄의 수혜care-receiving는 돌봄 수혜자가 제공된 돌봄을 통해 욕구가 적절히 충족되었는지를 판단하는 과정을 포함한다(Tronto, 1993).

　이러한 네 단계에서 알 수 있듯이 돌봄은 특수한 맥락에서 돌봄을 주고받는 사람들 간의 감성적·정서적 관계 속에서 이루어진다. 돌봄은 노동이지만 대부분의 다른 노동처럼 기계로 대체할 수 없는 노동 이상의 어떤 것이며, 그렇기 때문에 돌봄은 정확히 말하면 '돌봄 관계'라고 정의해야 한다(Held, 2006). 따라서 돌봄에서 중심적인 요소는 느낌, 욕구, 욕망, 돌봄을 받는 사람의 사고, 돌봄을 받는 사람의 관점에서 상황을 이해하는 기술에 대한 관심이라고 볼 수 있다. 돌봄 활동에서 중요한 것은 구체적 상황에서 작용하는 직관적 태도이다. 다시 말해서 돌봄 관계에서 감정적 차원이 부각될 수밖에 없다. 혹실드의 정의처럼 감정노동이란 돌봄받는 사람이 편안하고 즐거운 기분이 들 수 있도록 돌봄 제공자가 자신의 감정과 외양을 조절·억압하는 일이다(Hochschild, 1983). 물론 그녀의 정의는 판매서비스 노동자의 노동을 대상으로 한 것이었지만, 재가在家 돌봄노동자의 경우에도 적용될 수 있을 것이다.

　재가 노인 돌봄서비스를 연구한 국내 연구에 의하면, 돌봄노동의 특성을 세 가지로 규정하고 있다. 첫째, 노인 돌봄노동은 환자의 심리를 잘 파악하고 욕구를 충족시키기 위해 감정 조절이 필요하며, 적응하는 데 일정한 시간이 요구되는 일로서 육체노동이나 정신노동의 이분법으로 이해되기 힘든 감정노동의 특성을 갖는다. 둘째, 노인에게 좋은 돌봄을 제공하기 위해서는 돌봄 욕구의 드러난 부분뿐만 아니라 노인이 살아오면서 채워지지 않은 잠재적 욕구들에 대한 이해와 성찰을 토대로 하는 노동이다. 셋째, 노인 돌봄은 지속적인 상호작용을 통한 신뢰 관계가 중요한 관계적 노동이다. 이러한 노인 돌봄노동의 복합적 성격은 단순한 육체노동으로 간주되어 여성이면 누구나 할 수 있는 저임금 노동으로 평가절하되고 있는 현실에 대해 반박할 수 있는 근거를 제공하고 있다. 여성들이 대부분 담당하고 있는 노인 돌봄노동의 가치를 제대로 평가하는 것은 노인 돌봄노동의 사회화에 따라 급속히 확대될 여성 일자리를 안정화할 뿐만 아니라 궁극적으로는 노인 돌봄노동의 질을 높임으로써 재가 노인과 노인을 부양하고 있는 가족의 삶의 질을 높이게 될 것이다(김혜경 외, 2011).

실제로 지난 50여 년 동안 한국 여성들은 산업화와 근대화 과정을 통해서 교육 및 경제활동 참여 기회가 확대됨에 따라 급격한 역할 변화를 경험하게 되었다. 사적 영역인 가족 안에서 무급의 재생산 역할을 전담하던 여성들은 공적 영역인 노동시장에서 유급의 생산적 역할을 병행하는 비율이 증가하였다. 이러한 여성역할의 변화는 가족의 돌봄 기능에 영향을 미치고 있다. 기존의 사회복지 서비스는 가족 안에서 돌봄을 받지 못하는 소위 '무의탁' 아동이나 장애인 또는 노인을 대상으로 구축되었으나, 이제는 가족이 있으나 실질적인 돌봄을 받지 못하는 대상들을 위한 공적 돌봄 체계에 대한 수요가 확대되고 있다. 특히 노인들의 경우 자녀와 동거하는 비율이 지속적으로 감소하고 있으며(정경희 외, 2012), 가족과 함께 살아도 여성들의 경제활동 증가에 따라 사적 돌봄informal care 또는 가족 돌봄family care 기능이 축소되고 공적 돌봄formal care 또는 사회적 돌봄social care 서비스에 대한 수요가 증가하고 있는 실정이다.

이러한 가족 기능의 변화에 따라 공적 돌봄 체계가 확대되면서 보육 관련 일자리 이외에도 간병인과 같은 돌봄노동자care worker에 대한 수요가 대폭 확충되고 있다. 특히 노인 돌봄서비스 분야는 급속한 고령화 과정에 놓여 있는 한국사회에서 여성 일자리 창출의 핵심 산업이 될 전망이다. OECD 국가의 취업자 중 사회서비스 부문 취업자 비중은 평균 23.3%인 반면, 한국은 11.2%로 OECD 평균보다 12.1% 포인트 낮다(석재은, 2006). 이러한 현실은 한국에서 돌봄서비스 산업의 고용 성장 잠재력이 그만큼 크다는 것을 의미한다. 그러나 한국사회에서 현재 대부분의 돌봄노동자들은 여성들로서, 비정규직과 저임금이라는 열악한 노동조건에 일하고 있는 것으로 보고되고 있다. 서구의 경우에도 장기적으로 규제되지 않고 심각한 무보호 상태에 있는 비정규 노동시장의 발달로 인해 돌봄노동자들은 빈곤 상태가 더 심화될 것이라는 어두운 전망을 내놓고 있다(Ungerson, 1997).

앞으로 현대사회에서 점점 더 중요한 역할과 비중을 차지하게 될 돌봄서비스를 둘러싼 이와 같은 비관적인 현실을 개선하기 위해서는 돌봄서비스 일자리를 일하고 싶은, 괜찮은 일자리decent job로 만드는 것이 무엇보다 중요하다. 다양한 돌봄서비스 일자리의 창출과 노동조건의 개선은 결국 돌봄서비스 노동을 담당하는 많은 여성들의 일자리의 질을 높일 뿐만 아니라 돌봄서비스를 이용하는 가족들에게도 삶의 만족도를 높이게 될 것이다.

돌봄노동의 범주와 노동시장 구조

돌봄노동의 범주와 추이

한국사회에서 여성의 경제활동이 증가하고 고령화가 진전됨에 따라 간병, 보육 등 돌봄 분야는 수요가 커지고 있으며, 가사·간병·재가 보육 등 사회서비스 시장은 점점 확대되고 있다. 그러나 대부분의 돌봄서비스는 제도화 수준이 낮고, 비공식 부문 돌봄서비스 노동시장 종사자의 경우 통계적으로도 그 현황이 명확하지 않다.

많은 OECD 국가의 경우 1970년대 이후 공공 사회·개인 서비스의 고용 증가분이 상당한 비중을 차지하고 있는데, 고용 없는 성장 추세 속에서도 사회서비스 분야 일자리 창출이 확대되고 있어 이에 대한 사회·경제적 관심이 점점 커져 가고 있다. 그러나 돌봄노동에 대한 개념은 최근 들어 형성되고 있으며, 돌봄노동을 제공하는 돌봄서비스의 범주에 대한 합의된 기준은 아직 마련되지 않고 있다. 따라서 학자들마다 돌봄서비스의 범주를 상이하게 규정하고 있는 상황이다.

돌봄은 "환자, 노인, 어린이와 같은 의존자를 돌보는 모든 활동"으로, 역사적으로 오랫동안 가족 내에서 행해져 왔다. 사회화 영역으로 전환하여 교환가치로서 인정되는 노동으로서의 돌봄노동care work은 아동, 장애인, 노인, 질환자 등과 같이 의존자에게 돌봄을 제공하는 대가로 임금을 지불받는 행위로 정의된다. 그런데 돌봄caring의 의미가 중첩적이고 범위도 애매하고 복합적인 측면이 있다. 즉 돌봄은 좁게는 아동, 장애인, 노인의 의존 상태에 대한 간병이나 일상적 보호, 보육, 양육, 요양과 같은 직접적 돌봄을 의미하기도 하지만, 이외에도 교육, 의료, 공공 안전, 사회복지 등 좀 더 넓은 차원의 사회 구성원의 안녕과 유지를 위한 돌봄도 포함한다. 따라서 돌봄서비스 근로자는 보육 교사, 요양 보호사, 장애인 활동 보조인 등을 구체적으로 지칭하기도 하지만, 넓게는 교육, 보건, 의료, 복지를 포괄하면서 의사, 간호사, 종교인, 교사, 상담사 등이 포함되기도 한다.

　　의존자에게 돌봄을 주는 행위를 어디까지 포함하는가 하는 범위에 따라 크게 세 가지 입장으로 구분해 볼 수 있다. 첫째는 돌봄노동의 범위를 넓게 보는 입장으로, 돌봄노동의 특징을 대면 접촉을 통해 서비스 수혜자의 인지적·육체적·정신적 능력을 유지하거나 높이는 것으로 정의하면서, 의사, 간호사, 개인 서비스 노동자, 종교인(목사·신부), 경찰, 개인적 보호 업무를 하는 종사자들을 모두 돌봄서비스 노동자로 포함하는 관점이다. 두 번째로는 돌봄노동의 범위를 좁혀서 돌봄서비스를 좀 더 특정한 돌봄 행위를 하는 근로자로 특정하고, 간호사, 초등학교 교사, 보육 서비스 종사자, 노인 서비스 종사자, 사회복지사, 재가 돌봄서비스 종사자, 가사·간병 근로자로 범위를 좁히는 입장이 있다(윤자영 외, 2011). 마지막으로는 돌봄 관련 종사자 범위를 더욱 한정시켜서, 돌봄노동을 좀 더 대인적·대면적인 돌봄서비스 제공을 목적으로 하는 근로자로 좁히는 입장이 있다(황덕순, 2012). 이 범주는 간호사와 초등학교 교사를 제외한 개인 및 사회서비스에 포함되는 노인, 장애인, 아동 돌봄서비스 근로자와 가사 근로자들만 포함하고 있다.

이런 개념 범주를 수용할 때 이에 해당하는 직업 분류로는 현재 사용되는 6차직업분류 기준을 근거로 할 때 의료·복지 관련 서비스 종사자(직업 소분류 421), 가사도우미 및 육아도우미(직업 소분류 951)가 핵심적인 분석 대상이 된다.

돌봄서비스 고용 규모 추이

사회서비스 직업의 고용 규모는 범위의 획정에 따라 다를 수 있지만, 앞서 제시한 통계적 근거에 기반을 둘 때 2008년 56만 7,000명에서 2011년 기준 76만 1,000명에 이른다. 전체 취업자 대비 2008년 2.5%에서 2011년에 3.2%로 꾸준히 증가하고 있는 것이다(한국노동연구원, 2012: 14). 전체적으로 보면 공공 사회복지 서비스가 늘어나면서 의료·복지 서비스직으로 전환하거나 사회복지 전문직과 의료·복지 서비스직을 중심으로 고용이 늘어나고 있는 추세이며, 유치원 교사와 가사·육아도우미는 줄어들고 있다(한국노동연구원, 2012: 14).

한편 또 다른 자료에서는 돌봄서비스를 타인의 돌봄이 필요한 노인, 영유아 등 타인에 대한 노동력의 보조적 지원 서비스로 협의의 사회서비스로 규정하면서 공공 부문과 민간 부문을 통해 제공되는 노인 요양서비스, 간병서비스, 아동 방문 보육 서비스, 장애인 활동 보조 서비스, 산후 조리 서비스, 가사 서비스 전체를 포괄

한다. 이렇게 규정할 때 2011년 기준 돌봄서비스 노동시장 규모는 6개 서비스 부문 약 48만 6,518명으로 추정되며 공공 부문 종사자 약 20만 명, 민간 부문 종사자 약 29만 명으로 추산되기도 한다(경제사회발전 노사정위원회, 2012).

우선 돌봄서비스 취업자의 산업별 분포를 보면 〈표1〉과 같다. 사회복지 서비스직의 경우 사회복지 서비스업 종사자가 70.2%를 차지하며, 11.7%가 보건업에 속하며, 유치원 교사는 97.8%가 교육 서비스업에 종사한다. 가사·육아도우미의 경우 가사 근로 종사자가 81.0%를 차지하며, 이외에 7.1%가 사회복지 서비스업에 속한다.

〈표2〉에 나타난 돌봄서비스 취업자의 종사상 지위별 분포와 여성 취업자 비율을 살펴보면 돌봄서비스 내에서도 많은 편차가 있음을 알 수 있다. 상위 직업에 속하는 사회복지 전문직과 유치원 교사는 상용직의 비중이 높은 반면, 하위 직업인 의료·복지 서비스직과 가사·육아도우미의 경우 임시직·일용직의 비중이 높다. 유치원 교사는 88.5%가 상용직인 데 비해 가사·육아도우미는 임시직 34.3%, 일용직 27.1%로 크게 대조되며, 자영자의 비율도 33.4%인 것으로 나타나 이 부문의 취업이 매우 불안정하고 비공식적인 취업임을 짐작할 수 있다.

성별 비율을 보면 돌봄서비스 직업은 압도적으로 여성 비중이 높다. 유치원 교사는 99.1%가 여성이며, 가사·육아도우미는 98.5%, 의료·복지 서비스직은 93.0%, 사회복지 전문직도 85.9%로 돌봄서비스 일자리는 전형적인 여성 직종의 특성을 갖고 있는 것을 볼 수 있다.

표1 | 돌봄서비스 취업자의 산업별 분포(2010년 3분기)　　　　　　　　(단위: 천 명, %)

	사업 지원	공공 행정	교육	보건	사회복지	기타 개인	가사 근로	전체
사회복지 전문직	6.2	3.1	5.8	1.5	83.3	0.1	-	298 (100.0)
유치원 교사	-	-	97.8	-	2.2	-	-	57 (100.0)
의료·복지 서비스직	6.1	1.9	0.6	11.7	70.2	9.1	0.4	171 (100.0)
가사·육아 도우미	6.7	1.7	1.4	0.1	7.1	2.0	81.0	167 (100.0)

자료: 통계청, 〈지역별고용조사〉 원자료, 2010년 3분기(황덕순, 2013, p.8에서 재인용).

표2 | 돌봄서비스 취업자의 종사상 지위별 분포와 여성 취업자 비율　　　　　(단위: %)

	종사상 지위별 취업자 분포				종사상 지위별 여성 취업자 비율			
	사회복지 전문직	유치원 교사	의료·복지 서비스직	가사·육아 도우미	사회복지 전문직	유치원 교사	의료·복지 서비스직	가사·육아 도우미
상용 근로자	69.5	88.5	38.5	4.1	86.6	99.0	92.5	99.7
임시 근로자	16.7	10.1	46.0	34.3	93.3	100.0	94.4	99.0
일용 근로자	0.2	-	13.0	27.1	96.3	-	91.7	98.7
고용주	11.0	0.9	0.8	0.6	79.0	90.5	48.7	97.4
자영자	2.1	0.4	1.7	33.4	38.3	100.0	93.8	97.9
무급 가족 종사자	0.5	-	0.2	0.6	82.3	-	100.0	80.2
전체	100.0	100.0	100.0	100.0	85.9	99.1	93.0	98.5

자료: 통계청, 〈지역별고용조사〉 원자료, 2010년 3분기(황덕순, 2013, p.9 〈표2〉에서 재인용).

돌봄노동자의 특성과 고용 실태

돌봄노동자의 인적 특성

〈제3차 여성가족패널조사〉(2010)를 기초로 돌봄서비스 노동
자의 인적 특성을 살펴보면 〈표3〉과 같다.

〈표3〉을 보면 돌봄서비스 직종 내에서도 취업자의 연령에 큰
편차가 있다는 것을 알 수 있다. 유치원 교사는 평균 연령이 27.7세

표3 | 돌봄서비스 노동자의 연령별 분포(2010)　　　　　　　　(단위: 천 명, %)

	사회복지 전문직	유치원 교사	의료·복지 서비스직	가사·육아 도우미	전체
평균 연령	34.8	27.7	50.7	53.3	40.5
30세 미만	35.3	67.6	0.2	0.0	26.4
40세 미만	33.8	24.2	7.2	9.6	21.2
50세 미만	23.2	4.0	22.2	25.7	19.8
60세 미만	5.4	4.3	63.0	26.9	24.2
60세 이상	2.1	0.0	7.4	37.7	8.5
전체	100.0 (269)	100.0 (123)	100.0 (186)	100.0 (102)	100.0 (680)

자료: 한국여성정책연구원, 〈제3차 여성가족패널조사〉, 2010(이병희 외, 2012, p.53 〈표3-3〉 재구성).

이고, 사회복지 전문직은 34.8세로 비교적 젊은 노동자들이 취업하고 있다. 이에 비해 의료·복지 서비스직과 가사·육아도우미는 평균 연령이 각각 50.7세, 53.3세로 중고령 여성 노동자가 압도적이다. 특히 가사·육아도우미의 경우에는 60세 이상이 37.7%로, 일반적인 취업자들이 은퇴하는 연령임에도 불구하고 일을 지속하고 있음을 알 수 있다.

그런데 돌봄서비스 취업자의 경력과 근속 기간을 보면 이와 같은 연령별 특성과 상이한 결과를 보여 준다. 〈지역별 고용 조사〉에서는 "직장 이동과 관계없이 이 직업에서 일한 기간은 총 얼마나 됩니까?"라는 질문을 통해 경력 기간을 측정하였다. 이 조사 결과에 의하면 평균 연령이 가장 낮은 유치원 교사의 경우 평균 경력과 근속 기간이 가장 길고, 사회복지 전문직이 그 다음이었다. 상용직을 기준으로 했을 때 유치원 교사의 평균 경력은 5.4년인 데 비해 사회복지 전문직은 4.8년이고, 의료·복지 서비스직과 가사·육아도우미는 각각 2.8년이었다(황덕순, 2013: 11). 의료·복지 서비스직이나 가사·육아도우미의 경력 기간이 짧은 것은 이 부분 종사자들이 이 직업에 오랫동안 종사했다기보다는 다른 일자리에 있었거나 노동시장에서 은퇴했다가 다시 노동시장에 진입했음을 추정할 수 있다. 즉, 중고령 여성에게는 이 분야의 일자리가 막다른 일자리의 성격이 강하다는 점을 시사해 주는 것이다.

돌봄서비스 직업 내부의 차이에도 불구하고 이를 전체 여성 노동자의 평균과 비교하면 경력과 근속 기간 모두 짧은 것으로 나타나 이 직업의 불안정성을 파악할 수 있다.

돌봄노동자의 임금과 노동시간

〈제3차 여성가족패널조사〉에 의하면 돌봄노동자의 임금은 전체적으로 매우 낮고 노동시간은 매우 길다는 것을 알 수 있다.

돌봄서비스 노동자의 월평균 임금은 유치원 교사 133만 1,000원, 사회복지 전문직 118만 1,000원, 의료·복지 서비스직 81만 8,000원, 가사·육아도우미 79만 8,000원의 순으로 전체적으로 매우 낮은 수준이다. 2010년 전체 여성 노동자의 평균 임금이 201만 9,000원인 것에 비하면 돌봄서비스 노동자의 임금수준이 얼마나 낮은지 알 수 있다. 돌봄서비스 노동자 내부에서도 비교적 상위 직업인 유치원 교사와 사회복지 전문직도 이 평균에 훨씬 못 미치고 있는 것이다.

다음으로 주당 근로시간을 비교하면 유치원 교사 46.6시간, 가사·육아도우미 42.1시간, 사회복지 전문직 40.7시간, 의료·복지 서비스직 34.1시간의 순이다. 주당 근로시간으로 보면 유치원 교사가 가장 긴 시간을 일하는 것으로 보이지만 이는 시간제 근로자의 비율과 연관되어 있다. 의료·복지 서비스직의 경우 전체의 절반 정도인 48.8%가 시간제 근로자이고, 가사·육아도우미는 40.0%가 시간제 근로자다. 이에 비해 사회복지 전문직은 14.0%, 유치원 교사는 6.9%만이 시간제 근로자다(이병희 외, 2012: 55).

따라서 돌봄서비스 노동자의 낮은 소득은 시간제 근로 형태가 많은 현실과 복합적으로 얽혀 있다는 것을 알 수 있다. 돌봄서비스 노동자에 대한 여성 노동단체의 조사를 보면 임금뿐만 아니라 다른 노동조건에서도 현저하게 열악한 조건에 놓여 있음을 알 수 있

표4 | 돌봄서비스 노동자의 임금과 근로시간(2010) (단위: 만 원, 시간, %)

		사회복지 전문직	유치원 교사	의료·복지 서비스직	가사·육아 도우미	전체
평균 월 임금		118.1	133.1	81.8	79.8	105.2
평균 시간당 임금		6,966.1	6,830.6	5,681.1	4,671.4	6,247.1
임금	50만 원 미만	1.8	0.6	12.2	12.8	6.1
	75만 원 미만	10.0	2.4	33.9	37.5	19.3
	100만 원 미만	11.6	8.0	22.3	19.4	15.0
	150만 원 미만	53.6	67.8	26.1	21.2	43.8
	150만 원 이상	23.0	21.2	5.6	9.1	15.9
주당 근로시간		40.7	46.6	34.1	42.1	40.2
시간제 비율		14.0	6.9	48.8	40.0	26.1
근로 시간	20시간 미만	4.2	1.4	7.0	9.6	5.3
	30시간 미만	7.3	1.3	31.7	14.7	14.0
	40시간 미만	3.9	4.2	16.5	15.0	9.0
	50시간 미만	74.5	39.6	36.7	24.3	50.3
	50시간 이상	10.1	53.5	8.2	36.4	21.4

자료: 한국여성정책연구원, 〈제3차 여성가족패널조사〉, 2010(이병희 외, 2012, p.55 〈표3-4〉에서 재인용).
주: 근로시간과 임금 수준 분포는 직업별로 세로 합이 100%.

다. 아울러 돌봄노동에 대한 사회적 인식이 부족한 상황에서 돌봄노동은 제대로 된 가치를 인정받지 못하고 있으며, 노동 과정에서 과도한 감정노동을 요구받거나, 돌봄 수혜자와의 관계에서 스트레스를 받는 등의 상황에 놓여 있다.

가치가 인정되지 않는 노동

돌봄노동은 오랫동안 가족 내에서 친밀성과 사랑, 희생을 전제로 이루어진 노동이자 가사노동의 연장선에 있는 노동으로 평가절하되어 가치를 인정받지 못하였다. 또한 돌봄노동을 '여성이면 누구나 다 할 수 있는' '단순하고 반복적인 일'이라고 간주하기 때문에 저임금이 합리화되는 경향이 있다. 몇몇 연구에 의하면 돌봄노동자의 경우 여성 취업자 평균 임금에도 미치지 못하는 저임금으로 인해 돌봄서비스 이외의 추가 소득 활동을 하고 있는 경우가 70% 이상이라고 한다(김민주, 2013: 223).

다음으로 돌봄서비스 노동은 감정노동의 성격을 가지고 있으며 돌봄노동자와 돌봄 수혜자 사이에서 형성되는 관계적 노동의 성격을 갖고 있는데, 돌봄노동의 많은 부분이 객관적으로 계량화되지 않는 정서적 노동으로 구성되어 있어 오히려 더 많은 스트레스와 긴장을 감내해야 하는 노동이기도 하다. 한 재가 요양 보호사는 돌봄노동의 경계가 애매한 데서 오는 여러 가지 문제가 있다고 호소하기도 한다.

"돌봄노동이라는 게 경계가 굉장히 애매한 거죠. 예를 들어서 요양 보호사라는 것이 그 집에 들어가서 하는 일이 노인을 돌보는 노동을 하자는 거고 그래서 이름도 요양 보호사인데…… 실제로 들어가서 노인을 돌보는 일만 하게 되느냐? 제일 쉽게 이야기하자면 거의 파출부처럼 일을 해요……. 파출부 노동이 더 낮은 노동이라는 개념은 아니고 파출부 역시 중요한 노동자들이지만, 어쨌든 그 노동의 분야가 다른 건데 아예 그 가족들이나 노인들은 파출부 취급을 하는 거죠." (김송이, 2012: 119)

돌봄노동의 전문적 영역을 인정하지 않고 보살핌을 받는 노인과 가족 성원들이 빨래나 청소와 같은 과도한 노동을 요구하는 경우까지 감내해야 하는 경우가 종종 발생하고 있는 것이다. 또 까다로운 서비스 이용자들의 경우에도 일일이 수용하고 대응해야 함으로써 감정의 왜곡을 경험하고, 심적으로 스트레스를 받는 일도 빈번하다.

직접적인 대면 관계에서 이루어지는 노동의 성격으로 인해 때로는 성희롱에 노출되는 사례도 종종 보고된다. 한국여성노동자회의 조사(2009)에 의하면 설문 조사에 참여한 돌봄노동자 중 성희롱 피해 경험을 묻는 질문에 34.8%가 성희롱 피해가 있다고 답변했다. 성희롱 피해 후 37.8%는 파견 기관에 도움을 요청하는 방식으로 대응하기도 하였으나, '그냥 참는다'가 32.3%, '고객에게 항의한다'가 21.3%였다고 한다. 질병, 장애, 노환으로 인해 사회적으로 위축되어 있거나 고립되어 있는 돌봄 수혜자들의 욕구를 돌봄의 관점에서 어떻게 대응하고 해결해야 하는지에 대한 심도 깊은 논의가 필요한 대목이다(권수현, 2013: 177).

다음으로 돌봄노동은 노동자로서의 노동권과 사회권이 제대로 보호되지 않는 사각지대에 놓여 있는 경우가 많다. 특히 민간 부문의 간병서비스, 아동 방문 보육 서비스, 가사 서비스 종사자의 실태를 보면 대부분 유료 직업소개소의 알선을 통한 취업으로 회원비, 수수료 등의 자비 부담을 줄일 필요가 있다. 또한 호출 방식 취업에 따른 사회보험 미적용, 구두계약 의존 등 서면 계약 부재로 인한 열악한 취업 여건 개선이 시급한 상황이다. 아울러 업무 표준화 및 자격제도 미비 등으로 인한 서비스 품질 확보의 어려움 등이 문제로 지적되고 있다(경제사회발전 노사정위원회, 2012).

04

돌봄노동의 사회적 해결 방안

한국사회의 돌봄노동은 사회 변화와 함께 확대 추세에 있으나 아직 이에 대한 법적·제도적 지원은 체계화되어 있지 않다. 국제적으로는 2011년 6월 제100차 ILO 총회에서 '가사 근로자domestic workers'를 위한 양질의 일자리 협약 및 권고안을 채택하였다. 협약의 주요 내용은 서면계약서 작성(업무 유형, 보수, 정규 근로시간 등 9개 고용 조건), 초과 근로 수당, 일일 휴게, 주휴, 연차, 유급휴가 등 보장, 최저 연령, 최저임금, 산업안전보건 및 모성보호 등 사회보장

보호 등을 포함하고 있다. 이에 노동계에서는 돌봄노동자 법적 보호를 위한 연대와 함께 정부의 가사 근로자 관련 ILO 협약 비준을 촉구하고, 가사 사용인의 근로자성 인정, 고용보험 및 산재보험 적용, 가사 사용인을 위한 공적 고용 지원 시스템 구축 등을 요구하고 있다. 그러나 돌봄노동에 대한 사회적 인식이 여전히 취약한 상황이라 이에 대한 법적 조치는 진전되지 않고 있다. 앞으로 돌봄노동의 근로조건 개선을 위한 주요 정책 과제를 정리해 보자면 다음과 같다(한국노동연구원, 2012: 546~548).

첫째, 근로 기준 및 사회보험 가입 준수에 대한 감독이 강화되어야 한다. 근로조건 개선을 위한 가장 기본적인 전제 조건은 근로조건의 최저 기준을 규율하는 〈근로기준법〉과 사회보험 가입 의무를 준수하는 것이다. 그러나 다수의 가정 보육시설들은 근로기준법의 사각지대에 놓여 있고, 사회보험에 가입하지 않는 돌봄노동자들이 여전히 많다. 특히 돌봄노동자 가운데 가장 근로조건이 열악하고 노동자로서의 보호로부터 배제되어 있는 집단은 가사·육아도우미로 이들의 경우 〈근로기준법〉의 적용 및 사회보험 가입 대상으로의 확대 등 기본적인 권리를 보장하는 것이 시급한 과제이다.

둘째, 공공 사회서비스의 확대를 통해 고용 관계의 공식화와 근로조건 개선을 도모하는 것이 필요하다. 최근 아동 돌봄과 노인 돌봄에서 공적으로 재원이 조달되는 공공 사회서비스가 빠르게 확대되고 있다. 이 일자리에 대한 보상 수준은 여전히 높지 않지만 최저한도의 근로조건이 어느 정도 지켜지면서 사회보험의 보호를 받을 수 있는 일자리가 되고 있다. 돌봄서비스는 사람들 사이의 상호 작용을 동반하는 사회서비스로 공공재의 성격을 가지고 있으므로 공공 부문의 직접 고용 확대를 통해 근로조건을 개선하려는 노력이 필요하다.

셋째, 돌봄노동을 전문 직업화하는 것이 필요하다. 전문 직업화는 돌봄노동의 숙련 자격 기준을 만들고 경력 경로를 개발함으로써 더 나은 일자리로 발전시키는 것을 지향하는 것이다. 돌봄서비스의 수요가 증대되는 상황에서 전문 직업화가 진전되지 않으면 돌봄서비스가 저임금·저숙련 일자리를 넘어서는 가치 있는 일자리로 변화되기 어렵다.

넷째, 공공 부문 돌봄서비스 근로자의 조직화이다. 선진국의 경우 돌봄서비스 근로자는 공공 부문 종사자로서 조합에 의해 권익을 보호받는다. 민간 부문 비중이 높은 국가에서는 협회나 연합회가 있다. 우리나라에도 한국요양보호사협회, 돌봄노동자연대 등이 있으나 아직 조직화된 활동 수준은 아니며 간혹 의견서나 요구서를 국가인권위원회 등에 제출하고 있는 정도다. 간접 고용이나 특수 고용이 일상화되어 있는 한국사회의 현실을 고려할 때 노동조합의 형태가 활성화되기가 어려워 좀 더 유연한 형태의 협회를 대안으로 보기도 하지만, 산업 단위 노동조합으로서의 전환도 적극적으로 고려해 볼 수 있다. 실제 노동조합으로의 전환을 통해 돌봄서비스 근로자의 임금 수준이 향상되었던 사례들이 있다. 실제 민간 부문의 비중이 높은 미국의 경우 캘리포니아, 오리건, 워싱턴 주에서 보수와 급여 수준이 향상된 것으로 보고되고 있다(전병유, 2011). 한국에서도 방과 후 돌봄 교사의 경우 노동조합 결성으로 근로조건을 향상시킨 사례가 있다. 전국여성노동조합 경기지부 방과 후돌봄지회는 2008년 지회 결성식을 갖고 퇴직금, 법정 휴가 보장, 병가, 4대 보험 가입, 대체 휴가 사용을 요구하기 시작하였다. 2010년에는 경기도 교육청과의 간담회를 통해 15시간 이상 근로자임을 근거로 하여 무기 계약직과 차별 해소, 명절 상여금, 복지 포인트 등 혜택을 받는 성과를 거두었다(민유정, 2012). 사회복지 내부 돌봄서비스 근로자 조직화 방안을 적극적으로 고려해야 할 것이다.

마지막으로 우리나라에 강고하게 남아 있는 성별 분업 이데올로기의 약화를 위한 의식적 노력이 요구된다. 돌봄서비스 일자리에서 여성의 저임금과 열악한 조건은 여성은 보조자이거나 언제든 그만둘 수 있는 사람이라는 생각들이 지배하고 있는 현실에 기인한다는 연구 결과가 있다. 사회적으로 여성의 일은 일시적이고 보조적이기 때문에 저임금을 주어도 된다는 의식이 변화되지 않는다면 향후 돌봄서비스 일자리에 여성의 경제활동 참여가 증가한다 하더라도 여성의 노동시장 내 2차적 지위는 개선되지 않을 것이다. 돌봄노동에 강하게 결합되어 있는 여성의 성역할에 관한 고정관념이나 남성 중심의 가부장 의식은 자연스럽게 사라지기 어렵다. 따라서 사회 내 전반적 의식 변화와 사회화 과정에서의 교육 프로그램 도입 등을 적극적으로 고려해야 할 것이다. 이외에도 돌봄서비스 노동의 근로조건 개선을 위해서는 사회적 기업을 중심으로 돌봄서비스 종사자 스스로가 사회적 경제 주체의 역할을 확대해 나가는 방안도 모색해 볼 필요가 있다.

제12장

일과 가족 사이에서 균형 잡기

01

일-가족 양립 논의와 사회적 맥락

일-가족 문제에 대한 접근 시각

여성의 취업이 증대하고 맞벌이 가구가 증가하면서 일과 가족 생활의 양립은 한국사회의 핵심적 문제로 떠올랐다. 일하는 여성이 일-가족의 이중 부담 속에서 힘겹게 일하고 있다는 문제가 제기된 것은 오래되었지만, 최근 일-가족 양립 문제는 남녀 모두가 함께 참여하고 분담해 성별 평등을 확립하기 위한 문제로 제기되고 있다.

일-가족 문제는 연구 입장에 따라 '일-가족 갈등work-family conflict', '일-가족 양립work-family reconciliation', '일-생활 균형work-life balance' 등 다양한 개념으로 접근되고 있다. 우선 일-가족 갈등은 일에서의 역할과 가족에서의 역할 사이에서 나타나는 시간 사용과 관련된 갈등, 긴장 관련 갈등, 역할 관련 갈등에 초점을 맞춘다. 일-가족 양립은 현재 가장 보편적으로 사용되는 개념으로 모든 사람들이 직장생활과 가정생활을 조화시킬 수 있도록 보장하는 것으로 돌봄의 사회화, 가족 친화 정책의 확대라는 정책적 목표를 지향한다. 한편 일-생활 균형이라는 개념은 일과 가족을 넘어 자아 또는 개인적 삶을 위한 시간이 필요하다는 차원에서 '일-가족-개인적 삶의 균형' 또는 '일-생활의 균형'을 강조한다. 즉 노동시간, 돌봄 시간, 개인적 시간이라는 세 유형의 시간의 불균형을 시정하고 균형을 확보해야한다는 것이다. 일과 생활의 균형이란 일 영역에서의 여성의 불리함을 개선하고, 가족생활과 관련한 남성의 불리함을 해소하여 남녀 모두가 일-생활 균형을 확보할 수 있도록 하는 정책적 지향을가리킨다(EU, 2003). '일-가족 양립' 정책이 취업하고 있는 여성들을 중심으로 전개되고 있어 오히려 일-가족 양립을 여성의 문제로만 제한할 수 있다는 점에서 벗어나 남녀 모두를 포괄하는 젠더 관점에서 일-가족 문제를 재정의하려는 것이다. 이와 같이 일-가족양립에 대한 논의는 초점에 따라 강조점이 다소 상이하지만 궁극적으로 추구하는 방향은 여성과 남성이 일과 가족 영역에서 균등하고 평등하게 책임과 역할을 다할 수 있는 성평등 사회를 조성하는 것이라고 할 수 있다.

성평등을 조성하기 위한 일-가족 양립 논의를 위해서는 산업화 초기 전통적인 성별 분업과 남성중심적인 노동 개념, 완고하게유지되고 있는 '가정 중심성' 이데올로기에 대한 비판적 검토가 필요하다. 산업화 초기 근대적 성별 분업의 구축은 일-가족 분리와갈등의 역사와 맥락을 같이한다. 일터와 가정이 공간적으로 분리되고, 남성이 임금노동을 수행하고 여성이 가사노동을 전담하는근대적 성별 체제가 구축되면서 일과 가족의 불균형과 갈등이 드러나기 시작했다. 자본주의의 성장과 함께 일과 가족 영역 관계에서 기업과 공장은 사회의 중추 기관이자 생활의 중심으로 자리 잡은 반면, 가정은 기업 조직의 요구에 봉사하는 기관으로 재배치되는 '일 중심적 사회조직'으로의 재편이 진행되었고, 이에 따라 일과가족은 대립적인 영역이 되었다. 특히 일 중심적 사회조직은 전형적으로 남성을 중심으로 한 '이상적 노동자 규범'을 강화하면서 가족과 여성의 삶에 긴장과 스트레스를 초래하게 되었다. 이상적 노동자 규범이란 출산이나 양육을 위한 의무나 부담을 갖지 않으며 언제라도 시장 노동이 요구하는 초과 노동까지도 감당할 수 있는 노동자를 이상적 노동자로 보는 것을 말한다. 남성은 생계 부양자이고, 여성은 가사 담당자라는 성별 분업 체제하에서 남성들은 가정과 육아에서 면제된 이상적 노동자로 생산 영역에 편입된다. 남성들은 가정에서는 생계 부양자로서 절대적인 권위를 행사했고, 생산 영역에서는 이상적 노동자로 여성에 비해 높은 임금과 지위를 제공받았다. 18~19세기에 공고하게 자리 잡게 된 이 같은 가족 유형을 '남성 생계 부양자 가족male breadwinner family'이라고 한다. 남성 생계 부양자 가족 체제하에서 여성들은 주변화되거나 여성의 이상적 역할은 가정에 있다는 '가정 중심성' 이데올로기로 임금노동을 하는 경우에도 일과 가정의 이중 역할 부담을 고스란히 감내해야 했다(Williams, 2000).

맞벌이 가정의 증가와 일-가정 관계의 변화

일-가족 양립의 중요성에 대한 사회적 인식이 확산되기 시작한 것은 서구 사회에서도 맞벌이 가구가 보편화되고, 남성 부양자 모델이 흔들리기 시작한 20세기 중반부터다. 세계대전 전후前後 기혼 여성의 취업이 증가하기 시작했고, 1960~1970년대에는 어린아이가 없는 기혼 여성 취업이 규범이라고 할 정도로 크게 증가하는 양상을 보인다. 1980년대 이후에는 어린아이가 있는 기혼 여성이라도 노동시장에 참여하는 것이 당연시되었다. 이제 많은 사회에서 여성들의 경제활동은 규범이 되고 있는 것이다. 여성들 스스로 일하는 것을 당연하게 생각하고 있으며, 남성들도 취업해서 소득이 있는 여성을 배우자로 선호하기도 한다. '남성은 일, 여성은 가정'이라는 전통적인 성별 분업의 구조가 변화하고 있으며, 더 이상 남성 1인이 생계 부양자로서 가족 책임을 지고 있지도 않다.

그런데 일하는 여성들이 증가한다고 해서 가정 내 삶의 풍경도 함께 변하는 것은 아닌 것 같다. 혹실드는 이를 20세기 여성역할의 극적 변화가 진행되기는 했지만 여성의 노동시장 진입이 이제까지 여성이 책임을 지고 있던 가사 역할의 재조정을 가져오지는 못했으며, 이에 따라 '빠르게 변하는 여성과 느리게 변하는 남성' 간의 긴장이 지속되는 '지연된 혁명'이라고 지칭한다 (Hochschild, 1997).

여성 취업의 증가와 맞벌이 가구의 증가로 현대사회에서 근대적인 성별 분업은 약화되고 있다. 그러나 근대적인 성별 분업의 약화가 곧 성별 불평등 관계의 약화라고 하기는 어려운 상황이다. 일과 가족을 둘러싼 성별화된 관계의 맥락은 변화하지 않고 있으며, 오히려 '남성은 일, 여성은 일과 가정'이라는 신전통적 성별 분업의 작동으로 일하는 여성의 일-가족 이중 부담은 가중되고 있다. 혹실드는 서구 사회에서 일하는 전문직 여성의 삶의 한 장면을 다음과 같이 묘사한다.

"한 손에는 서류 가방을, 다른 한 손에는 생글생글 웃는 아이

의 손을 잡고 성큼성큼 걷고 있는 여자의 모습은 직장 일과 가정 일
을 병행하는 '슈퍼우먼 워킹맘'을 상징한다. 귀 뒤로 빗어 넘긴 짧
은 헤어스타일은 활동성과 진보를 암시한다. 여자는 자신감 넘치
고 활발하고 자유롭다. 여자는 어두운 색상의 정장을 입고 있지만
실크 리본이나 화려한 프릴로 장식해 '나도 알고 보면 부드러운 여
자'임을 은근히 강조한다."

이 사진을 본 실제 일하는 여성들의 반응과 대답은 다음과 같다.

"쳇, 이건 완전히 사기군요. 절 좀 보세요. 머리도 손톱도 엉망
이에요. 체중은 10kg이나 불었고, 아침마다 아이들 옷 입히고, 개밥
주고, 도시락 싸고, 쇼핑 목록을 적어야 돼요." "새벽 2시에 일어나
애 젖 먹이고, 4시에 일어나 젖 먹이는 일이 인생을 어떻게 만드는
지 아세요? 사진 속의 저 여자는 꼭 휘파람을 불고 있는 것 같군요.
그러니까 다른 여자들의 아우성이 안 들리는 거예요."

혹실드,《돈 잘 버는 여자, 밥 잘하는 남자》, 2001.

일하는 여성의 삶은 당당하고 멋지기보다는 더 정신없고 분주
하기만 하다. 이 같은 상황이 지속되면서 '남성 생계 부양자 모델'
에 근거한 일과 가족의 관계를 재조정해야 한다는 요구가 전면에
등장하기 시작했다. 일과 가족의 이중 부담에 직면한 여성들은 개인
적으로 가사를 대체할 인력을 고용하거나 결혼과 출산을 지연·회피
하는 등 가족 책임을 제한하거나, 기업과 국가에 이중 부담 완화를
위한 제도적·정책적 지원을 요구하는 방식으로 일-가족 문제에 대

응하기 시작했다. 여성의 취업 증대에도 불구하고 완고하게 유지되는 일-가족 문제의 갈등과 부담, 그리고 불평등한 젠더 관계를 해결하기 위해 남녀가 함께하는 일-가족 문제의 해결 방안을 요구하게 된 것이다.

02

한국사회와 일-가족 관계의
시기별 변화

한국사회의 일-가족 관계도 산업화 이후 여성의 노동시장 참여, 여성의 교육 수준 향상 및 성별 불평등에 대한 사회적 인식과 도전이 확산되면서 몇 단계의 변화가 진행되었다.

산업화 초기, 경계 없는 일과 가족: 1960~1970년대

1960~1970년대에는 빠른 속도로 산업화가 진행되면서 여성의 경제활동 참여도 확대되었다. 그러나 이 시기는 여성은 당연히 가정을 책임져야 한다는 강력한 '가정 중심 이데올로기'가 작동되고 있던 시기로, 일과 가정 양립을 둘러싼 사회적 갈등은 아직 표면

화되지 않고 있었다. 1960~1970년대는 산업별로 보면 여전히 농업을 중심으로 한 1차산업이 지배적이었고, 제조업에 취업한 여성들은 주로 어린 미혼 여성들이었다. 또한 도시 부문의 영세자영업 가구 부인들은 대부분 무급 가족 종사자로 취업하고 있었다. 취업 여성 중 임금근로자의 비율은 20~30%에 불과했다.

따라서 이 시기 농가와 도시 지역의 무급 가족 종사자로 일하는 기혼 취업 여성들의 경우 일과 가족은 혼재·중첩되어 있었으며, 일과 가족의 분리로 상징되는 산업 임금노동의 분야는 미혼 여성이 담당함으로써 일과 가족의 이중 부담과 그에 따른 갈등이 아직 잠재되어 있는 상태였다고 할 수 있다. 또한 도시 중산층 여성은 전일제 입주 가사 서비스 노동자에게 일과 가족 관계에서 발생할 수 있는 갈등의 요소를 전가·은폐하고 있었으며,[1] 하층 여성들은 가정은 여성이 담당해야 한다는 전통적 성역할 관념을 내면화하고 있어 일-가족을 둘러싼 이중·삼중의 부담과 고통을 묵묵하게 감내하고 있었던 시기였다고 할 수 있다.

기혼 여성의 임금노동자화와 일-가족 분리: 1980~1990년대

1980년대에 들어서면 여성의 취업 의식이 전반적으로 높아지

---

1 1971년 한 조사에 의하면 주부가 직장을 갖고 있는 경우 75%가 가정부를 두고 있었으며, 1973년 서울시 가정부의 수는 전체 120만 가구에 약 24만 6,000명으로 평균 다섯 가구 중 한 가구에 가정부가 있었던 것으로 추산된다(강이수, 2011: 372~373).

고 다양한 계층의 여성들이 경제활동에 참여하기 시작한다. 여성의 경제활동 참여율은 1980년 42.8%에서 1990년 47.0%로 증가했으며, 산업별 취업 구조도 급격하게 재편되면서 취업 여성의 임금노동자화가 진행된다. 이 시기 여성 취업자 중 임금근로자의 비율은 1990년에 56.6%에 이르게 된다. 특히 기혼 여성의 취업이 크게 증가하기 시작하는데, 특히 제조업 생산직 여성 노동자의 경우 주된 노동력인 미혼 여성 노동력이 1970년대 후반부터 서비스업으로 이동하면서 기혼 여성들이 대체해 들어가기 시작했고, 1990년대 들어서면 기혼 여성 노동자들이 생산직 노동력의 주력군으로 대체되는 모습을 보인다.

이와 같이 여성 취업자들이 점차 임금노동자화 되고, 특히 기혼의 취업 여성 노동자가 크게 늘어나면서 취업 여성의 일과 가족의 문제도 다른 상황에 놓이게 된다. 이전 시기에 비해 일과 가족 영역의 공간적, 실제적인 분리가 진행되었으며 따라서 취업 여성의 경우 일과 가족의 경계 분리와 그에 따른 이중 부담도 본격적으로 현실화된다. 가사 및 육아와 같은 가정 영역의 일과 직장 영역의 일을 병행해야 하는 일-가족의 이중 부담과 두 영역 간의 갈등이 극대화되기 시작한 것이다.

그러나 일-가족 갈등이 더욱 가시화되고 이중 부담이 늘어남에도 불구하고 전통적인 성역할을 재정립하려는 사회적인 노력은 여전히 부족하고, 국가정책도 여성들의 실질적인 부담과 갈등을 해결하는 데에는 아무 도움이 되지 못하는 실정이었다. 이 같은 상황에서 여성들은 개인적 차원에서 문제를 회피하거나 자신을 희생하는 전략을 선택할 수밖에 없게 된다.

여성 노동의 보편화와 일-가족 갈등의 심화: 1990년대 중반 이후

1990년대 이후 신자유주의적 경제 질서의 확산 속에서 여성의 경제활동 참가율은 전체적으로 증가 추세를 보이지만 고용 형태상으로는 불안정한 비정규직 여성 노동력이 급증하는 노동력의 질적 구조 변화를 겪게 된다. 1990년대 이후 사회 각계에 여성이 진출하고 활발한 경제활동을 하게 되었다는 지적이 일반적이지만 여성 경제활동 참여율은 여전히 50% 내외로 그리 확대되었다고 할 수 없다.

이 시기 주목되는 것은 여성 취업자 중 임금근로자 비율이 더욱 크게 늘어나 1995년 59.1%에서 2010년에는 전체 여성 취업자 중 72.7%에 이르게 되었다는 것이다. 이는 사회 전체적으로 일과 가족 경계의 분리가 보다 실질화되었다는 것을 보여 주는 지표라고 할 수 있다. 아울러 이 시기에 기혼 여성의 경제활동 참가율은 1995년 47.6%에서 2000년 48.7%, 2010년 50.9%로 꾸준히 증가하게 되는데, 이 같은 상황은 기혼 취업 여성의 경우 개인 노동자로서 임금노동과 가사노동의 결합이라는 경험과 고민 앞에 더욱 더 직면하게 되었다는 것을 보여 준다고 할 수 있다.

1990년대 이후 여성 노동시장의 변화 중에서도 취업 여성의 일과 가족 문제에 가장 직접적으로 영향을 미치는 요인으로 크게 취업 여성의 임금노동자 비율이 70%에 근접하면서 일과 가정의 실질적인 분리가 더욱 뚜렷해졌다는 점과 불안정한 비정규직 취업이 크게 확대되었다는 측면에 보다 주목할 필요가 있다.

여성들은 다른 어느 시기보다 강하게 일을 지향하고 취업 의사를 갖고 노동시장에 참여하고자 하나 일과 가족의 실질적 분리가 이루어진 상황 속에서 일-가족 갈등과 선택의 문제에 더욱 직접적으로 대면하게 된다. 많은 연구들이 지적하는 바와 같이 이 시기 여성들은 지속되는 일-가족 갈등의 상황 속에서 가족에서의 갈등을 축소시키려는 전략을 사용하게 된다. 즉 미혼 여성들은 취업을 위해 결혼을 더욱 늦추고 있으며, 기혼 여성들은 출산 회피 전략을 선택하고 있는 것이다. 이로 인해 한국사회는 유례없는 저출산 현상에 직면하고 있기도 하다.

03

일-가족 갈등과 불균형의 현실

일-가족 갈등은 단순히 가족 내 남녀 간의 갈등이나 여성 개인의 갈등 문제가 아니라 사회 전체의 경제적 요구와 인구구조의 변화, 정책 방향 등과 밀접하게 연관되어 있다. 그렇다면 한국사회에서 나타나는 일-가족 갈등의 현실은 어떠한지 살펴보기로 하자.

일하는 여성과 돌봄노동 요구 증대

한국을 비롯한 대부분의 국가에서 여성들은 경제활동에 참여할 뿐만 아니라 가사, 자녀 양육, 가족 돌봄 등과 같은 가족 책임을 담당하고 있다. 이에 따라 여성 경제활동 참가는 출산율에 상대적으로 부정적인 영향을 미치게 된다. 특히 한국은 다른 OECD 회원국에 비해 여성 고용률이 낮은데도 불구하고 출산율이 매우 낮은 특성을 보인다. 이와 같은 저출산의 주요 요인 중의 하나는 일-가정 양립이 어려운 사회 및 노동시장의 환경에 기인한 것으로 해석될 수 있다.

여성의 경제활동 참여가 증가하면 출산율이 낮아지는 특성은 다른 선진국들에서도 일반적으로 나타나는 현상으로 1980년까지 서구의 주요 선진국도 '높은 여성 고용률·낮은 출산율'이라는 구조를 보여 왔다. 그러나 낮은 출산율의 문제를 해결하기 위해 서구 선진국은 다양한 일-가정 양립 지원 제도를 실시·확충했고 이제는 '높은 여성 고용률·적정 출산율'의 사회로 전환하는 모습을 보이고 있다(김태홍, 2012). 반면 한국은 2000년 이후 일-가정 양립 지원에 대한 정책적 관심을 확대하고 있으나 출산·육아기 여성의 경력 단절 문제가 여전히 심각하고, 저출산 현상도 지속되고 있는 상황이다.

그런데 저출산 사회임에도 불구하고 여성들의 돌봄노동 부담이 여전히 높은 이유는 무엇일까? 1차적으로는 여성들의 경제활동에 대한 욕구가 높고 이로 인해 일-가정의 양립이 요구된다는 객관적 현실 때문이지만, 이에 더해 돌봄노동의 요구와 범위가 확대되고 있는 것과 연관된다. 돌봄노동은 20세기 후반까지 이론적 개

넘이나 정책의 항목으로 다루어지지 않았다. 그러나 여성의 취업 증가와 고령화라는 사회적·인구학적인 환경의 변화로 인해 돌봄의 공백으로 인한 사회문제가 확산되고 있기에, 이를 사회적으로 해결해야 할 필요가 높아지고 있는 상황이다. '돌봄'은 오랫동안 가족이라는 사적인 영역에서 사랑과 헌신 그리고 의무적으로 주어진 여성의 성역할로 여겨져 해결되어 왔으나, 이제 더 이상 여성의 성역할 의무로만 해결될 수 없다. 최근 학자들은 돌봄노동에 대해 "돌봄은 우리의 세계를 유지하고, 지속하고 개선하는 그리하여 우리가 살아갈 수 있도록 하는 모든 것을 포함하는 활동"이라고 말하기도 한다(Tronto, 1993).

우선 한국사회는 고령화 사회로 빠르게 진입하고 있다. 2010년 전체 인구의 11.1%가 65세 이상 고령 인구이며, 2015년에는 15.9%로 증가할 전망이다. 이 같은 노령 인구의 증가는 노인 건강, 돌봄, 노후 소득 보장에 대한 정책적 수요를 증가시키고 있는 추세이나 한국사회의 경우 노인 돌봄은 대부분 개별 가정에 전가되어 있으며, 이 역할을 수행하는 주체가 여전히 여성 인력인 상황이다. 아울러 가족 구조의 변화에 따라 한부모 가구가 증대하고 있는 것도 돌봄의 공백에 따른 사회적 요구를 확대시키고 있다. 따라서 자녀 수의 축소에도 불구하고 여성의 돌봄노동에 대한 부담은 줄어들지 않고 있으며, 동시에 교육비와 노령 인구 부양을 위한 경제적 부담도 확대되고 있어 여성들의 경제활동이 필수적인 상황이 전개되고 있다.

장시간 노동과 일-가족 갈등

다음으로 일-가족 갈등의 확대는 노동시간의 길이와도 밀접하게 연관된다. 한국은 OECD 가입국 가운데 노동시간이 가장 긴 나라다. 연간 2,193시간으로 노동시간이 가장 짧은 나라인 네덜란드(연간 1,377시간)의 1.6배에 이르며, 미국(1,778시간)과 비교해도 연간 325시간이나 길고, OECD 평균보다는 444시간이나 길게 나타나고 있다(OECD, 2011).

여성들의 노동시간을 OECD 회원국과 비교하면 주 40시간 이상 일하는 여성 비율이 2007년 기준 노르웨이 8%, 덴마크 18%인 데 비해 한국은 77%이고, 주 50시간 이상 일하는 여성 노동자 비율도 27%에 이르고 있다. 전형적인 장시간 노동 사회의 특성을 보인다. 이 같은 장시간 노동 체제하에서는 남녀 모두 가족과 자신의 삶을 위한 절대 시간이 매우 부족할 수밖에 없다.

한국보다 평균적인 노동시간이 짧은 국가에서도 여성의 취업 증가, 가족의 유형과 구성의 변화 및 고용조건의 변화에 따른 시간 갈등과 시간 구속 time bind 의 문제가 점점 심각해지고 있다(제리 A. 제이콥스·캐슬린 거슨, 2010). 현대인의 삶은 노동시간이 줄면 여가 시

표1 | 전체 고용 인구의 연간 노동시간 비교(2010년)   (단위: 시간)

	한국	일본	영국	미국	서독	OECD 평균
연간 노동시간	2,193	1,733	1,647	1,7786	1,409	1,749

자료: OECD, OECD Employment Outlook, 2011(배규식 외, 2011, p.24 〈표2-1〉에서 재인용).

간이 늘어나는 단순한 구조가 아니라 보다 복합적인 맥락에 놓여 있고, 우리가 경험하는 것처럼 점점 시간이 부족한 '바쁜 현대인'의 일상에 놓이게 된다는 것이다. 미국에서는 미국인의 노동시간 변화를 둘러싸고 '과로하는 미국인에 관한 논쟁The overworked American debate' 이 진행된 바 있다. 현재 미국인들이 과거보다 더 긴 시간 일하는 지에 대해, 거슨K. Gerson 과 제이콥스J. A. Jacobs 는 가구당 노동시간의 증가를 강조했다. 미국 사회에서 개인의 평균 노동시간은 크게 변하지 않았지만, 남성 1인 생계 부양자 가족에서 2인 부양자 가족으로 바뀜으로써 부부의 노동시간이 크게 증가해 왔다는 것이다. 그 결과 시간 부족, 시간 압박, 시간 쥐어짜기 등 시간 부족과 '바쁨의 문화culture of busyness'가 개인의 의식을 넘어서 사회적 차원으로 더욱 확대되고 있다는 지적이다(제리 A. 제이콥스·캐슬린 거슨, 2010). 이 같은 '과로의 문화culture of overwork'는 일과 가족생활을 둘러싸고 거의 모든 사회에서 공통적으로 나타난다.

일과 가족생활을 병행하면서 근로자들이 느끼는 시간 갈등에

표2 | 3개국 근로자의 일-가족 양립 갈등

	스웨덴	영국	한국
나는 직장 일이 많아서 가족을 위해 사용하는 시간이 부족하다고 느낀다.	2.76	3.02	3.35
가사 및 자녀 양육으로 인해서 직장 일을 하는 데 시간이 부족하다고 느낀다.	1.95	2.78	2.62
일과 가족생활을 병행하느라 자주 스트레스를 받는다.	3.05	3.43	3.38
일과 가족생활을 병행하느라 수면 부족, 만성피로 등의 건강 문제를 자주 겪는다.	2.08	2.86	3.43

자료: 홍승아 외, 2009, p.472 〈표X-16〉에서 재구성.
주: 전혀 그렇지 않다 1점, 매우 그렇다 5점.

대해 한국, 영국, 스웨덴 3개국을 비교한 한 조사 결과를 보면 〈표 2〉와 같다.

한국의 근로자들은 스웨덴, 영국과 비교해 볼 때 전반적으로 일-가족 양립 갈등을 더 많이 경험하고 있으며, 특히 직장 일로 인해 가족을 위한 시간이 부족하다는 응답이 매우 높은 것을 볼 수 있다. 일-가정 양립 지원 정책이 부족하고 장시간 노동이 관행화되어 있는 데다, 시간 압박과 역할 갈등이 큰 한국사회에서 취업 여성들이 경험하는 갈등과 고통은 가중되고 있다.

임금노동과 돌봄노동의 젠더 불균형

한국은 여성의 취업이 확대되고 있기는 하지만, 경제성장의 수준이나 속도에 비하면 매우 느리고 정체되어 있다. 또한 결혼이나 임신·출산을 계기로 노동시장에서 일시적으로 취업을 중단하고, 30대 중반 이후에 재취업하는 M자형 취업 곡선도 여전히 지속되고 있는 상황이다. 여성의 고용률 추이를 보면 2009년 한국의 30~34세 여성 고용률은 50.1%로 OECD 평균 63.4%보다 13.3% 낮다. 2009년 기준 한국의 여성 고용률은 65.5%로 OECD 평균과 유사하나, 30~34세의 경우 급격하게 감소하는 것이다. 이후 45~49세에는 64.2%로 증가했다가 점차 감소하는 전형적인 M자형 곡선이 나타나고 있다.

이와 같이 여성들의 경제활동이 제한되거나 중단되는 이유는 가정 내에서의 돌봄노동이 여전히 여성에게만 전가되어 있는 성역할 분업과 견고한 '남성 생계 부양자 이데올로기'와 연관된다. 통계청의 〈생활시간조사〉를 이용해 성인 남녀의 평균적인 시간 배분 실태를 살펴보면 〈표3〉과 같다. 2009년 기준으로 30~59세 여성은 평균 31.8시간을 가사노동에 투입하고, 26.5시간을 시장 노동에 투입하고 있는 것으로 나타난다. 한편 동일 연령대 남성은 49.3시간을 시장 노동에, 6.0시간을 가사노동에 투입하고 있어 뚜렷한 대조를 이룬다. 10년 전과 비교할 때 전반적으로 노동시간이 감소하였다는 점 외에 남성과 여성의 노동시간 배분 양상은 크게 달라지지 않은 것이다.

한편 맞벌이 가구의 시간 배분을 1일 시장 노동과 가사노동만을 중심으로 시간의 변화를 보면 〈표4〉와 같다. 맞벌이 가구의 경우 아내와 남편의 일과 가사노동 시간의 배분은 매우 불균등하다. 물론 1999년에 비해 아내의 가사노동 시간은 3시간 42분에서 2009년 3시간 20분으로 조금 줄었고, 남편의 가사노동 시간은 1999년 27분에서 2009년 37분으로 조금 늘었지만, 여전히 가사노동은 전적으로 여성의 책임으로 남아 있는 것이다. 2009년 〈생활시간조사〉에 의하면 여기서 '가사노동'은 가정관리와 가족 보살피기 항목으로 구성되어 있다. 가정관리는 의식주와 관련된 전형적인 가사노동이라고 한다면 가족 보살피기는 자녀, 배우자, 부모 및 조부모 보살피기와 같은 돌봄노동이 포함되어 있다.

이와 같이 가사노동과 돌봄노동의 대부분이 여전히 여성의 일로 전가되어 있는 상황에서 여성들이 일과 가정을 균형 있게 양립한다는 것은 현실적으로 불가능하다.

표3 | 30~59세 성인의 1주 평균 시간 배분 　　　　　　　　　　　(단위: 시간, %)

	시장 노동	가사노동	총노동	여가	개인 유지	총 시간
	한국, 1999					
남성	54.5 (32.4)	4.4 (2.6)	58.9 (35.0)	36.9 (22.0)	72.2 (43.0)	168 (100.0)
여성	28.4 (16.9)	34.4 (20.5)	62.8 (37.4)	34.4 (20.5)	70.8 (42.1)	168 (100.0)
	한국, 2009					
남성	49.3 (29.4)	6.0 (3.6)	55.3 (32.9)	36.2 (21.5)	76.5 (45.5)	168 (100.0)
여성	26.5 (15.8)	31.8 (18.9)	58.3 (34.7)	34.5 (20.5)	75.2 (44.8)	168 (100.0)

자료: 통계청, 〈생활시간조사〉, 1999, 2009.

표4 | 맞벌이 가구의 1일 평균 시간 배분 　　　　　　　　　　　(단위: 시간:분, %)

구분	1999년		2004년		2009년	
	일	가사	일	가사	일	가사
아내	5:54	3:42	5:14	3:28	5:06	3:20
남편	7:19	0:27	6:34	0:32	6:20	0:37

자료 : 통계청, 〈생활시간조사〉, 각 연도.

부족한 남성의 돌봄노동 참여

한국 남성들의 가사노동과 돌봄노동에 대한 참여는 현저히 낮은 편이다. 남성 생계 부양자 모델은 견고하고, 일-가족의 이중 부담과 스트레스는 현실적으로 여성의 문제로 진행되고 있다. 남성들의 돌봄노동의 참여는 매우 제한적이지만, 최근 연구에 의하면 남성들도 일과 가족생활 사이의 갈등을 많이 느끼고 있는 것으로 나타나고 있다.

2011년 한국여성정책연구원의 조사에 의하면 12살 이하 자녀가 있는 남녀 노동자 800명을 대상으로 한 설문 조사에서 "일과 가정생활을 함께하는 데 갈등을 겪느냐"는 질문에 아내보다 남편들이 갈등을 더 느끼고 있다고 응답했다. 남편들은 직장 일로 인해 가사 및 자녀 양육에 소홀하다고 생각하고 있으며, 일과 가정생활 병행으로 인해 자주 스트레스를 받는다고 응답했다. 남편들이 일과 가정생활에서 갈등과 스트레스를 겪는다는 것은 아내가 전담하는 가사와 돌봄노동의 구조에 문제가 있다는 것을 느낀다는 점에서 앞으로의 변화 가능성을 예측하게 한다. 그러나 이 같은 태도와 현재 진행되고 있는 현실과의 괴리는 여전히 크다.

앞서 보았듯이 남성들이 가사노동에 참여하는 시간은 하루 평균 37분에 불과하며, 또한 법적으로 보장되고 있는 육아휴직을 사용한 남성의 비율은 2010년 1.96%, 2013년에도 3.29%에 불과하다. 남성의 육아휴직 비율이 이렇게 낮은 이유는 한국사회에 만연되어 있는 '성별 분업 이데올로기'의 문제라고 할 수 있다. 맞벌이 부부라고 해도 여성이 양육을 책임져야 한다는 의식이 팽배하다. 또한 개인이 육아휴직 제도를 사용하려고 해도 기업 조직에서 용인하는 분위기가 아닐 경우에는 결국 개인의 의지와는 무관하게 조직 내 불이익을 감수해야 하는 상황에 처하게 되는 것이다.

복지 시스템이 발달한 서구의 국가와 대다수 OECD 국가들의 경우 산전후 휴가가 한국보다 길고, 휴가 기간에 임금 보전율도 높으며, 남성들의 육아휴직을 적극 독려하는 것이 최근의 추세다. 스웨덴은 육아휴직 16개월 중 2개월씩은 부모 각각 의무적으로 사용하도록 하고 있으며, 독일은 14개월 중 2개월은 반드시 사용하지 않은 다른 부모가 사용해야 하고, 일본은 남성에게 2개월 이상 할당제를 적용하고 있다. 돌봄노동에 대한 남성의 참여를 개선하기 위해 남성에게 강제적으로 육아휴직을 할당하여 사용하게 함으로써 일-가족 양립의 성적 불평등을 적극적으로 개선해 나가려는 정책적 시도가 이루어지고 있는 것이다.

📖 한국과 유럽의 출산·육아휴직 제도 여성의 3%도 안 되는 남성 육아휴직자?

출산휴가·육아휴직 등 가족 휴가제도는 2001년도부터 본격적으로 시작됐다. 이후 2007년 '일·가정양립지원법'이 개정돼 남성에게만 별도로 1년간의 휴가 권리를 부여했다. 2010년부터는 육아휴직급여를 정액제(50만 원)에서 정률제로 바꿔 통상 임금의 40%(상한선 100만 원)를 지급한다. 오는 8월부터는 배우자가 출산하면 남성이 최대 5일까지 쉴 수 있고, 그중 최소 3일은 유급화된다. 현재는 3일 무급휴가다.

정책은 발전했지만 이용률이 문제. 정부 통계를 보면 지난해 여성 육아휴직자는 5만 6,735명이었다. 출산휴가 사용자와 비교해 보면 절반 정도만 육아휴직을 사용한 셈이다. 남성 육아휴직 사용자는 1,402명으로, 전체의 2.47%에 그친다. 이 수치는 고용보험에 가입된 노동자를 대상으로 한 것이다. 2009년 현재 정규직의 82.4%, 비정규직의 37%만이 고용보험에 가입돼 있는 현실을 고려하면, 여전히 극소수의 노동자만이 육아휴직을 사용한다는 얘기다. 기업을 상대로 설문조사를 해 보면, 남성의 출산휴가(3일)도 제도 시행률이 49%, 제도 이용률이 23% 정도로 낮다.

남성의 출산·육아휴직이 가장 발달한 스웨덴에서는 이용률이 80%를 넘는다. 부모가 함께 쓸 수 있는 육아휴직 기간을 480일(16개월)로 정하고, 이 가운데 120일은 아빠와 엄마가 각각 60일(2개월)씩 의무적으로 사용하도록 강제한 덕분이다. 나머지 360일은 사정에 따라 아무나 쓸 수 있다.

1974년 스웨덴은 현재 한국과 비슷한 육아휴직 제도를 제정했다. 하지만 참여율이 저조했다. 1995년 아빠만의 육아휴직이 30일간으로 강제할당되자 변화의 바람이 불었다. 시간 단위로 쪼개 사용할 수 있도록 한 게 주효했다. 하루 8시간 근무를 6시간으로 단축해 육아휴직을 조금씩 나눠 쓸 수 있게 되자, 경력단절 없이 자녀 양육에 참여하려는 남성이 늘어난 것이다.

아이슬란드도 2000년부터 양도가 불가능한 3개월간의 남성 육아휴직을 만들었다. 노르웨이는 아이가 생후 1년 미만일 때 4주간의 남성 육아휴직을 만들었다. 노르웨이는 아이가 생후 1년 미만일 때 4주간의 남성 육아휴직을 의무화하고 있는데, 이용률이 85%를 웃돈다. 이탈리아에서는 10개월의 부모 육아휴직 기간 중 3개월 이상을 아버지가 쓰면 휴직 기간을 한 달 더 연장해 준다. 남성의 육아휴직은 노동시장에서 성평등을 촉진하고 출산율을 높이는 데 긍정적으로 기여한다. 당장은 육아휴직이 발생하지만 지속 가능한 사회로 가려면 필요한 정책이라는 평가를 받는다.

《한겨레21》, 제916호 p.19, 2012.6.25.

취약한 공적 돌봄 서비스

노동부에서 조사한 〈남녀고용평등의식조사〉에 의하면 여성들이 취업 장애 요인의 1순위로 꼽는 것은 육아 부담이다. 취업 장애 요인에 대한 조사를 보면 2007년에는 육아부담이라고 응답한 비율이 59.8%였는데 2011년에는 71.1%로 압도적인 다수가 육아 부담을 첫 번째 요인으로 지목했다.

여성의 육아 부담을 해결하기 위한 가장 기본적인 지원 정책은 일하는 여성들이 이용할 수 있는 안전한 국공립 보육시설의 확충이라고 할 수 있다. 한국의 국공립 보육시설은 전체 보육시설의 5.3%에 불과한데, 이는 일본 58.5%, 스웨덴 72%에 비해 매우 낮은 수준이다. 정부는 보육료 지원을 확대하고 있지만 부모는 어린이집에 납부할 비용이 늘어나 만족도가 매우 낮은 상황이며, 특히 보육 정책이 일하는 여성의 일-가정 양립 정책 관점의 부재로 일하는 여성은 여전히 믿고 맡길 시설의 부재와 야간 보육의 어려움 등으로 경력 단절이 심화되고 있는 상황이다.

다음으로 출산휴가와 육아휴직과 같은 기본적인 모성보호 제도의 수혜를 받는 비율도 여전히 낮다. 2011년 당시 30대 여성의 62.8%가 고용보험에 가입되어 있지 않았다. 그런데 출산휴가와 육아휴직은 고용보험에 기초해 있으므로 고용보험에 가입되어 있지 않으면 출산휴가와 육아휴직을 유급으로 사용할 수 없다. 비정규직 여성 노동자의 경우에는 그 비율이 더욱 낮아 5명 중에 1명만 출산 전후 휴가를 사용했다. 여성 임금근로자 1,000명에 대한 실태조사 결과 비정규직 여성 노동자 중 20.1%만이 출산휴가 급여를 수령했고 육아휴직 제도의 활용도는 10%대로 더 낮은 수준임이 밝혀졌다.

한편 비정규직 여성 근로자 10명 중 1~2명만이 모성보호 관련 제도에 대해 잘 알고 있는 것으로 조사되었다. 산전후 휴가 제도에 대해 '모른다(44.6%)', '들어 본 적 있다(36.8%)', '잘 알고 있다(18.6%)'라고 답했으며, 중소기업 여성에게 출산 전후 휴가 급여를 고용보험에서 제공하고 있는 것에 대해서도 '모른다'는 의견이 59%였다. 육아휴직 급여에 대해서는 절반 이상이 모른다고 답했다(김영옥, 2011). 일-가족 양립을 위한 지원책이 전반적으로 부족한 상황에서 그나마 출산휴가나 육아휴직과 같은 기초적인 지원 제도에 대한 인지도와 활용도마저 매우 낮은 상황인 것이다.

04

일-가정 양립 지원 제도

일-가정 양립 정책의 범주

한국의 일-가정 양립 정책은 1990년대 들어 서서히 진행되기 시작했다. 일-가정 양립 정책은 초기에는 취업과 임신·출산·양육의 가족 책임을 조화롭게 병행할 수 있도록 한다는 목표하에 주로 여성의 육아와 일의 동시 달성이라는 차원에서 접근한 것이 일반적이었다. 그러나 최근에는 자녀 양육의 책임을 갖는 남녀 노동자의 일과 가족생활을 지원하는 정책으로 대상을 남녀 모두에게 확대하고 있는 추세다.

일-가족 양립을 위한 정책은 국가별로 다양하게 전개되고 있는데 크게 자녀 양육 지원 정책, 휴가 정책, 노동시간 정책으로 나누어 볼 수 있다. 자녀 양육에 대한 책임이 취업 부모working parents 의 일-가족을 양립하는 데 가장 큰 장애 요소가 되는 현실에서 자녀 양육 지원 정책은 가장 기본적인 일-가정 양립 지원책이라고 할 수 있다. 가령 보육시설의 제공과 보육 서비스 프로그램, 보육 서비스의 질 확보와 같은 정책들이 이에 해당한다.

휴가 정책은 출산휴가와 육아휴직 등으로 자녀의 출산에 대한 지원 정책을 포함한다. 특히 한국과 같은 저출산 국가에서는 여성이 안전하게 출산하고 직장에 복귀할 수 있도록 하는 데 필요한 정책이라고 할 수 있다. 출산휴가의 경우 대부분의 국가들이 법률로 보장하고 있으나, 출산휴가 기간과 급여의 소득 대체 수준, 급여의 자격, 부성 휴가 제도 실시 여부 등에서 여전히 차이가 많다.

또한 가족 내 가사 및 양육에 대한 지원뿐만 아니라 노동시간과 가족생활 시간의 균형과 조화로운 조정을 통해 가족생활 시간을 확보하기 위한 노동시간 정책이 필요하다. 국가별로 일-가족 양립을 위해 전반적인 노동시간 단축을 추진하는 등 다양하고 유연한 고용 형태를 도입하고 있다. 즉, 일하는 부모의 필요에 따라 노동시간을 조정하거나 파트타임 고용, 기간 한정 노동시간 단축 제도 등을 활용해 유연하게 일과 가정의 조화를 이룰 수 있도록 하는 정책이 필요하다.

다음으로 일-가정 양립 정책은 국가 차원의 정책과 기업 차원의 정책으로 나누어 볼 수 있다. 국가 차원에서 앞서 제시한 정책을 입법을 통해 공식적으로 지원한다면, 개별 기업에서도 여성의 능력을 효율적으로 활용하기 위해 다양한 여성 친화 정책을 제공하고 있다.

국가 차원의 일-가정 양립 정책

한국의 경우 일-가정 양립을 위한 국가 정책은 2001년 모성 관련법(〈근로기준법〉, 〈남녀고용평등법〉, 〈고용보험법〉)의 개정을 통해 모성권 보장 및 일-가정 양립을 위한 다양한 제도를 도입한 이후 지속적으로 개선해 나가고 있다. 특히 2008년에 〈남녀고용평등법〉에서 〈남녀고용평등과 일·가정양립지원을위한법률〉로 법명을 바꾸면서 배우자 출산휴가, 육아기 근로시간 단축제 등을 법제화하는 등 일-가정 양립을 위한 다양한 입법적 노력을 지속해 오고 있다.

표5 | 주요 모성보호 및 육아휴직 제도 현황

영역	주요내용	관련 법령 및 시행규칙
모성보호 제도	출산전후휴가는 현재 90일로 통상임금을 지급하며 60일은 고용주가, 30일은 고용보험에서 부담하며 우선지원대상기업은 90일 모두 고용주가 부담	〈근로기준법〉 제74조, 75조
	배우자출산휴가는 총 5일 사용할 수 있으며, 그중 3일만 유급	〈남녀고용평등법〉 제18조2
일·가정 양립 지원 제도	육아휴직은 최대 1년간 사용할 수 있으며 급여는 통상임금의 40% 수준, 하한선은 50만원, 상한선은 100만원임. 육아기 근로시간단축은 육아휴직을 신청할수 있는 근로자가 육아휴직 대신 근로시간의 단축을 신청하는 경우에 이를 허용하도록 되어 있음	〈남녀고용평등법〉 제19조, 19조2, 19조5, 19조6, 22조2
대체 인력 채용	육아휴직 등을 사용하는 근로자를 대체하여 신규로 인력을 채용하는 사업주에게 장려금(1인당 월 30만원)을 지원함	〈고용보험법〉 시행령 제29조 제1항 제3호

출산휴가 제도

한국의 일-가정 양립 지원 정책 중에서 출산휴가 제도는 2000년대에 들어 상당한 변화를 보이고 있다. 2001년 휴가 기간이 60일에서 90일로 확대됐는데, 이 가운데 60일은 유급으로, 그리고 30일분의 통상 임금은 고용보험에서 지원하는 것으로 개정했다. 2006년에는 우선 지원 대상 기업에 대해 90일분을 지원, 임신 16주 이후 유·사산 여성 근로자에게도 보호 휴가 제공과 함께 휴가 급여를 제공하는 것으로 개정했다(김태홍, 2012).

2008년에는 남성 근로자에게 3일의 유급휴가를 부여하는 배우자 출산휴가 제도를 도입했고, 2012년부터는 5일 이내 3일 이상을 부여하고 최초 3일은 유급으로 개편하기로 하여 남성의 참여를 유도하는 정책을 도입하고 있다. 한국의 산전후 휴가 제도를 OECD 국가와 비교하면 〈표6〉과 같다.

표6 | OECD 국가의 산전후 휴가 현황 비교

국가	자격 기준	최대 기간	급여 수준	재원
스웨덴	모든 부모	**14주** • 산전 7주, 산후 7주(2주 의무) • 작업환경 위험 시 출산 전 60일부터 사용 가능	80%	사회보험의 하나로서 부모 보험
프랑스	출산 전 최소10개월간 보험료 지불 • 휴가 사용 전 90일간 (200시간) 근무	**16주** • 산전 6주, 산후 10주 • 셋째 아이 이상 26주 • 쌍둥이 32주 • 세쌍둥이 이상 46주	100% (최대 76.54유로)	건강보험

독일	건강보험 가입 여성	**14주** • 산전 6주, 산후 8주	• 임신한 달 이전 3개월 혹은 13주의 평균임금 100%(1일 최고 13유로)	사회보험, 건강보험 혹은 실업보험 + 고용주
네덜란드	보험 가입 여성 (자영업자 포함)	**16주** • 산전 4~6주, 산후 10~12주	100%	실업보험
이탈리아	모든 거주 여성	**5개월** • 산전 2개월, 산후 3개월	80%	건강보험
미국	12개월 동안 최소 1,250시간 근무자	**12주** • 50인 이상 사업장 한정	무급	
영국	출산 예정 주 15주까지 26주간 계속 근무	**52주** • 산전 26주, 산후 26주	초기 6주 통상 금액의 90%, 이후 33주는 123.06파운드 또는 평균 소득의 90% 중 적은 금액	고용주 (최소 92% 환급)
일본	휴가 시행하는 직장에서 근무하는 여성	**14주** • 다태아인 경우 22주	60%	건강보험
한국	모든 고용 여성	**13주(90일)**	100%	고용보험

육아휴직 제도

2007년 〈남녀고용평등법〉을 개정하여 2008년부터 육아휴직 1회 분할 사용, 육아기 단축 근로시간 제도를 도입했다. 2010년에는 만 6세 이하의 초등학교 취학 전까지 대상 자녀를 확대했다. 육아휴직 급여는 2004년 월 40만 원에서 2007년 월 50만 원으로 증대되었다가, 2010년에는 정액제에서 정률제(통상 임금의 40%, 하한액 50만 원, 상한액 100만 원)로 개편했다. 또한 2012년에는 유산 경험이 있거나 유산 위험이 있는 경우, 출산전 휴가 기간을 분할해서 사용하도록 했다.

남성들도 육아휴직을 사용할 수 있다. 육아휴직을 쓰는 남성은 2003년 104명에서 2007년 310명, 2012년 1,790명으로 지속적으로 증가하고 있다. 과거에 비해 육아에 관심을 보이는 남성 비율이 증가하는 추세이기는 하나 전체 육아휴직자 중 남성 비율은 2003년 1.5%에서 2010년 1.9%, 2013년에는 3%대로 여전히 낮은 실정이다.

한국의 경우에도 남성 돌봄권의 현실화를 위해 보다 정책적인 노력을 기울일 필요가 있다. 부모 휴가제는 부모 공동 사용을 전제로 도입한 제도이지만 실제 사용률을 보면 대부분 여성들이 주 사용자이며 남성의 사용률은 매우 낮다. 가령 스웨덴의 부모 휴가 할당제는 할당된 기간을 사용하지 않으면 상실되는 형태로 고안되어 있고, 배우자간에 전환할 수 없기 때문에 아버지에게 매우 강력한 인센티브(강제성)로 작동하게 된다. 따라서 남성의 돌봄 참여를 확대하는 효과를 갖는다.

임신·출산 이후 계속 고용 지원금 제도

2006년에는 임신 중 또는 출산 전후 휴가 중인 계약직 및 파견 근로자를 계약 기간 종료 즉시 또는 출산 1년 이내에 계약 기간 1년 이상의 근로계약을 체결하여 재고용한 사업주에게 일정한 지원금을 주는 임신·출산 후 계속 지원금 제도를 도입하기도 했다. 아직 지원 실적은 미비하지만 2008년 이후 지원 인원이 점점 늘어나는 추세다.

또한 2012년에는 기간제 근로자 또는 파견 근로자의 육아휴직 활용을 촉진하기 위해 사업주가 기간제 및 파견 근로자에게 육아휴직을 부여하면 그 기간을 기간제 근로자의 사용 기간이나 파견 기간에 산입하지 않도록 했다.

노동시간 제도의 유연화

한국은 OECD 국가 중에서 노동시간이 가장 긴 국가이면서 노동시간 제도의 경직성이 높은 국가에 속한다. 장시간 노동 관행은 여성이 전적으로 가족 책임을 부담하고 있는 한국사회의 환경에서 여성의 일-가족 양립을 어렵게 하는 주된 요인이 되고 있다.

이에 따라 한국은 2004년 법정 근로시간을 주 40시간으로 단축하고, 시간제·탄력적 근무제 등과 관련된 법제를 지속적으로 개편해 왔다. 2010년부터 공공 부문 전반으로 유연근무제를 확대 실시하였으며, 민간 부문에서는 유연근무제를 시범 운영하는 의료·금융기관 등 10여 개 기업이 국가의 지원을 받고 있다.

2011년에는 근로시간 제도의 유연화를 위해 〈근로기준법〉을 개정하고 근로시간저축휴가제 도입 및 탄력적 근로시간제 단위 기간과 재량근로시간제 대상 업무를 확대하기도 했다. 아울러 민간 기업의 제도 도입을 위해 유연근로시간제 컨설팅 및 교육 등을 지원하고 있다. 그러나 이와 같은 정부의 일-가정 양립 제도는 기업 차원에서 여전히 비용 부담이라는 이유로 정착되지 않고 있으며, 여전히 여성 인력 활용을 기피하고 있는 것이 현실이다.

기업 차원의 일-가정 양립 정책

일-가정 양립 정책은 기업의 입장에서도 중요한 정책이라고 할 수 있다. 기업에서는 노동자들이 직장 일을 하면서도 가정의 책임을 조화롭게 할 수 있도록 한다는 의미에서 가족 친화 정책을 사용하고 있다. 가족 친화 정책은 노동자들의 일-가정 조화에 도움을 주고, 업무의 집중도를 진작시켜 조직 생산성을 향상시키며, 기업의 우수 인력 확보 및 유지에 도움을 주게 된다.

기업의 가족 친화 정책으로는 일반적으로 탄력근무제, 보육 및 돌봄 지원 제도, 휴가 및 휴직 제도, 노동자 상담 및 교육을 통한 지원 제도, 각종 지원금 제도 등을 들 수 있다. 미국은 일-가정 양립 정책이 국가보다는 기업의 정책과 책임으로 수행되는 특징을 보인다. 미국 기업들은 노동자들의 직장과 가족생활의 양립을 위해 시간제 근무, 집중 근무시간제, 재택근무제 등과 같은 탄력근무제를 적극 활용하고 있는 편이다. 탄력근무제는 다른 제도들에 비해 기업의 재정적 부담이 크지 않다는 점에서 1990년 이후 많은 기업들에서 사용하고 있다. 씨티그룹은 자녀 보호를 위한 탁아소 운영을 통해 종일 보호 시스템을 갖추고, 학교에 들어간 아이들을 위한 여름방학 프로그램까지 다양한 프로그램을 제공하고 있다(여성가족부, 2006). 존슨앤존슨 사는 자발적 직장-가정 휴직 프로그램을 통해 노동자가 가족 구성원들을 돌보기 위해 자신의 작업 스케줄을 스스로 조정할 수 있도록 하고 있다. 이 휴직은 가족을 돌볼 목적으로 사용해야 하며, 돌봄의 대상자는 배우자, 자녀, 부모, 자기 자신, 조부모 등으로 제한하고 있다. 기간은 1년이며 이 제도에 참여하는 기간을 육아휴직으로 인정한다. 한편 기업에 따라 육아 및 가족 보호에 관한 유익한 정보를 제공하는 부모 프로그램을 마련하거나, 노동자의 노부모 간병을 도와주는 노인 돌보기 프로그램을 운영하는 기업들도 있다.

일본에서는 국가 차원의 가족 친화 정책이 지배적으로 1995년부터 〈육아·개호(돌봄을 뜻함_글쓴이 주)휴직법〉을 기반으로 육아휴직 제도와 가족 간호 휴직과 같은 돌봄 제도를 시행하고 있다. 기업 단위 정책으로는 일본 자동차 회사인 마쓰다의 슈퍼플렉스 타임제와 같은 탄력근무제, 출판·인쇄 업체인 베넷세의 '카페테리아 플랜' 등이 대표적인 사례이다. '카페테리아 플랜'이란 메뉴화된 복리 후생 시책에서 자신에게 맞는 것을 골라 이용하는 제도로 휴가, 육아 시설 이용 등의 시책을 선택할 수 있다. 일편 일본 전기주식회사NEC는 육아 쿠폰(재택 보육 서비스 할인권) 제도를 통해, 가족을 위한 개호 휴가 등의 제도나 육아 개호자의 재택근부 제도를 정비해 초등학교 3학년까지 이용이 가능하도록 육아 쿠폰 제도를 시행하기도 했다.

한국의 기업들도 가족 친화적인 제도를 도입하고 있기는 하나 몇몇 기업을 제외하고는 자발적으로 가족 친화 정책을 적극적으로 활용하는 예는 많지 않다. 최근에는 가족 친화 기업 인증을 위한 지표 등을 개발하며 기업의 책임과 참여를 적극적으로 유도하고 있다. 가족 친화 기업의 인증을 위해서는 탄력적 근무 제도, 자녀 출산·양육 및 교육 지원 제도, 가족 간호를 위한 부양가족 지원 제도, 근로자의 건강과 멘토링을 위한 지원 제도, 가족 친화 문화 조성 등을 주요 지표로 평가하게 된다.

일-생활 양립을 위한 휴가 및 노동시간 정책: 외국 사례

부모 휴가와 성평등 보너스 제도

스웨덴의 부모 휴가 정책은 전제 조건이 여성의 노동시장 참여, 성평등한 부모 역할이다. 따라서 스웨덴에서는 모성 휴가, 부성 휴가의 단어를 별도로 사용하기보다는 부모 휴가라는 제도 속에 모두 포괄하고 있다. 부모 휴가는 총 480일의 기간 중 여성에게 60일, 남성에게 60일이 할당되어 있는데 이 기간은 반드시 해당 성만이 사용할 수 있다. 나머지 기간에 대해서는 남녀 간 공동 사용과 조정이 가능하다. 특히 남성들의 부모휴가 사용을 강제하는 제도로 도입한 '남성 할당제Daddy-Quota'는 남성들의 휴가 사용을 증가시킨 요인으로 평가되고 있다(홍승아 외, 2009).

2008년 7월부터는 '성평등 보너스 제도Gender Equality Bonus'가 도입되어 남성들의 부모 휴가 사용을 더욱 증가시키기 위한 유인책으로 사용하고 있다. 성평등 보너스 제도는 부부가 부모 휴가를 평등하게 사용하도록 장려하기 위한 보다 적극적인 인센티브 정책이라고 할 수 있다. 급여액은 사용자의 소득과 배우자와의 기간 분할 정도에 따라 달라지며, 따라서 부부가 부모 휴가를 평등하게 분할 사용하면 할수록 급여를 높이 받을 수 있도록 설계되어 있다.

유연근무 청구권

영국에서는 다른 제도에 비해 노동시간에 보다 많은 정책적 노력을 기울이고 있는데, 특히 2003년 이후 유연근무제도에 대한 정책적 노력이 지속적으로 발전되어 왔다. 유연근무 청구권The Right of Parents to Request Flexible Working Arrangements 의 핵심은 유연근무를 요청할 수 있도록 근로자의 권리를 보장하는 것이다. 6세 미만 아동이 있거나 장애 아동이 있는 근로자의 경우에는 유연근무를 요청할 권리가 주어진다. 이후 이 법은 적용 대상을 계속 확대했는데, 2007년 4월에는 적용 대상이 성인을 돌보는 돌봄자에게까지 확대되었다.

표7 | 우리나라의 유연근무제도 유형 및 내용

유형	제도	내용
근로시간	단시간(시간근로제)	사업장의 같은 종류의 업무에 종사하는 통상근로자의 1주 소정 근로시간보다 짧게 근로하는 제도
	선택적(시차출퇴근) 근로시간 제도	출퇴근시간대에 시차를 두거나 자유롭게 선택하거나 노사합의로 1개월 이내에 총근로시간만 정하고 출퇴근 시간을 근로자가 자유롭게 선택하는 제도
	탄력적 근로시간 제도	일이 많은 주(일)의 근로시간은 늘리는 대신 다른 주(일)의 근로시간을 줄여 평균으로 법정근로시간 내(주 40시간)로 맞추는 제도
	재량 근로시간 제도	업무 성격상 업무수행방법을 근로자의 재량에 맡길 필요가 있는 경우 노사합의로 정한 시간을 근로한 것으로 보는 제도
	보상휴가 제도	연장근로·야간근로 및 휴일근로에 대하여 임금을 지급하는 대신에 휴가를 부여하는 제도
	기간제근로	구체적 명시된 제한된 기한 동안 고용됨
근로장소	원격근무제	대부분의 업무를 사무실이 아닌 장소에서 컴퓨터 등을 이용하여 수행하는 근무형태
	재택근무제	1주일에 하루 이상을 사무실이 아닌 '집'에서 업무를 수행하는 형태

자료: 양인숙 외, 〈기업의 유연근무제 도입 실태 및 활성화 방안〉, p.18, 2011.

2009년 4월부터는 아동 연령을 확대하여 16세 이하 아동이 있는 부모들에게까지 확대되었다. 단 동일 고용주하에서 26주간 근무를 한 경우에 한한다. 이 법의 확대로 약 1,000만 명이 유연근무를 신청할 권리를 갖게 되었다(홍승아 외, 2009: 84~85).

실제로 유연적 근무시간 제도를 실시한 기업에 대해 그 효과를 조사한 바에 의하면, 유연근무제 실시로 인력 유지, 결근율 감소, 윤리적 근무 기강 향상, 근로자 간의 관계 개선 등 좋은 결과들이 나타나 결과적으로 생산성을 높이는 것으로 보고되었다. 또한 유연근무 제도는 스트레스를 감소시키며, 근로자의 업무 부담을 줄이고, 근로의 질에도 긍정적인 영향을 미치는 것으로 보고되었다. 그러나 앞으로 파트타임 일자리의 질을 향상시키는 것과 여성들이 게토화되지 않도록 모범 사례들을 발굴하여 확산시키는 것이 과제로 남아 있다.

경력 중단 시스템

벨기에의 경력 중단 시스템Career Break System은 노동자의 고용 안정을 전제로 일정 기간 동안 노동시간을 줄여 주거나 전면 휴직을 허용하는 것인데, 이 기간 동안의 소득 상실은 국가에 의해 보전된다. 원래 이 제도는 노동력을 재분배하여 실업률을 감소시키는 것을 목적으로 만들어졌기 때문에, 이 프로그램에 참여하는 노동자의 일자리 공백은 반드시 실업보험 급여를 받는 실업자로 충원되도록 설계되어 있다. 실제로 이 제도는 건강, 아동 양육 및 노인 부양 또는 교육과 훈련 등의 사유로 어쩔 수 없이 직장을 그만두어야 하는 사람들을 보호한다. 노동자는 직장을 떠나 있는 기간 동안 월급을 받지 않으며, 휴가에 대한 권리를 주장할 수 없다. 하지만 연금에 대한 권리는 보장받는다. 이 제도를 택한 노동자에게 국가는 약간의 보조금을 지급하는데, 월급에 비하면 아주 적지만 노동자는 자신이 돌아올 수 있는 직장이 있다는 것을 알기 때문에 일시적 휴직에 대한 불안감이 없다. 이 제도는 부모 휴가 제도와는 별도로 운영된다. 동일한 고용주 밑에서 최소 1년 이상 일한 노동자라면 누구나 자신의 노동 생애 기간 중 특정한 휴가 목적 없이도 이용할 수 있다. 현재 이 제도는 두 가지 목적으로 운용되고 있다. 하나는 노동자들에게 개인 이력 관리를 위한 시간적 여지를 주어 일이 아닌 다른 삶의 기회에의 욕구를 충족하도록 하는 것이다. 또 다른 하나는 특히 50세 이상의 노동자들에게 고용을 보장하면서 정년퇴직 때까지 파트타임 근로를 유도하는 것이다(윤도현 · 박경순, 2010).

05

맺음말

이상으로 일-가족 갈등의 현실과 이의 해결을 위한 일-가정 양립 지원 제도에 대해 살펴보았다. 그런데 아직까지도 일-가족 양립 문제는 여성의 문제 특히, 일하는 기혼 여성의 문제로 한정되어 왔으며, 한국사회의 경우 저출산 해결을 위한 정책적 도구라는 시각으로 접근하는 경향이 강하다.

그러나 최근 여성과 남성의 사회적 활동의 격차가 줄어들면서 일-가정 양립의 문제는 여성이나 남성의 돌봄 참여라는 제한적 입장에서 벗어나 일-가족 균형 또는 일-가족-개인 생활의 균형이라는 관점에서 접근해야 한다는 주장이 확장되고 있다. 우선 시간의 관점에서 보았을 때 '시간은 한정된 자원이며 서로 경쟁적인 활동들 사이에서 나뉘는 것이 불가피하다는 점'을 고려하면 일-가족 균형이라는 표현이 적절하다고 보는 주장이 있다(Gerson, 2010). 즉, 일과 가족생활은 시간에 대한 경쟁적이고 다중적인 요구들로 가득 차 있어서 여성과 남성은 균형을 잃지 않으면서 집중적으로 아이를 돌보고, 다중적으로 자신의 역할을 수행할 수 있어야 한다는 것이다. 아울러 좋은 노동자상에 대한 규범도 바뀔 필요가 있다. 남성을 기준으로 하는 이상적 노동자상을 벗어나 '좋은 노동자란 일과 가족 사이에서 효과적이고 만족스러운 방식으로 다중적 역할을 잘 수행할 수 있는 사람'이라고 정의하는 것이다(제리 A. 제이콥스·캐슬린 거슨, 2010).

성평등한 일-가족 양립 또는 일-생활 균형이란 모든 개인이 '다양성', '유연성', '시간의 질'을 생활 속에서 얼마나 확보하는가의 문제라고 할 수 있다. 다양성이라는 것은 사람들이 다양한 생활양식과 계획을 추구하는 것, 유연성은 주로 일하는 방법의 시간 사용의 문제이며, 시간의 질은 사람들이 건강하게 또 여유 있게 살 수 있는 자신 또는 가족 시간을 가지고 있는가의 문제라고 할 수 있다. 이 세 가지 키워드를 균형 있게 유지할 수 있는 사회 환경이 바로 일-생활 균형 사회라 할 수 있을 것이다(야마구치 가즈오, 2010; 40~42).

이렇게 볼 때 일-가족 문제의 해결을 위해서는 여성과 남성 그리고 개인의 삶에 대한 근본적인 가치관과 패러다임의 변화가 필요하다고 할 수 있다. 일과 가족의 균형을 추구하기 위해서는 우선 노동의 공유와 돌봄노동의 가치가 회복되어야 한다. 노동의 공유란 시장노동과 돌봄노동을 남녀가 함께 공유하는 것을 의미한다. 즉, 노동일의 단축과 노동시간의 단축, 탄력적 노동시간, 일자리 나누기 등을 통해 시장노동의 기회를 공유하는 것을 의미하며, 남성도 가족과 공동체 내에서 돌봄노동을 수행하고 돌봄노동을 공동체 및 국가와 공유하는 것, 즉 사회화하는 것을 말한다. 둘째, 이상적 노동자 규범의 해체와 새로운 노동자상의 형성이 필요하다. 남성 생계 부양자 모델에 근거한 이상적 노동자상은 여성을 노동시장에서 주변화시킬 뿐만 아니라 그 현실적 적합성도 상실해 가고 있다. 따라서 좋은 노동자상에 대한 규범을 바꾸어야 한다. 앞에서도 보았듯이 일과 가정 사이에서 효과적이고 만족스러운 방식으로 다중적 역할을 수행해 갈 수 있는 사람들, 즉 일-가족 양립과 균형의 책임을 남녀 모두에게 있는 것으로 전제하고 이 두 책임을 성실하게 수행하려는 노동자들이라는 인식을 확고히 할 필요가 있다(신경아, 2009). 이러한 가치관이 정립된 뒤에 일-가족 양립을 위한 구체적인 경제적 조건과 사회적 환경의 조성을 위한 정책적 노력이 지속될 때 성평등과 일-가족 양립이라는 목표가 충족될 수 있을 것이다.

제13장 여성의 노동권을
보장하는 제도들

일하는 여성과 '평등'의 문제

한국사회에서 일하는 여성들의 지위는 얼마나 평등할까? 일하는 여성들의 가장 중요한 관심사 중 하나는 노동시장에서 여성이라는 이유로 어떠한 차별도 받지 않고 평등하게 대우받는 일이라고 할 수 있다. 그러나 전체 노동력 중 3분의 1 이상이 여성인 지금 상황에서도 여성들은 여전히 다양한 차별과 불평등을 경험하고 있다.

여성 노동 정책은 이 같은 여성 노동 문제를 해결하기 위한 정부의 행동 계획 및 그 실천 활동이며 정부의 문제 해결 의지의 구체적인 표현이라고 할 수 있다. 국가가 여성 노동 정책의 내용과 방향을 어떻게 설정하고 추진 의지를 갖고 실행하느냐에 따라 일터에서 여성의 지위는 크게 달라질 수 있다. 세계 각국에서 여성의 취업이 늘어나고 있지만 나라마다 취업 여성이 처해 있는 현실은 국가가 어떠한 방향에서 여성 노동 정책을 시행하느냐에 따라 달라진다. 특히 일하는 여성의 '평등'이라는 문제에 국가정책이 어떻게 접근하느냐에 따라 달라진다고 할 수 있다.

보호에서 평등권으로

여성 노동 정책의 주요 목표는 여성 노동자를 보호하고, 노동시장에서 성평등을 구현하기 위한 것이다. 여성 노동자의 보호와 평등이라는 정책 방향은 노동 현장에서 가장 오래된 논쟁적인 주제이기도 하다. 자본주의 초기부터 여성 노동자의 보호와 평등을 위한 정책을 둘러싸고, 이 같은 정책이 여성을 고용하기 위한 비용을 증대시킨다는 자본가와 기업가의 반대에 부딪치거나 여성 노동자를 위한 보호 정책이 여성 노동자의 경제활동을 제한한다는 비판이 제기되기도 했다.

한국의 여성 노동 정책도 1980년대 이전에는 주로 여성 노동자에 대한 보호 입법과 보호 정책의 수준에서 진행되었다. 보호 정책은 여성 노동자를 어린이나 장애인과 같이 육체적으로 취약한 집단으로 보아 인도적인 차원에서 보호해야 한다는 차원에서 출발했으며, 특히 여성을 위한 보호는 여성의 모성이라는 특유한 기능 때문이라는 인식에 기반하고 있는 정책이었다. 이 같은 보호 정책은 여성을 남성과 동등한 노동자로 보기보다는 약자로 여기며, 따라서 여성의 저임금이나 취업 제한 등과 같은 불이익을 보호 논리로 정당화하는 부정적 효과를 가져오기도 했다.

1980년대 이후 여성의 경제활동 참여가 증대되고 여성 노동자의 권리에 대한 인식이 높아지면서 여성 노동 정책은 보호를 넘어서 평등권의 확보라는 목표를 강조하게 되었다. 임신·출산·육아를 담당하는 여성 노동자에 대한 각종 지원 제도를 '모성보호 Maternity Protection' 제도라고 하는 것은 이 같은 여성의 신체적 기능에 대한 시혜적 보호라는 관점이 강조되어 있다. 그러나 여성의 임신·출산·육아 역할은 여성의 신체상의 약점이 아니라 여성이 어머니로서의 역할을 수행하기 위한 것이며, 사회의 구성원을 재생산하는 사회적 역할이라는 점에서 '모성권Mother Rights'으로 확보되어야 한다는 인식이 확대되었다.

한편 노동 현장의 저임금과 차별 임금에 대해서는 '동일노동 동일임금' 원칙의 관철을 주장했고, 임신 퇴직, 차별 정년 등 다양한 차별 관행에 대해 고용 평등을 주장하는 목소리가 높아지게 되면서 여성의 고용 평등을 위한 각종 입법과 정책이 확대되었다. 2000년대 들어서면서 여성의 고용 평등에 대한 요구는 국제적 기준에 발맞추어 더욱 확대되어 가는 추세다.

평등 개념의 확대: 형식적 평등에서 실질적 평등으로

노동 현장이나 사회생활에서 남녀가 평등해야 한다는 것은 대한민국 헌법상의 기본적 원칙이다. 헌법 제11조 1항은 "모든 국민은 법 앞에 평등하다. 누구든지 성별, 종교, 또는 사회적 신분에 의하여 정치적·사회적·문화적 생활의 모든 영역에 있어 차별을 받지 아니한다"라고 규정되어 있는데, 이는 법 앞에 평등과 성차별 금지를 선언한 양성 평등의 원칙 조항이라고 할 수 있다(이은영, 2011: 38).

그러나 현실에서 구체적으로 성별 격차를 해소하고 남녀 간의 고용 평등을 확보하는 것은 쉽지 않은 일이다. 특히 평등을 모든 개인에게 동등한 기회를 제공하고 대우하는 것이라고 이해하는 단순한 성 중립적gender-neutral 평등 개념으로는 현실에서의 남녀 격차 해소는 어려워진다. 여성들이 아내이자 어머니로서 더 많은 가사 역할을 담당하는 현실에서 남자와 여자는 '똑같다'라는 접근으로는 부족한 것이다. 이에 남녀 간의 차이와 서로 다른 사회적 역할을 받아들이고 가치를 인정하면서 고용 평등을 달성하기 위한 평등 개념에 대한 확대된 이해가 요구된다.

평등 개념은 크게 기회의 평등, 조건의 평등, 결과의 평등이라는 차원으로 확대해서 이해할 필요가 있다. 기회의 평등은 남성과 여성에게 동등한 기회와 법적·사회적 대우를 제공하는 가장 기본적인 평등을 말한다. 이는 여성과 남성에게 동등한 기회를 제공해, 여성이 남성보다 더 차별받지도 더 우대받지도 않아야 한다는 성 중립적인 동등 대우 원칙에 기초하고 있다. 그러나 기회의 평등은 한 사회의 형식적 평등을 유지하기 위한 기본적인 원칙이기는 하지만 누적된 성차별과 관행의 문제를 전혀 개선하지 못한다는 점에서 많은 한계를 갖고 있다.

조건의 평등은 여성이 남성과 동일한 여건을 갖추고 출발점을 같이할 수 있도록 보장하려는 평등 개념이다. 예를 들어 여성 노동자가 출산휴가를 이용하고, 보육시설을 손쉽게 이용할 수 있도록 배려하는 것은 여성 노동의 기회 균등에서 나아가 조건의 평등을 도모하는 일이라고 할 수 있다. 조건의 평등은 기회의 평등이 갖는 현실적 한계를 인식하면서, 균일한 경쟁 조건에서 차별을 겪을 수밖에 없는 여성에게 경쟁의 조건이 같아지도록 함으로써 실질적인 평등을 이루기 위한 진일보한 평등 개념이라고 할 수 있다.

결과의 평등은 역사적으로 오랜 기간 차별받아 왔기 때문에 현재 심각하게 불평등한 상태에 처해 있는 사람들을 잠정적으로 평등한 결과에 도달하도록 대우하려는 생각에서 제안된 평등 개념이다. 흑인, 여성, 약소국 국민들이 겪고 있는 누적적인 차별과 불평등을 해소하기 위해서는 기회의 평등과 조건의 평등만으로는 긍정적인 효과를 얻기 힘든 것이 현실이다. 그래서 보다 적극적으로 차별을 시정하기 위해 할당제나 잠정적인 우대 조치 등을 활용하여 평등을 달성하려는 것이다. 국제기구에서 권고하는 결과의 평등 방안으로는 적극적 조치와 고용 부문·정치 부문 등에서의 할당제 등이 해당된다. 이 같은 조치들은 누적된 차별을 극복하기 위한 잠정적인 조치로 실질적인 평등의 확보에 기여한다고 평가된다(이은영, 2011).

한국의 여성 노동 정책 중 이 같은 적극적 개선 조치에 해당하는 것으로는 여성 공무원 채용 목표제, 양성평등 채용 목표제, 국·공립대 여성 교수 채용 목표제, 기업 차원의 적극적 고용개선조치 등이 있다. 성차별을 철폐하고 평등을 추진할 목적으로 정치·사회·경제구조를 개선하는 잠정적 조치를 여성 고용을 위한 '적극적 조치' 또는 '잠정적 우대 조치'라고 하는데, 이 적극적 조치 중에서 가장 대표적인 것이 여성 고용할당제라고 할 수 있다(이은영, 2011). 여성 고용할당제란 여성에 대한 차별을 제거하기 위한 법적·정치적 수단으로서 여성 참여의 몫이 일정한 비율에 도달할 때까지 일정한 요건하에서 여성이 우선적으로 고려되는 조치다. 이와 같은 정책에 대해 사회 일각에서는 여성에 대한 특혜라거나 역차별이라는 반론이 제기되고 있으나, 서구에서는 남녀의 실질적 평등 확보를 위해 고용뿐만 아니라 정치적 영역 등에서 사회적 평등과 다양성 실현을 위한 유용한 정책 전략으로 광범위하게 실행하고 있다.

이와 같이 성평등을 위해서는 평등 개념에 대한 보다 심화된 이해가 필요하다. 크리스틴 부스Christine Booth와 시나몬 베넷Cinnamon

Bennet은 한 사회의 성평등 실현을 위해서는 '세 발 평등 의자the three-legged equality stool'와 같은 균형적인 평등 전략에 대한 이해가 필요하다고 지적한다. 성평등이라는 의자를 만들기 위해 ①'동등 대우'라는 다리, ②'적극적 조치'라는 다리, ③'성 주류화'라는 다리의 균형적인 운영이 필요하다는 것이다(Booth & Bennet, 2002; 한지영, 2010에서 재인용).

첫 번째 동등 대우는 가장 기본적인 원칙으로서 기회의 평등, 형식적 평등을 보장하는 원칙이고, 두 번째 적극적 조치는 조건과 결과의 평등을 위한 노력을 지칭한다. 이에 더해 성 주류화gender mainstreaming를 통한 평등 확보는 1995년 이후 세계 여성 정책의 주요 전략이라고 할 수 있다. 1990년대 중반 국제연합(UN, 이하 UN), EU 등의 국제기구가 성평등 관점을 일반 정책에 통합하기 위한 정책으로 성 주류화를 행동 강령으로 채택하면서 전 세계적으로 확대되고 있고, 한국에서도 고용 평등을 위한 중요한 준거로 수용되고 있다. 1995년 베이징 UN 세계여성회의를 계기로 고용 정책에서도 성 주류화의 개념을 받아들이고 있는 것이다. 성 주류화는 단순히 여성을 돕는 정책을 실시하는 것이 아니라 정책 기획의 초기 단계부터 그것이 성평등에 미치는 구체적인 영향을 파악하고 그러한 고려를 전제로 해서 모든 일반적인 정책과 제도를 동원하는 것이다.

평등을 위한 성 주류화 전략이란 기존의 사회적 맥락에서 형식적 평등과 실질적 평등을 도모하는 것도 의미가 있지만, 보다 근본적으로 여성의 세력화를 통한 사회 운영 체계의 변화가 필요하다는 점을 강조하는 전략이다. 정책을 수립하고 집행하는 과정에서 여성과 남성의 동등한 참여를 보장하고 여성과 남성의 특성과 경험의 차이, 기대와 요구를 고르게 반영할 수 있도록 성 인지적 관점을 강조하고 있는 것이다. 이 같은 세 가지의 평등 전략은 그동안 단계적으로 발전해 왔지만, 한국의 경우 이 세 가지 원칙은 상호의존관계에 있으며 고용 평등을 위해서도 이 전략들이 균형 있게 실행되는 것이 중요하다.

02

한국 여성 노동 정책의 변화

여성 노동 정책의 변화

한국 여성 노동 정책은 전체 여성 정책의 변화에 맞추어 고용 평등을 목표로 전개되어 왔다. 여성들은 1960~1970년대 산업화 시기부터 본격적으로 경제활동에 나섰지만, 이 시기에는 여성 노동 정책이라고 할 수 있는 기본적인 정책적 관심이나 노력도 이루어지지 않았다. 한국 여성 노동 정책이 국제적 기준과 평등 개념 및 정책 방향의 추이를 고려하며 본격화되기 시작한 것은 1980년대 중반 이후라고 할 수 있다.

1980년대는 소극적이지만 고용 평등을 위한 정책이 도입되는 평등 기반 구축기라고 할 수 있다. 여성들의 노동시장 진출이 확대

표1 | 여성 노동 관련 법령 제·개정과 주요 내용

법령 제·개정	연도	주요 내용
〈남녀고용평등법〉 제정	1987	모집·채용·임금·배치·승진·정년 등에서 차별금지
〈근로기준법〉 개정	1989	여성의 청구 없이도 사용자는 유급 생리휴가 부여하도록 개정
〈남녀고용평등법〉 개정	1989	차별의 정의, 동노동임 규정, 성차별 분쟁의 입증 책임 사용자에게 부과
〈국가공무원법〉 개정	1994	남녀공무원의 육아휴직제, 가사 휴직제 도입
〈남녀고용평등법〉 시행령 개정	1995	후생 복지 등의 차별 금지, 육아휴직제 남성에게도 확대
〈고용보험법〉 시행령 개정	1995	육아휴직 장려금 제도, 직장 보육시설 지원 규정 신설
〈영유아보육법〉 시행령 개정	1995	직장 보육시설 설치 의무 규정, 상시 여성 근로자 300인 이상 고용 사업장으로 확대 직장 보육시설 설치 사업주의 비용 부담, 필요 비용의 50% 이상 보조로 완화
〈여성발전기본법〉 제정	1995	여성발전기금의 설치, 성차별개선위원회의 신설, 잠정적 우대조치 규정
〈남녀고용평등법〉 개정	1999	직장 내 성희롱 관련 조항 신설
〈남녀차별금지및 구제에관한법률〉	1999	사회 모든 영역에서의 차별 금지 및 차별 기준 고시, 성희롱의 기준과 내용 구체화, 여성특별위원회에 남녀 차별에 대한 조사와 시정 조치 권한 부여
〈경력단절여성등의 경제활동촉진법〉	2008	임신·출산·육아와 가족 구성원의 돌봄 등을 이유로 경제활동 중단한 여성들의 경제활동 촉진을 위한 조치 새로 일하기 센터 설치
〈남녀고용평등과 일·가정 양립지원에관한법률〉	2008	남녀고용평등법에서 법률 명칭 수정 차별 개선, 모성보호, 일·가정 양립 관련 실태 조사 실시 조항 신설
〈가족친화사회환경의조성촉 진에관한법률〉	2010	맞벌이 가구의 증가에 따른 일·가정 양립 환경 조성

되고, 교육 수준이 높아지면서 평등에 대한 관심과 요구가 높아지게 되었고, 이에 따라 노동시장에서의 고용 평등 정책도 서서히 체계화되기 시작하였다. 특히 1987년 민주화 운동과 더불어 노동시장 및 노동 현장의 불평등 문제가 사회문제로 대두되면서, 〈남녀고용평등법〉이 1987년 제정·시행되었다. 노동시장에서의 여성에 대한 각종 차별을 시정하기 위한 본격적인 법안으로서 〈남녀고용평등법〉이 처음부터 큰 효력을 발휘한 것은 아니지만 각종 차별 조치를 시행하기 위한 준거로서 그 의미는 매우 컸다.

1990년대는 여성 인력 활용에 대한 사회적 관심과 정책적 노력이 확장되면서 다양한 고용 평등 정책이 적극적으로 구축되는 시기였다. 1992년 제7차 경제사회개발 5개년 계획에 여성발전 부문이 포함되었고, 1994년에는 근로 여성 복지 기본 계획이 수립되었다. 근로 여성 복지 기본 계획을 수립하면서 정부는 보호와 시혜에서 평등과 취업 확대로 여성 노동 정책의 방향을 전환한다고 방침을 발표했다. 그리고 1996년에는 세계화추진위원회에서 여성의 사회참여 확대를 위한 10대 과제를 선정 및 시행했고, 1998년 김대중 정부하에서는 대통령 직속 여성특별위원회를 두어 여성에 관한 제반 문제를 관장하게 하였으며, 1998년 12월 〈남녀고용평등법〉 개정과 〈남녀차별금지및구제에관한법률〉 제정으로 노동시장에서의 남녀 차별을 시정하기 위한 정부의 노력들이 한층 더 가시화되었다.

2000년대는 여성의 인력 활용이 국가 경쟁력의 제고와 경제 성장에 필요하다는 인식과 함께 고용 평등에 대한 성 인지적 인식이 고양되는 시기라고 할 수 있다. 2006년에는 적극적 고용개선조치를 시행해 기업들이 성별에 관계없이 자발적으로 우수한 인적 자원을 확보·활용할 수 있는 인적 자원 관리 제도와 정책을 도입·시행토록 유도하였다. 또한 2008년에는 〈경력단절여성등의 경제활동 촉진법〉을 시행하여 모집 및 채용상의 성차별 금지, 일-가정 양립 지원, 모성보호 제도 등의 강화를 시행했다. 2010년에는 맞벌이 가구의 증가에 따른 일-가정 양립 환경 조성을 위해 〈가족친화사회환경의조성촉진에관한법률〉(일부 개정, 2012.05.02 시행), 〈저출산·고령사회기본법〉(2010.3.10 시행)을 시행했다. 또한 기존의 〈남녀고용평등법〉을 개정·확대해 〈남녀고용평등과 일·가정양립지원에 관한 법률〉(일부 개정, 2014.01.14 시행)을 시행함으로써 여성과 남성이 함께 일하고 생활하는 사회 환경 조성을 위한 기초를 마련했다.

이와 같은 다양한 정부 정책과 법률 중에서도 여성 인력의 활용과 고용 평등을 위해 가장 중요한 법률은 노동자의 기본권을 다루고 있는 〈근로기준법〉과 1987년 제정되고 몇 차례의 개정을 거듭해 온 〈남녀고용평등과 일·가정 양립 지원에 관한 법률〉이라고 할 수 있다.

'여성정책 기본계획'과 여성 노동 정책

최근 한국의 여성노동 정책의 방향을 보다 구체적으로 살펴보기 위해서는 1998년부터 4년마다 계획 실시되고 있는 '여성정책 기본계획'에 포함된 정책 과제를 살펴볼 필요가 있다.

제1차 여성정책 기본계획(1998~2002년)은 '여성 고용의 촉진 및 안정을 위한 지원 강화'를 6개 기본 전략의 하나로 하고 이를 위해 4개의 정책 과제를 제시했다. 4개 정책 과제는 고용 기회 균등 기반의 확립, 일-가정 양립 지원 체제 확립, 여성 고용 촉진, 여성 근로자의 근로 여건 개선 등이다. 고용 기회 균등 기반을 확립하기 위한 세부 추진 과제에 동일노동 동일임금 확립이 포함되었으며, 육아휴직제의 정착, 가족 간호 휴직제 도입, 직장 보육시설 설치 등을 포함하는 일-가정 양립 지원 체제 확립을 제시하였다는 점이 제1차 여성정책 기본계획의 주요 의미라고 할 수 있다.

이 시기 우리나라는 1998년 ILO 협약 111조 '고용 및 직업상의 차별금지에 관한 협약'을 비준하였고, 모성보호와 관련하여 출산휴가 기간을 90일로 연장(2001년), 육아휴직 대상자를 남성으로 확대(2001년)하는 등의 추진 성과를 이루었다.

제2차 여성정책 기본계획(2003~2007년)은 '실질적 남녀평등 사회의 실현'이라는 비전하에 '남녀고용평등과 여성의 경제활동 참여 제고'를 위한 6개의 정책 과제를 제시하였다. 6개 정책 과제로는 고용상 기회균등과 남녀 차별 개선, 모성보호 및 직장과 가정생활의 양립 지원, 여성의 직업 능력 개발 및 고용 촉진, 남녀 고용 평등 의식의 확산, 비정규직 여성 근로자 등의 근로조건 보호와 능력 개발, 보육 서비스 강화 등이 포함되었다.

이 기간 중에 이루어진 고용 평등 정책에서 중요한 것으로는 2006년부터 적극적 고용개선조치를 도입한 점이라고 할 수 있다. 적극적 고용개선조치는 '적극적 조치'를 고용 부문에 적용한 개념으로, 사업주가 현존하는 고용상의 차별 해소와 고용 평등의 촉진을 위하여 잠정적으로 취하는 모든 조치와 이에 따른 절차를 의미한다. 적극적 고용개선조치는 2006년 3월부터 공기업과 1,000인 이상 사업장(2008년부터 500인 이상으로 확대)을 대상으로 시행되었으며, 대상 기업들은 남녀 고용 현황 및 고용 평등 계획서를 의무적으로 제출하도록 했다. 한편 산전후 휴가 급여 지급과 육아휴직 지원금을 인상한 것도 이 시기의 성과라고 할 수 있다.

제3차 여성정책 기본계획(2008~2012년)에서는 '여성 인력 활용', '여성 권익 보호', '성평등 정책 추진 기반 강화'를 3대 정책 영역 과제로 제시하였는데, '여성 인력 활용' 영역에서 여성 노동 정책의 방향이 제시되었다. 여기에는 여성 인력 활용 기반 내실화, 여성 근로자의 차별 방지, 여성의 취업활동에 대한 사회적 지지 강화 등이 포함되었다.

이 기간 중에 여성 인력 활용 기반 내실화를 위해 경력 단절 여성의 취업 지원 인프라 구축이 추진되었으며, 전국에 '여성새로일하기 센터' 등이 설치되었다. 또한 여성의 취업활동에 대한 사회적 지지 강화를 위해 일-가정 양립이라는 정책 과제의 중요성이 한층 강조되었고, 이에 대한 사회적 지원 방안이 확대되었다.

이와 같이 여성 정책의 틀 내에서 여성 고용과 평등을 위한 다양한 정책 과제가 전개되고 있고 부분적인 성과를 거두고는 있지만, 아직도 남녀 임금격차, 여성의 고용 불안정, 여성의 경제활동 참여 확대 면에서 가시적인 정책적 성과가 획득되고 있다고 보기는 어렵다.

03

여성 노동 관련 주요 법령

여성을 위한 다양한 정책이 추진되고 있지만 일하는 여성들이 자신의 권리를 지키기 위해서는 직접적인 근거 법령에 대해 파악하는 것이 중요하다. 여성 노동권과 관련하여 고용 차별 금지, 성희롱 방지, 모성보호, 돌봄노동 지원, 일-가정 양립 지원을 위해 다양한 법안이 제정되고 확충되고 있다. 이 중 여성 노동권과 관련한 가장 기본적인 법안은 〈근로기준법〉과 〈남녀고용평등과 일·가정양립 지원에관한법률〉이라고 할 수 있다. 이에 우선 두 법안에 명시되어 있는 여성 노동과 관련한 주요 내용을 정리해 보자면 다음과 같다.

〈근로기준법〉과 여성 노동

〈근로기준법〉은 1953년 제정되어 여성 고용 정책이 전무한 초기 상황에서 여성 노동자의 권리를 보호하는 내용을 담고 있는 대표적인 법안이었다. 이 법의 제5장 '여자와 소년'에서는 여성에 대한 몇 가지의 보호 규정을 담고 있었다. 이 법안은 기본적으로 여성을 약자로 보는 보호 관점을 유지하고 있었으나 그나마도 현실에서는 큰 실효성을 갖지 못하였다. 2001년 8월에 큰 폭의 개정이 이루어졌는데 그 개정 방향은 모성보호 규정은 강화하면서 그 외의 여성 보호 규정은 여성의 취업 촉진과 남녀 평등을 위해 완화하는 것이었다. 아울러 여성 보호 규정에서 '여자'라는 용어는 보다 진취적이고 사회적인 의미를 내표하는 '여성'으로 변경되었다(김엘림, 2006: 191).

〈근로기준법〉에 담긴 여성 보호 규정의 내용은 크게 유해·위험 업무에 관한 보호, 근로시간에 관한 보호, 생리·임신·출산·수유의 보호 등으로 구분하여 볼 수 있다.

유해·위험한 업무에 대한 보호

〈근로기준법〉에는 여성이 위험하거나 유해한 업무를 하는 것에 대해 제한하는 조항이 마련되어 있다. 제65조는 임신 중이거나 산후 1년이 경과되지 아니한 여성, 그리고 18세 미만자를 도덕상 또는 조건상 유해·위험한 사업에 사용하지 못한다는 조항이 있으며, 여성의 임신 기능에 영향을 미쳐 불임의 원인이 되는 유해 물질을 사용하는 직종도 규정하고 있다.

또한 여성과 18세 미만인 자를 갱내에서 근로시키지 못하도록 규정되어 있으며, 임신한 여성 근로자의 요구가 있는 경우에는 경미한 종류의 근로로 전환하게 하여야 한다는 규정을 두고 있다.

근로시간에 관한 보호

근로시간과 관련해서 보면 한국의 법정 근로시간은 1일 8시간, 1주 40시간이며, 이를 초과하여 근로를 시키는 시간외근로는 당사자 간의 합의가 있어야 한다. 그러나 임신 중인 여성에게는 시간외근로를 시킬 수 없도록 하고 있다. 아울러 산후 1년이 지나지 아니한 여성에 대하여는 단체협약이 있는 경우라도 1일에 2시간, 1주일에 6시간, 1년에 150시간을 초과하는 시간외근로를 시키지 못하도록 되어 있다.

다음으로 야간·휴일 근로의 경우 임산부와 18세 미만자에 대해서는 야간 및 휴일에 근로시키지 못하도록 되어 있으며, 18세 이상의 여성을 야간 및 휴일에 근로시키고자 하는 경우에는 당해 근로자의 동의를 얻도록 하고 있다. 아울러 탄력적 근로시간제도 15세 이상 18세 미만의 근로자와 임신 중인 여성 근로자에 대해서는 적용을 제외하도록 규정하고 있다.

생리·임신·출산·수유의 보호

생리휴가는 〈근로기준법〉 제정 당시부터 두었던 규정으로 존폐를 둘러싸고 많은 논쟁이 있었던 휴가 규정 중의 하나였다. 여성 근로자가 청구하면 월 1일의 유급 생리휴가를 주어야 한다는 규정에서 출발했으나 2003년 9월 〈근로기준법〉을 개정하면서 주5일 근무제가 도입(법정 근로시간 주 40시간으로 단축)됨에 따라 생리휴가에 관한 제73조는 "사용자는 여성 근로자가 청구하면 월 1일의 생리휴가를 주어야 한다"라고 변경되었다. 즉, 2004년 7월 1일 이후 주 5일 근무제가 시행되는 사업장에서는 여성들이 매월 1일을 생리휴가로 사용자에게 청구하면 휴가는 사용할 수 있지만 임금은 삭감될 수 있게 된 것이다. 그 외에 산전후 휴가 기간을 60일에서 90일로 확대하고, 2005년에는 유산·사산 휴가 규정도 신설되어 시행되고 있다.

이와 같이 〈근로기준법〉상의 여성 고용에 대한 규정은 평등보다는 보호에 대한 규정이 강조되고 있다. 전체적인 추세를 보자면 초기에는 여성을 어린이나 청소년과 같이 약자로서 보호해야 한다는 취지가 강했다. 그러나 몇 차례의 개정을 통해 일반 여성에 대해서는 보호 규정을 경감하여 남성 노동력과 같은 노동력으로 대우하고, 대신에 임신·출산 여성이나 가임기 여성의 경우에는 모성 보호 또는 모성권의 차원에서 권리를 강화하는 방향으로 변화하고 있다.

〈남녀고용평등과 일·가정양립지원에관한 법률〉과 여성 노동

〈남녀고용평등법〉은 1987년 12월 헌법의 평등 이념에 따라 고용에 있어서 남녀의 평등한 기회 및 대우를 보장하고 모성을 보호하며 직업 능력을 개발하여 일하는 여성의 지위 향상과 복지 증진에 기여하기 위하여 제정되어 1988년 4월 1일부터 시행되었다. 이후 2007년까지 법의 실효성과 평등 개념이나 원칙의 확대 수정 등으로 총 7차의 개정 작업이 이루어졌으며, 2008년에는 〈남녀고용평등과 일·가정양립지원에관한법률〉(이하 〈남녀고용평등법〉)로 명칭을 수정하기에 이르렀다. 이 법은 고용 평등을 규정한 대표적인 법안으로 개정 작업의 전 과정이 한국의 고용 평등에 대한 여성의 요구와 정책적 관점의 반영 수준을 엿볼 수 있는 법안이라고도 할 수 있다. 이 법안의 주요 내용과 변화 과정을 개관해 보면 다음과 같다.

성차별 개념과 범위의 확대

〈남녀고용평등법〉은 성별, 혼인 또는 가족 안에서의 지위, 임신 또는 출산을 이유로 하는 모집·채용(제7조), 임금(제8조), 임금 외의 금품 등(제9조), 교육·배치·승진(제10조), 정년·퇴직·해고(제11조)에 있어서 남녀 차별을 금지하고, 고용상 성차별 금지의 실효성을 확보하기 위해 사업자를 형사 처벌하는 벌칙 규정을 두고 있다. 즉, 모집부터 해고에 이르는 고용의 전 과정에서 남녀 차별을 금지하고 있는 것이다. 특히 여성 근로자를 모집·채용할 때 직무 수행에 필요하지 않는 용모·키·체중 등의 신체적 조건, 미혼 조건 등을 제시하거나 요구해서는 안 된다는 규정을 담고 있다.

즉, 차별의 범주를 직접차별에서 간접차별의 개념으로 확대하여 적용하고 있는 것이다. 또한 적극적 우대 조치를 차별로 보지 않는다고 규정함으로써 실질적 평등 원칙도 적극 반영하고 있다.

동일노동 동일임금 원칙

제8조에는 '동일노동 동일임금'의 원칙이 규정되어 있는데 사업주는 동일한 사업 내의 동일한 가치의 노동에 대해 동일한 임금을 지급하여야 하며, 이 기준은 직무 수행에 요구되는 기술·노력·책임 및 작업 조건 등으로 한다고 되어 있다. 또한 이 기준을 정함에 있어 사업주는 노사협의회의 근로자를 대표하는 위원의 의견을 듣도록 되어 있다.

그런데 동일노동 동일임금 원칙은 '동일한 가치 노동' 여부에 대해 법원의 일관된 기준이 존재하지 않을 뿐만 아니라 노동부의 〈남녀고용평등업무처리규정〉에서도 동일한 가치 노동의 의미와 판단 기준, 그리고 임금 차별 유형에 관해 규정하고 있으나, 현실 정합성이나 구체성이 결여되어 있다(박선영 외, 2009).

직장 내 성희롱 규제 강화

직장 내 성희롱 관련 규정은 1999년 〈남녀고용평등법〉 제3차 개정 때 신설되어 몇 차례의 개정을 통해 현행 〈남녀고용평등법〉 제2장 제2절 제12조~제14조에 이르기까지 규정되어 있다. 이 조항에는 직장 내 성희롱 예방에서부터 성희롱 발생 시 사업주가 취해야 할 것 등을 규정하고 있으며, 사업주는 연 1회 이상 성희롱 예방 교육을 실시해야 한다고 되어 있다. 또한 성희롱 방지의 실효성을 확보하기 위해 상담 지원에서 성희롱 행위자에 대한 징계 조치를 취하도록 되어 있으며, 성희롱 피해자에 대해서는 해고나 그 밖의 불리한 조치를 하여서는 아니 된다고 규정하여 성희롱 피해자를 보호하는 규정을 담고 있다.

적극적 고용개선조치

적극적 고용개선조치는 2005년 제6차 개정 시 규정이 신설되어 500인 이상을 고용하는 민간 기업체와 50인 이상의 공공 기관을 대상으로 적용되고 있다. 이들 사업체 및 기관은 사업주로서 고용하고 있는 직종별 여성 근로자의 비율이 산업별·규모별로 노동부령으로 정하는 고용 기준에 미달하는 사업주에 대하여는 '차별적 고용 관행 및 제도 개선을 위한 적극적 고용개선조치 시행 계획'(이하 '시행 계획')을 수립하여 제출할 것을 요구할 수 있도록 되어 있다(제17조 3).

2009년의 경우 산업별·직급별 남녀 근로자 현황을 제출하여 여성 고용률 및 관리자 비율이 동종 업종 평균 60%에 미달하는 경우 개선을 위한 시행 계획을 수립하고 1년 후 이행실적으로 제출하도록 했다. 2009년 적용 대상 사업주는 1,522개였는데 이들 기업의 여성 근로자 비율은 32.2%로 이 조항이 신설된 직후인 2006년 28.7%에 비해 약 5% 증가한 것으로 나타났다(박선영 외, 2009).

모성보호 및 일-가정 양립 지원 제도

〈남녀고용평등법〉의 명칭이 〈남녀고용평등과 일·가정양립지원에관한법률〉로 변경되면서 가장 주요하게 신설된 조항이 모성 보호 및 일-가정 양립에 관한 각종 규정들이다. 모성 휴가의 권리와 기간은 〈근로기준법〉에 명시되어 있으며, 휴가 중 소득 보장은 우선 지원 대상 기업의 근로자의 경우 90일간의 급여를 고용 보험에서 지급하며, 대규모 기업의 경우에는 종전과 같이 최초 60일 분은 사업주가, 이후 30일 분은 고용 보험에서 지급되도록 하였다.

또한 유산·사산 휴가 제도가 법제화되어, 임신 16주 이상은 유산·사산 시 보호 휴가를 사용할 수 있으며, 남성들을 대상으로 한 배우자 출산휴가 제도도 실시되고 있다. 육아휴직의 경우 신청 자격이 생후 3년 미만의 자녀에서 만 8세 이하 또는 초등학교 이하의 자녀(입양한 자녀를 포함)를 양육하기 위해 신청할 수 있도록 범위를 확대하였다. 육아휴직 기간은 1년이며, 육아휴직 이후 직무에 복귀할 경우 불리한 처우나 불이익이 없도록 규정하고 있다. 또한 육아휴직의 분할 사용 1회, 육아기 근로시간 단축과 조정, 직장 보육시설 설치 등의 조항을 구체화하고 있어 일-가정 양립 지원을 위한 기본 체계와 원칙을 두고 있다.

이상과 같이 〈남녀고용평등법〉은 남녀 임금 차별이나 취업 규칙상의 남녀 차별 조항과 같은 명시적이고 직접적인 남녀 차별은 물론 간접차별의 문제로 확장하고 있으며, 적극적 고용개선조치 및 일-가정 양립 지원에 대한 규정까지 담고 있다. 법적 규정의 실효성이라는 측면에서 아직 많은 개선이 필요하긴 하지만 고용 차별 규제를 위한 법적 자원은 어느 정도 마련되어 있다고 할 수 있다.

04

현행 〈남녀고용평등법〉의
실효성 제고 및 발전 방안

그렇다면 앞으로 고용 평등을 위해 필요한 정책적·법률적 개선 방안에 대해 살펴보도록 하자. 한국사회의 여성 노동 관련 법령과 정책은 비교적 빠르게 새로운 평등 개념과 전략을 수용하며 체계화되었다. 그러나 이 같은 법령과 정책의 사회적 실효성은 아직 구체화되지 않았다. 한국은 고용의 측면에서 여전히 사회적 격차와 불평등이 가장 큰 국가로 남아 있는 것이다. 실제 여성에 대한 차별을 금지하고 여성 친화적 환경을 만들기 위해 여러 가지 규정을 설치하더라도 국가, 지방자치단체, 기업 등 고용주가 그러한 여

성 차별 금지 규정을 위반하는 데 대한 처벌을 제대로 하지 않는다면, 여성에게 도움이 되지 않는다. 따라서 여성 차별을 개선하기 위한 일을 전담하는 기구를 설치하는 것이 필수적으로 요구된다(이은영, 2011: 82). 외국에서는 1960년대 이후 여성 차별 금지 및 고용 개선을 위한 기구들이 설치됐고 그 활동도 매우 적극적이나, 한국은 그 같은 실질적 기능과 활동을 하는 위원회가 없거나 유명무실하다.

법적 자원이 있더라도 실제적으로 문제를 해결하는 데 있어 실효성을 담보하지 않는다면 성차별 개선에 도움을 줄 수 없을 것이다. 특히 한국사회와 같이 국가나 기업의 남성중심적 조직 원리와 관행이 강하게 남아 있는 경우 다양한 성평등 지원법이 실효성을 갖기는 쉬운 일이 아니다. 이에 성차별 개선과 성평등 진작을 위해 분쟁 해결 및 구제를 위한 보다 강력한 조정 기구가 필요하다는 사회적 요구가 높다.

다음으로 현행 여성 노동 관계법을 보다 실효성 있게 개선하려는 노력도 계속되어야 한다. 특히 1987년 제정된 〈남녀고용평등법〉은 그동안 10차 개정을 통해 많은 내용을 보완했지만 여전히 보완해야 할 과제가 남아 있다(박선영 외, 2009).

첫째, 다양한 고용 형태를 이용한 성차별을 규제하기 위해 사업주의 범위가 확대될 필요가 있다. 〈남녀고용평등법〉상의 의무 이행 주체인 사업주를 사용자로 하고 그 범위를 "①사업주 또는 사업경영담당자 기타 근로자에 관한 사항에 대하여 사업주를 위하여 행위하는 자, ②근로 계약의 체결 여부와 상관없이 당해 근로자의 근로조건 등의 결정에 대하여 사실상 지위·감독권에 있는 자"로 정의하는 것이 필요하다.

둘째, 적극적 고용개선조치의 범위를 확대하고 기업의 자율적·적극적 참여 강화를 위한 유인 체계를 제공해야 한다. 현재 이 법에 의한 적극적 고용개선조치는 동종 산업 평균 고용 혹은 관리직 비율의 60%에 미달하는 기업에게만 적극적 고용개선조치 시행 계획서를 요구하고 있다. 그런데 이미 평균 자체가 과거 차별의 결과 과소 대표된 여성의 비율을 나타내고 있는 상황에서 이 같은 조건은 실질적 효과를 갖기 어려우므로 보다 확대될 필요가 있다. 아울러 여성 고용 개선 효과가 큰 친여성적 기업과 그렇지 않은 기업에 대한 정보를 공개하고, 이행 실적 우수 기업에게는 정부 조달 입찰 자격 우선순위, 세율 차등 등의 적극적 인센티브를 부여할 필요가 있다.

셋째, 일-가정 양립과 관련한 조항에서도 육아휴직 후 직장 복귀 프로그램 개발과 사업주 지원 방안이 마련되고, 남성의 참여를 장려하기 위해 '아버지 휴가제Daddy Quota'를 도입할 필요가 있다.

넷째, 직장 내 성희롱 예방 교육 프로그램의 효과를 제고하기 위해 성별이나 직급에 따라 다양한 예방 교육이 제공되고, 사업주도 반드시 성희롱 예방 교육을 받도록 제도화되어야 한다, 또한 30인 미만 소규모 사업장의 경우 예방 교육 이행률이 낮게 나타나고 있어, 이 경우 인근 지역 사업장들이 공동으로 성희롱 예방 교육을 받도록 하는 것이 필요하다. 또한 직장 내 성희롱에 대한 사업주의 책임이 보다 강화되어야 한다.

다섯째, 동일노동 동일임금에 대한 구체적인 판단 지침이 제정되어야 한다. 동일노동 동일임금이 규정화된 지는 오래되었지만

📖 외국의 고용 차별 개선 전담 기구

• 미국의 고용기회평등위원회 Equal Employment Opportunity Commission

1965년 시민법에 의해 설치된 고용기회위원회는 인종, 피부색, 성별, 종교 또는 국적에 따른 고용 차별을 제거하는 역할을 담당.

• 미국의 승진장벽철폐위원회 Glass Ceiling Commision

1991년 <시민권법>에 근거하여 설립. 소수민족이나 여성들이 미국기업 내에서 관리직이나 의사결정직으로 승진할 수 있게 하는 지원 방안을 연구.

• 영국의 기회평등위원회

1975년 성차별법의 실효성 확보를 위해 특정한 행정부에 속하지 않는 독립기관으로 설치. 고용주가 고용, 교육, 물품, 시설, 서비스의 제공, 모집 등과 관련하여 여성을 차별하는 것을 금지.

• 호주의 적극적 조치국 Affirmative Action Agency

1986년에 적극적 조치법을 실행하기 위하여 설치. 국가나 기업이 여성에게 차별 대우하는 것을 금지하고, 어떤 조직이 인력을 좀 더 효율적으로 활용하기 위한 경영제도 개선 지원. 차별 개선 조치 프로그램을 개발·실행.

• 일본의 기회균등조정위원회

1986년에 제정된 <고용기회균등법>에 의거하여 설치. 여성의 승진차별을 비롯하여 모집, 채용, 배치, 교육훈련, 복지후생, 정년, 해고, 퇴직 등에서 차별을 받는 경우 이 위원회에서 분쟁 조정 신청을 하고 해결을 모색.

남녀의 임금격차는 여전히 크다. 특히 연공급 위주의 임금 체계를 가지고 있는 한국에서는 동일노동 동일임금의 판단에 많은 어려움이 있으나, 아직 그 구체적인 법 규정이나 지침이 마련되어 있지 않은 실정이다.

이 외에도 〈남녀고용평등법〉의 실효성을 위해 현행 형사처분 조항이 유명무실한 상황에서 징벌적 손해배상 제도를 도입하여 보다 적극적으로 제재할 수 있는 방안을 모색하고, 남녀 고용 평등 및 일-가정 양립을 위한 사회문화 기반 조성을 위한 다양한 프로그램과 제도적 장치를 마련하는 것도 필요하다고 할 수 있다.

제14장

서구 사회 여성들은 어떻게 일하고 있나:

외국의 여성 고용 현황과 정책

고용 평등 정책의 국제 동향

각 나라마다 여성의 취업 동향과 지위는 큰 차이가 있는데, 이는 각 국가들이 여성 고용 정책을 추진하는 방향이 제각각 다르기 때문이다. 즉 어떠한 여성 고용 정책의 유무보다는 그 같은 정책을 어떠한 방향에서 입안하고 실효성 있게 운영하는지, 다시 말해 국가 복지 정책의 방향이 여성의 고용 지위와 긴밀히 연결되어 있어서 같은 정책이라 하더라도 그 효과는 다르게 나타난다. 또한 국제기구 차원에서 만든 고용 정책에서의 성평등 확립을 위한 조약들도 각국의 여성 고용 정책에 영향을 미치는 중요한 요인이다. 유럽이나 북미 등 우리보다 앞서서 여성들이 노동시장에서 당면한 차별을 해결하고 평등한 대우를 위해 노력해 온 서구 사회에서, 여성들은 현재 노동시장에서 어떠한 도전에 직면하고 있으며 성취를 이루어 가고 있는지 살펴보고자 한다.

고용 평등에 대한 국제적 기준의 발전

고용 정책에서의 성평등 실현은 일반적으로 UN과 ILO의 정책과 법안이 기준이 되고 있다. 국제 노동 기준은 1975년 UN이 채택한 〈세계여성행동계획〉과 ILO가 채택한 〈여성근로자의 기회와 평등의 대우를 촉진하기 위한 행동계획〉, 1979년 UN의 〈여성에

대한 모든 형태의 차별철폐에 관한 조약〉(이하 〈여성차별철폐조약〉),
1985년 ILO의 〈고용기회 및 대우의 평등에 관한 결의〉 등의 일련
의 조치를 통해 구체화되어 왔다. 특히 UN의 〈여성차별철폐조약〉
은 남성과 여성의 기회의 평등을 넘어서서 여성의 차이를 인정하
는 '조건의 평등' 또는 적극적 조치를 지향하는 관점을 구체화시켜
성평등에 한 걸음 더 가까워지게 한 조약이라고 평가할 수 있다.

〈여성차별철폐조약〉에서는 실질적인 성평등을 구체화하기 위
해 두 가지 방안을 제시했다. 하나는 남녀 노동자 모두가 가족에 대
해 책임을 질 수 있는 노동조건을 만들어 내는 것이며, 또 하나는
이제까지 무상으로 사회적 책임을 수행해 온 노동자 가족의 사적
노동에 대해 사회 전체가 사회서비스나 사회 시설, 공적 부금 등으
로 보상하는 것이다. 이 조약의 제11조 2항에서는 "부모가 가정에
서의 책임과 직업상의 책무 및 사회 활동을 양립시킬 수 있도록 그
에 필요한 보조적인 사회적 서비스의 제공을 특히 보육 시설망의
설치 및 그의 충실화를 통해 장려할 것"이라고 되어 있으며, ILO
역시 165호 권고를 통해 직업과 가족의 책임을 양립할 수 있는 구
체적인 고용조건을 규정하고 제시했다.

적극적 조치의 구체적 필요성 또한 UN의 〈여성차별철폐조약〉
에서 제시되고 있는데, 이 조약 제4조 1항에서는 "남성과 여성 사
이의 사실상의 평등을 촉진할 목적으로 당사국에 채택한 잠정적
특별 조치는 본 협약에서 정의한 차별로 보지 아니하나, 그 결과 불
평등 또는 별도의 기준이 유지되어서는 결코 아니 된다. 기회와 대
우의 평등이라는 목적이 달성되었을 때 이러한 조치는 중단되어야
한다"라고 규정되어 있다. 즉 이 규정은 할당제와 같은 적극적 조치

1944년 ILO 활동 개시, ILO 목적에 관한 선언(필라델피아 선언)

1945년 UN 헌장 채택

1946년 UN 여성지위위원회와 국제연합교육과학문화기구 UNESCO 발족

1948년 세계인권선언, ILO 89호 조약

1951년 여성지위위원회는 ILO에 대하여, 남녀 동일임금에 관하여 권고

1952년 ILO 100호 조약 (남녀 동일가치노동에 대한 동일임금)

        ILO 102호 조약 (사회보장의 최저 기준)

1958년 ILO 111호 조약 (고용 및 직업에서의 차별 대우에 관한 조약)

1965년 ILO 123호 권고 (가족임금을 책임진 여성 고용에 관한 권고)

1967년 여성차별철폐 선언

1975년 UN 세계여성행동계획

        ILO 여성근로자의 기회와 평등 의 대우를 촉진하기 위한 행동계획

1979년 UN 여성차별철폐조약 채택

1985년 ILO 고용기회 및 대우의 평등에 관한 결의

        UN 여성10년 세계여성회의: 나이로비 '여성의 지위 향상을 위한

        나이로비 미래 전략에 관한 권고 및 결론' 채택

1992년 UN 환경개발회의 '환경과 개발에 관한 리우선언'

1995년 제4차 세계여성대회에서 세계여성행동강령 (북경행동강령)

1997년 EU 암스테르담조약(고용 정책에서 성 주류화)

1999년 ILO 2010~2015년 성평등을 위한 행동계획

2004년 ILO 성평등, 동등임금, 모성 보호의 증진에 관한 결정

2005년 ILO 기술적 협력에서 성 주류화 결정

2009년 ILO 괜찮은 일자리 Decent Work 에서의 성평등에 관한 결정

의 합법성을 분명히 하고 특별 조치로서의 적극적 조치의 한시성을 밝히고 있는 것이다. 이 같은 국제적 법 정신에 근거하여 적극적 조치로서 할당제는 세계 각국에서 다양한 영역 즉, 정치·행정·교육·고용 등 각 부분에서 광범위하게 도입 및 실시되고 있으며, 특히 북유럽

📖 성 주류화 전략

1995년 북경에서 열린 UN의 세계여성대회 이후 국제기구들은 성 주류화 전략의 사용을 독려해 왔다. 성 주류화는 공식적으로 정책 형성의 모든 수준과 단계에서 젠더 관점이 통합되도록 정책 과정을 재구조화하고 향상·발전시키며 평가를 수반하게 하는 정책 전략이다. 성 주류화는 주류 정책에 성 인지(젠더) 관점을 통합함으로써 주류 정책이 여성과 남성에게 고르게 영향을 미치고, 사회의 성평등을 증진하는 방향으로 이루어지도록 하는 것이다.

북경행동강령에서는 성 주류화를 "체계적인 절차 및 메커니즘을 통하여 정부와 공공기관의 모든 의사 결정과 정책 실행에서 젠더 이슈를 고려하는 것"이라고 정의하고 있다. 보다 광범위하게 수용되는 정의로, UN 경제사회이사회는 성 주류화를 "모든 정치적, 경제적, 사회적 영역의 정책과 프로그램의 디자인, 실행, 모니터와 평가에서 여성과 남성의 관심과 경험을 통합함으로써 여성과 남성이 동등하게 혜택 받고 불평등이 조장되지 않도록 하기 위한 전략이며, 그 궁극적인 목적은 성평등을 이루는 것"으로 설명하고 있다(UN·DAW·ECLAC, 1998). 한편, EU는 성 주류화를 "기획 단계에서 정책이 남성과 여성 각각에 미칠 영향을 젠더 관점에서 적극적으로 고려함으로써 성평등 목표를 위해 총괄적인 정책과 조치를 구체적으로 결집시키는 것"으로 보았다(EC, 1996). 종합하면 성 주류화는 모든 영역의 정책에 젠더 관점을 통합하는 보다 체계적인 노력을 의미하며, 궁극적인 목적은 성평등을 증진시키는 것이다.

국가들은 할당제의 적극적인 실시로 여성의 지위를 크게 개선시키고 있는 것으로 평가된다.

하지만 1990년대 중반 이후 전반적으로 그리고 노동시장에서 성평등 정책은 점차 성 주류화 전략으로 전환되고 있다. 물론 이러한 성 주류화 전략으로의 전환은 서구 선진국들의 고용 정책에서 여성들의 같음을 전제로 한 기회의 평등이 어느 정도 달성되고, 적극적 조치를 통해 여성의 조건의 차이를 반영함으로써 결과의 평등을 이루었다는 점을 전제로 하고 있다. 여기에서 더 나아가 여성에 국한된 또는 게토화된 고용 정책들이 갖는 한계를 넘어서서, 여전히 잔존하고 있는 노동시장에서의 성 불평등을 개선하기 위해 고용 전 분야에 걸친 정책에서 성평등 관점을 관철하는 것이 성 주류화 전략이라고 할 수 있다.

고용 정책에서의 성 주류화

유럽 국가들의 고용 정책에서 성 주류화 개념이 영향력을 발휘한 것은 1980년대의 법적 접근이 갖는 한계를 인식하기 시작하고, 1995년 베이징 UN 세계여성회의에서 모든 정책에서의 성 주류화 전략이 채택된 이후였다. 1997년 암스테르담조약을 통해 고용 정책에서 성 주류화가 EU의 공식적인 성평등 정책으로 자리를 잡았다. 2000년대부터 유럽의 많은 국가들에서 고용 정책에서 성 주류화를 진전시킬 수 있는 법과 제도를 개선하여 인프라를 구축하고, 성별로 분리된 고용 통계를 정비했으며, 기존에 실시되고 있

는 노동시장 정책을 성 주류화의 관점에서 개선할 수 있도록 제도
들을 정비해나가고 있다.

고용 분야에서 국제적 기준을 만들어 가는 ILO 역시 고용 정
책에서의 성 주류화를 채택하고 있다. ILO의 성 주류화 정책을 보
면, 우선 1999년 ILO 이사령(no. 564)에서 성평등을 강조하고 있으
며, ILO의 모든 작업에서 성 주류화를 통해 이를 달성하고자 한다.
ILO는 이 과정을 지원하도록 성평등국을 설치하고 있다. ILO의
모든 부서가 책임을 공유하는 프로그램과 예산 전반에서 성평등을
증진하기 위해 노력하고 있으며, 성평등 전문가와의 협력을 통해
'괜찮은 일자리decent jobs'를 위한 국가 프로그램을 포함한 ILO 프로
그램 전반에서 성평등을 주류화할 것을 주요 전략으로 부각시키고
있다.

ILO의 성 주류화 접근은 두 가지 측면을 가지고 있으며, 직업
세계에서의 여성과 남성의 서로 다른 요구와 이해를 구체적으로

📖 ILO의 성 주류화 전략과 성별 영향 평가

현재의 경제 위기는 새로운 성평등 정책으로 대응할 수 있는 기회로
보아야 한다. 경제 회복을 위한 지원에서 여성과 남성에 대한 영향을 고려
해야 하며, 모든 조치에 젠더를 통합해야 한다. 경제 회복을 위한 지원 정
책을 논의할 때와 정책 설계와 정책의 성과를 평가할 때 여성이 남성과 동
등한 목소리를 낼 수 있도록 해야 한다.

자료: ILO(2009) Recovering from the crisis – A Global Jobs Pact, adopted by the
International Labour Conference at its 98th Session, Geneva, 2009.(김경희
외, 2011, p.44에서 재인용).

고려하도록 하는 분석(성 분석)을 기반으로 삼고 있다. 첫째는 여성과 남성의 서로 다른 요구와 관심이 모든 정책과 프로그램, 프로젝트와 제도화 과정에 통합되도록 하는 것이다. 두 번째는 성 불평등이 첨예하거나 뿌리 깊은 경우 성 특정적gender-specific인 조치를 통해 해결하는 것이다. 즉, 성 주류화 접근에서 필요하다면 성 특정적인 조치를 포함하도록 한 것이다.

ILO는 1999년도에 천명한 성평등 정책을 구체화하기 위해 〈성평등행동계획〉(2010~2015년, 이하 〈행동계획〉)을 수립했다. 〈행동계획〉은 성 주류화 전략 및 결과를 기반으로 삼는 관리 접근result-based management approach을 채택하고 있다. 〈행동계획〉은 〈ILO의 괜찮은

📖 ILO 행동계획 성과 전략Outcome Strategy에 명기된 성 주류화와 성 분석

210. 직업 안전과 건강Occupational Safety & Health에 관한 성별 분석은 (중략) 모든 노동자들을 위해 보다 안전한 근무 환경과 건강한 결과를 증진하는데 필수적이다. (중략) 성 분석을 직업 안전과 건강의 정책 지침에 주류화하고, 특히 직업 사고나 직업병과 관련하여 성별 분리 통계를 수집하여 분석하는 일이 장려될 것이다.

221. 이주 노동에 대한 정책 개발에서도 (중략) 회원 국가들은 성별 분리 통계를 수집하여 젠더 관점에서 분석을 촉진하도록 고무한다.

266. 노동자 활동국에서는 젠더 관점을 정책과 프로그램의 모든 단계에서 주류화하도록 보장한다. (중략) 이러한 목적을 위해 젠더 감사를 광범위하게 활용할 것이다.

자료 : ILO, Action Plan for Gender Equality(2010~2015), 2010. 13~14, P.20~21(김경희 외, 2011, p.45에서 재인용).

일자리에서의 성평등 결의문〉(2009년 6월)에도 반영되었듯이, 괜찮은 일자리 정책들에서 성 인지적인 관점을 통합함으로써 여성 고용의 질을 향상시키는 데 기여하고 있다. ILO 〈행동계획〉을 실현하기 위한 성과 전략에 명기된 바와 같이, ILO의 프로그램에 대한 성 분석은 정책 결정과 예방 조치를 강구하는 데 있으며, 모든 분야에서 성별 분리 통계를 수집하여 분석함으로써 성별 특수성을 밝혀내도록 강조하고 있다.

이상에서 살펴본 바와 같이 고용 정책에서 국제적 기준을 제공하고 있는 ILO에서도 고용 정책에서의 성평등을 달성하기 위한 전략으로 성 주류화를 채택하고 있다. 고용 정책에서 성 주류화 접근이 갖는 장점은 기존의 기회의 평등을 지향하는 동등 대우 접근이나 조건의 평등을 지향하는 여성을 대상으로 한 적극적 조치만으로는 해결되지 않는 노동시장 내 성 불평등 문제를 새로운 시각에서 다루고 있다. 다시 말해서 성 주류화 접근은 노동시장 내 조직의 남성중심적 관행과 규범, 제도와 문화를 인식하게 함으로써 성별을 기반으로 한 권력관계에 주목하고, 종전에 주변화되었던 여성 문제를 중심에 놓는다는 점에서 강력한 잠재력을 가진다. 예를 들어, 고용에서 남녀 간 평등을 보장하는 가장 기초적인 정책인 동등 임금 정책을 실시해 왔지만, 그동안 동등 대우 접근은 여성이 해당 일자리에서 남성과 동등한 임금을 받는지 여부에만 중점을 둠으로써, 임금 이외에 다른 성차별적인 현상들은 고려하지 못해 실효성이 크게 떨어졌다.

반면 성 주류화 관점에서는 해당 일자리에서의 임금의 성별 차이뿐만 아니라 해당 일자리가 놓인 보다 큰 맥락인 고용 구조의 성차별 문제까지 고려할 수 있게 해준다. 즉 고용 구조의 실질적 내용에 관심을 가지고 그 고용조건이 남성 지배 직종과 여성 지배 직종에서 차이가 나는지 여부에 관심을 갖는다. 따라서 성 주류화 고용 정책에서 동등임금 보장 방안은 동등임금법 제도의 실효성을 제고하기 위해 추가적인 동등임금 법제화, 최저임금 정책 및 임금 격차 감소를 위한 새 단체협약 모델, 성별 분리된 임금 정보의 제공과 확산, 직무평가 방식의 개선, 적극적 고용개선조치를 통한 수평적·수직적 직무 분리 감소 등 보다 포괄적으로 구성됨으로써, 노동시장에서의 성차별 개선에 다각적으로 접근할 수 있도록 해준다(이주희, 2010).

02

EU의 여성 고용 현황

EU는 1990년 이후로 5년마다 유럽 국가들의 노동조건에 대한 조사를 실시하고 있다. 2010년에 실시된 〈제5차 노동상황조사 Fifth European Working Conditions Survey, EWCS〉는 EU 27개 회원국을 포함해 전부 34개 국가의 노동자 4만 4,000명을 대상으로 진행됐다. 이 조사에는 임금노동자뿐 아니라 자영업자도 포함되어 있다. 조사 결과 가운데 한국과 비교가 되는 10개 유럽 국가들의 여성 고용 현황 자료를 정리해 보았다.

성별 고용률

〈표1〉을 보면 EU 27개국 전체 평균 고용률은 64.2%이다. 그리고 남성은 70.1%, 여성은 58.2%로 11.9%의 성별 격차를 보이고 있다. 국가별로 이탈리아와 벨기에가 평균보다 고용률이 낮으며, 특히 이탈리아는 성별 고용률 격차가 21.1%로 매우 크다. 이 두 나라를 제외하면 대부분의 국가들의 고용률 성별 격차는 10% 이내로 크지 않다. 주목할 만한 것은 덴마크, 핀란드, 스웨덴, 노르웨이 등 주로 북유럽 국가들의 고용률이 상대적으로 높으며, 성별 고용률 격차도 5% 미만으로 낮게 나타나고 있다는 점이다.

전반적으로 북유럽 국가들의 노동시장에서 나타나는 높은 고용률과 낮은 성별 격차는 복지국가 유형과 긴밀한 관련이 있다고 할 수 있다. 이들 국가들은 대부분 남성과 여성 모두 소득자와 돌봄 제공자가 동시에 될 수 있도록 지원하기 때문이다. 국가는 돌봄 책임 분담, 돌봄서비스 제공과 돌봄노동 보상을 기본적으로 실행하고, 개별 과세와 더불어 수급권을 시민권과 거주에 기초하여 개인에게 부여하며, 남녀 모두에게 유리한 노동시장 정책을 지원한 국가 복지 정책의 결과이다. 세금 부과나 복지 정책의 수급권의 단위를 가구 단위로 두느냐, 시민권에 기반하여 개인에게 두느냐 하는 부분은 노동시장에서의 여성의 지위에 중요한 영향을 미치기 때문이다. 개별 과세가 아닌 부부 합산 과세를 할 경우에는 누진 소득세가 적용되기 때문에 높은 세금 부담을 피하기 위해 부부 중 한 사람, 주로 여성이 시간제나 전업주부를 선택하는 결과를 낳을 수 있고 결과적으로 여성 고용률에 부정적인 영향을 미친다.

표1 | EU 10개국의 평균 성별 고용률(2010년)　　　　　　　　　　　　(단위: %)

구분	고용률(15~64세)		
	전체	남성	여성
벨기에	62.0	67.4	56.5
덴마크	73.4	75.8	71.1
독일	71.1	76.0	66.1
프랑스	64.0	68.3	59.9
이탈리아	56.9	67.7	46.1
네덜란드	74.7	80.0	69.3
핀란드	68.1	69.4	66.9
스웨덴	72.7	75.1	70.3
영국	69.5	74.5	64.6
노르웨이	75.3	77.3	73.3
EU 27개국	64.2	70.1	58.2

자료: Fifth European Working Conditions Survey, 2010.

시간제 노동과 여성

시간제 노동은 그 자체로 젠더 이슈gender issue 라고 할 수 있다. 시간제 노동은 여성에게 일과 가족의 돌봄노동을 병행할 수 있는 기회를 제공함으로써 여성 고용률을 높이고 임금 소득의 기회를 준다는 점에서 긍정적이다. 하지만 아직까지 거의 모든 사회에서 시간제 노동의 60% 이상을 여성이 하고 있고, 시간제 고용이 주로 저임금의 임시직 일자리여서 노동시장에서의 성별 격차를 지속시키는 중요한 요인이 되고 있다.

〈표2〉를 보면, 시간제 노동자의 EU 전체 평균은 19.2%로 전반적으로 높게 나타나고 있다. 성별로 나누어 살펴보면 남성의 시간제 노동자 비율은 8.7%인 반면, 여성은 남성의 3배 이상인 31.9%로 나타나 성별 격차가 큰 편이다. EU 10개국 중 핀란드는 시간제 노동자 비율이 14.6%로 가장 낮았으며, 성별 격차가 상대적으로 작다. 반면 네덜란드는 전체 노동력의 절반 가까이(48.9%)가 시간제 노동자이며, 그중 여성은 76.5%나 된다.

여기서 주목할 것은 네덜란드에서 나타나는 시간제 일자리의 추세다. 네덜란드의 시간제 고용은 전일제 고용과의 차별을 거의 해소해 온 긍정적인 사례로 평가되고 있다. 네덜란드는 부부가 함께 임금노동과 돌봄노동을 병행하는 '결합 시나리오' 모델에 따라 시간제 고용을 확대하고 전일제 고용과의 격차를 좁혀 왔다. 이 과정에서 노동조합과 여성운동의 역할이 중요했다. '남성 부양자·여성 양육자 모델'이 지배적인 규범이었던 네덜란드 사회에서 1980년대 들어 여성들이 시간제 노동자로 노동시장에 들어감에 따라 시간제와 전일제 사이의 노동조건 격차가 사회적 관심사로 제기되었고, 여성 시간제 노동자들은 임금과 사회보장에서 전일제 노동자와 동등한 권리를 요구하였다. 여성단체들은 이들의 요구를 받아들여 시간제 일자리를 여성을 위한 기회로 규정하고 사회보장과 직업 안정성을 확보할 수 있는 방안을 모색하기 시작했다. 이러한 노력이 대중적인 지지를 얻게 되면서 노동조합 역시 시간제를 일과 삶의 균형을 위한 기회로 재정의하고 유연 안정성 flexicurity 을 남녀 모두를 위한 목표로 설정하며, 시간제와 전일제 사이의 임금과 사회보장 등 노동조건의 차이를 줄이는 데 성공했다. 그 결과 네덜

표2 | EU 10개국의 성별 시간제 노동자 비율(2010)　　　　　　　　　　　(단위: %)

구분	시간제 노동자 비율		
	전체	남성	여성
벨기에	24.0	9.0	42.3
덴마크	26.5	15.2	39.0
독일	26.6	9.7	45.5
프랑스	17.8	6.7	30.0
이탈리아	15.0	5.5	29.0
네덜란드	48.9	25.4	76.5
핀란드	14.6	10.0	19.6
스웨덴	26.4	14.0	40.4
영국	26.9	12.6	43.3
노르웨이	28.4	15.4	42.9
EU 27개국	19.2	8.7	31.9

자료: Fifth European Working Conditions Survey, 2010.

란드에서 '남성 부양자·여성 양육자 모델'은 낡은 것으로 인식되게 되었다. 대신 '1.5 고용 모델'이 확산되고 있는데, 이것은 두 명의 파트너가 주당 30시간씩 일하면서 돌봄 책임을 공유하는 가족 모델이다. 1.5 고용 모델이 보편적으로 확산되고 있는 배경에는 가족 내 돌봄이 필요한 시기뿐만 아니라 평소에도 부부 두 사람이 일하더라도 유급 노동시간을 줄임으로써 1.5배의 소득을 올리더라도 일과 가족, 그리고 개인의 삶의 여유와 질을 높이려는 욕구가 반영된 결과라고 할 수 있다(신경아, 2014).

　시간제 노동의 확대에 대한 많은 우려와 비판적인 시선에도 불구하고, 네덜란드의 사례는 노동시간을 둘러싼 근본적인 변화가 일어나고 있음을 보여 준다. 네덜란드 여성들은 이제 자녀가 없어도 시간제 노동을 하려는 경향이 늘고 있으며, 시간제 고용이 확산됨에 따라 과거 남성 부양자 모델에서 노동을 사회적 의무로 생각했던 규범조차 바뀌어 가고 있다. 여성뿐만 아니라 남성들 중에서도 시간제 고용을 선호하는 사람들이 늘어 가고 있다. 이처럼 네덜란드에서 시간제 고용이 긍정적인 효과를 발휘하고 있는 것은 무엇보다도 네덜란드가 고용에 연계한 복지 체계라기보다는 보편적 시민권에 토대를 둔 복지 체계를 발전시켜 왔기 때문이다. 고용에 연계한 복지 체계하에서 시간제 노동을 선택하게 되면 노동시간의 감소에 따른 임금의 감소뿐만 아니라 노동자로서의 지위 변화에 연동되어 여타의 복지 수급권에도 부정적인 영향을 미치는 경우가 발생하게 된다. 그러나 유급 고용에서의 지위와 상관없이 시민으로서 누려야 할 보편적인 시민권에 기초한 복지 체계하에서는 유급 노동시간에 따른 격차가 복지 수혜의 격차로 이어지지 않도록 설계되어 있기 때문에 일시적으로 시간제 노동을 선택한 경우에도 기본적인 생활을 유지할 수 있다. 또한 조세제도에서도 여성의 임금노동 참여를 유도하면서 일과 부모 역할을 병행할 수 있도록 자녀 돌봄 비용에 대한 세액공제를 통해 돌봄과 고용의 결합을 지원함으로써 새로운 성공 사례를 만들어 가고 있다.

성별 직업 분리

유럽 사회의 고용 전략 중 하나는 여성을 경제적으로 독립적인 존재로서 삶을 영위할 수 있도록 하기 위해 노동시장 내 여성 참여를 높이는 '통합적인 성장inclusive growth 전략'이다. 이러한 전략의 효과로 여성 참여가 높아졌지만, 노동시장에의 접근이나 역할 면에서 여성은 아직도 남성과 동등한 지위를 누리지 못하고 있다. 노동시장은 성별로 분리되어 있어서, 여성과 남성은 다른 직업과 다른 산업 부문에서 일하고 있음을 알 수 있다. 산업별로 남성의 비율

표3 | EU 국가들의 성별 직업별 분포(2010)   (단위: %)

직업 구분	남성	여성
관리자	69	31
전문직	46	54
기술직 및 관련 전문직	50	50
사무 지원 노동자	33	67
서비스 및 판매 노동자	33	67
숙련 농림어업 노동자	65	35
장인 및 관련 직업 노동자	88	13
설비·기계 조작공 및 조립공	85	15
단순 노무직	51	49
전체	55	45

자료: Fifth European Working Conditions Survey, 2010.

표4 | 성별화된 직업별 남녀 노동자 분포 　　　　　　　　　　　　　　　(단위: %)

구분	남성	여성
매우 남성 지배적 사무직(80% 이상 남성)	10	2
남성 지배적 사무직(60~80% 남성)	9	4
성별 균형적 사무직	17	22
여성 지배적 사무직(60~80% 여성)	16	46
매우 여성 지배적 사무직(80% 이상 여성)	1	6
매우 남성 지배적 생산직(80% 이상 남성)	30	2
남성 지배적 생산직(60~80% 남성)	15	10
성별 균형적 생산직	0	0
여성 지배적 생산직(60~80% 여성)	2	8
매우 여성 지배적 생산직(80% 이상 여성)	0	0
전체	100.0	100.0

자료: Fifth European Working Conditions Survey, 2010.

이 60% 이상인 부문은 건설(91%), 운송(80%), 제조업(69%), 농업
(65%)이며, 여성이 60% 이상인 산업 부문은 건강(77%), 교육(67%)
이다. 〈표3〉의 '성별 직업별 분포'에서도 유사한 성별 분리 유형이
발견된다. 남성은 장인 노동자의 88%, 설비·기계공 85%, 관리자의
69%, 숙련 농업노동자의 65%를 차지하고 있다. 반면 여성은 사무
직과 서비스·판매직에서 각각 67%를 점하고 있다.

　　직업에서의 성별 분리도 여전히 지속되고 있다. 〈표4〉를 보면,
유럽의 노동력이 양극화되어 있음을 알 수 있다. 사무직에 여성 노
동자의 80%가 종사하고 있고, 생산직에 남성 노동자의 47%가 집

중되어 있다. 여성의 80%와 남성의 53%가 사무직에 집중되어 있는 것으로 나타나고 있는데, 이는 서비스 부문의 사무직에서 일하고 있는 노동력 비중이 높음을 반영한다. 여성의 60%와 남성의 64%가 자신과 동일한 성이 지배적인 직업에서 종사하고 있다. 서로 다른 성이 지배적인 직업에서 일하고 있는 여성(생산직에서 12%, 사무직에서 6%)과 남성(생산직에서 2%, 사무직에서 17%)은 거의 20% 미만으로 비슷한 수준으로 낮다. 여기서 두 가지 점이 눈에 띈다. 남성 노동자들이 여성 노동자들보다 생산직과 사무직 모두에서 더 골고루 분포하고 있으며, 성별 균형적인 사무직에서 남성(17%)보다 여성(22%)이 더 많이 일하고 있다.

기업 규모별로도 성별 분리가 이루어지고 있다. 남성들은 주로 대기업에서, 여성들은 주로 소기업에서 일하는 경향을 보인다. 여성(20%)보다 더 많은 남성(25%)이 100인 이상 기업에서, 남성(54%)보다 더 많은 여성(60%)이 50인 미만 기업에서 일하고 있다. 자영업 또는 50~99인의 중간 규모에서는 남녀 비율이 똑같다.

서구 국가들의
주요 여성 고용 정책의 실제

　서구 국가들에서 고용에서의 성평등 달성, 즉 여성의 고용률 증가와 성별 직업 분리 해결 등 고용의 질을 향상시키기 위한 정책은 크게 두 가지 방향에서 이루어지고 있다. 첫째, 여성의 고용률을 높이기 위해 실업자 혹은 노동시장 진입에 어려움을 겪는 집단의 고용과 임금 수준을 높이기 위한 정책의 일환인 적극적 노동시장 정책을 많이 활용하고 있다. 적극적 노동시장 정책은 여성만을 직접적인 대상으로 하는 것은 아니지만 여성들이 실업자 혹은 노동시장 진입에 어려움을 겪는 집단의 대다수를 차지하고 있기 때문에 결과적으로 여성의 고용률을 높이는 데 기여한다. 여성 고용 촉진을 위해서 고용 안정 서비스, 교육 훈련, 직무 순환, 고용 촉진 기금, 직접적인 일자리 창출 등 다양한 정책들이 추진되고 있다. 둘째, 고용에서 수평적·수직적 직무 분리를 감소시키고 남녀 간 평등을 보장하기 위한 가장 기초적인 정책인 동등임금 관련법뿐만 아니라, 최저임금 정책 및 임금격차 감소를 위한 새 단체협약 모델, 직무 평가 방식의 개선, 여성 임원 할당제 등 적극적 고용개선조치들을 도입·실천하고 있다.

적극적 노동시장 정책

여학생을 위한 특성화 자격증 및 훈련생 제도

영국은 2000년대 이후 평균 2.5%의 상대적으로 높은 경제성
장률을 기록해 왔으며, 이러한 경제성장의 영향으로 노동시장 성
과도 좋은 편이다. 1997년에 비해 약 230만 개의 일자리가 더 창출
되었으며, 2014년 기준 실업률인 6.5%도 유럽에서는 낮은 수준이
다. 특히 높은 경제성장으로 여성의 고용 참여 역시 증가되었다. 그
러나 이러한 여성 고용은 대부분 저임금 부문에 몰려 있다는 문제
를 안고 있다. 영국에서 여학생의 학업 성취가 남학생보다 높아지
고 있으며, 대학 및 대학원 교육 수혜자 중 여성의 비율이 더 높음
에도 불구하고 여성이 남성에 비해 저임금 업종 종사 비율이 높은
문제를 해결하기 위해 정부는 여성의 기술 수준에 대해 관심을 갖
기 시작했다(이주희, 2010). 여성평등부Women and Equality Unit 내 여성과
일 위원회Women and Work Commission는 여성들이 기술 수준이 낮은 저임금
부문에 집중되어 있는 문제를 해결하기 위해 직업교육 프로그램을
개혁하여, 여학생을 위한 특성화된 자격증 제도와 훈련생 제도를
도입했다. 영국 정부는 2008년부터 모든 14~19세의 학생들에게 5
개 부문(건설과 건축 환경, IT, 창조 분야 및 미디어, 사회적 서비스, 엔지
니어링 분야)에서 자격증 제도를 도입하고 2010년까지 순차적으로
확대해, 보다 실질적인 학습이 가능한 환경에서 공부하기를 원하
는 청년층에게 중요한 대안적 학습 경로를 마련해 주었다. 이 자격
증은 취득 분야와 유관한 작업장에서 직접 최소 10일간의 직무 훈
련을 요구하고 있으며, 특히 전통적으로 특정 성이 많이 일하지 않

는 영역에 도전하는 학생들에게 권장하도록 되어 있다. 훈련생 제도 역시 많은 청년층이 국가적으로 공인된 자격 제도를 위해 공부하면서 직무에 기초한 실용적인 훈련을 받을 수 있는 기회를 제공한다는 점에서 매우 중요하다. 여성과 일 위원회는 여성들이 특히 여학생들이 비전통적 직무와 주제를 선택해 훈련받을 수 있도록 권장하고 있다(김혜원 외, 2007: 32~33).

성별 직종 분리 완화 정책

스웨덴은 적극적 노동시장 정책에서 특별히 여성을 우대하거나 배려하는 정책은 거의 없으며, 대부분 성 중립적인 형태를 띠고 있다. 스웨덴은 대륙 유럽형과 달리 사회서비스를 국가가 직접 공급하는 방식이 발달해 있다. 의료, 노인 요양, 교육, 보육 등 정부 주도의 사회서비스의 확충은 스웨덴의 사회복지 수준을 한 단계 업그레이드했을 뿐만 아니라 여성 고용률을 제고하는 데 크게 기여했다. 하지만 사회서비스직에서의 여성 고용의 증가는 성별 직종 분리를 심화시킴으로써, 노동시장 내 성 불평등을 악화시키는 결과를 낳았다. 성별 직종 분리를 완화하기 위해 스웨덴에서는 노동시장청 주관으로 '기존 패턴 파괴 프로젝트 Pattern Braker Project '를 시행하고 있다. 이 정책은 고용지원서비스 Public Employment Service (이하 PES)를 제공하는 고용지원센터에서 여성 구직자에게 남성 지배 직종을, 남성 구직자에게 여성 지배 직종을 권유하는 것이다. 이 서비스는 직업 알선과 함께 직업훈련의 기회도 제공하고 있다. 이러한 PES의 활동은 성 주류화 정책의 일부로도 해석될 수 있다. 여성 구직자에게 남성 지배 직종을 권유할 때 이러한 권유를 받아들일지 말지는 구직자의 자유이지만, PES에서 권하는 일자리를 계속 거절할 경우 실업 급여 수급 자격을 박탈당할 위험이 있다는 점에서 나름대로 효과성을 갖고 있다.

한부모 고용 증진을 위한 뉴딜 정책

영국은 다른 유럽 국가들에 비해 한부모 여성의 고용률이 낮은 국가에 속하며, 이들의 빈곤율 또한 상당히 높은 편이다. 한부모의 고용률은 1997년 이후 15.5%가 증가하여 2012년 기준 60.2%에 이른다. 그러나 일자리가 없어 소득을 지원받는 한부모가구의 수는 여전히 많으며, 한부모 여성의 고용률은 배우자가 있는 여성의 고용률 76.1%보다 훨씬 낮다.[1] 영국 정부는 한부모가구의 고용률을 증가시키기 위해 다양한 지원 정책을 실시하고 있다. 한부모 여성의 노동시장 참여율을 높이기 위해 전국 보육 전략, 최저임금제, 세금 공제 제도, 그리고 가족 친화적 정책들을 작업장에 도입하였다. 특히 2001년 4월 영국 정부는 소득 보조income support를 청구하는 한부모에게 직업과 관련해서 분기별로 의무적인 인터뷰를 실시했다. 약 75만 명의 한부모가 개인 자문단의 도움을 받아 한부모를 위한 뉴딜 정책New Deal for Lone Parents에 참여하였으며, 그중 약 41만 명이 노동시장에 참여했다. 한부모를 위한 뉴딜 정책은 1998년 10월부터 한부모의 직업 능력 개발을 위해 마련된 프로그램이다. 2005년 2월 영국 정부는 정기적인 면담을 통해 자문을 받으면서 소득 보조를 받는 한부모들은 추가적으로 주당 20파운드씩의 추가 인센티브

---

1 http://www.ons.gov.uk
2 http://www.ons.gov.uk

를 더 제공받도록 했다(김혜원 외, 2007: 33~35). 특히 2010년 2월부터 모든 학령기 자녀를 둔 학부모는 1년 내내 오전 8시부터 오후 6시까지 보육 혜택을 받을 수 있으며, 이 혜택을 통해 고용률은 더욱 개선되고 있다.[2]

동등임금 및 적극적 고용개선조치

동등임금법

영국에서 동일노동에 대한 동일임금을 강제한 〈동등임금법 Equal Pay Act〉은 1970년에 도입되어 1975년부터 시행되었다. 같은 사업주에게 고용되어 있고 남성과 같거나 유사한 직무에 종사하는 여성에게 낮은 임금을 지불하는 것을 불법화하는 이 법은 남성과 여성의 임금격차를 줄이는 데 상당히 효과적이었다. 1970년부터 1977년 사이에 여성 노동자의 시간당 평균임금은 남성 임금 대비 63%에서 75%로 상승했다. 이후 영국 정부는 〈동등임금법〉의 효과를 제고하기 위해 다음과 같은 개선책들을 제시한 바 있다. 우선 고용평등위원회 Equal Opportunity Commission 에게 고용 평등 리뷰 프로그램을 만들어 중소기업과 대기업 사용자에게 배포했다. 2003년 12월 발효된 고용평등위원회의 동등임금 실행 법령은 평등한 임금 체계 확보에 가장 필수적인 수단으로 평등 임금 리뷰를 권고하였다. 평등 임금 리뷰에는 다음과 같은 요소들이 꼭 포함되어야 한다. 첫째는 동일한 업무에 종사하고 있는 남성과 여성의 임금에 대한 비교다. 특히 사용자는 남녀 노동자의 임금을 비교할 때 이들이 수행하는 노동이

유사 업무, 동급으로 평가된 노동, 동등한 가치의 업무인가의 여부를 꼭 검토해야 한다. 둘째, 그 다음 임금상의 어떤 격차가 있는지 파악하고, 셋째, 성별 이외의 다른 근거로 설명되기 어려운 임금격차를 제거해야 한다. 이 법령은 필요한 경우 사용자로 하여금 노동자 및 노동조합 대표를 포함하여 평등 임금 리뷰를 시행하도록 권고하고 있다. 이 뿐만 아니라 최저임금제의 도입으로 저임금 노동자의 70% 이상을 차지하는 여성 노동자의 임금 상승 효과를 거두었다. 영국 정부는 2005년 10월 시간당 5.05파운드로 책정된 최저임금을 도입했는데, 약 100만 명의 여성이 혜택을 받았고 1997년 이래 임금격차가 2% 감소한 것으로 나타났다(김혜원 외, 2007: 38~40).

민간 부문 이사회 여성 할당제

노르웨이는 고위직에서의 수직적 직무 격리 완화를 위해 2006년 1월부터 공공 부문은 물론 민간 부문 주식회사의 이사회에 어느 한 성의 비율이 60%를 넘지 못하도록 법제화했으며, 이를 위해 약 6,000명의 유자격 여성의 데이터베이스를 만드는 '여성의 미래 Female Future' 프로젝트를 시행했다. 노르웨이의 이사회 여성 할당제는 가장 강력한 적극적 고용개선조치 사례로 평가될 수 있다. 또한 수평적 직무 분리 완화를 위해 여학생에게 전통적으로 여성의 영역이라고 알려진 돌봄노동에서 벗어나 과학기술과 관련된 직종을 선택할 수 있도록 '여학생을 위한 노르웨이 남부 지역 테크놀로지 프로젝트'를 실시하였다. 이 프로젝트의 목적은 장기적으로 노르웨이에 요구되는 고기술 노동력의 확보를 위해 테크놀로지와 관련된 직종에 여학생의 관심을 제고시키는 것이다. 이 프로젝트로

테크놀로지 관련 분야의 교육을 선택한 여학생이 단 1년 만에 30% 증가하는 성과를 보였다(이주희, 2010: 248).

연방계약 준수 프로그램

미국 연방 정부와 계약을 체결하는 사용자에게는 〈시민권법〉 제7편의 '차별금지 규제 외 적극적 차별시정조치'가 요청된다. 구체적으로 50인 이상의 노동자를 고용하면서 연방 정부와 5만 달러 이상의 계약을 하는 사업주는 여성의 고용·승진의 목표와 실시 일정을 제시한 적극적 차별시정조치 계획서를 의무적으로 제출하고 그 실현을 위해 노력해야 한다. 노동부 산하의 연방계약 준수 프로그램 사무국(Office of Federal Contract Compliance Programs, 이하 OFCCP)은 관련 자료를 수집하고 관련 법률을 집행하는 역할을 수행하고 있다. OFCCP는 먼저 서면으로 이행 평가를 해서 감사 대상 연방 정부 계약 업체를 선정한다. 기업은 지난 2년간의 사내 인력에 관한 통계를 제출해야 한다. 적극적 조치의 이행과 관련해 기업이 고려해야 하는 지침은 '5분의 4규칙'[3]이다. 5분의 4규칙이란 어느 인종, 성별 또는 민족 집단의 선택률이 업체 내 가장 높은 비율을 차지하는 집단의 5분의 4에 미치지 못할 경우 연방 감독 기관은 이러한 업체의 고용 절차가 평등하게 이루어지지 않는 증거로 여길 수 있다. OFCCP는 서면 감사 후, 현장 방문 검증을 실시할 수도 있다. 감독 절차가 완료되면 OFCCP는 위반 사항에 대한 적절한 시정 조치를 취한다. 또한 위반자에게는 성명 공표, 계약 해소,

---

[3] 제5장의 2절 참조.

계약 체결 박탈 등 제재 조치를 취하며, 웹 기반 '제명 당사자 등록 시스템 Excluded Parties Listing System'에 해당 내용을 공개한다. 이와 같은 적극적 차별시정조치는 전통적으로 성별로 분리되어 온 직업 분야에서 불균형 시정을 위해 엄격하게 집행되고 있다(박선영 외, 2009).

복지국가의 유형과 일하는 여성의 지위

EU 국가들의 여성 고용 현황에서 살펴본 것처럼, 각 나라들은 여성 고용률을 비롯하여 시간제 노동의 비율과 성별 직업 분리 등에서 큰 차이를 보이고 있다. 여성 고용률이 높은 국가라고 해서 한 국가 안에 여성 고용률에 긍정적 영향을 주는 모든 제도들이 완비되어 있는 것은 아니다. 나라별로 사회보장 제도, 조세 구조, 여성 운동을 비롯한 사회적 파트너들의 역량을 비롯한 정치사회적 환경 등 국가의 전반적인 복지 정책의 유형에 따라 여성 고용 정책이 일하는 여성의 지위에 미치는 영향이 달라진다. 이는 자본주의 사회에서 여성이 노동시장의 영역에서 실질적으로 평등해지기 위해서는 생산 영역에 들어가기 이전에 재생산 영역인 가족 안에서 여성이 담당하는 돌봄노동에 대한 가치 평가가 제대로 이루어져야 하고, 이러한 조건의 차이를 고려한 복지 정책이 전제될 때 비로서 노동시장 정책이 의도하는 성평등 목표가 달성될 수 있음을 의미한다.

여성주의자들이 문제 제기를 하기 이전의 복지국가, 복지 체제의 유형화는 남성 노동자, 시민을 표준으로 한 개념에 기초해 있었기 때문에, 성별 분업 구조에서 이중 노동을 수행하거나 무급 돌봄노동으로 노동시장에 진입하지 못한 여성들은 자신의 삶의 주인으로 주체적으로 살아가기 어려운 조건에 놓이게 되며 결과적으로 노동시장에서 여성들은 항상 2등 노동자로 자리매김하게 된다. 노동시장에서 여성들이 온전한 노동자로서 남성과 동등한 지위를 누리기 위해서는 돌봄을 '여성'만의 문제로 보는 틀에서 벗어나 사회정책, 복지국가, 나아가 사회 전반을 개혁하기 위한 중심적 의제로 설정되어야 한다. 그러기 위해서는 복지 체제의 중요한 한 축인 '가족'을 포함해야 하며, 가족 내 무급 돌봄노동으로 노동시장에 진입하지 못한 여성이 (남성) 가장의 소득에 의존하지 않고도 생활을 영위할 수 있도록 복지 정책이 설계될 필요가 있다. 즉 복지국가 논의에서 '유급 노동에의 접근성'과 '독자적으로 가구를 유지할 수 있는 능력'을 포함해야 한다(Orloff, 1993).

이러한 논의를 반영하여 여성이 노동시장에 의존하지 않고도 적정한 삶의 수준을 누릴 수 있는 '탈상품화'와 무급 돌봄노동의 책임을 가족 내 여성에게 맡기는 성별 분업 구조의 문제를 함께 해결하기 위해 '탈가족화', '탈젠더화'를 지향하는 성평등한 복지국가 모델의 유형화는 프레이저 G. J. Fraser 에 이르러 본격화된다. 프레이저는 시장에서의 유급 노동과 무급 돌봄노동 간 조합을 중심으로 복지국가를 '보편적 생계 부양자 모델', '동등한 돌봄 제공자 모델',

'보편적 돌봄 제공자 모델'로 유형화하고 있다(송다영, 2013).

'보편적 생계 부양자 모델'은 여성도 남성과 같이 노동시장 참여가 높고, 노동시장을 통한 사회보장 수급권 비율은 높아지나 돌봄에 대한 사회정책적 개입은 없는 유형으로, 주로 미국과 같은 나라들이 이에 속한다고 할 수 있다. 기본적으로 개인의 자유 원리를 강조해, 국가는 최소한으로 개입하며 취업 여성에 대한 복지도 개개인이 해결해야 하는 문제로 여겨진다. 노동의 영역에서 남녀 모두에게 평등한 기회를 제공하며, 가사노동 전담자로서 여성에 대한 지원도 시장에 맡겨 놓기 때문에 여성의 취업은 상대적으로 제약되거나 파트타임 취업 비율이 높은 경향이 있다.

'동등한 돌봄 제공자 모델'은 가정 내에서 이루어지는 돌봄을 중요한 가치로 인정하고 돌봄 수당 제공을 통해 보상하는 국가에서 지배적인 유형이다. '동등한 돌봄 제공자 모델'은 기본적으로 남녀 간 역할의 차이를 인정하여 남성 부양자의 취업 노동을 원칙으로 한다. 하지만 여성이 취업할 경우에도 가사노동과 취업이 모두 가능하도록 지원함과 동시에 이를 지키지 않을 경우 국가가 노동시장에 개입하는 등 규제 역할을 적극적으로 하는 유형으로서 독일과 같은 국가가 이에 해당한다.

'보편적 돌봄 제공자 모델'은 남녀가 모두 동시에 노동자이자 돌봄 제공자로서의 역할을 수행할 수 있도록 정책적 지원을 하는 국가 유형이다. 이 유형의 대표적인 국가는 스웨덴이다. 스웨덴은 평등주의 원리에 기초해서 여성을 노동력의 동등한 일원으로서 일할 수 있도록 완전고용을 추구한다. 이를 위해 노동시간 감소와 돌봄을 위한 보편적 서비스를 적극적으로 제공한다. 다른 유형의 국가에 비해 '보편적 돌봄 제공자 모델'은 상대적으로 노동시장에서 남녀 간의 차별이 적은 특징을 보인다.

서구 국가들의 경우 대략 위의 세 유형으로 여성 고용과 관련된 국가정책 방향을 구분할 때 여성의 경제활동 참여와 취업상의 지위 보장이 가장 진전된 유형은 '보편적 돌봄 제공자 모델'이라고 할 수 있다. 다음으로는 '동등한 돌봄 제공자 모델'이 취업 여성에 대한 복지가 비교적 발전되어 있으며, 개인의 자유 원리에 맡기는 '보편적 생계 부양자 모델'은 취업 여성의 입장에서 볼 때 다소 불리한 유형이라고 할 수 있다.

그렇다면 한국은 어떤 복지국가 모델에 속한다고 볼 수 있을까? 한국의 경우에는 아직도 미국과 같은 '보편적 생계 부양자 모델'에 속한다. 과거에 비해 여성 취업에 대한 국가 지원이 상대적으로 많이 늘었지만 여전히 제한되어 있고, 여성 개개인이 스스로 해결해야 한다. 미국의 경우 여성이 경쟁하여 능력을 발휘하고 스스로 개인적 자원을 확보할 수 있는 조치, 즉 평등을 지원하는 조치가 기본적으로 함께 진행되었던 것과는 달리, 한국의 경우에는 이 같은 평등한 기회의 제공이나 경쟁의 기반 자체가 취약하다. 한편으로는 보편적인 국가 복지 정책의 부족과 다른 한편으로는 평등 원리가 정착되지 않은 사회적 여건 속에서 일하는 한국 여성들의 지위는 여전히 불안정하고 불완전해 보인다.

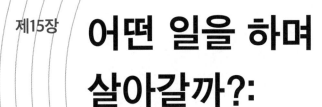

제15장

어떤 일을 하며 살아갈까?:

직업과 경력을 통한 생애 설계

'직업'과 함께 '경력'을
생각해야 할 필요성

대개 직업을 선택하고 직장을 얻으면 취업 준비는 끝났다고 생각하지만, 실은 그렇지 못한 경우가 많다. 퇴직 연령이 정해져 있고 큰 문제가 없다면 정년을 보장받을 수 있는 직장도 있지만, 많은 회사에서는 형편에 따라 고용 인원을 조정하거나 심지어 폐업, 합병을 하기도 하기 때문에 취업을 했다고 해도 안심할 수는 없는 것이다. 게다가 비정규직으로 취업한 사람은 정규직 일자리를 얻을 때까지는 직장을 옮겨 다녀야 하므로 취업 준비는 계속될 수밖에 없다. 또 정규직 취업을 했더라도 일이나 회사가 맞지 않는다고 생각되면 그만두고 다른 일자리를 구하는 사람들도 적지 않다. 한 연구에서는 우리나라 대졸 신입 사원의 33.1%가 첫 직장에서 퇴직하고, 그중 1년 이내에 퇴직한 사람이 62.2%에 이를 만큼 직장 이동이 심한 것으로 나타났다(엄동욱, 2008). 고달픈 현실이지만, 관점을 달리해서 보면 쉽게 안주하지 않고 자신에게 맞는 일자리를 찾기 위해 끊임없이 노력하는 태도를 요구한다는 점에서 이는 젊은 이들이 도전할 만한 문제이기도 하다.

따라서 직업보다 더 중요한 것이 경력이라고 해도 무리는 없을 정도로 경력 개념은 중요하다. 경력 career 이란 '한 개인이 일생을 두고 일과 관련하여 얻게 되는 경험 및 활동에서 지각된 일련의 태도와 행위'이며(Hall, 1976), 노동시장에서 각 사람이 거쳐 온 직업과 직장의 역사를 일컫는 용어이다. 한 직장에 들어가 한 종류의 일만 하며 평생을 보낸 사람들은 비교적 단순한 경력을 가질 수 있다. 공무원이나 교사와 같은 직업이 대표적인 예이다. 이에 비해 방송 프로그램의 구성 작가나 프리랜서로 일하는 컴퓨터 프로그래머, 단기 계약직 근무자들은 여러 직장에서 일하거나 매우 다양한 작업들을 수행하고 그 성과들이 축적되어 자신의 역량을 평가받는다. 현재 어떤 일을 하는가, 즉 직업이 무엇인가 하는 점 못지않게 어떤 일을 해왔는가 하는 경력이 중요한 것이다.

최근 노동시장의 변화는 직종에 구별 없이 경력이 중요해지는 현상을 보이고 있다. 직업 이동과 직장 이동이 잦아지고 승진을 위해서도 직무 관련 능력과 경력을 개발할 필요성이 커지고 있기 때문이다. 따라서 '경력 개발'에 대한 관심이 높아지고 있는데, 경력 개발이란 각 사람이 노동시장에서 추구하는 경력의 방향과 목표를 설정하고 이를 달성하기 위한 계획을 세워 실행해 가는 것을 말한다. 나의 적성에 맞고 직업적으로나 인격적으로 성장해 갈 수 있는 일을 찾아 역량을 키우고, 같은 목표를 가진 회사(기관)에 들어가 일함으로써 개인과 조직이 모두 성장해 나갈 수 있도록 하는 것이 경력 개발의 의미이다. 따라서 취업도 단순히 직장을 얻는 것이기보다는 경력 개발의 관점에서 생각하는 것이 바람직하다. 평생에 걸쳐 가져야 할 직업과 직장을 염두에 두면서 현재 어떤 일을 어디서 어떻게 할 것인가를 생각하고 결정해야 한다. 급속하게 변화하는 노동시장 안에서 직업이나 직장 모두 영원히 계속되리라는 확신은 없으며, 일과 삶에 대한 자신의 생각과 상황도 달라질 수 있기 때문이다.

02

지식정보사회에서 경력의 의미[1]

제조업 중심의 산업사회와는 달리, 지식정보사회에서는 기업의 생산성과 개인의 노동시장 지위를 결정하는 데 무형의 지식 자산 intangible intellectual capital 과 혁신 능력이 중요해진다. 또한 노동시장의 유연화에 따라 대다수의 노동자들은 평생직장보다는 평생직업을 추구해 가야 하게 되었다. 아울러 고령화와 급속한 기술 변화에 대응하여 생애 과정 내내 지식과 기술을 습득해 가는 평생 학습의 필요성도 더욱 뚜렷해지고 있다. 이에 따라 노동자의 고용 안정성은 한 기업 안에서의 직무 안정성보다는 노동시장에서의 안정성으로 바뀌고 있으며, 평생 고용을 위해서는 노동자가 자신의 취업 능력을 지속적으로 향상시켜 가는 것이 중요해지고 있다.

따라서 고용계약 역시 성격이 바뀌고 있다. 과거에 노동자는 그의 회사에 오래 근무하며 계속 헌신하고, 사용자는 노동자들이 일하는 만큼 임금과 혜택을 지불한다는 상호 간의 충성 계약이 고용계약의 특성이었다. 노동자는 이 계약 정신에 따라 한 회사에서 퇴직할 때까지 한 우물을 파는 것이 당연시되었고 미덕으로 여겨졌다. 그녀는 상명하달식 조직 위계 속에서 상급자가 시키는 대로 일하고 상급자의 평가에 따라 승진하며 퇴직할 때까지 일할 수 있었다. 그러나 21세기의 기업에서 개인의 고용 지속 여부는 그녀의

---

1 이 장의 2~3절은〈지식정보사회의 경력과 생애 과정〉(남춘호 외, 정보통신정책연구원 연구용역보고서, 2005)의 내용을 일부 간추린 것이다. 자세한 내용은 보고서를 참고할 것.

역량이 노동시장에서 얼마나 잘 팔릴 수 있느냐에 따라 결정되며 고용조건은 계약제하의 상황 변화에 따라 계속 재협상과 고용 관계 갱신으로 이어지는 불연속적인 것으로 바뀌게 된다. 따라서 한 회사에 특정한 기술이나 지식보다는 노동시장에서의 이동을 고려하여 자신의 직업과 관련된 직업적 능력을 개선하는 것이 중요해지며, 제너럴리스트보다는 여러 방면에 걸쳐 전문 지식을 갖춘 다기능 전문가multi-skilled specialist가 노동시장에서 환영받게 된다. 또한 계속해서 재구성되는 조직 속에서 자신이 속한 팀의 역량을 강화하는 데 적극 협력할 수 있는 협동적 역량이 중요한 가치를 갖는다.

<u>03</u>

경력 패러다임의 변화

경력 유형론

드리버M. Driver는 사람들이 경험하는 경력 이동의 패턴은 이동의 방향과 주기라는 두 가지 측면에서 다르다는 점에 주목하여 경력 유형을 제시하였다(1979). 그는 다양한 경력 이동의 패턴을 직선형, 전문가형, 나선형, 전이형의 네 가지로 분류했는데, 이동의 방향이나 빈도, 특정 분야의 지속 기간, 동기 등에서 4가지 유형은 상이하게 나타난다.

표1 | 드리버의 경력 이동 패턴

구분	직선형	전문가형	나선형	전이형
이동방향	상향	이동 거의 없음	경사 방향	경사 방향
한 분야 체류 기간	가변적	평생	7~10년	3~5년
핵심 가치	권력 성취	전문 지식 안정성	개인적 성장 창의성	다양성 독립
행동 역량 및 주요 성과 요인	경쟁력 이익 지향 리더십 비용 효율	헌신 품질 신뢰성 기술적 역량 안전성	기술 다양성 경사적 조정력 창의성 팀워크 인재 개발	네트워크 구축 학습 신속성 프로젝트 중심 속도 적응력 혁신
보상	승진 경영진 특혜 임원 상여금	복리 후생 부가 급부 시상을 통한 인정 지속적 기술교육	경사적 직무 배치 다방면 교육 창의적 자유 허용	즉시 현금 보너스 독립 및 자율 특별 프로젝트 배치 직무 순환
조직 구조	다계층 피라미드 조직 고도의 통제 범위	수평 조직 강력한 부문	매트릭스 조직 자율적·학제적 팀	느슨한 무정형 조직 한시적 팀
전략적 방향	성장 시장 점유율 제고	현상 유지	다각화	신시장 개척 기업가적 기회 탐색

직선형 경력 linear career concept

직선형 경력은 조직 계층을 따라 수직 방향으로 이동하는 것을 말한다. 이는 가장 일반적인 경력 이동 패턴이며, 이상적인 직선형 경력은 권위와 책임감이 더 큰 지위로 올라가는, 위계상의 상승 이동을 포함한 일련의 점진적 단계들로 이루어진다. 이는 상향 이동을 강조하는 문화적 풍토와도 연관된 것이며 여기서 주된 동기는 권력과 성취이다.

전문가형 경력 expert career concept

전문가형은 일생 동안 한 분야에 몸담으며 한 우물을 파는 유형이다. 전문적 지식이나 기술을 쌓고 안정적 생활을 추구하는 것을 기본 가치로 하며, 자신이 하는 일 자체를 자신의 소명으로 여긴다. 일단 특정 전문형 경력을 선택하면, 개인은 그 전문 분야 내에서 자신의 지식과 숙련을 발진시키고 정교화하는데 이들이 수행하는 일의 특성은 종종 자아 정체성의 일부를 이룬다.

나선형 경력 spiral career concept

나선형은 대체로 7~10년을 주기로 한 분야에 숙달된 후 다른 분야로 옮겨 가는 스타일이다. 7년에서 10년이면 어떤 한 분야에서 심층적 능력에 완전히 정통하지는 못하더라도 능력을 개발하기에는 충분한 시간이기 때문이다. 이상적인 나선형 이동은 한 분야(예컨대 엔지니어링이나 연구 분야)로부터 유관 분야(예컨대 제품 개발)로 이동하는 것이다. 새로운 분야에서는 과거 분야에서 개발한 지식과 숙련도 유용하게 쓰이지만, 동시에 전혀 새로운 지식과 숙련의 개발이 요구되기도 한다. 관련성을 유지하는 이동(예: 엔지니어 → 제품 개발)이 이상적이나, 현실적으로는 비관련 분야로의 진출도 많다. 나선형 경력에서 주요 동기는 개인의 발전과 창의성이다.

전이형 경력 transitory career concept

전이형은 3~5년을 주기로 한 분야나 한 직무로부터 전혀 관련이 없는 분야나 직무로 계속 이동해 가는 유형으로서 전통적인 경력 개념과 가장 극단적으로 상이한 것이다. 의식적으로 전이형 경력을 추구하는 사람들은 흔히 자신들이 어떤 경력을 추구한다고 생각하지 않는다. 그들은 다만 업무 경험을 즐길 뿐이며 다양성과 독립을 추구한다.

홀의 경력 단계 모형과 프로틴 경력

홀D. T. Hall 은 연령에 따른 경력 단계를 〈그림1-1〉와 같이 '탐색 → 시도 → 확립 → 유지 → 쇠퇴'로 이어지는 과정으로 설명했다. 또한 최근 기술의 가속화 추세와 함께 기술혁신의 주기가 짧아지는 점에 주목하여 새로운 경력 단계 모형을 제시하였다(Hall, 1976; 1993). 20세기 말 이후에 들어오면서 개인들의 조직 간 이동이 증가하는 추세가 나타나고, 각 개인이 자신의 시장 가치에 따라 조직을 옮겨 다니는 것이 자연스럽게 받아들여지고 있다는 것이다. 한 곳에 머물다 그곳에서 능력을 발휘하고 나면 또 다시 새로운 숙련을 익혀 일자리를 바꾸는 전이형 경력 이동이 이에 해당한다. 홀은 개인의 경력 단계는 자연 연령이 아니라, 한 개인이 머무르는 분야별로 탐색 → 시도 → 확립 → 숙달을 거쳐 다시 탐색으로 이어지는 경력 단계가 존재함을 〈그림1 - 2〉에서 보여 주고 있다. 결국 개인의 경력 성공을 위해서는 분야별 학습 단계가 끊어짐 없이 연속적으로 진행되는 것이 필요조건이라고 할 수 있다.

홀의 새로운 모형은 21세기 지식사회의 전문가들이 추구할 경력을 보여 주고 있다. 미래의 전문가들은 자신의 전문 지식을 중심으로 핵심 역량을 가지면서 다양한 분야로 학습을 확대하여 직업 환경 변화에도 경력 탄력성을 계속 유지해야 한다. 아울러 홀은 21세기에는 '프로틴 pretean' 경력이 중요해질 것이라고 예측했다(Hall, 1996). 프로틴 경력이란 조직보다는 개인에 의해 주도되는 경력을 의미한다. 프로틴 경력은 승진과 같은 수직적 상승보다는 자신이 느끼는 심리적 성공에 초점을 맞춘다. 직업 생활에서 자부심이나 성취감 등 자신이 주관적으로 성공했다고 느끼는 것이 중요해진다는 것이다. 또한 프로틴 경력은 지속적 학습을 강조한다. 개인의 경력 단계는 연령의 많고 적음보다는 실제로 개인이 무엇을 학습했는가 하는 학습 단계가 중요하다는 것이다. 그러므로 프로틴 경력에서는 직무 수행 능력know-how보다는 전반적 적응력learn-how을, 한 직장에서의 고용 안정보다는 노동시장에서의 취업 가능성을 중시하며, 직업적 성공보다는 심리적 성공을, 일을 중심으로 한 자아보다총체적 자아를 성공의 지표로 삼는다고 홀은 주장했다.

그림1-1 | 홀의 경력 단계 모형

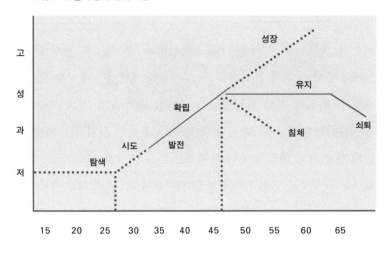

자료: D. T. Hall, 1976: 57.

그림1-2 | 경력 단계의 새로운 모형

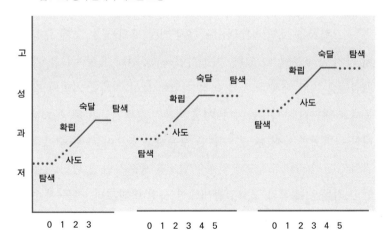

자료: D. T. Hall, 1993: 15.

설리번 등의 경력 격자 분류법

설리번S. Sullivan과 카든W. Carden, 마틴D. Martin은 새로운 경력 개발 모델로서 경력 격자 분류법career grid taxonomy를 개발했는데, 이는 경력 유형을 '역량의 전이 가능성transferability'과 '내적 노동 가치internal work value'라는 두 가지 연속적 기준 축에 따라 분류한 것이다(1998). 첫 번째 기준 축인 역량의 이전 가능성은 개인의 지식, 숙련과 능력이 얼마나 다양하고 전이 가능한지를 가리킨다. 두 번째 기준 축은 내적인 노동 가치로서 개인이 경력을 통해 성취하고자 하는 상대적으로 안정적인 목표를 말한다. 내면적 노동 가치가 높은 사람들은 그들의 노동을 통해 외부적인 결과보다는 자기만족을 추구하며 내면적인 직무 만족, 자율성과 직무 도전에 중점을 둔다. 경제적 이익보다 열정이 그들 노동의 주요 동기이며 자신의 일이 갖는 의미를 중요시한다.

〈그림2〉를 보면, 이러한 두 가지 기준 축의 상호 교차 유형은 네 가지로 구분될 수 있다. 전통적인traditional 경력 유형(1.1)을 가진 개인들은 직업 생활 초기에 특정 기업에 들어가 해당 기업의 강한 문화를 내면화한 사람들이다. 이들 전통적 경력자들은 해당 조직에 대한 광범위한 지식, 숙련, 능력을 보유하고 있으며 조직 내 그들의 위치와 관련된 네트워크와 역량의 발전을 중요시한다. 한편 전통적인 조직들은 조직의 구성원들에게만 사원 아파트나, 직무 특수적 훈련과 보상을 제공함으로써 이들 노동자들의 행동을 강화한다. 이들 핵심적 인력층은 기업에 매우 충성하며, 해당 조직의 역사, 신화와 언어를 기억하고 실천함으로써 조직의 문화를 지속시킨다. 이들

은 역할 정체성이 강하며, 조직에 헌신한다. 이들의 좌우명은 "나는 회사를 위해 일한다"이다. 이들은 여전히 상당수의 조직들에서는 전통적 경력자들을 보상해 주는 문화가 아직도 지배적이다.

자기 주도적인 경력을 추구하는 개인들(9.1)은 조직특수적 역량을 가지고 있다. 그러나 전통적인 경력자들과는 달리 자기주도적 경력자들이 중요시하는 가치는 자기만족이다. 이들은 강한 직업 정체성을 가지고 있으며, 자신을 "회사를 위해 일하는 전문가"로 규정한다. 이들은 개인적 만족, 도전, 직무만족을 중요하게 생각하고, 전통적 경력자들처럼 한 조직을 위해 일하는 안정성을 선호하며 기업의 핵심 전문가층을 이룬다.

자기 설계적 경력을 가진 사람들(9.9)은 이전 가능성이 매우 높은 역량을 가지고 있으며, 자기만족을 중시한다. 이들은 언제든지 자신들의 서비스를 요구하는 고용주들의 욕구에 맞추기 위해 역량을 조직하고 재포장함으로써 변화하는 노동환경에 적응한다. 또한 직무를 완성하면 그들은 다시금 다음 고용자에게로 옮겨 간다. 이들의 경력은 전통적 경력 향상에서처럼 조직의 경력 사다리를 지속적으로 상승하는 상태보다는 변화, 적응성, 수평적 이동과 학습을 특징으로 한다. 자기 설계적 경력자들의 좌우명은 "기술을 가져라 그리고 옮겨 다녀라"이다. 이들의 직업 정체성은 조직의 구성원 의식보다는 그들의 전문성에서 형성된다. 자기 설계적 경력자들은 전통적 또는 변화하는 조직에서 전문가나 상담자로서 단기간 일한다. 이들은 매우 창조적으로 일하지만 쓸모없게 되면, 팀 조직은 이들을 새로운 인물로 대체한다.

'1.9'와 같은 경력을 가진 사람들은 전형적인 장기 임시직 노

그림2 | 경력 유형

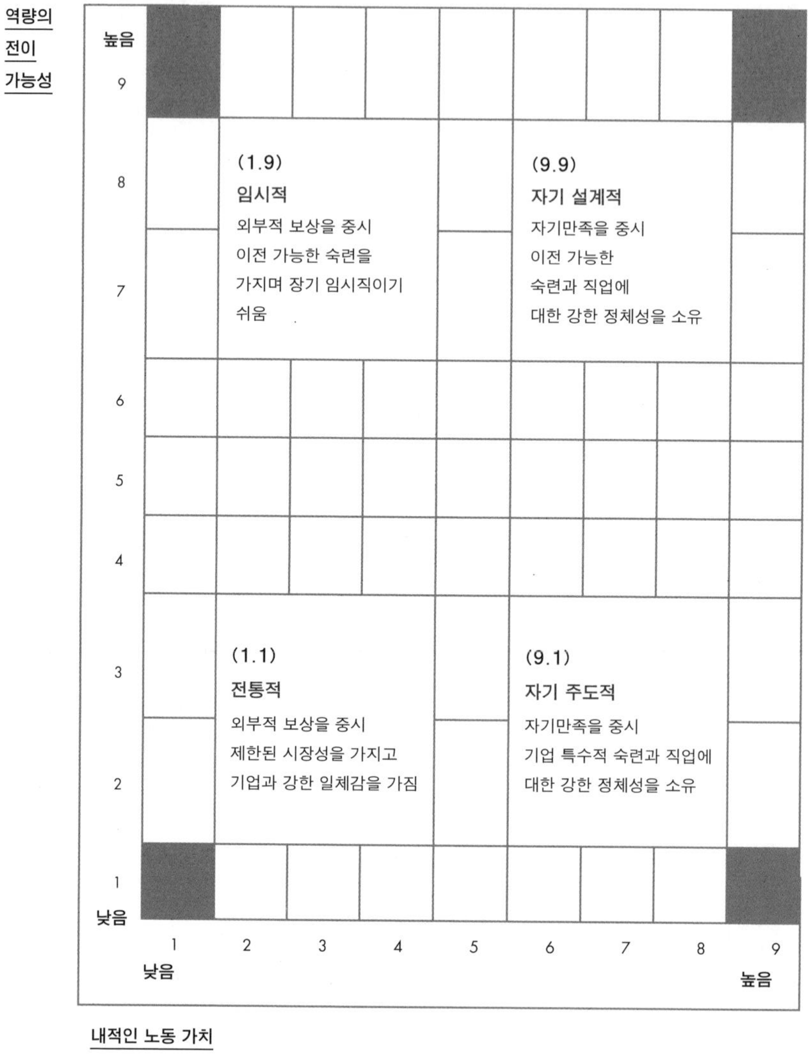

역량의
전이
가능성

높음

9

8　(1.9)
　임시적
　외부적 보상을 중시
　이전 가능한 숙련을
7　가지며 장기 임시직이기
　쉬움　.

8　(9.9)
　자기 설계적
　자기만족을 중시
　이전 가능한
7　숙련과 직업에
　대한 강한 정체성을 소유

6

5

4

3　(1.1)
　전통적
　외부적 보상을 중시
　제한된 시장성을 가지고
2　기업과 강한 일체감을 가짐

3　(9.1)
　자기 주도적
　자기만족을 중시
　기업 특수적 숙련과 직업에
2　대한 강한 정체성을 소유

1
낮음

1　　2　　3　　4　　5　　6　　7　　8　　9
낮음　　　　　　　　　　　　　　　　　높음

내적인 노동 가치

자료: Sullivan et al., 1998: 169.

동자들이다. 이들은 매우 유동적인 숙련을 가지고 있으며 외부적 보상을 중시한다. 임시직 경력자들은 그들의 숙련이 요구되는 곳에 이곳저곳으로 옮겨 다닌다. 파트타임으로 일을 하는 재고용된 은퇴자들과 노년층 노동자들이 대표적인 예이다.

따라서 전통적인 직선형 경력 경로는 21세기 노동자의 경력을 설명해 줄 많은 경력 유형들 중 하나에 불과하다. 조직 형태의 변화는 노동자들로 하여금 전통적인 피라미드 형태의 제한된 조직 내에서 상향 이동을 강조하던 전통적인 경력 유형들로부터 멀어져 자기 주도적 경력, 임시적 경력, 자기 설계적 경력과 같은 다양한 비전통적인 경력 유형들로 나아가도록 하고 있다.

04

한국사회 여성의 경력 개발

경력 개발에 관한 앞의 설명들은 서구 사회의 경험을 토대로 구성된 이론이다. 따라서 한국사회에서는 몇 가지 중요한 수정을 요한다. 또 남성의 생애 과정을 모델로 하고 있어서 경력 단절을 겪을 수 있는 여성들의 노동 생애는 이러한 단계로 설명하기 어렵다. 여성의 생애 과정은 학교 졸업 후 취업과 결혼, 임신과 출산 후 퇴직했다가 다시 재취업하는, 취업과 퇴직이 여러 차례 반복되는 특징을 지닌다. 그만큼 경력 단계가 일직선적인 남성과는 달리, 불연속적이고 모습을 띠기 쉽다.

특히 한국 여성의 경력 단절 현상은 매우 심각한 수준인데, '경력 단절 여성' 즉 결혼, 임신, 출산, 육아와 자녀 교육(초등학생) 때문에 직장을 그만둔 여성은 2013년 195만 5,000명으로 기혼 여성 중 20.1%를 차지하는 것으로 나타났다(통계청 사회통계국 고용통계과, 〈2013 경력 단절 여성 통계〉). 기혼 여성 5명 중 1명이 경력 단절을 경험한 것을 알 수 있다. 또 경력 단절 여성은 비취업 기혼 여성의 48.1%에 육박해 직업을 갖지 않은 기혼 여성의 거의 절반가량이 결혼과 임신, 출산과 육아, 교육을 위해 직장을 그만둔 것으로 나타났다. 여성의 노동시장 참여에 가장 큰 장애는 여전히 결혼, 임신과 출산, 양육에 있음을 볼 수 있다.

따라서 20대의 여성들도 자신의 경력 개발을 위해 언제 결혼하고 아이를 낳을 것인지, 어떻게 아이를 키울 것인지에 대해 생각해 볼 필요가 있다. 적어도 결혼과 출산으로 인해 직장을 그만두고 싶지 않다면, 자신의 경력 단계에 대한 계획을 세우고 차근차근 준비해 나가는 것이 바람직할 것이다.

균형 있는 삶을 위한 새로운 인식의 필요성

아마 아이 때문에 생긴 갈등이라면 제가 누구보다도 더 컸을 거라고 생각해요. 우리 애가 아주 어렸을 때는 발달 장애가 있었고 그다음에도 계속 어려움이 있었어요. 지금은 학습 장애가 있는데, 그래서 여러 차례 갈등이 있었고, 그 때마다 두 가지 생각이 들었어요. 하나는 정말 제가 이기적인 사람이어서 아이의 문제 때문에 내가 원하는 것을 그만둘 순 없다는 것이고, 다른 하나는 내가 내 일을 그만두었을 때 과연 그것이 더 좋은 것인가, 아니면 이렇게 줄타기를 하면서 일을 계속하는 게 나은가……. 그런데 그때 제가 소아정신과 선생님들을 많이 만났는데 남자 선생님들은 다 그만두라고 그래요……. 그런데 여자 선생님들은 늘 밸런스를 맞추게 해요. 내가 딱 남자 선생님 셋, 여자 선생님 셋을 만났는데, 여자 선생님들은 '물론 엄마가 애를 다 지원하면 좋을 부분도 있다. 그런데 그 엄마가 어떤 엄마인지가 중요하다'는 얘기를 하는 거예요. 그래서 '네가 지금 이 직업을 그만두고 애한테 매달렸을 때 행복하겠느냐, 그것 때문에 행복하지 못하고 아이 때문에 그만뒀다' 하면 너무나 나쁘다는 거예요. 그리고 이제 경제적인 문제도 있고 등등……. 휴직을 했으면 그만뒀을지 모르죠. 그런데 내가 가진 것을 다 없애면서 아이한테 매달리겠다는 생각은 안 했어요, 저는. (40대 여성, 신문기자)

박기남, 〈전문직 여성의 갈등과 좌절, 그리고 적응 전략〉,

《일·가족·젠더》, 1999: p.188~189

남성도 그렇겠지만, 여성의 경우 특히 일과 가족, 개인적 삶 사이의 균형을 잡는 일은 매우 중요하다. 여성의 경력 단절을 가져오는 가장 큰 원인이 바로 가사노동과 양육이기 때문이다. 20대에 좋은 직장에 들어가 열심히 일했다고 해도 결혼 후 가족을 돌봐야 하는 책임이 우선적으로 여성에게 지워진 사회에서 일하는 여성들은 일과 가족 책임 사이의 갈등을 겪기 쉽다. 아동 보육에 대한 사회적 책임이 인식되고 보육시설이 확대되고 있지만, 가정에서의 돌봄의

1차적 책임자는 여성이라고 생각하는 문화 속에서 '워킹맘'은 일과 아이 사이의 선택을 강요받는 위기를 여러 차례 경험하게 된다. 이런 위기를 지혜롭게 헤쳐 나가려면 일에 대한 확고한 의지는 물론 일과 양육을 균형 있게 병행해 나갈 수 있는 태도와 능력이 필요하다.

위의 사례는 전문직 여성이 양육으로 인해 겪는 갈등을 분석한 논문에 실린 것으로 여성 신문기자의 경험을 보여 주고 있다. 발달 장애를 겪는 아이를 둔 일하는 엄마(워킹맘)에게 소아 정신과 의사들이 제시한 충고는 성별에 따라 달랐다. 남자 의사들이 직장을 그만두라고 한 데 비해 여자 의사들은 아이를 위해 자신의 일을 그만두는 것은 좋은 방법이 아니라고 한다. 오히려 일과 양육, 두 가지를 균형 있게 추구해 나가는 편이 더 나을 것이라고 보는 것이다. 아이 때문에 직장을 떠났다는 아쉬움을 가진 엄마가 좋은 양육자가 되기는 어렵기 때문이다.

이러한 현상은 한국사회에서만 나타나는 것은 아니다. 소위 '알파걸'이라고 불리는 미국의 젊은 엘리트 여성들 — 공부, 운동, 리더십 등 모든 면에서 남학생들과 동등한 능력을 가지고 있고 여성이라는 사실을 제약으로 느끼는 않는 신세대 여성들 — 에게 "자녀를 키우면서도 풀타임으로 일하고 싶다"는 진술을 주었을 때 강하게 동의한 사람은 42%에 그쳤고, "취학 전 아동이 있을 경우 부모가 모두 직장에 나가면 좋지 않다"는 진술에 강한 동의를 표시한 사람은 49%에 이르렀다(댄 킨틀런,《알파걸》, 최정숙 역, 미래의창, 2007). 이러한 응답은 일반 여성과 큰 차이가 없는 것으로 나타나는데, 이는 자신의 일에 대한 강한 기대를 가진 여성들도 일과 가족 책임 사이의 갈등을 충분히 겪을 수 있으며, 별다른 대책도 갖고 있지 못하다는 사실을 보여 준다.

　여러분이라면 어떤 결정을 내렸을까? 일과 가족 책임 사이의 갈등에서 어느 한쪽을 포기하지 않기 위해서는 확고한 직업의식과 함께, 양육과 가사노동 등 가족 돌봄을 어떻게 해나갈 것인가에 관한 계획과 준비가 필요하다. 여기서 중요한 점은 가족 돌봄을 함께 나누려는 노력이다. 여성 혼자 돌봄 책임을 전담할 경우 그 결과는 여성의 경력 단절로 이어질 가능성이 크다. 여성과 남성이 함께 아이를 키우고 가사노동을 분담하는 관계 속에서만 여성이 자신의 일을 계속할 수 있다. 이처럼 남녀가 함께 일하고 함께 아이를 키우는 삶을 살아가기 위해서는 자신의 생애에서 일을 통해 어떻게 성장해 갈 것인가에 대한 계획과 준비가 필요하다.

　〈표2〉는 2010년 통계청의 〈사회 조사〉에 실린 취업주부와 전

표2 │ 취업주부와 전업주부의 가사 분담 견해와 실태(2010년)　　　　　　　(단위: %)

구분	가사 분담에 대한 견해			가사 분담 실태[1]		
	부인 주도[2]	공평하게 분담	남편 주도[3]	부인 주도[2]	공평하게 분담	남편 주도[3]
여성 전체	56.2	42.2	1.6	87.7	10.3	2.0
워킹맘	62.3	36.4	1.2	86.5	11.3	2.1
전업맘	71.3	26.7	2.0	89.9	8.4	1.7

자료: 통계청, 〈사회 조사〉, 2010.
　　통계청, 〈2012 통계로 보는 여성의 삶〉, 2012.
주: 1) 부부가 함께 살고 있는 가구의 '부인'만 응답.
　 2) 부인이 전적으로 책임+부인이 주로 하지만 남편도 분담.
　 3) 남편이 주로 하지만 부인도 분담+남편이 전적으로 책임.

업주부의 가사 분담 실태다. 먼저 가사 분담에 대한 견해를 살펴보면, 워킹맘은 '부인 주도' 62.3%, '공평하게 분담' 36.2%로 전업 맘에 비해 공평하게 분담해야 한다고 생각하는 사람이 많다. 그러나 실제로 가사를 어떻게 분담하는가를 보면, 워킹맘의 86.5%가 부인이 주도한다고 답하고 있으며, 공평하게 분담한다는 사람은 11.3%에 불과한 수준이다. 한국사회의 취업주부들은 10명 중 6명은 아직도 가사노동을 자신이 주로 해야 한다고 생각하고 있으며, 약 4명 정도가 부부가 공평하게 분담해야 한다고 생각하지만, 실제 생활에서는 1명만이 실천에 옮기고 있음을 알 수 있다. 이러한 자료는 한국사회의 많은 여성들이 아직 성역할 고정관념에서 벗어나지 못하고 있으며, 성평등 의식을 가지고 있는 여성들도 이를 생활에서 실현하지는 못하고 있음을 보여 준다. 그러므로 일과 가족, 개인의 삶을 균형 있게 추구해 가기 위해서는 가사노동의 평등한 분담에 대한 좀 더 깊은 성찰과 계획이 필요하다.

주체적인 여성이 되기 위한 힘 기르기

여성이 주체적인 존재로 자신을 재정립해 가는 과정은 자아의 임파워먼트empowerment(힘 갖기)라고 할 수 있다. 이러한 과정은 남성의 성장 과정과는 다른 것인데, 가부장적 사회에서 내면화해 온 성별 고정관념을 버리고 여성으로서 자기 정체성을 새롭게 구성해가는 과정이기 때문이다. 다시 말해서, 여성이 자기 역할을 스스로 선택하고 남성이나 다른 여성들과의 관계에서 자신의 자율성을 확대하며, 자기 운명에 대한 책임감을 가지고 자신의 이해에 따라 삶을 통제해 갈 수 있을 때 주체적인 여성이라고 할 수 있다. 이러한 여성적 주체의 형성은 이는 현실에 대한 내면화된 가부장적 개념을 버리고 여성으로서 자신에 대한 새로운 정의를 획득해 가는 과정을 필요로 한다.

여성의 임파워먼트, 즉 힘 갖기는 세 차원에서의 역량을 키우는 훈련을 필요로 한다.

첫째, 개인적 차원에서 자존감과 주체 의식, 넓은 맥락 속에서의 자아감을 가져야 한다. 자기 능력에 대한 확신, 자신이 사랑받을 만한 가치가 있는 사람이라는 인정, 자신의 일을 스스로 결정하려는 태도와 행동, 사회적 맥락 속에서 자기 삶의 의미를 찾으려는 의

- 나는 진정 나 자신이 가치 있고 신뢰할 만하며 존중받고 있다고 생각하는가?
- 나는 나에게 주어진 일에 최선을 다하며, 내가 선택한 일에서 성취해 본 경험이 있는가?
- 나는 부모나 친지 등 타인에게 의존하지 않고 내 삶에서 필요한 결정을 스스로 내려 왔는가? 그리고 그런 결정에 대해 책임지기 위해 노력했는가?
- 나는 나 자신만의 성공이나 개인적인 이익 이외에, 더 넓은 사회적 가치나 공동체를 위해서 노력해 본 적이 있는가?
- 인간의 존엄성을 믿고 타인의 권리와 행복을 위한 활동에 기꺼이 참여해 왔는가?
- 특히 사회적 약자에 대한 배려와 공감의 경험을 가지고 있는가?

지를 갖기 위해 노력해야 한다.

　이런 질문들이 개인적 차원에서 여성의 주체적 역량 강화를 위해 풀어야 할 것들이다. 그런데 여기서 한 가지 생각해 보아야 할 중요한 질문은, 성별 고정관념과 관련된 것이다. 여성은 여성다워야 하고 여성적 직업을 가져야 한다는 성별 고정관념이 이제 많이 약해지고는 있지만, 우리들 내면의 의식 속에서 완전히 사라진 것은 아니다. 우리는 '여성은 여성답게, 남성은 남성답게' 행동하는 것이 좋다는 문화 속에서 사회화되어 왔기 때문에 의식하지 못하는 사이에 성별 고정관념을 수용하는 경우가 많다. 그러나 지금까지 살펴보았듯이, 성별 고정관념은 여성은 물론 남성에게도 자아실현의 장애물이 될 수 있다. 따라서 '내 안의 성별 고정관념'에 대해 깊이 성찰하고 그것에서부터 자유로워지려는 노력이 필요하다. 여성학 관련 강의를 통해 '젠더 감수성 gender sensitivity' — 성별 차이가 성별 차별을 가져오는 현실을 인식하고 이를 개선해 나가려는 의식 — 을 길러 나갈 필요가 있다.

　둘째, 개인의 차원을 넘어 '여성'으로서 집단적인 인식을 가져야 한다. 여성이 노동시장에서 차별받는 이유는 개인적 이유에서보다 여성이라는 젠더적 이유로 인한 경우가 많다. 따라서 차별에서 벗어나기 위해서도 여성이라는 젠더에게 주어지는 차별에 대해 생각하고 성불평등에 도전해 가려는 의식을 가져야 한다. 예를 들어, 직장에서 남성 상사의 성희롱에 직면했을 때, 평소 개인적인 능력만을 믿고 다른 여성들과의 신뢰 관계를 쌓아 오지 않은 사람이라면 그 사건을 해결하기가 어려울 것이다. 반대로, 여성 동료나 여성 상사와의 관계를 돈독히 유지해 온 사람이라면 같은 여성으로서 훨씬 쉽게 지지받을 수 있을 것이다. 비단 성희롱 문제뿐만 아니라, 직장 안에서 부딪칠 수 있는 여러 가지 문제나, 여성의 생애 과정에서 겪을 수 있는 어려움들에 대해 상의하고 지원받을 수 있는 사람은 1차적으로 여성이라는 점을 반드시 기억할 필요가 있다. 여성 동료들 사이의 우정과 지지, 연대 없이 개별 여성이 조직 문화에서 성취하기란 매우 어려우며, 설사 성취한다고 해도 그것이 다른 여성에게 별 의미를 갖지 못한다면 그녀의 성취가 갖는 의미는 매우 제한된 수준에 그칠 것이다.

여성으로서의 자기정체성을 키우기 위해서 대학 내 여학생 모임이나 시민사회 내 여성단체 활동에 참여해 보면 큰 도움이 될 것이다. 혼자가 아니라 함께 모여 여성의 지위 향상을 위해 노력하고 성평등을 실현하기 위해 고민하는 경험은 개인적 자존감을 키우는 데도 유익할 것이다. 대학에 들어와서 졸업할 때까지, 취업 준비부터 취업 후 직장에서 적응하고 인정을 얻기까지, 결혼과 출산·육아를 거치는 생애의 전 시기 동안 여성들 사이의 우정과 연대는 그 어떤 자원보다도 큰 힘과 위안을 줄 수 있다. 인맥이나 인간관계가 갖는 중요성은 '사회적 자본'이라는 말로 표현되기도 하지만, 여성으로서 자기 인식과 집합적 정체성을 가진 사람들과의 연대는 여성의 자기실현에서 반드시 필요한 요소라고 할 수 있다.

셋째, 주체적인 여성이 되기 위한 또 하나의 능력은 인간관계 능력이다. 의사소통과 협상을 통해 상호 지지하고 지원할 수 있는 관계를 형성하는 능력이다. 여성 사이의 소통은 물론, 남성과의 소통도 원활히 할 수 있어야 조직과 가족 안에서 자신의 요구를 표현하고 인정받을 수 있을 것이다. 미국의 전문직 부부를 대상으로 한 연구에서 여자 의사는 여자 변호사보다 가족 안에서 더 많이 가사노동을 하는 것으로 나타난다. 이는 같은 전문직이라고 해도 협상력을 지닌 여성들이 더 가사노동을 공평하게 부담하고 있음을 보여 준다. 소통과 협상 능력은 여성이 자신의 의사를 표현하고 원하는 것을 획득해 가는 데 필요한 중요한 능력이라고 할 수 있다.

05

생애 과정과 경력 개발 계획 세우기

'나'의 탐색과 이해

"긴 여행 동안 수많은 사람들을 만났다. 그러면서 '나', 그리고 내가 만났던 다른 사람의 체험을 통해 '차이를 만드는 것'은 결국 '상상력'과 '용기'라고 생각하게 되었다. 어떤 인생을 살고 싶은지 상상할 수 있어야 추구할 수도 있다. 그 다음이 용기, 무엇인가를 실현하기 위해서는 위험부담을 질 각오가 돼 있어야 한다. 그런데 용기와 상상력은 근육과 같아서 사용하지 않으면 약해진다. 단련하기도 어렵다. (중략) 여기에 한 가지를 덧붙인다면, '인간미'다. 실력 있고 유능한 사람이 겸손하고 따뜻하다면 감동적일 것이다. 그것은 확실히 한 단계를 넘어선 다른 세계일 것이다."

어쩌면 인생은 늘 새로운 문을 열고 나가는 것일지 모른다. 이렇게 생각해 보자. 당신은 안락한 방 안에 있다. 마음에 쏙 들지 않아도 그럭저럭 마음에 드는 그 방에 있으면 크게 행복하지는 못해도 불행하지는 않을 것 같다. 그런데 거기에 내가 들어왔던 문 말고 정체 불명의 문이 하나 있다.

저 문을 밀치고 나가 볼까 말까. 그것을 결정하는 것은 당신이다.

당신은 지금 있는 그 방에, 완벽하지는 않지만 그런대로 나쁘지 않은 그 방에 영원히 머무를 수도 있고, 저기 저 문을 열고 나가 볼 수도 있다. 문을 열고 나가는 순간 다시 돌아올 수 없다. 그것이 이 게임의 법칙이다.

강인선, 《힐러리처럼 일하고 콘디처럼 승리하라》, 웅진지식하우스, 2006

이제 미지의 문을 열고 있는 당신은 자기가 원하는 길을 찾아 평생 그 길을 걸어가기 위한 계획을 세워야 한다. 짧은 여행을 떠날 때에도 우리는 가고 싶은 여행지를 선택하고 일정표를 짜고 여러 가지 준비를 한다. 인생이라는 긴 여정 앞에서 어디서 어떤 일을 하며 누구와 함께 살아갈지를 고민하고 결정하고 실천하는 과제를 이제 시작해 보자.

생애 설계의 밑그림 그리기

현재의 나를 진단하기

나의 미래를 그리기 위해서 먼저 해야 할 작업은 현재와 과거를 되짚어 보고 나 자신에 대해 이해하는 것이다. 이를 위해 아래와 같은 질문을 중심으로 나의 과거와 현재를 성찰해 볼 수 있을 것이다. 이 질문들에 대해 만족스러운 답을 얻지 못한다면, 앞으로 다가올 미래의 삶에 대해서도 긍정적인 기대를 갖기가 어려울 수 있다. 따라서 그 답을 충분히 고민하면서 현재의 나 자신을 정확히 진단할 필요가 있다. 그 답이 부정적인 사람들에게 생애 설계는 훨씬 더 중요하다고 할 수 있다. 질문의 답이 긍정적이라면, 또는 부정적이라면 왜 그런 답을 얻게 되었는지 그 이유에 대해 생각해 보고, 나의 삶의 자세에 문제점은 없는지 찾아보아야 할 것이다.

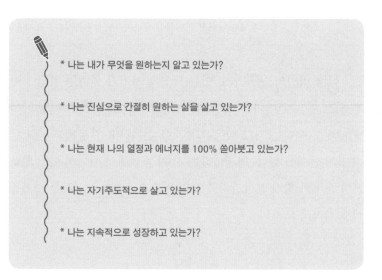

* 나는 내가 무엇을 원하는지 알고 있는가?

* 나는 진심으로 간절히 원하는 삶을 살고 있는가?

* 나는 현재 나의 열정과 에너지를 100% 쏟아붓고 있는가?

* 나는 자기주도적으로 살고 있는가?

* 나는 지속적으로 성장하고 있는가?

과거와 현재의 내 모습 그려 보기

'나는 어떤 사람인가'라는 주제로 자아 개념 지도 self concept map 를 그려보고 나의 과거와 현재에 대해 이야기를 나누어 보자.

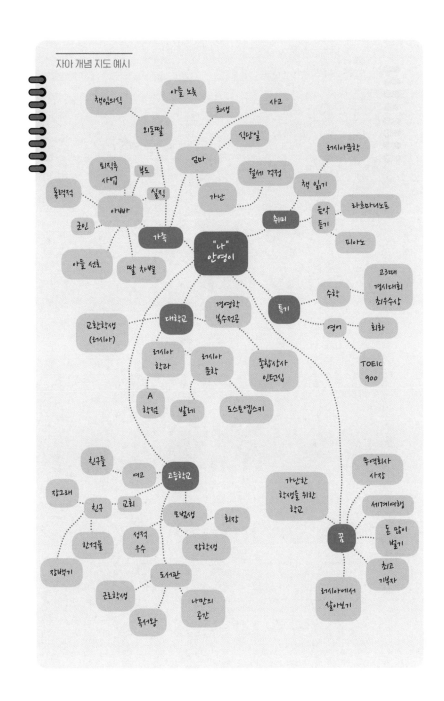

자아 개념 지도 예시

자아 개념 지도

미래의 삶 그려 보기

과거와 현재를 살펴보는 작업이 마무리되었다면, 내가 앞으로 어떻게 살고 싶은지 그려 보는 작업을 시도해 보자. 아래 표에 따라 10대부터 60대 이후까지 내가 하고 싶은 일을 기록하고 이야기를 나누어 보자.

표3 | 미래의 삶 상상해 보기

나의 과거와 현재, 미래	과제	이유
10대 때 하지 못한 일 중 후회되는 것 10가지		
20대에 하고 싶은 일 10가지		
30대에 하고 싶은 일 10가지		
40대에 하고 싶은 일 10가지		
50대에 하고 싶은 일 10가지		
60대 이후 하고 싶은 일 10가지		

나의 삶에서 하고 싶은 일을 찾아 계속하기 위해 20대의 나는 어떻게 준비해야 할까?

'나'의 흥미와 적성 찾기

가장 좋은 직업은 '개인의 진정한 내면에 동기가 있고, 관심과 열정을 느끼는 일'이라고 한다. 자신에게 맞는 직업을 찾고 경력을 쌓아 가기 위해서는 먼저 자신의 관심과 적성을 파악해야 한다. '나는 무엇을 잘하는가? 무엇을 하고 싶은가? 무엇을 좋아하는가? 무엇을 싫어하는가?' 우리는 보통 자신을 잘 안다고 생각하지만, 내가 무엇을 좋아하는지, 잘하는지, 하고 싶어 하는지에 대해 깊이 탐색해 볼 기회가 많지 않기 때문에, 이런 질문에 선뜻 대답하기가 쉽지 않은 사람이 많다. 지금부터는 '나'에 대한 공부를 시작해 보자. 대학 1, 2학년이 이런 탐색을 시작하는 데 가장 좋은 시기이지만, 3, 4학년 학생이라도 관심을 가지고 노력을 집중한다면 졸업 후 진로로 인해 겪어야 하는 어려움을 줄일 수 있을 것이다.

나에 대한 탐색을 시작하는 방법이 정해져 있지는 않다. 평소 일기를 쓰거나 글쓰기를 좋아하는 학생들은 자신에 대해 꼼꼼히 성찰하고 기록해 나가면서 능력과 개성, 성품에 대해 생각해 볼 수 있다. 또 자신을 잘 아는 친지나 선배, 교수가 있다면 이야기를 나누어 보는 것도 좋을 것이다. MBTI나 진로 적성검사 등을 통해서 전문가의 상담을 받는 방법도 시도해 볼 수 있다. 그러나 중요한 점은 외부적인 도움을 찾기에 앞서, 먼저 자기 스스로 생각하는 시간을 충분히 가질 필요가 있다는 것이다. 부모나 친지들, 미디어와 같은 외부자의 영향을 최소화하면서 자신이 원하는 삶에 대해 생각해 보는 시간을 가져야 한다. 여기서 아래와 같은 질문을 스스로에게 던지고 그 답을 찾으면 도움이 될 것이다. 그리고 각 질문에 대한 답에서 어떤 문제가 있는지 생각하고 그 문제를 해결할 수 있는 방법은 무엇인지 찾아보는 것도 필요하다.

* 대학에 들어오기 전까지 내가 좋아하던 일이나 활동은 무엇이었나?
  (나의 흥미)

* 대학에 들어오기 전까지 내가 잘했던 일이나 활동은 무엇이었나?
  (나의 적성)

* 중·고등학교 시절 나의 성격상의 특징은 어떠했나?(나의 성격)

* 중·고등학교 시절 내가 가장 힘들어했던 일이나 활동은 무엇이었나?
  (나의 약점)

* 대학 입학 후 새롭게 알게 된 지식이나 활동 중 앞으로 계속하고 싶은 것이
  있다면 무엇인가?(나의 지식과 정보)

* 대학 입학 후 새롭게 배우거나 알고 싶은 지식이나 활동이 있다면 무엇인
  가?(나의 지적 욕구)

* 현재의 내가 가장 잘할 수 있는 일이 있다면 무엇인가?(나의 강점)

* 나를 둘러싼 환경 — 가족, 학교, 친구들, 그밖에 내가 속한 집단, 지역사회
  등 — 은 나의 성장에 어떤 영향을 주었나?(나의 환경)

* 나는 어떤 일을 하며 누구와 어떻게 살고 싶은가?(나의 기대)

자기 삶의 가치 찾기

나의 관심과 적성, 미래 기대가 무엇인지 알았다면, 좀 더 궁극적인 목표와 비전, 가치에 대해 생각해 볼 필요가 있다. 내가 어떤 직업을 선택해서 살아간다고 할 때 왜 그 일을 계속해 가는지, 그 일을 통해 실현하고자 하는 목표는 무엇인지, 그런 목표는 나와 이웃, 사회에 어떤 의미를 지니는지, 그런 목표가 실현될 때 구현되는 가치는 무엇인지 하는 질문과 관련된 것이다. 어떻게 보면 매우 추상적이고 철학적인 질문이지만, 올바른 삶을 위해서는 그 삶 속에서 추구하는 가치가 분명해야 한다. 예를 들어, 어떤 사람이 장사를 해서 돈을 많이 버는 것을 목표로 한다면, 왜 돈을 많이 벌고 싶은지 그 이유가 있을 것이다. 즉 돈을 많이 벌어서 고급 차를 사고 좋은 주택을 구입하고 싶다면, 또 왜 그런 욕구를 갖게 되었는지 질문해 보아야 한다. 이렇게 '왜'라는 질문을 계속 하다 보면, 좀 더 궁극적인 가치들 — 행복, 사랑, 자유, 정의, 평등, 평화 등과 같은 삶의 가장 높은 목적—과 만날 수 있을 것이다.

여기서 한 가지 생각해 보아야 할 점은 나는 혼자가 아니라는 사실이다. 우리가 어떤 일을 하든—돈을 벌든, 소비 행위를 하든—개인 혼자의 힘으로 이룰 수 있는 것들은 없으며, 누군가의 활동과 연결되어 있다. 예를 들어, 어떤 사람이 장사를 해서 돈을 많이 벌었다고 할 때 함께 일한 동료와 직원이 있고, 또 그의 물건을 사준 고객이 있을 것이다. 또 그가 '장사'라는 활동을 하며 살아가는 지역 사회가 있고 장사에 필요한 상품을 공급해 준 회사와 그 회사의 종업원들이 있을 것이다. 이렇게 삶의 연계를 따라가 보면 우리는 무수히 많은 관계의 연쇄 속에서 살고 있음을 발견할 수 있다. 이런 관계의 연속성을 인정한다면, 우리가 하는 일의 가치도 그 안에서 다시 조명될 필요가 있다. 내가 하는 일이 다른 사람들에게 어떤 영향을 주고 다른 사람들의 삶에 어떤 도움을 주는가? 하는 질문을 해 볼 수 있다. 그것이 내가 하는 일이 갖는 사회적 가치가 될 것이다.

나의 삶에서 중요한 가치와 목표를 찾아 십계명+誡命을 만들어 보자.

직업 지식과 정보의 수집과 분석

　내가 하고 싶은 일을 선택하려면, 그 직업에 대한 구체적인 지식과 정보를 알아야 한다. 따라서 다음의 단계는 직업 지식과 정보를 찾아 분석하고 이해하는 것이다. 각 직업이 포함한 직무의 내용이 무엇인지, 그 직무를 수행하기 위해 필요한 역량과 자격은 어떤 것인지를 알고 그것이 자신에게 적합한지 판단해야 할 것이다. 아울러 인격적인 요인들, 예를 들어 성격과 인간관계 능력에 대해서도 신중히 따져 보아야 할 것이다. 예를 들어, 인터넷 광고 기획 전문가가 되려고 한다면, 그 직무의 구체적인 내용은 물론 소셜 마케팅을 포함한 인터넷 지식과 최근 웹 기반 광고의 변화 추세, 컴퓨터 관련 정보와 기술을 습득해야 할 것이다. 또한 급속하게 변하는 인터넷 마케팅 시장의 정보를 얻기 위한 인적 네트워크도 필요할 것이다. 이처럼 직무 내용뿐만 아니라, 특정 직무를 수행하기 위해 필요한 인간적 요인도 고려하면서 직업 선택이 이루어져야 할 것이다. 무엇보다도 21세기 사회에서는 산업과 직업의 변동이 훨씬 더 빠르게 일어날 수 있다. 따라서 내가 원하는 직업의 사회적 전망—노동 시장 수요와 지위— 대해서도 세심하게 살펴보아야 한다.

　직업에 관한 지식과 정보는 어떻게 얻을까? 21세기는 인터넷 시대이므로 많은 정보를 인터넷을 통해 얻을 수 있을 것이다. 그러나 인터넷에 떠도는 모든 정보들이 정확하고 유용한 것은 아니므로 자신에게 필요한 정보를 찾을 수 있는 능력이 필요하다. 또 관련 분야의 책이나 잡지, 신문 등 전통적인 미디어를 꼼꼼히 살펴보는 노력도 중요하다. 그리고 대학에서 취업 관련 수업을 듣거나 관

련 분야에서 일하고 있는 선배와 지인들을 만나 조언을 구하는 것
도 꼭 필요한 일이다. 현장 경험이 더욱 중요해지는 시대이므로 인
턴십이나 관련 분야에서의 아르바이트, 자원봉사 경험을 통해 얻
게 되는 지식의 중요성도 더 말할 필요가 없을 것이다.

경력 개발 계획 수립하기

● **나의 미래 이력서**

*졸업 후 제출하게 될 나의 이력서를 미리 작성해 보자.

	(1) 이름
1. 인적 사항	(2) 주소
	(3) 연락처 ① 전화
	② e-mail
2. 지원 분야	
3. 직무 관련 자격	

4. 직무 관련 경험

5. 교육 훈련 경력

(1) 공식 교육기관

(2) 비공식 교육기관

6. 기타 활동

● 진로 준비 계획서

＊아래의 가로축에 자신이 하고 싶은 활동을 제시하고 학기별로 계획을
세운다.

학년 (학기)	전공	언어 능력 키우기	책 읽기	인턴 / 아르 바이 트	공모전 / 관련 대회 참여	사회 봉사	자격증	기타
1								
2 (1)								
(2)								
3 (1)								
(2)								
4 (1)								
(2)								

참고문헌

제1장 20대 여성과 취업:
여성에게 일이 필요한 이유

김현미, 〈연세 여학생 지도력 개발을 위한 교육모형 개발〉, 《연세여성연구》 7,
    2001.

나윤경·최윤진·장인자, 〈여성주의 시각에서 본 여자대학생의 변화된 취업준비와
    대학의 과제: 남녀공학대학교 사례〉, 《교육과학연구》 38(3), 2007.

민무숙·허현란·김형만, 《여대생의 직업세계로의 이행을 위한 대학의 지원현황과
    정책과제》, 서울: 한국여성개발원, 2002.

신경아 외, 《여성, 나를 말하다》, 경기도여성비전센터, 2012.

신명수, 〈한국 미용성형외과의 현재와 미래〉, *Journal of Korean Med Association*
    54(6): 581~588, 2011.

임선희·전혜영, 〈여자대학생의 직업세계 이행과 진로장벽: 지역대학의 사례〉,
    《교육사회학연구》 14(1), 2004.

임인숙, 〈외모차별 사회의 성형 경험과 의향〉, 《한국여성학》 20(1), 2004.

장하진·강이수·김혜경·신경아·마경희, 〈여대생의 직업의식 설태와 정책과제〉,
    《노동부 연구용역보고서》, 2001.

Williams, J. C. & Dempsey, R., *What Works for Women at Work*, New York
    University Press, 2014.

제2장 노동에 대한 여성주의적 이해

김정선, 〈성별 분업〉, 《여성과 사회》 제5호, 한국여성연구회 편, 창작과비평사,
    1994.

라웬학·셀라, 《여성 노동의 역사》, 김주숙 옮김, 이화여대출판부, 1995.

루이스 A. 틸리·조앤 W. 스콧, 《여성 노동 가족》, 김영·박기남·장경선 옮김, 후마
    니타스, 2008.

문시영, 《직업 소명과 책임 윤리》, 한들, 1998.

박종서, 《보건·복지 Isseu & Focus》 156, 보건사회연구원, 2004.

정고미라, 〈노동 개념 새로 보기: 감정노동의 이해를 위한 시론〉, 《노동과 페미니
　　즘》, 조순경 엮음, 이화여대출판부, 1999.

정현백, 〈원시·고대편: 모권제 논의를 중심으로〉, 《여성과 사회》 4, 한국여성연구
　　회 편, 창작과비평사, 1993.

아이젠스타인, 〈자본주의적 가부장제 이론과 사회주의 여성 해방론의 계발〉, 《여
　　성 해방 이론의 쟁점》, 김혜경·김애령 옮김, 태암, 1989.

여성평우회 편, 《제3세계 여성 노동》, 창작과비평사, 1985.

이한구, 《직업과 윤리》, 한국정신문화연구원, 1985.

차동관·김국현·김대규, 《한국인의 직업 윤리와 인성》, 정림사, 1999.

한나 아렌트, 《인간의 조건》, 이진우·태정호 옮김, 한길사, 1996.

홍두승 외, 《한국의 직업 구조》, 서울대학교출판부, 1999.

Kemp, A. A., *Women's Work: Degraded and Devalued*, Prentice Hall, Englewood
　　Cliffs, New Jersey, 1994.

Parker, S., *Leisure and Work*, George Allen & Unwin, 1983.

Sayers, S., "The Need to Work", *Radical Philosophy* 46, 1987.

Waring, M., *If Women Counted*, Harper & Row, Publisher, San Francisco, 1988.

Walby, S., *Theorizing Patriarchy*, Basil Blackwell, Oxford, 1990.

Young, K. at al., "Conceptualizing Women", *Critique of Anthropology* 3(9~10).

제3장 우리 역사 속의 여성과 일

강이수, 〈1930년대 면방대기업 여성노동자의 상태에 대한 연구: 노동과정과 노동
　　통제를 중심으로〉, 이화여대 사회학과 박사학위논문, 1992.

강이수, 《한국 근현대 여성노동: 변화와 정체성》, 문화과학사, 2011.

권순형, 〈고려시대 여성의 일과 경제활동〉, 2004.

권순형 외, 《'몸'으로 본 한국여성사》, 국사편찬위원회, 2011.

규장각한국학연구원, 〈숨은 일꾼, 조선 여성들의 노동 현장〉(김경미), 《조선 여성
　　의 일생》, 글항아리, 2010.

문소정, 〈일제하 한국농민가족에 관한 연구〉, 서울대학교 사회학과 박사학위논문,

1991.

이임하, 〈1950년대 여성의 삶과 사회적 담론〉, 성균관대 사학과 박사학위논문, 2002.

이정옥, 〈일제하 공업노동에서의 민족과 성〉, 서울대 사회학과 박사학위논문, 1990.

이효재, 〈일제하의 한국여성노동문제연구〉, 《한국학보》 4, 1976.

전호태, 《벽화여, 고구려를 말하라》, 사계절, 2004.

한국여성연구소. 《우리 여성의 역사》, 청년사, 1999.

제4장 한국 경제와 여성 취업 구조 변화

강이수, 《한국 근현대 여성노동: 변화와 정체성》, 문화과학사, 2011.

강이수 외, 《일·가족·젠더: 한국의 산업화와 일-가족 딜레마》, 한울아카데미, 2009.

김영옥·이선행·김민수, 《2000년 이후 여성노동시장의 변화와 미래전략: 여성 자영업자의 감소현상을 중심으로》, 한국여성정책연구원, 2011.

김현미 외, 《친밀한 적: 신자유주의는 어떻게 일상이 되었나》, 이후, 2010.

금재호·윤자영, 《외환위기 이후 여성 노동시장의 변화와 정책과제》, 한국노동연구원, 2011.

여유진·김태완·김수정·송치오, 《경제위기에 따른 취약계층의 변화실태와 사회안전망 평가 및 향후 대책방안》, 한국여성정책 연구원·한국보건사회연구원, 2010.

이영자, 〈신자유주의 시대의 초개인주의: 개인주의의 후기 근대적 변종〉, 《현상과 인식》 35(3), 한국인문사회과학회, 2011.

정재원, 《숨겨진 빈곤: 여성의 빈곤은 어디로부터 오는가?》, 푸른사상, 2010.

윤진호, 〈신자유주의 시대의 고용 불안과 청년실업〉, 《황해문화》 vol.67, 새얼문화재단, 2010.

제리 제이콥스·캐슬린 거슨, 《시간을 묻다: 노동사회와 젠더》, 국미애 외 옮김, 한울, 2010.

주재선, 〈국제 성평등지수 특징과 한국 여성의 지위〉, 《젠더리뷰》, 한국여성정책

연구원, 2012.

지주형, 《한국 신자유주의의 기원과 형성》, 책세상, 2011.

리처드 세넷, 《신자유주의와 인간성 파괴》, 조용 옮김, 문예출판사, 2002.

한국여성정책연구원, 《2013 한국의 성 인지 통계》, 2014.

Pearce, D., "The Feminization of Poverty: Women", Work and Welfare, *The Urban & Social Change Review* 11(1&2), 1978.

Blossfeld, H. & Hakim, C., *Between Equalization and Marginalization: Women Working Part-Time in Europe and the United States of America*, Oxfort University Press, 1997.

OECD, *Closing the Gender Gap: Act Now*, OECD Publishing, 2012.

제5장 차이와 차별:

성별화된 노동시장의 현실과 문제

국가인권위원회 차별결정례, http://www.humanrights.go.kr/03_sub/body02_2.jsp.

국미애·최성애·조순경, 《젠더 노동과 간접차별》, 푸른사상, 2006.

권수현, 〈고용평등상담을 통해 본 여성 현실-문화정치적 분석을 중심으로〉, 2006~2010년 한국여성민우회 상담사례분석 토론회 자료집 《1959개의 물음표를 풀다》, 2011.

김엘림, 〈광복 60년, 여성입법운동의 전개와 성과〉, 《여성과 역사》 4, 2006.

김영옥, 〈최근 여성비정규직의 변동〉, 《최근 여성비정규직의 쟁점과 해법》, 한국여성정책연구원, 2012.

김진·심재진·정형옥·손기영·구미영·박주영, 《임금차별 판단기준》, 국가인권위원회, 2009.

박선영·박복순·권혜자·김원정, 《남녀고용평등법 시행 20년의 성과와 과제》, 한국여성정책연구원, 2009.

신광영, 〈한국의 성별임금격차〉, 《한국사회학》 45(4), 2011.

이옥주·손승영, 〈무기계약직 전환 여성의 '중규직' 경험: 사무직과 판매서비스직을 중심으로〉, 《한국여성학》 27(1), 2011.

이주희, 〈직군제의 고용차별 효과〉, 《경제와 사회》 80, 2009.

장지연, 〈대한민국 여성노동 현주소-고용의 양과 질, 대표성〉, 2006~2010년 한국여성민우회 상담사례분석 토론회 자료집 《1959개의 물음표를 풀다》, 2011.

정금나, 〈고용차별의 새로운 개념을 위하여〉, 《노동과 페미니즘》, 2000.

조순경, 《노동의 유연화와 가부장제》, 푸른사상, 2011.

조순경, 〈여성 직종의 외주화와 간접차별: KTX 승무원 간접고용을 통해 본 철도공사의 체계적 성차별〉, 《한국여성학》 23(2), 2007.

조순경·한승희·정형옥·정경아·김선욱, 《간접차별의 이론과 여성노동의 현실》, 푸른사상, 2007.

조용만, 〈국가인권위원회 고용차별시정 10년 사례의 분석〉, 《노동정책연구》 12(1), 2012.

통계청, 〈2013 통계로 보는 여성의 삶〉, 2013.

한국여성노동자회, 《2011년 평등의전화 상담사례집》, 2012.

한국여성민우회, 《2011 한국민우회 상담사례집》, 2012.

제6장 여성 노동시장을 이해하는 세 가지 방법: 개인적·구조적 접근과 여성주의의 도전

박홍주, 〈판매직 감정노동의 재평가〉, 《노동과 페미니즘》, 조순경 역, 이화여대출판부, 2000.

블라우·퍼버, 《여성과 남성 그리고 노동의 경제학》, 문숙재 외 옮김, 학지사, 1994.

소콜로프·나탈리, 《여성 노동시장 이론》, 이효재 옮김, 이화여대출판부, 1990.

조순경, 《노동의 유연화와 가부장제》, 2011.

정영애, 〈여성의 배려적 노동과 비교 가치론〉, 《한국여성학》 15(1), 한국여성학회, 1999.

하트만·하이디, 〈자본주의, 가부장제, 성별 분업〉, 《제3세계 여성 노동》, 여성평우회 편, 창작과비평사, 1985.

하트만·하이디, 〈성, 계급, 정치 투쟁의 장으로서의 가족: 가사노동의 예〉, 《가족 연구의 관점과 쟁점》, 이효재 편, 까치, 1988.

Beechy, V., *Unequal Work*, Routledge, London, 1979.

Harding, S., "Rethinking Standpoint Epistemdology: 'What is Strong Objecting'?", *Feminist Epistemologies*, ed. by L. Alchoff & E. Potter, Routledge, 1993.

Humphries, J. ed., *Gender and Economics*, An Elgar Reference Collection, England, 1995.

Phillips, A., & Taylor, B., "Sex and Skill", *Feminist Review*(ed), Waged Worker: A Reader, Virago, London, 1986.

제7장 여성은 조직에서 만들어진다?:
남성중심적 조직과 여성의 현실

〈저녁이 있는 삶, 이미 시작된 미래〉, 《시사인》, 2012년 10월 13일.

김현미, 〈문화산업과 성별화된 노동〉, 《한국여성학》 21(2): 69~103, 2005.

박기남, 〈관리직 여성의 사회적 자본과 성별 직무 분리〉, 《한국사회학》 36(6): 109~135, 2002.

박선영·김주연·박보람, 〈외국의 여성임원 할당제 입법례 및 향후 과제〉, 제6차 젠더와 입법 포럼 《여성임원확대를 위한 법제도방안》 발표 자료집, 2013.

심영희, 〈직장생활과 성문화: 사무직 여성들의 일, 성, 외모에 대한 태도〉, 《한국여성학》 13(2), 1997.

양민석, 〈젠더 및 지구지역 관점에서 본 한국 애니메이션 문화산업과 여성노동〉, 《변화하는 여성문화 움직이는 지구촌》, 푸른사상, 2004.

이주희, 〈여성임원 현황 및 확대방안〉, 제6차 젠더와 입법 포럼 《여성임원확대를 위한 법제도방안》 발표 자료집, 2013.

이주희·전병유·제인리, 《유리천장 깨뜨리기: 관리직 여성의 일과 삶》, 한울아카데미, 2004.

조순경, 《노동의 유연화와 가부장제》, 푸른사상, 2011.

줄리아 우드, 《젠더에 갇힌 삶: 젠더, 문화 그리고 커뮤니케이션》, 한희정 옮김, 커뮤니케이션북스, 2006.

황수경 외, 《고용구조선진화를 위한 서비스산업 일자리창출 역량제고방안》, 한국

노동연구원, 2010.

Acker, J. "Gendering Organizational Theory", *Gendering Organizational Analysis.* ed. by A. J. Mills & P. Tancred. Newsbury Park, London, New Delhi: Sage Publications, 1992.

Feldberg, R. L. & Glenn, E. N., "Male and Female: Job versus Gender Models in Sociology of Work", *Social Problems* 26(5), 1979.

Gherardi, S., *Symbolism and Organizational Cultures,* London, Thousand Oaks, New Delhi: Sage Publications, 1995.

Kanter, R. M., *Men and Women of the Corporation*, New York: Basic Books, 1997.

Reskin, B. F. & Hartmann, H. I., *Women's Work, Men's Work: Sex Segregation on the Job*, Washington, D.C.: National Academy Press, 1986.

제8장 비정규직 여성 노동자는 누구인가?: 고용 불안정과 여성 노동자

강이수, 〈경제 위기와 여성 노동시장의 변화 추이〉,《동향과 전망》 40: 89~111, 1998.

김경희·강은애, 〈가족 내 돌봄 책임이 성별 임금에 미치는 영향〉,《아시아 여성 연구》 49(2): 121~155, 2010.

김미숙, 〈한국 여성 노동력의 성격 변화와 노동정책: 1960~2000〉,《한국 인구학》 29(1): 133~156, 2006.

김수정, 〈'빈곤의 여성화' 재검토: 지표의 사실과 허구〉,《젠더와 사회》 7(2): 183~211, 2008.

김유선, 〈비정규직 규모와 실태〉,《한국노동사회연구소 이슈페이퍼》 2013-03, 2013.

문순영, 〈돌봄노동 일자리의 일자리 질(quality of job)에 대한 탐색적 연구〉,《사회복지 정책》 33: 207~237, 2008.

민주노총, 〈시간제 일자리 확대의 문제점과 고용의 질 제고 방안 모색〉 토론회 자료집, 2013.

박기남, 〈20~30대 비혼 여성의 고용 불안 현실과 선택〉,《한국 여성학》 27(1):

1~39, 2007.

신경아, 〈노동시장과 모성, 가족의 문제: 남성중심적 노동자 모델을 넘어서〉, 《경제와 사회》 51: 97~122, 2001.

신경아, 〈시간제 노동에 관한 여성주의적 소고(小考)〉, 《페미니즘연구》 13(2), 2013.

신경아·김진·김영미·남우근·오민홍, 〈비정규직 여성 근로자 임금 실태 조사〉, 국가인권위원회, 2013.

신승배, 〈한국 노동시장에서 비정규직 근로자의 임금차별 영향 분석〉, 《한국사회》 10(2): 93-123, 2009.

은수미, 〈여성과 비정규직의 조우: 한국 노동시장 및 노사 관계 현황〉, 《2007 전기 사회학 대회 비정규직 입법과 여성 노동의 최근 전망 자료집》, 한국사회학회, 2006.

이주희, 〈정규직 시간제 일자리 도입의 전제 조건과 정책 과제〉, 《월간 노동 리뷰》 3: 21~26, 2011.

장지연·양수경, 〈사회적 배제 시각으로 본 비정규 고용〉, 《노동정책 연구》 7(1): 1~22, 2007.

전기택, 〈여성 임시·일용직화의 구조적 요인들〉, 《젠더와 사회》 4:123~157, 2005.

정이환, 〈기업 규모인가 고용 형태인가: 노동시장 불평등의 요인 분석〉, 《경제와 사회》 73: 332~441, 2007.

정형옥, 〈성별에 근거한 임금 차별 판단 기준과 쟁점〉, 《한국 여성학》 26(1): 157~188, 2010.

조돈문, 〈비정규직 근로자 실태와 비정규직 투쟁〉, 《현상과 인식》 35(1/2): 43~74, 2011.

조순경, 〈고용과 평등의 딜레마?〉, 《한국 여성학》 10(1): 181~209, 1994.

조순경, 〈여성 비정규직의 분리 직군 무기 계약직 전환과 차별의 논리〉, 《한국 여성학》 24(3): 5~40, 2008.

최인이, 〈보건 의료 산업에서의 여성 비정규직의 실태와 문제점: S대 병원 사례를 중심으로〉, 《2007 전기 사회학 대회 비정규직 입법과 여성 노동의 최근 전망 자료집》, 2006.

통계청, 〈경제활동인구 조사 부가조사〉, 2013.

강이수,《한국 근현대 여성노동: 변화와 정체성》, 문화과학사, 2011.

권수현·박정옥·서민자,《직장 내 성희롱 고충상담원을 위한 자가진단 및 교육훈련 매뉴얼》, 한국양성평등교육진흥원, 2006.

김엘림, 〈'직장 내 성희롱'의 법적 개념과 판단기준〉,《노동법학》32: 309~347, 2009.

김정혜·소라미·윤지영,《여성노동자 직장내 성희롱 실태조사 및 대안 연구》, 전국민주노동조합총연맹, 2011.

박선영 외,《성희롱 관련 법제에 대한 입법평가》, 한국법제연구원, 2011.

변혜정, 〈성희롱의 법적 판단기준과 피해의미의 딜레마: 법/경험의 틈새를 성찰하는 '피해자' 관점을 중심으로〉,《한국여성학》24(3): 111~145, 2008.

이성은, 〈성희롱-이성애제도-조직문화 그 연관성에 관한 고찰〉,《한국여성학》19(2), 2003.

한국여성노동자회,《2011년 평등의 전화 상담사례집》, 2012.

한국여성민우회, 2006~2010년 한국여성민우회 상담사례분석 토론회 자료집《1959개의 물음표를 풀다》, 2011.

한국여성민우회,《한국여성민우회 고용평등상담실 2011 상담경향》자료집, 2012.

허목화, 〈조직문화와 여성의 섹슈얼리티: 젠더 정체성의 갈등과 재구성〉, 한림대학교 사회학과 석사학위논문, 2012.

Fitzerald, L. F. & Schulman, S. L., "Sexual Harrassment: a research analysis and agenda for the 1990s", *Journal of Vocational Behavior* 32, 1993.

Halford, S. & Leonard, P., *Gender, Power, and Organisations: An Introduction*, Newyork: Palgrave, 2001.

제10장 감정노동:
콜센터 여성 노동자 사례

김경희, 〈대인 서비스 노동의 특징에 관한 연구-감정노동과 서비스 노동의 물질성

(materiality)을 중심으로〉,《경제와 사회》72, 2006.

김종진, <서비스산업 감정노동 대응 규제 양식과 노조 개입 필요성>, 《한국노동
사회연구소 보고서》, 2013.

박홍주, 〈감정노동, 여성의 눈으로 다시 보기〉,《인물과 사상》11: 84, 2006.

이병훈, 〈서비스 산업의 노동 체제와 노동자 태도〉,《한국사회학》40(4), 2006.

이병훈·강혜영·권현지,《한국의 콜센터》, 한국노동연구원, 2006.

이병훈·김종서, 〈전자 감시와 노동자 반응: A 은행 콜센터의 사례 연구〉,《산업 노
동 연구》10(2), 2004.

신경아, 〈감정노동의 구조적 원인과 결과의 개인화〉,《산업 노동 연구》, 15(2),
2009.

정형옥, 〈텔레마케터로 일하는 여성 노동자의 노동 경험〉,《성평등 연구》, 9,
2005.

국가인권위원회, 〈콜센터 텔레마케터 여성 비정규직 인권 상황 실태 조사〉, 2008.

Hochschild, A. R., *The Managed Heart: Commercialization of Human Feeling*,
Berkeley and Los Angeles: University of California Press, 1983.

Zapf et al., 1999: 373

제11장 돌봄노동, 인정되지 않는 가치

경제사회발전 노사정위원회, 〈돌봄서비스 노동시장 활성화 연구작업반 활동보고
서〉, 2012.

권수현, 〈제도화 과정에서 나타난 돌봄노동의 성격에 관한 연구-성별화된 관계 노
동 특성을 중심으로〉, 연세대 사회학과 박사학위논문, 2013.

김민주, 〈돌봄노동의 특성이 돌봄여성 노동자의 직무연속성에 미치는 영향〉, 계명
대 사회복지학과 박사학위논문, 2013.

김송이, 〈돌봄서비스 노동자들의 노동경험 연구: 감정노동과 관계적 노동 속성을
중심으로〉,《여성연구》82, 한국여성정책연구원, 2012.

김혜경 엮음,《노인돌봄: 노인돌봄의 경험과 윤리》, 양서원, 2011.

마경희, 〈돌봄의 윤리 : 돌봄과 정의의 이원론 비판〉,《노인돌봄: 노인돌봄의 경험
과 윤리》, 양서원, 2011.

민유정, 〈또 하나의 선생님, 돌봄교사의 현실〉, 《일하는 여성》 겨울 호: 34~36, 2012.

석재은, 〈노인수발보장의 제도화와 젠더쟁점〉, 한국여성단체연합 토론회 자료집 《여성의 관점에서 고령화 시대를 준비하는 토론회: 노인수발 정책의 젠더 쟁점》, 한국여성단체연합, 2006.

윤자영·김경희·최영미·김양지영, 《돌봄서비스 분야 근로조건에 관한 연구 I》, 한국노동연구원, 2011.

이병희·황덕순·강병구·강성태·김홍영·도재형, 《비공식 취업 연구》, 한국노동연구원, 2012.

전병유, 〈우리나라 노인요양사 인력 문제와 대안적인 요양인력모델의 모색〉, 《사회정책》 17(3): 67~91, 2011.

정경희·이윤경·박보미·이소정·이윤환, 《2011년도 노인실태조사 심층분석》, 한국보건사회연구원, 2012.

한국여성노동자회, 《돌봄노동자 성희롱 대안모색 토론회: 증가하는 돌봄 일자리, 은폐되는 성희롱》, 2009.

황덕순, 〈돌봄노동자의 특성과 근로조건〉, 《월간노동리뷰》 3월 호, 한국노동연구원, 2013.

황덕순·윤자영·윤정향, 《사회서비스 산업 노동시장 분석: 돌봄서비스를 중심으로》, 한국노동연구원, 2012.

Held, V., *The Ethics of Care: Personal, Political, and Global*, New York: Oxford University Press, 2006.

Hochschild, A. R., *The Managed Heart: Commercialization of Human Feeling.* Berkeley and Los Angeles: University of California Press, 1983.

Kittay, E. F., *Love's labor: Essays on Women, Equality, and Dependency*, New York: Routledge, 1999.

Nussbaum, M. C., "Long-Term Care and Social Justice: A Challenge to Conventional Ideas of the Social Contract.", *Ethical Choices in Long-Term Care: What Does Justice Require?* 31~65, World Health Organization, 2002.

Tronto, J. C., *Moral Boundaries: A Political Argument for an Ethic of Care*, New York,

London: Routledge, 1993.

Ungerson, C., "Give Them the Money: Is Cash a Route to Empowerment?", *Social Policy & Administration* 31(1): 45~53, 1997.

제12장 일과 가정 사이에서 균형 잡기

강이수 엮음, 《일·가족·젠더: 한국의 산업화와 일-가족 딜레마》, 한울, 2009.

김영옥, 〈2000년 이후 여성노동시장의 변화와 미래전략〉, 한국여성정책연구원, 2011.

김태홍 외, 〈최근 10년간 여성정책 평가와 향후과제〉, 한국여성정책연구원, 2012.

김혜원·김경희·이주희·최은영, 《OECD 주요국의 여성 고용정책 연구: 영국, 스웨덴, 캐나다, 덴마크》, 한국노동연구원, 2007.

배규식 외, 《장시간 노동과 노동시간 단축(I) -장시간 노동실태와 과제》, 한국노동연구원, 2011.

신경아, 〈일-가족 양립논의의 현황과 쟁점〉, 《일·가족·젠더: 한국의 산업화와 일-가족 딜레마》, 강이수 엮음, 한울, 2009.

야마구치 가즈오, 《일과 가정의 양립과 저출산》, 이충현 옮김, 한국보건사회연구원, 2010.

여성가족부, 〈가족친화 기업 모델 및 사례연구〉, 2006.

윤도현·박경순, 〈유럽 국가에서 교육(훈련)에서 고용으로의 이행: 이행노동시장 이론의 관점에서〉, 《한독사회과학논총》 20(4), 2010.

홍승아·이미화·김영란·유계숙·이영미·이연정·이채정, 《일·가정양립 정책의 국제비교연구: 정책이용실태 및 일가족양립현실》, 한국여성정책연구원, 2009.

제리 A. 제이콥스·캐슬린 거슨, 《시간을 묻다》, 국미애 외 옮김, 한울, 2010.

앨리 러셀 혹실드, 《돈 잘 버는 여자, 밥 잘 하는 남자》, 백영미 옮김, 아침이슬, 2001.

Crompton, R., Lewis, S. & Lyonette, C.(eds), "Introduction: the Unravelling of the 'Male Breadwinner' Model and Some of its Consequences", *in Women, Men, Work and Family in Europe*, New York: Palgrave Macmillan,

2007.

European Union, "European Quality of Life Survey", 2003.

Eurofound, "5th European Working Conditions Survey Overview Report", 2010(http://www.eurofound.europa.eu).

Gerson, K., *The Unfinished Revolution: How a New Generation Is Reshaping Family, Work and Gender in America*, Oxford University Press, 2010.

Hochschild, A. R., *Time Bind: When Work becomes Home and Home becomes Work*, Henry Holt and Company, 1997.

Tronto, J., *Moral Boundaries: A Political Argument for an Ethic of Care*, Routledge, 1993.

Williams, J., *Unbending Gender*, Oxford University Press, 2000.

Zarf, D., Vogt, C., Seifert, C., Mertini, H. and Isic, A.,"Emotion Work as a Source of Stress: The Concept and Development of an Instrument", *European Journal of Work and Oranizational Psychology* 8: 371~400, 1999.

제13장 여성의 노동권을 보장하는 제도들

김경희, 〈여성정책 관점의 재구성을 위한 시론적 연구: 여성발전론과 성 주류화 개념의 이해를 중심으로〉, 《한국여성학》 21(2): 255~287, 2005.

김재인 외, 《성평등정책론》, 교육과학사, 2008.

김엘림, 《남녀평등과 법》, 한국방송통신대학교출판부, 2006.

김혜원 외, 《OECD 주요국의 여성 고용정책 연구: 영국, 캐나다, 스웨덴, 덴마크》, 서울: 한국노동연구원, 2007.

박선영 외, 《남녀고용평등법 시행 20년의 성과와 과제》, 한국여성정책연구원, 2009.

유정미, 〈적극적 조치 제도화담론 분석〉, 이화여대 여성학 박사학위논문, 2011.

이은영, 《여성을 위한 법》, 박영사, 2011.

이재경 엮음, 《국가와 젠더: 성 주류화의 이론과 실천》, 한울아카데미, 2010.

한지영, 〈일-가정 양립제도의 성주류화 실현을 위한 노동관계법의 입법과제〉, 이화여대 법학과 박사학위논문, 2010.

Booth, C. & Cinnamon, B., "Gender Mainstreaming in the European Union-Towards a New Conception and Pratice of Equal Opportunities?", *European Journal of Women's Studies*, 9(4): 430~466, 2002.

Rees, T., "Reflections on the Uneven Development of Gender Mainstreaming in Europe", *International Feminist Journal of Politics* 7(4): 555~574, 2005.

제14장 서구 사회 여성들은 어떻게 일하고 있나:
외국의 여성 고용 현황과 정책

김경희·김둘순·최유진·남궁윤영·고은정·김양희·박기남, 《성 주류화 관련 제도의 효과적 정착을 위한 연구(IV): 성별영향평가 중심의 성 주류화 전략 활성화 방안》, 한국여성정책연구원, 2011.

김혜원·김경희·이주희·최은영, 《OECD 주요국의 여성 고용정책 연구: 영국, 스웨덴, 캐나다, 덴마크》, 한국노동연구원, 2007.

박선영·박복순·권혜자·김원정, 《남녀고용평등법 시행 20년의 성과와 과제》, 한국여성정책연구원, 2009.

송다영, 〈여성주의 관점에서 본 생애주기별 복지와 돌봄 패러다임〉, 《페미니즘연구》 13(1), 한국여성연구소, 2013.

신경아, 〈시간제 노동과 성평등〉, 《한국여성학》 30(1), 2014.

윤도현·박경순, 〈유럽 국가에서 교육(훈련)에서 고용으로의 이행: 이행노동시장 이론의 관점에서〉, 《한독사회과학논총》 20(4), 2010.

이주희, 〈성 주류화와 고용정책: 유럽의 경험을 중심으로〉, 《국가와 젠더》, 이재경 엮음, 한울아카데미, 2010.

홍승아·이미화·김영란·유계숙·이영미·이연정·이채정, 《일·가정 양립 정책의 국제비교연구: 정책이용실태 및 일가족양립현실》, 한국여성정책연구원, 2009.

Eurofound, 5th European Working Conditions Survey Overview Report, 2010(http://www.eurofound.europa.eu).

Orloff, A. S., "Gender and the Social Rights of Citizenship: The Comparative

Analysis of Gender Relations and Welfare States", *American Sociological Review* 58, 1993.

제15장 어떤 일을 하며 살아갈까?:
직업과 경력을 통한 생애 설계

강인선, 《힐러리처럼 일하고 콘디처럼 승리하라》, 웅진지식하우스, 2006.

남춘호 외, 〈지식정보사회의 경력과 생애 과정〉, 정보통신정책연구원 연구용역보고서, 2005.

엄동욱, 〈대졸 신입 사원의 조기 퇴사 실태와 원인: 기업의 인적자원관리(HRM)에의 시사점을 중심으로〉, 《한국 직업 능력 개발》 11(2): 237~260, 2008.

박기남, 〈전문직 여성의 갈등과 좌절, 그리고 적응 전략〉, 《일·가족·젠더》, 강이수 엮음, 한울, 2009.

댄 킨틀런, 《알파걸》, 최정숙 옮김, 미래의 창, 2007.

Hall, D. T., "Careers in organizations", *Glenview*, IL: Scott, Foresman, 1976.

Hall, D. T., *The New* "*Career Contract*": *Wrong on Both Counts*(Technical report, Executive Development Roundtable), School of Management, Boston University, 1993.

Hall, D. T., "Protean Careers of the 21st Century", *Academy of Management Executive* 10(4): 8~15, 1996.

Sullivan, S. E., Carden, W. A. & Martin, D., "Careers in the Next Millennium: Directions for Future Research", *Human Resource Management Review* 8(2) : 165~185, 1998.

부록

남녀고용평등과 일·가정양립지원에관한법률

[시행 2014.11.21.] [법률 제12628호, 2014.5.20., 일부개정]

제1장 총칙 〈개정 2007.12.21.〉

제1조(목적) 이 법은 〈대한민국헌법〉의 평등이념에 따라 고용에서 남녀의 평등한 기회와 대우를 보장하고 모성 보호와 여성 고용을 촉진하여 남녀고용평등을 실현함과 아울러 근로자의 일과 가정의 양립을 지원함으로써 모든 국민의 삶의 질 향상에 이바지하는 것을 목적으로 한다.
[전문개정 2007.12.21.]

제2조(정의) 이 법에서 사용하는 용어의 뜻은 다음과 같다.
1. "차별"이란 사업주가 근로자에게 성별, 혼인, 가족 안에서의 지위, 임신 또는 출산 등의 사유로 합리적인 이유 없이 채용 또는 근로의 조건을 다르게 하거나 그 밖의 불리한 조치를 하는 경우[사업주가 채용조건이나 근로조건은 동일하게 적용하더라도 그 조건을 충족할 수 있는 남성 또는 여성이 다른 한 성(性)에 비하여 현저히 적고 그에 따라 특정 성에게 불리한 결과를 초래하며 그 조건이 정당한 것임을 증명할 수 없는 경우를 포함한다]를 말한다. 다만, 다음 각 목의 어느 하나에 해당하는 경우는 제외한다.
가. 직무의 성격에 비추어 특정 성이 불가피하게 요구되는 경우
나. 여성 근로자의 임신·출산·수유 등 모성보호를 위한 조치를 하는 경우
다. 그 밖에 이 법 또는 다른 법률에 따라 적극적 고용개선조치를 하는 경우
2. "직장 내 성희롱"이란 사업주·상급자 또는 근로자가 직장 내의 지위를 이용하거나 업무와 관련하여 다른 근로자에게 성적 언동 등으로 성적 굴욕감 또는 혐오감을 느끼게 하거나 성적 언동 또는 그 밖의 요구 등에 따르지 아니하였다는 이유로 고용에서 불이익을 주는 것을 말한다.
3. "적극적 고용개선조치"란 현존하는 남녀 간의 고용차별을 없애거나 고용평등을 촉진하기 위하여 잠정적으로 특정 성을 우대하는 조치를 말한다.
4. "근로자"란 사업주에게 고용된 자와 취업할 의사를 가진 자를 말한다.

[전문개정 2007.12.21.]

제3조(적용 범위)

①이 법은 근로자를 사용하는 모든 사업 또는 사업장(이하 "사업"이라 한다)에 적용한다. 다만, 대통령령으로 정하는 사업에 대하여는 이 법의 전부 또는 일부를 적용하지 아니할 수 있다.

②남녀고용평등의 실현과 일·가정의 양립에 관하여 다른 법률에 특별한 규정이 있는 경우 외에는 이 법에 따른다.

[전문개정 2007.12.21.]

제4조(국가와 지방자치단체의 책무)

①국가와 지방자치단체는 이 법의 목적을 실현하기 위하여 국민의 관심과 이해를 증진시키고 여성의 직업능력 개발 및 고용 촉진을 지원하여야 하며, 남녀고용평등의 실현에 방해가 되는 모든 요인을 없애기 위하여 필요한 노력을 하여야 한다.

②국가와 지방자치단체는 일·가정의 양립을 위한 근로자와 사업주의 노력을 지원하여야 하며 일·가정의 양립 지원에 필요한 재원을 조성하고 여건을 마련하기 위하여 노력하여야 한다.

[전문개정 2007.12.21.]

제5조(근로자 및 사업주의 책무)

①근로자는 상호 이해를 바탕으로 남녀가 동등하게 존중받는 직장문화를 조성하기 위하여 노력하여야 한다.

②사업주는 해당 사업장의 남녀고용평등의 실현에 방해가 되는 관행과 제도를 개선하여 남녀근로자가 동등한 여건에서 자신의 능력을 발휘할 수 있는 근로환경을 조성하기 위하여 노력하여야 한다.

③사업주는 일·가정의 양립을 방해하는 사업장 내의 관행과 제도를 개선하고 일·가정의 양립을 지원할 수 있는 근무환경을 조성하기 위하여 노력하여야 한다.

[전문개정 2007.12.21.]

제6조(정책의 수립 등)

①고용노동부장관은 남녀고용평등과 일·가정의 양립을 실현하기 위하여 다음 각

호의 정책을 수립·시행하여야 한다. 〈개정 2010.6.4.〉

1. 남녀고용평등 의식 확산을 위한 홍보
2. 남녀고용평등 우수기업(제17조의4에 따른 적극적 고용개선조치 우수기업을 포함한다)의 선정 및 행정적·재정적 지원
3. 남녀고용평등 강조 기간의 설정·추진
4. 남녀차별 개선과 여성취업 확대를 위한 조사·연구
5. 모성보호와 일·가정 양립을 위한 제도개선 및 행정적·재정적 지원
6. 그 밖에 남녀고용평등의 실현과 일·가정의 양립을 지원하기 위하여 필요한 사항

②고용노동부장관은 제1항에 따른 정책의 수립·시행을 위하여 관계자의 의견을 반영하도록 노력하여야 하며 필요하다고 인정되는 경우 관계 행정기관 및 지방자치단체, 그 밖의 공공단체의 장에게 협조를 요청할 수 있다. 〈개정 2010.6.4.〉
[전문개정 2007.12.21.]

제6조의2(기본계획 수립)
①고용노동부장관은 남녀고용평등 실현과 일·가정의 양립에 관한 기본계획(이하 "기본계획"이라 한다)을 수립하여야 한다. 〈개정 2010.6.4.〉
②기본계획에는 다음 각 호의 사항이 포함되어야 한다. 〈개정 2010.6.4.〉

1. 여성취업의 촉진에 관한 사항
2. 남녀의 평등한 기회보장 및 대우에 관한 사항
3. 동일 가치 노동에 대한 동일 임금 지급의 정착에 관한 사항
4. 여성의 직업능력 개발에 관한 사항
5. 여성 근로자의 모성 보호에 관한 사항
6. 일·가정의 양립 지원에 관한 사항
7. 여성 근로자를 위한 복지시설의 설치 및 운영에 관한 사항
8. 그 밖에 남녀고용평등의 실현과 일·가정의 양립 지원을 위하여 고용노동부장관이 필요하다고 인정하는 사항
[본조신설 2007.12.21.]

제6조의3(실태조사 실시)
①고용노동부장관은 사업 또는 사업장의 남녀차별개선, 모성보호, 일·가정

의 양립 실태를 파악하기 위하여 정기적으로 조사를 실시하여야 한다. 〈개정 2010.6.4.〉

②제1항에 따른 실태조사의 대상, 시기, 내용 등 필요한 사항은 고용노동부령으로 정한다. 〈개정 2010.6.4.〉

[본조신설 2007.12.21.]

제2장 고용에 있어서 남녀의 평등한 기회보장 및 대우등

제1절 남녀의 평등한 기회보장 및 대우

제7조(모집과 채용)
①사업주는 근로자를 모집하거나 채용할 때 남녀를 차별하여서는 아니 된다.
②사업주는 여성 근로자를 모집·채용할 때 그 직무의 수행에 필요하지 아니한 용모·키·체중 등의 신체적 조건, 미혼 조건, 그 밖에 고용노동부령으로 정하는 조건을 제시하거나 요구하여서는 아니 된다. 〈개정 2010.6.4.〉
[전문개정 2007.12.21.]

제8조(임금)
①사업주는 동일한 사업 내의 동일 가치 노동에 대하여는 동일한 임금을 지급하여야 한다.
②동일 가치 노동의 기준은 직무 수행에서 요구되는 기술, 노력, 책임 및 작업 조건 등으로 하고, 사업주가 그 기준을 정할 때에는 제25조에 따른 노사협의회의 근로자를 대표하는 위원의 의견을 들어야 한다.
③사업주가 임금차별을 목적으로 설립한 별개의 사업은 동일한 사업으로 본다.
[전문개정 2007.12.21.]

제9조(임금 외의 금품 등) 사업주는 임금 외에 근로자의 생활을 보조하기 위한 금품의 지급 또는 자금의 융자 등 복리후생에서 남녀를 차별하여서는 아니 된다.
[전문개정 2007.12.21.]

제10조(교육·배치 및 승진) 사업주는 근로자의 교육·배치 및 승진에서 남녀를 차

별하여서는 아니 된다.

[전문개정 2007.12.21.]

제11조(정년·퇴직 및 해고)

①사업주는 근로자의 정년·퇴직 및 해고에서 남녀를 차별하여서는 아니 된다.

②사업주는 여성 근로자의 혼인, 임신 또는 출산을 퇴직 사유로 예정하는 근로계약을 체결하여서는 아니 된다.

[전문개정 2007.12.21.]

제2절 직장 내 성희롱의 금지 및 예방 〈개정 2007.12.21.〉

제12조(직장 내 성희롱의 금지) 사업주, 상급자 또는 근로자는 직장 내 성희롱을 하여서는 아니 된다.

[전문개정 2007.12.21.]

제13조(직장 내 성희롱 예방 교육)

①사업주는 직장 내 성희롱을 예방하고 근로자가 안전한 근로환경에서 일할 수 있는 여건을 조성하기 위하여 직장 내 성희롱의 예방을 위한 교육(이하 "성희롱 예방 교육"이라 한다)을 실시하여야 한다.

②업주 및 근로자는 제1항에 따른 성희롱 예방 교육을 받아야 한다. 〈신설 2014.1.14.〉

③ 제1항 및 제2항에 따른 성희롱 예방 교육의 내용·방법 및 횟수 등에 관하여 필요한 사항은 대통령령으로 정한다. 〈개정 2014.1.14.〉

[전문개정 2007.12.21.]

제13조의2(성희롱 예방 교육의 위탁)

①사업주는 성희롱 예방 교육을 고용노동부장관이 지정하는 기관(이하 "성희롱 예방 교육기관"이라 한다)에 위탁하여 실시할 수 있다. 〈개정 2010.6.4.〉

②성희롱 예방 교육기관은 고용노동부령으로 정하는 기관 중에서 지정하되, 고용노동부령으로 정하는 강사를 1명 이상 두어야 한다. 〈개정 2010.6.4.〉

③성희롱 예방 교육기관은 고용노동부령으로 정하는 바에 따라 교육을 실시하고

교육이수증이나 이수자 명단 등 교육 실시 관련 자료를 보관하며 사업주나 피교육자에게 그 자료를 내주어야 한다. 〈개정 2010.6.4.〉

④고용노동부장관은 성희롱 예방 교육기관이 다음 각 호의 어느 하나에 해당하면 그 지정을 취소할 수 있다. 〈개정 2010.6.4.〉

1. 거짓이나 그 밖의 부정한 방법으로 지정을 받은 경우

2. 정당한 사유 없이 제2항에 따른 강사를 6개월 이상 계속하여 두지 아니한 경우

⑤고용노동부장관은 제4항에 따라 성희롱 예방 교육기관의 지정을 취소하려면 청문을 하여야 한다. 〈신설 2014.5.20.〉

[전문개정 2007.12.21.]

제14조(직장 내 성희롱 발생 시 조치)

①사업주는 직장 내 성희롱 발생이 확인된 경우 지체 없이 행위자에 대하여 징계나 그 밖에 이에 준하는 조치를 하여야 한다.

②사업주는 직장 내 성희롱과 관련하여 피해를 입은 근로자 또는 성희롱 피해 발생을 주장하는 근로자에게 해고나 그 밖의 불리한 조치를 하여서는 아니 된다.

[전문개정 2007.12.21.]

제14조의2(고객 등에 의한 성희롱 방지)

①사업주는 고객 등 업무와 밀접한 관련이 있는 자가 업무수행 과정에서 성적인 언동 등을 통하여 근로자에게 성적 굴욕감 또는 혐오감 등을 느끼게 하여 해당 근로자가 그로 인한 고충 해소를 요청할 경우 근무 장소 변경, 배치전환 등 가능한 조치를 취하도록 노력하여야 한다.

②사업주는 근로자가 제1항에 따른 피해를 주장하거나 고객 등으로부터의 성적 요구 등에 불응한 것을 이유로 해고나 그 밖의 불이익한 조치를 하여서는 아니 된다.

[본조신설 2007.12.21.]

제3절 여성의 직업능력 개발 및 고용 촉진 〈개정 2007.12.21.〉

제15조(직업 지도) 〈직업안정법〉 제2조의2제1호에 따른 직업안정기관은 여성이 적성, 능력, 경력 및 기능의 정도에 따라 직업을 선택하고, 직업에 적응하는 것을

쉽게 하기 위하여 고용정보와 직업에 관한 조사·연구 자료를 제공하는 등 직업 지도에 필요한 조치를 하여야 한다. 〈개정 2009.10.9.〉

[전문개정 2007.12.21.]

제16조(직업능력 개발) 국가, 지방자치단체 및 사업주는 여성의 직업능력 개발 및 향상을 위하여 모든 직업능력 개발 훈련에서 남녀에게 평등한 기회를 보장하여야 한다.

[전문개정 2007.12.21.]

제17조(여성 고용 촉진)

①고용노동부장관은 여성의 고용 촉진을 위한 시설을 설치·운영하는 비영리 법인과 단체에 대하여 필요한 비용의 전부 또는 일부를 지원할 수 있다. 〈개정 2010.6.4.〉

② 고용노동부장관은 여성의 고용 촉진을 위한 사업을 실시하는 사업주 또는 여성휴게실과 수유시설을 설치하는 등 사업장 내의 고용환경을 개선하고자 하는 사업주에게 필요한 비용의 전부 또는 일부를 지원할 수 있다. 〈개정 2010.6.4.〉

[전문개정 2007.12.21.]

제17조의2(경력단절여성의 능력개발과 고용촉진지원)

①고용노동부장관은 임신·출산·육아 등의 이유로 직장을 그만두었으나 재취업할 의사가 있는 경력단절여성(이하 "경력단절여성"이라 한다)을 위하여 취업유망 직종을 선정하고, 특화된 훈련과 고용촉진프로그램을 개발하여야 한다. 〈개정 2010.6.4.〉

②고용노동부장관은 〈직업안정법〉 제2조의2제1호에 따른 직업안정기관을 통하여 경력단절여성에게 직업정보, 직업훈련정보 등을 제공하고 전문화된 직업지도, 직업상담 등의 서비스를 제공하여야 한다. 〈개정 2009.10.9., 2010.6.4.〉

[본조신설 2007.12.21.]

[종전 제17조의2는 제17조의3으로 이동 〈2007.12.21.〉]

제4절 적극적 고용개선조치 〈개정 2007.12.21.〉

제17조의3(적극적 고용개선조치 시행계획의 수립·제출 등)
①고용노동부장관은 다음 각 호의 어느 하나에 해당하는 사업주로서 고용하고 있는 직종별 여성 근로자의 비율이 산업별·규모별로 고용노동부령으로 정하는 고용 기준에 미달하는 사업주에 대하여는 차별적 고용관행 및 제도 개선을 위한 적극적 고용개선조치 시행계획(이하 "시행계획"이라 한다)을 수립하여 제출할 것을 요구할 수 있다. 이 경우 해당 사업주는 시행계획을 제출하여야 한다. 〈개정 2010.6.4.〉
1. 대통령령으로 정하는 공공기관·단체의 장
2. 대통령령으로 정하는 규모 이상의 근로자를 고용하는 사업의 사업주
②제1항 각 호의 어느 하나에 해당하는 사업주는 직종별·직급별 남녀 근로자 현황을 고용노동부장관에게 제출하여야 한다. 〈개정 2010.6.4.〉
③제1항 각 호의 어느 하나에 해당하지 아니하는 사업주로서 적극적 고용개선조치를 하려는 사업주는 직종별 남녀 근로자 현황과 시행계획을 작성하여 고용노동부장관에게 제출할 수 있다. 〈개정 2010.6.4.〉
④고용노동부장관은 제1항과 제3항에 따라 제출된 시행계획을 심사하여 그 내용이 명확하지 아니하거나 차별적 고용관행을 개선하려는 노력이 부족하여 시행계획으로서 적절하지 아니하다고 인정되면 해당 사업주에게 시행계획의 보완을 요구할 수 있다. 〈개정 2010.6.4.〉
⑤ 제1항과 제2항에 따른 시행계획과 남녀 근로자 현황의 기재 사항, 제출 시기, 제출 절차 등에 관하여 필요한 사항은 고용노동부령으로 정한다. 〈개정 2010.6.4.〉
[전문개정 2007.12.21.]
[제17조의2에서 이동, 종전 제17조의3은 제17조의4로 이동 〈2007.12.21.〉]

제17조의4(이행실적의 평가 및 지원 등)
①제17조의3제1항 및 제3항에 따라 시행계획을 제출한 자는 그 이행실적을 고용노동부장관에게 제출하여야 한다. 〈개정 2010.6.4.〉
②고용노동부장관은 제1항에 따라 제출된 이행실적을 평가하고, 그 결과를 사업주에게 통보하여야 한다. 〈개정 2010.6.4.〉
③고용노동부장관은 제2항에 따른 평가 결과 이행실적이 우수한 기업(이하 "적극적 고용개선조치 우수기업"이라 한다)에 표창을 할 수 있다. 〈개정 2010.6.4.〉

④국가와 지방자치단체는 적극적 고용개선조치 우수기업에 행정적·재정적 지원을 할 수 있다.

⑤고용노동부장관은 제2항에 따른 평가 결과 이행실적이 부진한 사업주에게 시행계획의 이행을 촉구할 수 있다. 〈개정 2010.6.4.〉

⑥고용노동부장관은 제2항에 따른 평가 업무를 대통령령으로 정하는 기관이나 단체에 위탁할 수 있다. 〈개정 2010.6.4.〉

⑦제1항에 따른 이행실적의 기재 사항, 제출 시기 및 제출 절차와 제2항에 따른 평가 결과의 통보 절차 등에 관하여 필요한 사항은 고용노동부령으로 정한다. 〈개정 2010.6.4.〉

[전문개정 2007.12.21.]

[제17조의3에서 이동, 종전 제17조의4는 제17조의5로 이동 〈2007.12.21.〉]

제17조의5(시행계획 등의 게시) 제17조의3제1항에 따라 시행계획을 제출한 사업주는 시행계획 및 제17조의4제1항에 따른 이행실적을 근로자가 열람할 수 있도록 게시하는 등 필요한 조치를 하여야 한다.

[전문개정 2007.12.21.]

[제17조의4에서 이동, 종전 제17조의5는 제17조의6으로 이동 〈2007.12.21.〉]

제17조의5(적극적 고용개선조치 미이행 사업주 명단 공표)

①고용노동부장관은 명단 공개 기준일 이전에 3회 연속하여 제17조의3제1항의 기준에 미달한 사업주로서 제17조의4제5항의 이행촉구를 받고 이에 따르지 아니한 경우 그 명단을 공표할 수 있다. 다만, 사업주의 사망·기업의 소멸 등 대통령령으로 정하는 사유가 있는 경우에는 그러하지 아니하다.

②제1항에 따른 공표의 구체적인 기준·내용 및 방법 등 공표에 필요한 사항은 대통령령으로 정한다.

[본조신설 2014.1.14.]

[종전 제17조의5는 제17조의6으로 이동 〈2014.1.14.〉]

[시행일 : 2015.1.1.] 제17조의5

제17조의6(적극적 고용개선조치에 관한 협조) 고용노동부장관은 적극적 고용개선조치의 효율적 시행을 위하여 필요하다고 인정하면 관계 행정기관의 장에

게 차별의 시정 또는 예방을 위하여 필요한 조치를 하여 줄 것을 요청할 수 있다. 이 경우 관계 행정기관의 장은 특별한 사유가 없으면 요청에 따라야 한다. 〈개정 2010.6.4.〉

[전문개정 2007.12.21.]

[제17조의5에서 이동, 종전 제17조의6은 제17조의7로 이동 〈2007.12.21.〉]

제17조의6(시행계획 등의 게시) 제17조의3제1항에 따라 시행계획을 제출한 사업 주는 시행계획 및 제17조의4제1항에 따른 이행실적을 근로자가 열람할 수 있도록 게시하는 등 필요한 조치를 하여야 한다.

[전문개정 2007.12.21.]

[제17조의5에서 이동, 종전 제17조의6은 제17조의7로 이동 〈2014.1.14.〉]

[시행일 : 2015.1.1.] 제17조의6

제17조의7(적극적 고용개선조치에 관한 중요 사항 심의) 적극적 고용개선조치에 관한 다음 각 호의 사항은 〈고용정책 기본법〉 제10조에 따른 고용정책심의회의 심의를 거쳐야 한다.

1. 제17조의3제1항에 따른 여성 근로자 고용기준에 관한 사항

2. 제17조의3제4항에 따른 시행계획의 심사에 관한 사항

3. 제17조의4제2항에 따른 적극적 고용개선조치 이행실적의 평가에 관한 사항

4. 제17조의4제3항 및 제4항에 따른 적극적 고용개선조치 우수기업의 표창 및 지 원에 관한 사항

5. 그 밖에 적극적 고용개선조치에 관하여 고용정책심의회의 위원장이 회의에 부 치는 사항

[전문개정 2009.10.9.]

제17조의7(적극적 고용개선조치에 관한 협조) 고용노동부장관은 적극적 고용 개선조치의 효율적 시행을 위하여 필요하다고 인정하면 관계 행정기관의 장에 게 차별의 시정 또는 예방을 위하여 필요한 조치를 하여 줄 것을 요청할 수 있다. 이 경우 관계 행정기관의 장은 특별한 사유가 없으면 요청에 따라야 한다. 〈개정 2010.6.4.〉

[전문개정 2007.12.21.]

[제17조의6에서 이동, 종전 제17조의7은 제17조의8로 이동 〈2014.1.14.〉]
[시행일 : 2015.1.1.] 제17조의7

제17조의8(적극적 고용개선조치의 조사·연구 등)
①고용노동부장관은 적극적 고용개선조치에 관한 업무를 효율적으로 수행하기 위하여 조사·연구·교육·홍보 등의 사업을 할 수 있다. 〈개정 2010.6.4.〉
②고용노동부장관은 필요하다고 인정하면 제1항에 따른 업무의 일부를 대통령령으로 정하는 자에게 위탁할 수 있다. 〈개정 2010.6.4.〉
[전문개정 2007.12.21.]
[제17조의7에서 이동 〈2007.12.21.〉]

제17조의8(적극적 고용개선조치에 관한 중요 사항 심의) 적극적 고용개선조치에 관한 다음 각 호의 사항은 〈고용정책 기본법〉 제10조에 따른 고용정책심의회의 심의를 거쳐야 한다. 〈개정 2014.1.14.〉
1. 제17조의3제1항에 따른 여성 근로자 고용기준에 관한 사항
2. 제17조의3제4항에 따른 시행계획의 심사에 관한 사항
3. 제17조의4제2항에 따른 적극적 고용개선조치 이행실적의 평가에 관한 사항
4. 제17조의4제3항 및 제4항에 따른 적극적 고용개선조치 우수기업의 표창 및 지원에 관한 사항
5. 제17조의5제1항에 따른 공표 여부에 관한 사항
6. 그 밖에 적극적 고용개선조치에 관하여 고용정책심의회의 위원장이 회의에 부치는 사항
[전문개정 2009.10.9.]
[제17조의7에서 이동, 종전 제17조의8은 제17조의9로 이동 〈2014.1.14.〉]
[시행일 : 2015.1.1.] 제17조의8

제17조의9(적극적 고용개선조치의 조사·연구 등)
①고용노동부장관은 적극적 고용개선조치에 관한 업무를 효율적으로 수행하기 위하여 조사·연구·교육·홍보 등의 사업을 할 수 있다. 〈개정 2010.6.4.〉
②고용노동부장관은 필요하다고 인정하면 제1항에 따른 업무의 일부를 대통령령으로 정하는 자에게 위탁할 수 있다. 〈개정 2010.6.4.〉

[전문개정 2007.12.21.]
[제17조의8에서 이동 〈2014.1.14.〉]
[시행일 : 2015.1.1.] 제17조의9

제3장 모성 보호 〈개정 2007.12.21.〉

제18조(출산전후휴가에 대한 지원)

①국가는 〈근로기준법〉 제74조에 따른 출산전후휴가 또는 유산·사산 휴가를 사용한 근로자 중 일정한 요건에 해당하는 자에게 그 휴가기간에 대하여 통상임금에 상당하는 금액(이하 "출산전후휴가급여등"이라 한다)을 지급할 수 있다. 〈개정 2012.2.1.〉

②제1항에 따라 지급된 출산전후휴가급여등은 그 금액의 한도에서 〈근로기준법〉 제74조제4항에 따라 사업주가 지급한 것으로 본다. 〈개정 2012.2.1.〉

③출산전후휴가급여등을 지급하기 위하여 필요한 비용은 국가재정이나 〈사회보장기본법〉에 따른 사회보험에서 분담할 수 있다. 〈개정 2012.2.1.〉

④여성 근로자가 출산전후휴가급여등을 받으려는 경우 사업주는 관계 서류의 작성·확인 등 모든 절차에 적극 협력하여야 한다. 〈개정 2012.2.1.〉

⑤출산전후휴가급여등의 지급요건, 지급기간 및 절차 등에 관하여 필요한 사항은 따로 법률로 정한다. 〈개정 2012.2.1.〉

[전문개정 2007.12.21.]
[제목개정 2012.2.1.]

제18조의2(배우자 출산휴가)

①사업주는 근로자가 배우자의 출산을 이유로 휴가를 청구하는 경우에 5일의 범위에서 3일 이상의 휴가를 주어야 한다. 이 경우 사용한 휴가기간 중 최초 3일은 유급으로 한다. 〈개정 2012.2.1.〉

②제1항에 따른 휴가는 근로자의 배우자가 출산한 날부터 30일이 지나면 청구할 수 없다.

[본조신설 2007.12.21.]
[시행일: 2013.2.2.] 제18조의2의 개정규정중 상시 300명 미만의 근로자를 사용하는 사업 또는 사업장

제3장의2 일 · 가정의 양립 지원 〈신설 2007.12.21.〉

제19조(육아휴직)

①사업주는 근로자가 만 8세 이하 또는 초등학교 2학년 이하의 자녀(입양한 자녀를 포함한다)를 양육하기 위하여 휴직(이하 "육아휴직"이라 한다)을 신청하는 경우에 이를 허용하여야 한다. 다만, 대통령령으로 정하는 경우에는 그러하지 아니하다. 〈개정 2010.2.4., 2014.1.14.〉

②육아휴직의 기간은 1년 이내로 한다.

③사업주는 육아휴직을 이유로 해고나 그 밖의 불리한 처우를 하여서는 아니 되며, 육아휴직 기간에는 그 근로자를 해고하지 못한다. 다만, 사업을 계속할 수 없는 경우에는 그러하지 아니하다.

④사업주는 육아휴직을 마친 후에는 휴직 전과 같은 업무 또는 같은 수준의 임금을 지급하는 직무에 복귀시켜야 한다. 또한 제2항의 육아휴직 기간은 근속기간에 포함한다.

⑤기간제근로자 또는 파견근로자의 육아휴직 기간은 〈기간제 및 단시간근로자 보호 등에 관한 법률〉 제4조에 따른 사용기간 또는 〈파견근로자보호 등에 관한 법률〉 제6조에 따른 근로자파견기간에 산입하지 아니한다. 〈신설 2012.2.1.〉

⑥ 육아휴직의 신청방법 및 절차 등에 관하여 필요한 사항은 대통령령으로 정한다. 〈개정 2012.2.1.〉

[전문개정 2007.12.21.]

제19조의2(육아기 근로시간 단축)

①사업주는 제19조제1항에 따라 육아휴직을 신청할 수 있는 근로자가 육아휴직 대신 근로시간의 단축(이하 "육아기 근로시간 단축"이라 한다)을 신청하는 경우에 이를 허용하여야 한다. 다만, 대체인력 채용이 불가능한 경우, 정상적인 사업 운영에 중대한 지장을 초래하는 경우 등 대통령령으로 정하는 경우에는 그러하지 아니하다. 〈개정 2012.2.1.〉

②제1항 단서에 따라 사업주가 육아기 근로시간 단축을 허용하지 아니하는 경우에는 해당 근로자에게 그 사유를 서면으로 통보하고 육아휴직을 사용하게 하거나 그 밖의 조치를 통하여 지원할 수 있는지를 해당 근로자와 협의하여야 한다. 〈개정 2012.2.1.〉

③사업주가 제1항에 따라 해당 근로자에게 육아기 근로시간 단축을 허용하는 경우 단축 후 근로시간은 주당 15시간 이상이어야 하고 30시간을 넘어서는 아니 된다.

④육아기 근로시간 단축의 기간은 1년 이내로 한다.

⑤사업주는 육아기 근로시간 단축을 이유로 해당 근로자에게 해고나 그 밖의 불리한 처우를 하여서는 아니 된다.

⑥사업주는 근로자의 육아기 근로시간 단축기간이 끝난 후에 그 근로자를 육아기 근로시간 단축 전과 같은 업무 또는 같은 수준의 임금을 지급하는 직무에 복귀시켜야 한다.

⑦육아기 근로시간 단축의 신청방법 및 절차 등에 관하여 필요한 사항은 대통령령으로 정한다.

[본조신설 2007.12.21.]

제19조의3(육아기 근로시간 단축 중 근로조건 등)
①사업주는 제19조의2에 따라 육아기 근로시간 단축을 하고 있는 근로자에 대하여 근로시간에 비례하여 적용하는 경우 외에는 육아기 근로시간 단축을 이유로 그 근로조건을 불리하게 하여서는 아니 된다.

②제19조의2에 따라 육아기 근로시간 단축을 한 근로자의 근로조건(육아기 근로시간 단축 후 근로시간을 포함한다)은 사업주와 그 근로자 간에 서면으로 정한다.

③사업주는 제19조의2에 따라 육아기 근로시간 단축을 하고 있는 근로자에게 단축된 근로시간 외에 연장근로를 요구할 수 없다. 다만, 그 근로자가 명시적으로 청구하는 경우에는 사업주는 주 12시간 이내에서 연장근로를 시킬 수 있다.

④육아기 근로시간 단축을 한 근로자에 대하여 〈근로기준법〉 제2조제6호에 따른 평균임금을 산정하는 경우에는 그 근로자의 육아기 근로시간 단축 기간을 평균임금 산정기간에서 제외한다.

[본조신설 2007.12.21.]

제19조의4(육아휴직과 육아기 근로시간 단축의 사용형태) 근로자는 제19조와 제19조의2에 따라 육아휴직이나 육아기 근로시간 단축을 하려는 경우에는 다음 각 호의 방법 중 하나를 선택하여 사용할 수 있다. 이 경우 어느 방법을 사용하든지 그 총 기간은 1년을 넘을 수 없다.

1. 육아휴직의 1회 사용
2. 육아기 근로시간 단축의 1회 사용
3. 육아휴직의 분할 사용(1회만 할 수 있다)
4. 육아기 근로시간 단축의 분할 사용(1회만 할 수 있다)
5. 육아휴직의 1회 사용과 육아기 근로시간 단축의 1회 사용
[본조신설 2007.12.21.]

제19조의5(육아지원을 위한 그 밖의 조치)
①사업주는 초등학교 취학 전까지의 자녀를 양육하는 근로자의 육아를 지원하기
위하여 다음 각 호의 어느 하나에 해당하는 조치를 하도록 노력하여야 한다.
1.업무를 시작하고 마치는 시간 조정
2. 연장근로의 제한
3. 근로시간의 단축, 탄력적 운영 등 근로시간 조정
4. 그 밖에 소속 근로자의 육아를 지원하기 위하여 필요한 조치
②고용노동부장관은 사업주가 제1항에 따른 조치를 할 경우 고용 효과 등을 고려
하여 필요한 지원을 할 수 있다. 〈개정 2010.6.4.〉
[본조신설 2007.12.21.]

제19조의6(직장복귀를 위한 사업주의 지원) 사업주는 이 법에 따라 육아휴직 중
인 근로자에 대한 직업능력 개발 및 향상을 위하여 노력하여야 하고 출산전후휴
가, 육아휴직 또는 육아기 근로시간 단축을 마치고 복귀하는 근로자가 쉽게 직장
생활에 적응할 수 있도록 지원하여야 한다. 〈개정 2012.2.1.〉
[본조신설 2007.12.21.]

제20조(일·가정의 양립을 위한 지원)
①국가는 사업주가 근로자에게 육아휴직이나 육아기 근로시간 단축을 허용한 경
우 그 근로자의 생계비용과 사업주의 고용유지비용의 일부를 지원할 수 있다.
②국가는 소속 근로자의 일·가정의 양립을 지원하기 위한 조치를 도입하는 사업
주에게 세제 및 재정을 통한 지원을 할 수 있다.
[전문개정 2007.12.21.]

제21조(직장어린이집 설치 및 지원 등)

①사업주는 근로자의 취업을 지원하기 위하여 수유·탁아 등 육아에 필요한 어린 이집(이하 "직장어린이집"이라 한다)을 설치하여야 한다. 〈개정 2011.6.7.〉

②직장어린이집을 설치하여야 할 사업주의 범위 등 직장어린이집의 설치 및 운영에 관한 사항은 〈영유아보육법〉에 따른다. 〈개정 2011.6.7.〉

③고용노동부장관은 근로자의 고용을 촉진하기 위하여 직장어린이집의 설치·운영에 필요한 지원 및 지도를 하여야 한다. 〈개정 2010.6.4., 2011.6.7.〉

[전문개정 2007.12.21.]

[제목개정 2011.6.7.]

제21조의2(그 밖의 보육 관련 지원) 고용노동부장관은 제21조에 따라 직장어린이집을 설치하여야 하는 사업주 외의 사업주가 직장어린이집을 설치하려는 경우에는 직장어린이집의 설치·운영에 필요한 정보 제공, 상담 및 비용의 일부 지원 등 필요한 지원을 할 수 있다. 〈개정 2010.6.4., 2011.6.7.〉

[본조신설 2007.12.21.]

제22조(공공복지시설의 설치)

①국가 또는 지방자치단체는 여성 근로자를 위한 교육·육아·주택 등 공공복지시설을 설치할 수 있다.

②제1항에 따른 공공복지시설의 기준과 운영에 필요한 사항은 고용노동부장관이 정한다. 〈개정 2010.6.4.〉

[전문개정 2007.12.21.]

제22조의2(근로자의 가족 돌봄 등을 위한 지원)

①사업주는 근로자가 부모, 배우자, 자녀 또는 배우자의 부모(이하 "가족"이라 한다)의 질병, 사고, 노령으로 인하여 그 가족을 돌보기 위한 휴직(이하 "가족돌봄휴직"이라 한다)을 신청하는 경우 이를 허용하여야 한다. 다만, 대체인력 채용이 불가능한 경우, 정상적인 사업 운영에 중대한 지장을 초래하는 경우 등 대통령령으로 정하는 경우에는 그러하지 아니하다. 〈개정 2012.2.1.〉

②제1항 단서에 따라 사업주가 가족돌봄휴직을 허용하지 아니하는 경우에는 해당 근로자에게 그 사유를 서면으로 통보하고, 다음 각 호의 어느 하나에 해당하는 조

치를 하도록 노력하여야 한다. 〈신설 2012.2.1.〉

1. 업무를 시작하고 마치는 시간 조정
2. 연장근로의 제한
3. 근로시간의 단축, 탄력적 운영 등 근로시간의 조정
4. 그 밖에 사업장 사정에 맞는 지원조치

③가족돌봄휴직 기간은 연간 최장 90일로 하며, 이를 나누어 사용할 수 있다. 이 경우 나누어 사용하는 1회의 기간은 30일 이상이 되어야 한다. 〈신설 2012.2.1.〉

④사업주는 가족돌봄휴직을 이유로 해당 근로자를 해고하거나 근로조건을 악화시키는 등 불리한 처우를 하여서는 아니 된다. 〈신설 2012.2.1.〉

⑤가족돌봄휴직 기간은 근속기간에 포함한다. 다만, 〈근로기준법〉 제2조제1항제6호에 따른 평균임금 산정기간에서는 제외한다. 〈신설 2012.2.1.〉

⑥사업주는 소속 근로자가 건전하게 직장과 가정을 유지하는 데에 도움이 될 수 있도록 필요한 심리상담 서비스를 제공하도록 노력하여야 한다. 〈개정 2012.2.1.〉

⑦고용노동부장관은 사업주가 제1항에 따른 조치를 하는 경우에는 고용 효과 등을 고려하여 필요한 지원을 할 수 있다. 〈개정 2010.6.4., 2012.2.1.〉

⑧가족돌봄휴직의 신청방법 및 절차 등에 관하여 필요한 사항은 대통령령으로 정한다. 〈신설 2012.2.1.〉

[본조신설 2007.12.21.]

[시행일: 2013.2.2.] 제22조의2의 개정규정중 상시 300명 미만의 근로자를 사용하는 사업 또는 사업장

제22조의3(일·가정 양립 지원 기반 조성)

①고용노동부장관은 일·가정 양립프로그램의 도입·확산, 모성보호 조치의 원활한 운영 등을 지원하기 위하여 조사·연구 및 홍보 등의 사업을 하고, 전문적인 상담 서비스와 관련 정보 등을 사업주와 근로자에게 제공하여야 한다. 〈개정 2010.6.4.〉

②고용노동부장관은 제1항에 따른 업무와 제21조와 제21조의2에 따른 직장보육시설 설치·운영의 지원에 관한 업무를 대통령령으로 정하는 바에 따라 공공기관 또는 민간에 위탁하여 수행할 수 있다. 〈개정 2010.6.4.〉

③고용노동부장관은 제2항에 따라 업무를 위탁받은 기관에 업무수행에 사용되는 경비를 지원할 수 있다. 〈개정 2010.6.4.〉

[본조신설 2007.12.21.]

제4장 분쟁의 예방과 해결 〈개정 2007.12.21.〉

제23조(상담지원)
①고용노동부장관은 차별, 직장 내 성희롱, 모성보호 및 일·가정 양립 등에 관한 상담을 실시하는 민간단체에 필요한 비용의 일부를 예산의 범위에서 지원할 수 있다. 〈개정 2010.6.4.〉
②제1항에 따른 단체의 선정요건, 비용의 지원기준과 지원절차 및 지원의 중단 등에 필요한 사항은 고용노동부령으로 정한다. 〈개정 2010.6.4.〉
[전문개정 2007.12.21.]

제24조(명예고용평등감독관)
①고용노동부장관은 사업장의 남녀고용평등 이행을 촉진하기 위하여 그 사업장 소속 근로자 중 노사가 추천하는 자를 명예고용평등감독관(이하 "명예감독관"이라 한다)으로 위촉할 수 있다. 〈개정 2010.6.4.〉
②명예감독관은 다음 각 호의 업무를 수행한다. 〈개정 2010.6.4.〉
1. 해당 사업장의 차별 및 직장 내 성희롱 발생 시 피해 근로자에 대한 상담·조언
2. 해당 사업장의 고용평등 이행상태 자율점검 및 지도 시 참여
3. 법령위반 사실이 있는 사항에 대하여 사업주에 대한 개선 건의 및 감독기관에 대한 신고
4. 남녀고용평등 제도에 대한 홍보·계몽
5. 그 밖에 남녀고용평등의 실현을 위하여 고용노동부장관이 정하는 업무
③ 사업주는 명예감독관으로서 정당한 임무 수행을 한 것을 이유로 해당 근로자에게 인사상 불이익 등의 불리한 조치를 하여서는 아니 된다.
④명예감독관의 위촉과 해촉 등에 필요한 사항은 고용노동부령으로 정한다. 〈개정 2010.6.4.〉
[전문개정 2007.12.21.]

제25조(분쟁의 자율적 해결) 사업주는 제7조부터 제13조까지, 제13조의2, 제14조, 제14조의2, 제18조제4항, 제18조의2, 제19조, 제19조의2부터 제19조의6까지,

제21조 및 제22조의2에 따른 사항에 관하여 근로자가 고충을 신고하였을 때에는 〈근로자참여 및 협력증진에 관한 법률〉에 따라 해당 사업장에 설치된 노사협의회에 고충의 처리를 위임하는 등 자율적인 해결을 위하여 노력하여야 한다.
[전문개정 2007.12.21.]

제26조 삭제 〈2005.12.30.〉
제27조 삭제 〈2005.12.30.〉
제28조 삭제 〈2005.12.30.〉
제29조 삭제 〈2005.12.30.〉

제30조(입증책임) 이 법과 관련한 분쟁해결에서 입증책임은 사업주가 부담한다.
[전문개정 2007.12.21.]

제5장 보칙 〈개정 2007.12.21.〉

제31조(보고 및 검사 등)
①고용노동부장관은 이 법 시행을 위하여 필요한 경우에는 사업주에게 보고와 관계 서류의 제출을 명령하거나 관계 공무원이 사업장에 출입하여 관계인에게 질문하거나 관계 서류를 검사하도록 할 수 있다. 〈개정 2010.6.4.〉
②제1항의 경우에 관계 공무원은 그 권한을 표시하는 증표를 지니고 이를 관계인에게 내보여야 한다.
[전문개정 2007.12.21.]

제32조(고용평등 이행실태 등의 공표) 고용노동부장관은 이 법 시행의 실효성을 확보하기 위하여 필요하다고 인정하면 고용평등 이행실태나 그 밖의 조사결과 등을 공표할 수 있다. 다만, 다른 법률에 따라 공표가 제한되어 있는 경우에는 그러하지 아니하다. 〈개정 2010.6.4.〉
[전문개정 2007.12.21.]

제33조(관계 서류의 보존) 사업주는 이 법의 규정에 따른 사항에 관하여 대통령령으로 정하는 서류를 3년간 보존하여야 한다. 이 경우 대통령령으로 정하는 서류

는 〈전자문서 및 전자거래 기본법〉 제2조제1호에 따른 전자문서로 작성·보존할 수 있다. 〈개정 2010.2.4., 2012.6.1.〉
[전문개정 2007.12.21.]

제34조(파견근로에 대한 적용) 〈파견근로자보호 등에 관한 법률〉에 따라 파견근로가 이루어지는 사업장에 제13조제1항을 적용할 때에는 〈파견근로자보호 등에 관한 법률〉 제2조제4호에 따른 사용사업주를 이 법에 따른 사업주로 본다.
[전문개정 2007.12.21.]

제35조(경비보조)
①국가, 지방자치단체 및 공공단체는 여성의 취업촉진과 복지증진에 관련되는 사업에 대하여 예산의 범위에서 그 경비의 전부 또는 일부를 보조할 수 있다.
②국가, 지방자치단체 및 공공단체는 제1항에 따라 보조를 받은 자가 다음 각 호의 어느 하나에 해당하면 보조금 지급결정의 전부 또는 일부를 취소하고, 지급된 보조금의 전부 또는 일부를 반환하도록 명령할 수 있다.
1. 사업의 목적 외에 보조금을 사용한 경우
2. 보조금의 지급결정의 내용(그에 조건을 붙인 경우에는 그 조건을 포함한다)을 위반한 경우
3. 거짓이나 그 밖의 부정한 방법으로 보조금을 받은 경우
[전문개정 2007.12.21.]

제36조(권한의 위임 및 위탁) 고용노동부장관은 대통령령으로 정하는 바에 따라 이 법에 따른 권한의 일부를 지방고용노동행정기관의 장 또는 지방자치단체의 장에게 위임하거나 공공단체에 위탁할 수 있다. 〈개정 2010.6.4.〉
[전문개정 2007.12.21.]

제6장 벌칙 〈개정 2007.12.21.〉

제37조(벌칙)
①사업주가 제11조를 위반하여 근로자의 정년·퇴직 및 해고에서 남녀를 차별하거나 여성 근로자의 혼인, 임신 또는 출산을 퇴직사유로 예정하는 근로계약을 체결

하는 경우에는 5년 이하의 징역 또는 3천만원 이하의 벌금에 처한다.

②사업주가 다음 각 호의 어느 하나에 해당하는 위반행위를 한 경우에는 3년 이하의 징역 또는 2천만원 이하의 벌금에 처한다. 〈개정 2012.2.1.〉

1. 제8조제1항을 위반하여 동일한 사업 내의 동일 가치의 노동에 대하여 동일한 임금을 지급하지 아니한 경우

2. 제14조제2항을 위반하여 직장 내 성희롱과 관련하여 피해를 입은 근로자 또는 성희롱 발생을 주장하는 근로자에게 해고나 그 밖의 불리한 조치를 하는 경우

3. 제19조제3항을 위반하여 육아휴직을 이유로 해고나 그 밖의 불리한 처우를 하거나, 같은 항 단서의 사유가 없는데도 육아휴직 기간동안 해당 근로자를 해고한 경우

4. 제19조의2제5항을 위반하여 육아기 근로시간 단축을 이유로 해당 근로자에 대하여 해고나 그 밖의 불리한 처우를 한 경우

5. 제19조의3제1항을 위반하여 육아기 근로시간 단축을 하고 있는 근로자에 대하여 근로시간에 비례하여 적용하는 경우 외에 육아기 근로시간 단축을 이유로 그 근로조건을 불리하게 한 경우

6. 제22조의2제4항을 위반하여 가족돌봄휴직을 이유로 해당 근로자를 해고하거나 근로조건을 악화시키는 등 불리한 처우를 한 경우

③사업주가 제19조의3제3항을 위반하여 해당 근로자가 명시적으로 청구하지 아니하였는데도 육아기 근로시간 단축을 하고 있는 근로자에게 단축된 근로시간 외에 연장근로를 요구한 경우에는 1천만원 이하의 벌금에 처한다.

④사업주가 다음 각 호의 어느 하나에 해당하는 위반행위를 한 경우에는 500만원 이하의 벌금에 처한다.

1. 제7조를 위반하여 근로자의 모집 및 채용에서 남녀를 차별하거나, 여성 근로자를 모집·채용할 때 그 직무의 수행에 필요하지 아니한 용모·키·체중 등의 신체적 조건, 미혼 조건 등을 제시하거나 요구한 경우

2. 제9조를 위반하여 임금 외에 근로자의 생활을 보조하기 위한 금품의 지급 또는 자금의 융자 등 복리후생에서 남녀를 차별한 경우

3. 제10조를 위반하여 근로자의 교육·배치 및 승진에서 남녀를 차별한 경우

4. 제19조제1항·제4항을 위반하여 근로자의 육아휴직 신청을 받고 육아휴직을 허용하지 아니하거나, 육아휴직을 마친 후 휴직 전과 같은 업무 또는 같은 수준의 임금을 지급하는 직무에 복귀시키지 아니한 경우

5. 제19조의2제6항을 위반하여 육아기 근로시간 단축기간이 끝난 후에 육아기 근로시간 단축 전과 같은 업무 또는 같은 수준의 임금을 지급하는 직무에 복귀시키지 아니한 경우

6. 제24조제3항을 위반하여 명예감독관으로서 정당한 임무 수행을 한 것을 이유로 해당 근로자에게 인사상 불이익 등의 불리한 조치를 한 경우

[전문개정 2007.12.21.]

[시행일: 2013.2.2.] 제37조제2항제6호의 개정규정중 상시 300명 미만의 근로자를 사용하는 사업 또는 사업장

제38조(양벌규정) 법인의 대표자나 법인 또는 개인의 대리인, 사용인, 그 밖의 종업원이 그 법인 또는 개인의 업무에 관하여 제37조의 위반행위를 하면 그 행위자를 벌하는 외에 그 법인 또는 개인에게도 해당 조문의 벌금형을 과(科)한다. 다만, 법인 또는 개인이 그 위반행위를 방지하기 위하여 해당 업무에 관하여 상당한 주의와 감독을 게을리하지 아니한 경우에는 그러하지 아니하다.

[전문개정 2010.2.4.]

제39조(과태료)

①사업주가 제12조를 위반하여 직장 내 성희롱을 한 경우에는 1천만원 이하의 과태료를 부과한다.

②사업주가 다음 각 호의 어느 하나에 해당하는 위반행위를 한 경우에는 500만원 이하의 과태료를 부과한다. 〈개정 2012.2.1.〉

1. 제14조제1항을 위반하여 직장 내 성희롱 발생이 확인되었는데도 지체 없이 행위자에게 징계나 그 밖에 이에 준하는 조치를 하지 아니한 경우

2. 제14조의2제2항을 위반하여 근로자가 고객 등에 의한 성희롱 피해를 주장하거나 고객 등으로부터의 성적 요구 등에 불응한 것을 이유로 해고나 그 밖의 불이익한 조치를 한 경우

3. 제18조의2제1항을 위반하여 근로자가 배우자의 출산을 이유로 휴가를 청구하였는데도 5일의 범위에서 3일 이상의 휴가를 주지 아니하거나 근로자가 사용한 휴가 중 3일을 유급으로 하지 아니한 경우

4. 제19조의2제2항을 위반하여 육아기 근로시간 단축을 허용하지 아니하였으면서도 해당 근로자에게 그 사유를 서면으로 통보하지 아니하거나, 육아휴직의 사용

또는 그 밖의 조치를 통한 지원 여부에 관하여 해당 근로자와 협의하지 아니한 경우

5. 제19조의3제2항을 위반하여 육아기 근로시간 단축을 한 근로자의 근로조건을 서면으로 정하지 아니한 경우

6. 제19조의2제1항을 위반하여 육아기 근로시간 단축 신청을 받고 육아기 근로시간 단축을 허용하지 아니한 경우

7. 제22조의2제1항을 위반하여 가족돌봄휴직의 신청을 받고 가족돌봄휴직을 허용하지 아니한 경우

③ 다음 각 호의 어느 하나에 해당하는 자에게는 300만원 이하의 과태료를 부과한다.

1. 제13조제1항을 위반하여 직장 내 성희롱 예방 교육을 하지 아니한 자

2. 제17조의3제1항을 위반하여 시행계획을 제출하지 아니한 자

3. 제17조의3제2항을 위반하여 남녀 근로자 현황을 제출하지 아니하거나 거짓으로 제출한 자

4. 제17조의4제1항을 위반하여 이행실적을 제출하지 아니하거나 거짓으로 제출한 자(제17조의3제3항에 따라 시행계획을 제출한 자가 이행실적을 제출하지 아니하는 경우는 제외한다)

5. 제18조제4항을 위반하여 관계 서류의 작성·확인 등 모든 절차에 적극 협력하지 아니한 자

6. 제31조제1항에 따른 보고 또는 관계 서류의 제출을 거부하거나 거짓으로 보고 또는 제출한 자

7. 제31조제1항에 따른 검사를 거부, 방해 또는 기피한 자

8. 제33조를 위반하여 관계 서류를 3년간 보존하지 아니한 자

④제1항부터 제3항까지의 규정에 따른 과태료는 대통령령으로 정하는 바에 따라 고용노동부장관이 부과·징수한다. 〈개정 2010.6.4.〉

⑤제4항에 따른 과태료 처분에 불복하는 자는 그 처분을 고지받은 날부터 30일 이내에 고용노동부장관에게 이의를 제기할 수 있다. 〈개정 2010.6.4.〉

⑥제4항에 따른 과태료 처분을 받은 자가 제5항에 따라 이의를 제기하면 고용노동부장관은 지체 없이 관할 법원에 그 사실을 통보하여야 하며, 그 통보를 받은 관할 법원은 〈비송사건절차법〉에 따른 과태료 재판을 한다. 〈개정 2010.6.4.〉

⑦제5항에 따른 기간에 이의를 제기하지 아니하고 과태료를 내지 아니한 때에는

국세 체납처분의 예에 따라 징수한다.

[전문개정 2007.12.21.]

[시행일 : 2013.2.2.] 제39조제2항제3호 및 제7호의 개정규정중 상시 300명 미만의 근로자를 사용하는 사업 또는 사업장

부칙 〈제12628호, 2014.5.20.〉

이 법은 공포 후 6개월이 경과한 날부터 시행한다.